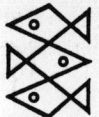

Über dieses Buch Der äußere Rahmen für die politische, ökonomische und kulturelle Entwicklung Deutschlands nach dem Zusammenbruch des nationalsozialistischen Regimes wurde durch die Siegermächte des Zweiten Weltkrieges bestimmt. Gleichwohl war Deutschland nicht nur Objekt der Besatzungsmächte und Besatzungsherrschaft, und die Zeit zwischen Hitler und Adenauer war keineswegs eine Periode politischer Stagnation.

In dieser Zeit wurden vielmehr konstitutive Grundentscheidungen für die Staatsgründungen der Bundesrepublik Deutschland und der Deutschen Demokratischen Republik gefällt, die von nachhaltiger Bedeutung für den Fortgang der politischen Entwicklung in Europa werden sollten.

Die politischen Weichenstellungen dieser Zeit – z. B. für die Sozial- und Wirtschaftsordnung, für den öffentlichen Dienst und für die Verfassungen und politischen Strukturen, schließlich sogar für die Integration in die Sicherheitssysteme der Großmächte – sind **vor** den formalen Gründungsakten von BRD und DDR vorgenommen worden. Für den späteren Weststaat kann man sagen, daß dieser der Bevölkerung seitens der westlichen Alliierten nicht aufgezwungen worden ist, sondern dem Mehrheitswillen entsprochen hat.

Die Spanne zwischen Hitler und Adenauer war insofern eine höchst interessante Zeit, die den Autor – einer der besten Kenner der Materie und mit gründlichen Arbeiten zu diesem Thema weithin bekannt – seit langem immer wieder angeregt hat. Die hier vorgelegten Aufsätze, darunter einige, die eigens für diesen Band geschrieben worden sind oder hier erstmals veröffentlicht werden, zeigen, auf welche Weise und von wem das Deutschland von heute geprägt worden ist.

Der Autor Wolfgang Benz, geboren 1941; von 1969 bis 1990 Mitarbeiter im Institut für Zeitgeschichte; Gastprofessor an der University of New South Wales in Sydney 1986; gehört u. a. dem International Advisory Board des Simon Wiesenthal Center Los Angeles an; Herausgeber der Reihe »Biographische Quellen zur deutschen Geschichte nach 1945«; Mitgründer und Mitherausgeber der Zeitschrift »Dachauer Hefte. Studien und Dokumente zur Geschichte der nationalsozialistischen Konzentrationslager«; seit November 1990 Professor an der TU Berlin und Leiter des Zentrums für Antisemitismusforschung.

Zahlreiche Veröffentlichungen zur deutschen Geschichte im 20. Jahrhundert, zuletzt: Von der Besatzungsherrschaft zur Bundesrepublik (1984); Rechtsextremismus in der Bundesrepublik (1984, Hrsg.; aktualisierte Neuauflage 1989); Die Gründung der Bundesrepublik (1984); Potsdam 1945 (1986); Neuanfang in Bayern 1945 bis 1949. Politik und Gesellschaft in der Nachkriegszeit (1988, Hrsg.); Die Juden in Deutschland. Leben unter nationalsozialistischer Herrschaft (1988, Hrsg.); Pazifismus in Deutschland. Dokumente zur Friedensbewegung 1890–1939 (1988, Hrsg.); Die Geschichte der Bundesrepublik Deutschland, 4 Bände (1989); Sieben Fragen an die Bundesrepublik (1989, Hrsg.); Herrschaft und Gesellschaft im nationalsozialistischen Staat (1990).

Wolfgang Benz

Zwischen Hitler und Adenauer

Studien zur
deutschen Nachkriegsgesellschaft

Fischer
Taschenbuch
Verlag

Für Ute

Lektorat: Walter H. Pehle

Originalausgabe
Veröffentlicht im Fischer Taschenbuch Verlag GmbH,
Frankfurt am Main, Juni 1991

Umschlaggestaltung: Buchholz/Hinsch/Hensinger
Foto: Strandleben an der Havel, 1946 (Landesbildstelle Berlin)
Gesamtherstellung: Clausen & Bosse, Leck
Printed in Germany
ISBN 3-596-10718-0

Inhalt

Vorwort

Der äußere Rahmen für die politische, soziale, ökonomische und kulturelle Entwicklung Deutschlands – genauer: für die Jahre zwischen dem Zusammenbruch des NS-Regimes und der Gründung der beiden deutschen Nachkriegsstaaten – wurde durch die Alliierten, die Siegermächte des Zweiten Weltkriegs, bestimmt. Durch die Reparationsregelung der Potsdamer Konferenz wurde im Juli/August 1945 die Teilung Deutschlands in zwei verschiedene Wirtschaftsräume disponiert. Das Nichtfunktionieren des Alliierten Kontrollrats wegen der Uneinigkeit der Siegermächte beschleunigte die Entwicklung der einzelnen Territorien des Besatzungsgebiets zu selbständigen Einheiten. Die Praxis der Besatzungspolitik, bei der jede Zone nach Gutdünken des Militärgouverneurs (bzw. den Aufträgen, die er von seiner Regierung aus Washington, Moskau, Paris, London erhielt) verwaltet, regiert und strukturiert wurde, förderte das Auseinanderdriften der Zonen und deren politische Eigenentwicklung im ersten Besatzungsjahr.

Die Fusion des amerikanischen und britischen Besatzungsgebiets zur Bizone auf Vorschlag der Amerikaner Ende 1946 bildete eine entscheidende Etappe auf dem Weg zu zwei deutschen Nachkriegsstaaten. Die Konfrontation der beiden Großmächte im Kalten Krieg und die Stationen der Staatsgründung standen in Wechselbeziehung zueinander: Währungsreform, Marshall-Plan, Zusammenbruch des Kontrollrats, Blockade Berlins, Organisation und Ausgestaltung der Bizone zum westdeutschen Staatsmodell, Verfassunggebung im Parlamentarischen Rat, um nur die wichtigsten zu nennen.

Deutschland war aber nicht nur Objekt der Besatzungsmacht. Die Zeit zwischen Hitler und Adenauer war alles andere als eine Periode politischer Stagnation, obwohl die deutsche Handlungsfreiheit zunächst überhaupt nicht bestand und politische Tätigkeit auf Reagieren gegenüber alliierter Politik beschränkt war. Eine solche Interpretation der Vorgeschichte von Bundesrepublik und DDR würde den Verlust nationaler Identität und Souveränität, die Erduldung alliierter Einwirkungen (Entnazifizierung, Demokratisierung oder »Umerziehung«) im Zusammenhang von Schuld und Strafe einseitig überbewerten. Die Periode 1945 bis 1949 darf aber auch nicht als eine ausschließlich ökonomische Regenerationsphase mißverstanden werden, die weitgehend unpolitisch verlief. Im Positiven würden dann Währungsreform und wirtschaftlicher Wiederaufbau (»Wirtschaftswunder«) allein das Bild bestimmen, im Negativen wären es Demontagen, Reparationen, Schwarzer Markt, in der Summe das vielbeschworene Nachkriegselend.

Tatsächlich sind konstitutive Grundentscheidungen für die Bundesrepublik und ebenso für die DDR in der Zeit vor den Staatsgründungen gefallen. Politische Weichenstellungen auch für die Sozial- und Wirtschaftsordnung, den öffentlichen Dienst und vor allem für die Verfassung und politische Struktur, schließlich sogar für die Integration in die Sicherheitssysteme der Großmächte sind vor den formalen Gründungsakten vorgenommen worden. Für den Weststaat, der bei allem Drängen kein Oktroi der Besatzungsmächte war, auch wenn es keine Alternativen gab, darf auch konstatiert werden, daß seine Errichtung dem Mehrheitswillen der Bevölkerung entsprach.

Die Wiedervereinigung – ebenso unverhofft wie der Zusammenbruch der DDR im vierzigsten Jahr nach der Gründung beider Nachfolgestaaten des Deutschen Reichs – sollte nicht Anlaß sein, den Schlußstrich unter eine Nachkriegsentwicklung zu ziehen, die nur noch als leidiges Vorspiel einer deutschen Erfolgsgeschichte, beginnend mit der Adenauer-Ära, begriffen wird. Absicht des vorliegenden Bandes ist es daher, Probleme der ersten Nachkriegszeit in exemplarischen Studien zu verdeutlichen. Die Aufsätze, die zum Teil hier erstmals im Druck erscheinen, sind aus verschiedenem Anlaß in den letzten zehn Jahren entstanden. Sie sind gesellschaftlichen und politischen Grundsatzfragen (Demokratiekonzept und Verfassungstradition, Säuberung, Entschädigung, »Wiedergutmachung«, Reformen, Option für den Weststaat) gewidmet. Gegenstand aller Aufsätze ist das Zusammenwirken von Besatzungsmächten und deutschen Politikern bei Grundsatzentscheidungen und bei damals akuten Problemen (was sollte mit den Häftlingen aus den Konzentrationslagern geschehen?, welchen Schaden oder Nutzen stifteten die Kompensationsgeschäfte des Grauen Marktes?, wie lebten Juden im Nachkriegsdeutschland?). Die Frage nach der Prägung von Staat und Gesellschaft nach Hitler durch Einflüsse der Alliierten bildet den roten Faden; die Stichworte reichen von den Strukturen in Rundfunk und Presse über die Demokratisierung der Schule oder des öffentlichen Dienstes bis zur Innenausstattung der jungen Bundesrepublik durch das Föderalismusgebot oder das Prinzip der Gewerbefreiheit, zur Währungsreform.

München und Berlin, Dezember 1990   Wolfgang Benz

Teil I
Konzepte für die Nachkriegsdemokratie

1. Die Diskussion um deutsche demokratische Traditionen: Von der Frankfurter Paulskirche zum Bonner Parlamentarischen Rat

Bei einem Bankett der Federal Union in New York wurde im Januar 1941 eine Rede über die Wiedergeburt der Demokratie gehalten. Der Redner war der exilierte deutsche Schriftsteller und Nobelpreisträger Thomas Mann. Er pries den Zusammenschluß der englischsprechenden Welt als das größte Ereignis der Zeit, als eine Entwicklung, an die sich alle Hoffnungen »auf einen Frieden der Freiheit und des gesunden Menschenverstandes« hefteten. Thomas Mann propagierte – bei dieser wie bei manch anderer Gelegenheit – die Abkehr vom Nationalstaat, die Erneuerung und Verjüngung der Demokratie, er wünschte »die Umwandlung der Grundsätze der Freiheit vom Prinzip der Zügellosigkeit, der Entartung und der Anarchie zu einem Prinzip der sozialen Bindungen und der demokratischen Disziplin«. Denn: »Soziale Selbstdisziplin unter dem Ideal der Freiheit im inneren wie im äußeren Leben der Völker ist das einzige Mittel zur Erhaltung der Freiheit.«

In der Hoffnung, daß sich am Ende des Krieges auch die europäischen Völker und Staaten diesem erneuerten Demokratie- und Freiheitsbegriff öffnen würden, beschrieb Thomas Mann seine Vision künftiger demokratischer Ordnung, sie sei »menschliche Anpassung zwischen einem logischen Gegensatz, ist der Ausgleich von Freiheit und Gleichheit, individuellen Wertbegriffen und den Erfordernissen der Gesellschaft. Diese Anpassung jedoch läßt sich nie vollständig und endgültig erreichen; sie bleibt eine Schwierigkeit, welche die Menschheit immer wieder von neuem lösen muß. Und wir meinen, daß heute im Verhältnis von Freiheit und Gleichheit der Schwerpunkt sich auf die Seite der Gleichheit und wirtschaftlichen Gerechtigkeit, weg vom Individuellen und hin zum Sozialen, verlagert hat. Die soziale Demokratie ist jetzt der Tagesbefehl. Wenn die Demokratie sich halten soll, so hat dies durch eine im Sozialen gegründete Freiheit zu geschehen, welche die individuellen Wertbegriffe durch freundschaftliche und willige Zugeständnisse an die Gleichheit rettet; durch eine wirtschaftliche Gerechtigkeit, die alle Kinder der Demokratie eng an sich bindet. Nur dann kann die Demokratie dem Ansturm eines entmenschten Geistes der Gewalttätigkeit widerstehen und ihre große bewahrende Aufgabe erfüllen: die christlichen Grundlagen

des abendländischen Lebens zu erhalten und die Zivilisation vor der
Barbarei zu schützen.«[1]*

Man kann ja keineswegs behaupten, die Emigranten hätten in den Diskussionen um die neue Verfassungsordnung in einem Deutschland nach
Hitler eine besondere Rolle gespielt, im wesentlichen ist eher das Gegenteil der Fall. Die Verfassungspläne des Exils, von ehemals prominenten
deutschen Politikern und Gelehrten ersonnen, waren im Nachkriegsdeutschland kaum präsent, und ihre Verfasser wurden als Emigranten
eher mit Argwohn als mit Sympathie betrachtet – wenn sie überhaupt
heimkehrten und nicht längst vergessen waren. Das galt sicher für den
ehemaligen liberalen Reichsinnenminister und Verfassungsvater von
1919, Erich Koch-Weser, der 1942 in Brasilien eine »Deutsche Reichsverfassung nach Hitlers Sturz« konzipiert hatte[2], das galt für die Vorstellungen, die Politiker der deutschen Arbeiterbewegung in New York unter
der Flagge »German Labor Delegation in USA« Mitte 1943 artikulierten,
und das galt für den Ende 1945 in London publizierten Text der Union
deutscher sozialistischer Organisationen in Großbritannien ebenso wie
für die Grundsätze, die Wilhelm Hoegner, Otto Braun, Josef Wirth und
andere in der Schweiz ausgearbeitet hatten.[3] Gemeinsam war den meisten dieser Skizzen einer neuen Ordnung (manche waren freilich auch nur
Handlungsanweisungen zum Wiederaufbau) der Rekurs auf die Weimarer Reichsverfassung, die in ihren Grundzügen wiederhergestellt, aber
durch neue Elemente auch verbessert werden sollte. Die neuen Konstruktionen müßten vor allem den Bestand der Verfassung sichern und
ihren Mißbrauch durch Radikale und Extremisten verhindern. Das war
die Lehre aus Hitlers Machtübernahme. Durch diese gemeinsame
Grundtendenz, die dann auch die Verfassungsdiskussion in Deutschland
bis in die Beratungen der Konstituante in Bonn hinein beherrschte, waren die Emigranten indirekt schließlich doch wieder dabei, freilich nicht
unbedingt durch ihre originellsten Vertreter.

Im Parlamentarischen Rat saßen drei Emigranten, Fritz Eberhard, der
aus Großbritannien zurückgekehrt war, Fritz Löwenthal, der als kommunistischer Reichstagsabgeordneter im Moskauer Exil, dann in der Justiz-
verwaltung der sowjetischen Besatzungszone tätig gewesen und schließlich in den Westen geflohen war. Der dritte, Rudolf Katz, war über China
nach den USA emigriert und 1946 als Amerikaner zurückgekehrt, aber
nicht in Diensten der Militärregierung, sondern um auf der deutschen
Seite am Wiederaufbau mitzuwirken. Im Dezember 1947 war er Justizminister von Schleswig-Holstein geworden, auch dies eine für ehemalige
Emigranten nicht typische Karriere. Alle drei gehörten der SPD an. Diese

---

* Die Anmerkungen befinden sich am Ende des Bandes (Seite 214ff.).

Partei bot den Leuten des Exils naturgemäß am ehesten Wirkungsmög-
lichkeiten, hatte doch ihr Vorstand in der Emigration den Hitlerstaat
überdauert. Es waren jedoch nur selten Ideen aus den Ländern des Exils,
die Politiker wie Wilhelm Hoegner, Herbert Weichmann, Erich Ollen-
hauer, Waldemar von Knoeringen in die alte Heimat mitbrachten, und
das gleiche galt für Männer wie Josef Wirth und Heinrich Brüning, ehemalige Reichskanzler beide, die sich gelegentlich vernehmen ließen.
Andere wegen Hitler aus Deutschland Geflohene kehrten in Uniformen
der Alliierten zurück und wirkten als Besatzungsoffiziere oder als Berater
der Militärregierungen an der Errichtung demokratischer Zustände in
Deutschland mit wie Hans Simons, der Sohn des Reichsgerichtspräsiden-
ten und frühere Oberpräsident von Niederschlesien. Simons war von 1947
bis 1949 Abteilungsleiter bei OMGUS und Verbindungsmann zum Parlamentarischen Rat. Als Sachverständiger für Föderalismusprobleme war
Arnold Brecht, früher ein hoher Beamter der Regierung von Preußen
und dann Professor in New York, im Auftrag der amerikanischen Militärregierung tätig, sein Kollege Carl J. Friedrich, der seit langem Harvard-
professor war, gehörte als governmental affairs adviser zum Stab von Militärgouverneur Clay. Er nahm als Beobachter an den Beratungen der
deutschen Verfassungsexperten im August 1948 in Herrenchiemsee teil.
In der britischen Zone war Peter de Mendelssohn Presseoffizier, in Baden-
Baden amtierte Alfred Döblin als französischer Kulturoffizier, aber das
waren Aktivitäten der Besatzungsmächte, und entsprechend wurden die
ehemaligen Deutschen auch betrachtet, als Funktionäre der Okkupa-
tionsherrschaft. Im nachhinein wurde ihnen dann oft Einfluß zugeschrie-
ben, den sie gar nicht, und bestimmt nicht im vermuteten Maße, gehabt
hatten.
Vielleicht wichtiger als die Mitwirkung an der Demokratisierung
Deutschlands nach dem Zusammenbruch der NS-Herrschaft war die Tätigkeit deutscher Emigranten in den Ministerien und Planungsstäben
Washingtons während des Krieges gewesen. Sie leisteten Kärrnerarbeit,
indem sie Analysen des deutschen Rechts- und Verwaltungssystems an-
fertigten. Erklärungen und Denkmodelle zur NS-Herrschaft und Überlegungen zur Reorganisierung und Neustrukturierung eines deutschen
Rechtsstaats anstellten.
Am berühmtesten wurde eine Gruppe deutscher Emigranten, die 1943 in
die Dienste des amerikanischen Office of Strategic Services (OSS) eintrat
und dort in der »Research and Analysis Branch« Expertisen anfertigte.
Es waren der Jurist Franz L. Neumann (der Autor des »Behemoth«, einer
scharfsinnigen Analyse des NS-Staats), der Philosoph Herbert Marcuse
und der Staatsrechtler Otto Kirchheimer. Sie kamen aus Max Horkhei-
mers Frankfurter Institut für Sozialforschung.[4] Auch Ernst Fraenkel, der

später an der Freien Universität Berlin Politikwissenschaft lehrte – er hatte das NS-Regime als »Doppelstaat«, als Dualismus von Normen- und Maßnahmenstaat beschrieben –, gehörte dazu. Allerdings erfolgte die Beschäftigung der Emigranten mit Analysen und Grundrissen wenig planvoll und ohne Gesamtkonzept, und sie hatten keinen Einfluß auf die spätere Besatzungspolitik, »was auch immer sie nachher sagen und schreiben«, berichtet Ernst C. Stiefel, der sich gründlich und kompetent mit der Rolle deutscher Juristen in USA auseinandergesetzt hat: »Nach dem Kriege treten sie mehr oder weniger leise ab. Was sie dort in den Ministerien tun, ist eine wichtige Arbeit, aber sie dringen niemals in die politischen Spitzen durch.«[5]

Einen Grund für den geringen Einfluß der deutschen Emigranten überliefert Alfred Oppler, ehemals am Preußischen Verwaltungsgericht und schließlich als Rechtsexperte im Stab General MacArthurs in der amerikanischen Besatzungshierarchie in Japan tätig. Er hatte seine Kenntnisse als Deutschlandspezialist erst dem State Department angeboten, das aber abgelehnt hatte. In seinen Erinnerungen beschrieb er das Einstellungsgespräch für den Auftrag in Japan, bei dem er darauf hingewiesen hatte, daß er zwar einiges von europäischen, aber gar nichts von japanischen Angelegenheiten verstehe. Während ihn das beunruhigte, erklärte ihm sein Vorgesetzter: »›If you knew too much about Japan, you might be prejudiced. We do not like old Japan hands!‹ I was somewhat baffled to observe the same phenomenon here as I had in the Department of State: here they wanted me because I did not know anything, and in State they were disinterested in my German background because I knew too much. Subsequently, when in Japan, I understood what the colonel had in mind. From the point of view of the military occupant, the democratizing program required reformers eager to build up something new. The old Japan hand, familiar with and often fond of the nation's past and tradition, was inherently more conservative and, to some extent, skeptical toward the reforming zeal of the occupation officials.«[6]

Die Verfassungspläne und Neuordnungsmodelle, die während der NS-Zeit von deutschen Demokraten im Exil erdacht und propagiert worden waren, fanden jedenfalls im Nachkriegsdeutschland ebensowenig Resonanz wie schon zuvor bei den Alliierten.

Aber woran sollte man sich bei den Überlegungen zum konstitutionellen Neubeginn, beim zweiten Versuch einer demokratischen Verfassung für Deutschland, orientieren? Die Verfassungen, mit denen – spät genug – in Deutschland die Verhältnisse von Staat und Gesellschaft bislang geregelt worden waren, hatten sich auf dramatische Weise nicht bewährt, obwohl sie diametrale Gegensätze gebildet hatten: Die Verfassung des Deutschen Reiches von 1871[7] (und die ihr vorausgehende des Norddeutschen

Bundes) wie die Weimarer Reichsverfassung von 1919[8]. Aber nicht nur die Tatsache, daß diese Konstitutionen den realen Verhältnissen, der Verfassungswirklichkeit, nicht standgehalten hatten, machte die historischen Texte unattraktiv.

Zur sehnsüchtigen Erinnerung an das »kunstvoll gefertigte Chaos«[9] der Bismarckschen Verfassung von 1871 bestand wenig Anlaß. Die merkwürdige Definition der Souveränität des Kaiserreichs durch den Vertrag der 22 Fürsten und drei Stadtrepubliken, die dem Reich kaum Rechte, aber einem der Bundesstaaten fast alle Macht einräumte, die seltsame Gemengelage der Instanzen des Reichs und eben dieses übermächtigen Staates Preußen, der überdies mit seinem antiquierten und undemokratischen Klassenwahlrecht den gesamten Organismus bis zum Kollaps am Ende des Ersten Weltkriegs belastete – dies alles konnte keine Attraktivität mehr haben. In süddeutschen Augen oder, ganz deutlich ausgedrückt, aus bayerischer Perspektive gab es aber doch wenigstens ein verlockendes Element, nämlich den hohen Grad an Selbständigkeit, den die einzelnen Glieder des Bismarckschen Staatenbundes genossen hatten.

Sosehr die Bayern in den Jahren nach 1870/71 dem Verlust eines Teils ihrer Souveränität lautstark nachgetrauert hatten, so hatten sie ab 1919 schlagartig die Ordnung des Kaiserreichs als die für ihr Bedürfnis weitaus bessere erkannt. Das Verfassungswerk von Weimar war im Süden der Weimarer Republik als zentralistischer Oktroy verrufen (obgleich der Beitrag der Süddeutschen zur Verfassunggebung nicht gering war). Und Hitler hatte mit der Gleichschaltung und Entmachtung der Länder ein übriges getan, um in Bayern nach 1945 die Sehnsucht auf ein selbständigeres Leben in einem möglichst lockeren deutschen Staatenbund wieder zu wecken. Nach der Zerschlagung Preußens in kleinere Einheiten – das gehörte ja von Anfang an zum Besatzungs- und Demokratisierungsprogramm der Alliierten – wäre ein deutscher Staatenbund aus bayerischer Sicht noch erstrebenswerter geworden. Daß man in Paris ähnlich dachte, spielte im München der Nachkriegszeit jedoch keine Rolle, auch wäre es ganz falsch, die bayerischen Entwürfe zu einer »Verfassung der Vereinigten Staaten von Deutschland« (das waren offizielle Konzepte der Münchner Staatskanzlei bis ins Jahr 1948[10]) als partikularistische oder separatistische Machenschaften abzutun. Es war die selbstbewußt und extensiv vorgetragene bayerische Auffassung von Föderalismus, die dann auch in der Ablehnung des Grundgesetzes 1949 manifest wurde. Dahinter stand nicht der Wunsch, aus dem Verband der deutschen Nationen auszuscheiden, vielmehr die Absicht, den Raum zur freien Entfaltung der Glieder des Ganzen möglichst weit zu fassen.

Auch in einer ganz anderen politischen Landschaft – im Rheinland – wurden nach dem Zusammenbruch des Deutschen Reiches Pläne erwogen, die um mehrere deutsche Nachfolgestaaten kreisten: Ein Südstaat und ein Nordstaat sollten mit dem Rheinstaat in Konföderation stehen, im übrigen aber weitgehend, auch außenpolitisch, selbständig sein. Kein Geringerer als Konrad Adenauer war der Protagonist solcher Ideen, die er im Herbst 1945 auch mit Vertretern der französischen Besatzungsmacht erörterte. Das Konzept entsprach gleichermaßen den Sicherheitsinteressen der Franzosen, wie es den antipreußischen Affekten des politischen Katholizismus im Rheinland entsprungen war.[11] Die Gedankengänge, mit denen Adenauer aus der Konkursmasse des deutschen Nationalstaats zu retten gedachte, was noch zu retten war (und was territorial und politisch die Rettung in seinen Augen besonders lohnte), wurden nicht weiterverfolgt. Und als zwei Jahre später in der Christlich-Demokratischen Union und ihrer bayerischen Schwesterpartei die Verfassungsdiskussion auf den Höhepunkt gelangte, fand man Adenauer an der Spitze derer, die der zentralen Zusammenfassung das Wort redeten – gegen die radikalen Föderalisten in Süddeutschland, die sich im »Ellwanger Kreis« unter maßgeblicher bayerischer Beteiligung artikulierten.[12]

Die Verfassung des Bismarckreiches bot nach dem Zweiten Weltkrieg, wenn man von extremen Sehnsüchten des Föderalismus absieht, also kaum Anknüpfungspunkte. Die stillschweigende Rückkehr zur Weimarer Verfassung – analog dem Vorgehen in Österreich – verbot sich aus zwei Gründen: Erstens die Erinnerung daran, daß diese Verfassung das Aufkommen der Hitlerbewegung und ihre Machtübernahme nicht hatte verhindern können, das diskreditierte sie auf ganz traumatische Weise, und zweitens die offensichtlichen Konstruktionsmängel, die Hitlers weiteren Erfolg ermöglicht hatten. Es war die Paulskirche, die demokratische Bewegung von 1848, die beschworen wurde, und die Feier der 100. Wiederkehr war der symbolkräftige Anlaß. Auch die Anstrengungen, die unternommen wurden zur Rekonstruktion des zerstörten Gebäudes, in dem die demokratische Versammlung Ende März 1849 die Verfassung verkündet hatte, waren bezeichnend – für die Nachkriegssituation ebenso wie als Parallele zur Zeit der deutschen Revolution von 1848/1849. Denn man konnte noch nicht wissen, wie die Organisation von Gesellschaft und Staat auf deutschem Boden schließlich aussehen würde.

Als sich im Mai 1948 die Festgemeinde in der Frankfurter Paulskirche versammelte, stand freilich fest, daß das einige Vaterland, der deutsche Nationalstaat, in weite Fernen gerückt war. Aber an die demokratischen Traditionen wollte man unbedingt anknüpfen, das sollte auch feierlich kundgetan werden. Unter dem Geläut aller Glocken der Stadt zogen tausend geladene Gäste an den Kernplatz der demokratischen Bewegung in Deutschland, zum Höhepunkt eines »Weltfestes des Geistes«, das eine

Woche dauerte und akademischen wie politischen und literarischen Bekenntnissen zu Humanität, Kultur, Freiheit und Menschenwürde gewidmet war. Einer der Festredner war Professor Robert M. Hutchins, der Kanzler der Universität Chicago, der – in deutscher Sprache – zur geistigen Verständigung durch den internationalen Austausch von Studenten und Professoren aufrief.

Die größte und feierlichste Rede hielt der deutsche Dichter Fritz von Unruh, der aus diesem Anlaß aus dem New Yorker Exil zurückgekehrt war. Von Schwächeanfällen unterbrochen, voll Pathos und Emotion, in ungeheuerer Bewegung, die sich auf das Publikum übertrug, sprach Fritz von Unruh, der im September 1939 den deutschen Soldaten zugerufen hatte »Fallt den Kriegstreibern in die Arme« und später in den fünfziger Jahren in der Bundesrepublik als Gegner der deutschen Wiederbewaffnung wieder mißliebig werden sollte. Unruh redete in der Paulskirche im Namen der von Hitler ins Exil gejagten deutschen Demokraten, aber er hielt in seiner »Rede an die Deutschen« nicht Abrechnung mit dem jüngst Vergangenen, sondern er zog die Verbindungslinien zum ersten revolutionären Aufbruch der Deutschen:»Wille zur Freiheit! Dieser magische Rausch der Märzrevolution hatte die Volksgesamtheit so erfaßt, daß sie ihre besten Söhne in die Paulskirche entsandte, um in einem einigen Impuls – nach dem Vorbild der großen amerikanischen Republik – eine deutsche Republik zu schaffen, wo die Gesamtheit das Leben des Einzelnen garantiert.«

Und der kriegsfreiwillige preußische Junker von 1914 erinnerte an den zweiten Aufbruch zur Demokratie am Ende des Ersten Weltkriegs, erfolgt auf den Trümmern des wilhelminischen Kaiserreichs, das Bismarck geschaffen hatte:»So kamen wir heim über die Brücken am Rhein. Und was die Paulskirche 1848 nicht vollbracht hatte, das wollten wir 1918, wir unbekannten Soldaten, nun schaffen: Eine deutsche Republik, in der die Gesamtheit das Leben des Einzelnen garantiert...«[13]

Jürgen von Kempski, Rechtsphilosoph und universaler Gelehrter, erinnerte im Frühjahr 1948 an die Verwandtschaft der Paulskirchenverfassung mit der amerikanischen Verfassung: ihm erschien die politische Balance zwischen den Teilen und dem Ganzen, den Ländern und dem Bundesstaat, eines der wichtigsten Probleme, die beim Neubau in Deutschland zur Lösung standen. Zur angemessenen Beteiligung der Länder an der politischen Willensbildung plädierte er für ein Staatenhaus als zweiter Kammer der Gesetzgebung, paritätisch aus den Ländern besetzt, und zwar durch je zwei gewählte und zwei geborene Senatoren. Die letzteren sollten immer der Ministerpräsident und der Finanzminister sein. Kempski zog damit Folgerungen aus den Konstruktionsmängeln des Bismarckschen von Preußen dominierten Bundesrats wie aus dem Wei-

marer Reichsrat (dem zur Kraftlosigkeit denaturierten Nachfolger von
Bismarcks Modell) und hoffte, organisatorisch und konstruktiv das Problem des föderalistischen Staatsaufbaus im Schnittpunkt von Ländern
und Zentralgewalt zu lösen.[14] Der Bonner Bundesrat, in dem die Minister
und Ministerpräsidenten agieren, ist diesem Ideal dann immerhin näher
gekommen als der Weimarer Reichsrat, in dem nur Beamte die Länderinteressen vertraten.

Der Einfluß der amerikanischen Verfassung vom 17. September 1787 auf
die Männer der Paulskirche im Frühjahr 1848 war erheblich gewesen.
Deutsche Staatsrechtler und Historiker wie Robert von Mohl und Georg
Heinrich Engelhard hatten in Textausgaben und Interpretationen die
daran interessierten Deutschen mit der Unionsverfassung bekannt gemacht. Karl von Rotteck, der liberale Vorkämpfer der Demokratie,
rühmte schon frühzeitig die Vereinigten Staaten als »the noblest, the most
well-endowed policy in the world«, und 1834 pries der Staatsrechtler Karl
Theodor Welcker, später eines der Mitglieder der Frankfurter Nationalversammlung, das amerikanische Muster: »Von allen Bundesverfassun-
gen der Welt aber war wohl nie eine vollkommener, naturgemäßer besser
abgewogen, genauer den höchsten Grundsätzen und Bedürfnissen entsprechend als die nordamerikanische.«[15]

Alexis de Tocquevilles Werk über die Demokratie in Amerika hatte den
Boden in Deutschland bereitet, und 1848/49 waren nicht nur mindestens
zehn deutsche Ausgaben der amerikanischen Verfassung verbreitet, sie
wurde von prominenten Abgeordneten in der Paulskirche auch immer
wieder zitiert.[16] Nicht nur die Grundrechte galten als so vorbildlich und
erstrebenswert, es war auch die Idee des Bundesstaats, die vielen – natürlich nicht den Anhängern des Einheitsstaats – als ideal für die deutschen
Verhältnisse erschien. Immerhin waren die Vereinigten Staaten damals
der einzige Bundesstaat, der auf der ganzen Welt existierte, und das Modell hatte den weiteren Vorzug, politisch, ökonomisch und sozial erfolgreich zu sein. Die Anlehnung an das amerikanische Vorbild versprach die
Lösung zweier Probleme, nämlich die Verwirklichung der deutschen Einheit und die Fortexistenz des württembergischen, sächsischen, Braun-
schweiger usw. Patriotismus in den Einzelstaaten durch die konstitutionelle Verbindung von Einheit und Vielfalt staatlicher Organisation.

So hieß es denn im Bericht des Frankfurter Verfassungsausschusses:
»Gern weilt... der Blick desjenigen, dem die Form eines wahren Bundes-
staates am Herzen liegt, bei der Verfassung der nordamerikanischen Staaten... eine lange Reihe von Jahren hat dem ehrwürdigen Gebäude Fe-
stigkeit gegeben und gezeigt, daß die dort gewählte Form«, wie Mohl in
seinem Werk über Amerika mit Recht sagt, »als ein Wunder unserer Zeit,
vor allem des Nachdenkens des Staatsmannes würdig ist.«[17]

Ob der Staats-Entwurf der Paulskirche von 1848 das Modell für einen Neubau nach Hitler abgeben könne, wurde in jenen Tagen auch in politischen, literarischen, kulturellen Zeitschriften, in Akademien und Universitäten, an allen geistigen Orten gefragt.[18] Unbestritten war die Sehnsucht nach der Sicherung der Grundrechte in einer künftigen Verfassung, wie sie Unruh so dramatisch und leidenschaftlich gefordert hatte. Das bedeutete ein Bekenntnis zu 1848 und zu Weimar gleichermaßen, über diese Forderung herrschte Konsens bei den Deutschen. Und außerdem war es ein energisches Verlangen der Alliierten.

Die Amerikaner hatten sogar gefordert, in die Verfassungen der Länder ihrer Zone (Bayern, Württemberg-Baden, Hessen, Bremen) müßten die Grundrechtsgarantien aufgenommen werden. Das war 1946 gewesen, und das bereitete den Experten des Staatsrechts einige Probleme, weil sie es für störend und unlogisch hielten, die Grundrechte sowohl in der Verfassung des Bundes wie in denen seiner Gliedstaaten zu garantieren. Aber die Länderverfassungen der amerikanischen Besatzungszone waren vor dem Grundgesetz entstanden und sie behielten ihre Erstgeburtsrechte.

So selbstverständlich allen der Katalog der Grundrechte war, auch als Bekenntnis zur Demokratie, so warnten doch manche vor eiligen Analogien und politischen Illusionen beim Vergleich der Situation von 1848 mit der von 1948. In der Zeitschrift »Die Gegenwart« konnte man in einem scharfsinnigen Aufsatz lesen, daß es der »unvollendeten Revolution« der deutschen Bürger an historischer wie ideologischer Originalität gemangelt habe. 1848 sei, am Ende der Epoche bürgerlicher Revolutionen in Europa, das »lediglich deklamatorische« Nachholen dessen, »was in Deutschland seit der französischen Revolution von 1789 und später praktisch versäumt worden war: die Angleichung des deutschen an den europäischen Zustand«.[19]

Wie arg die deutsche Verspätung war, konnte man im Rückblick leicht erkennen. Den Verfassungsvätern der Paulskirche war es das erste und wichtigste Anliegen gewesen, die bürgerlichen Rechte gegen Fürstenwillkür zu sichern, in genau dem historischen Augenblick, in dem das kommunistische Manifest veröffentlicht wurde. Und was war dieses Manifest für eine Kampfansage und was war es für ein kühner Entwurf im Vergleich zum Bemühen, eine konstitutionell-demokratische Ordnung gegen die monarchischen Obrigkeitsideale des 19. Jahrhunderts in Deutschland zu etablieren. Aber um so schlimmer war das Scheitern des bürgerlichen Liberalismus der Paulskirche; das war im Abstand eines Jahrhunderts und angesichts der Erfahrung der untergegangenen Weimarer Republik vielen bewußt, die sich an der Verfassungsdiskussion der Nachkriegsjahre beteiligten.

Wenn man sich daran erinnerte, daß von den drei Forderungen der Revolution von 1848 – konstitutionelle Regierung, Einheit der Nation, volle Wirtschaftsfreiheit – nur die letzte erfüllt wurde, dann hatte die Beschwörung der bürgerlichen Revolution in der Zeit nach dem Zusammenbruch des Hitlerstaats vor allem deklamatorischen Charakter. Dies um so mehr, wenn man sich vor Augen hielt, daß die Lösung der deutschen Frage durch Bismarck territorial und politisch im preußischen Sinne und ideologisch unter anti-liberalen Vorzeichen erfolgt war. Und wenn man weiter bedachte, daß die Lösung der sozialen Frage in Deutschland bis zum Ende des Ersten Weltkriegs nur das Anliegen der oppositionellen Arbeiterbewegung war, dann mußte man die historische Hypothek, die durch die Verfassungswirklichkeit der Weimarer Republik nicht eingelöst worden war, als noch belastender empfinden.

Aber die Lösung des Problems einer demokratischen Verfassung für die staatliche Existenz der Deutschen nach der Herrschaft des Nationalsozialismus in Deutschland (und zeitweilig über den größten Teil Europas) konnte doch auch nur in den Prinzipien von Weimar gesucht werden.

Freilich mußte der historischen Situation Rechnung getragen werden. Das bedeutete zunächst die stillschweigende Ausklammerung der nationalen Frage, die schließlich durch Formelkompromisse und Sprachregelungen in den Bereich des Emotionalen gedrängt wurde. Die Beteuerungen des Willens zur Einheit der deutschen Nation, zur Wiedervereinigung der 1949 auch formell vollzogenen Trennung der Reste des Deutschen Reiches in zwei Staaten entsprachen schon lange nicht mehr den Wünschen und Sehnsüchten der Mehrheit. Den Politikern und Verfassungsexperten der Nachkriegsjahre diente aber das nationale Bekenntnis zur Rechtfertigung der Staatsgründung auf dem geteilten Territorium und zur Aufrechterhaltung von Ansprüchen wie dem Alleinvertretungsrecht der Bundesrepublik.

Die Realitäten ließen ab 1945 einen gemeinsamen Staat der Deutschen auf lange Zeit nicht mehr zu; in der Bundesrepublik brachte die Konsequenz daraus eine Wandlung des Bewußtseins, an deren Ende sich die Bürger in erster Linie als Europäer in einer postnationalen Gesellschaft begreifen mußten. Trotz gelegentlicher Irritationen in der Tagespolitik erscheint dies auch nach der Vereinigung beider deutscher Staaten als die einzig mögliche vernünftige Perspektive. Sie reicht zurück in die Verfassungsdiskussion der Nachkriegsjahre. Das Bekenntnis zu Europa findet sich in den programmatischen Aussagen der großen Parteien ebenso früh und überzeugend wie in den zahllosen Entwürfen, die Gelehrte, Publizisten und politisch Denkende fast aller Richtungen und politischen Glaubensbekenntnisse in den Jahren bis 1948/1949 vorlegten.[20]

Man konnte an große Erinnerungen aus der deutschen Geisteswelt anknüpfen, wenn man die europäischen Traditionen beschwören wollte: Goethe, in den Nachkriegsjahren vielen gebildeten Deutschen der Tröster schlechthin, stand für »das gute Deutschland«, wie Thomas Mann es in seiner Festansprache zum 200. Geburtstag des Dichters im Juli 1949 in Frankfurt und wenig später auch in Weimar nannte, das gute Deutschland, das ihm verkörpert schien »in Kraft, gesegnet durchs Musische, gesittete Größe«.[21]

Konkreter hatte es der Emigrant Thomas Mann in seiner Rede über »Goethe und die Demokratie« ausgedrückt, die er erstmals am 2. Mai 1949 in der Library of Congress in Washington, dann in Skandinavien, England und in der Schweiz hielt. Es ging ihm um die Rückkehr Deutschlands in den Kreis der zivilisierten Völker, um die Überwindung des Nationalismus und des Provinzlertums, um die Europäisierung des Vaterlandes: »Das europäische Deutschland, das ist zugleich das in weitestem Sinn des Wortes ›demokratische‹ Deutschland, dasjenige, mit dem sich leben läßt, das der Welt nicht Furcht, sondern Sympathie erregt, weil es teil hat an der demokratischen Menschheitsreligion, von der das moralische Leben des Abendlandes letztlich bestimmt ist und die gemeint ist, wenn wir das Wort ›Zivilisation‹ sprechen.«[22]

Fast jeder gebildete Deutsche habe den Entwurf einer künftigen Verfassung in der Tasche, konstatierte einmal ein Mitarbeiter des amerikanischen Militärgouverneurs Clay.[23] Aber in der Sache unterschieden sich die einzelnen Grundrisse der staatlichen Ordnung gar nicht so sehr. Denn die maßgebenden Männer waren von der Demokratie-Erfahrung der Weimarer Republik geprägt, und sie richteten den Blick ganz automatisch auf die Konstitution, für die sie sich vor 1933 als Liberale, Konservative oder Sozialdemokraten engagiert hatten und die ihnen vor allem an den äußeren Umständen gescheitert und schließlich von Hitler vergewaltigt schien. Theodor Heuss als Prototyp der Gründergeneration des Bonner Staates, die ihre Wurzeln in Weimar hatte, artikulierte das schon als Kultusminister von Württemberg-Baden in einer Rede zur Verfassungsarbeit in Stuttgart im Jahre 1946. Unter großem Beifall sagte er, trotz der erfolgreichen Suggestion der Nazis, daß es schlecht gewesen sei und man jetzt etwas ganz Neues finden müsse, sei das Weimarer System nicht so übel gewesen, wie man es auch nachträglich noch mache. Außer den außenpolitischen Hypotheken ihrer Entstehung gab Heuss vor allem mangelnder Fairness und fehlender politischer Moral der Deutschen die Schuld am Scheitern der Weimarer Verfassung.[24] Was lag also näher, als es mit geläuterten Menschen unter neuen Startbedingungen noch einmal zu versuchen?

In Herrenchiemsee wurden im Sommer 1948 die Überlegungen der politisch relevanten Parteien, der Länderregierungen und des akademischen Sachverstands zusammengefaßt, und der Parlamentarische Rat machte auf dieser Grundlage das Grundgesetz.[25] Carlo Schmid, einer der prominentesten Väter des Bonner Grundgesetzes, der als Sozialdemokrat, Rechtsgelehrter und als Landespolitiker in allen Gremien eine hervorragende Rolle spielte, gab im Rückblick zu erkennen, daß Herrenchiemsee die wichtigste Station gewesen war. Als Expertenversammlung von den Ministerpräsidenten der Länder zusammengerufen, um im August 1948 die Grundzüge der Verfassungsarbeit zu beraten, hatten die Teilnehmer der Runde schließlich (gegen die bayerischen Stimmen) den Rahmen abgesteckt und die Kompromißformeln vorgegeben: Deutschland sei als Staat nicht untergegangen, das zu schaffende Grundgesetz gehe vom deutschen Volk aus, nicht von den einzelnen Ländern, es handele sich dabei um ein Provisorium, und dieses sei kein »Weststaat«, sondern der Kern eines gesamtdeutschen Staates.[26]

Heinrich von Brentano, später Adenauers Außenminister, der als Politiker der CDU am Grundgesetz im Parlamentarischen Rat mitgearbeitet hatte, betonte viel stärker als Carlo Schmid die äußeren Zwänge der Verfassunggebung: Weder einen revolutionären Akt noch eine evolutionäre Entwicklung beendend, waren die Voraussetzungen im Herbst 1948 denkbar schlecht für die Entstehung einer Verfassung als freie Willensentscheidung eines souveränen Volkes. Schon das Zustandekommen des Parlamentarischen Rates schien Brentano bedenklich, ebenso die Begrenzung seiner Entscheidungsfreiheit durch die in den »Frankfurter Dokumenten« niedergelegten Empfehlungen der Westmächte wie die Tatsache, daß ein großer Teil der Deutschen von diesen Verfassungsberatungen ausgeschlossen war. Aber auch Brentano sprach von »erträglichen Lösungen«, die gefunden worden waren, und er meinte damit den föderalistischen Staatsaufbau, das uneingeschränkte Bekenntnis zur parlamentarischen Demokratie, die weitgehende Verankerung der Grundrechte. Und eine wesentliche Errungenschaft sah er auch darin, daß das Grundgesetz konsens- und kompromißfähig angelegt war, daß es den Weg weiterer Entwicklungen nicht versperre.[27]

Organisatorisch und politisch ist das Grundgesetz eine – vor allem im institutionellen Bereich – verbesserte Version der Weimarer Verfassung. Die wesentlichen Konstruktionsmängel wurden beseitigt (teilweise mit Hilfe der drei westlichen Besatzungsmächte). Vor allem betraf das den Status und die Machtkompetenz des Staatsoberhaupts, die Verteilung der Kompetenzen zwischen Bund und Ländern, die Stellung der zweiten Kammer, das konstruktive Mißtrauensvotum. Es waren die Lehren aus Weimar.

In der Überwindung der nationalstaatlichen Gebundenheit kam auch die entschiedenste Revision der Weimarer Verfassung zum Ausdruck. Beim Vergleich des Wortlauts vom Bonner Grundgesetz und der Weimarer Reichsverfassung fällt dies natürlich kaum auf – das ist mehr eine Sache der Verfassungswirklichkeit als des Verfassungstextes. Aber die Realität einer Konstitution ist ja das Entscheidende.

2. Verfassungspläne und Demokratiekonzepte im Widerstand, im Exil und unter alliierter Herrschaft

I

»Es wäre ein Selbstbetrug wiederum ohnegleichen, wenn wir annehmen würden, der Aufbau Deutschlands wäre vorwiegend eine wirtschaftliche, eine technische Angelegenheit, und es genüge, die Lebensmittelversorgung zu ordnen, den Verkehr in Gang zu bringen, die Schutthaufen fortzuräumen und an deren Stelle Parkanlagen oder neue Gebäude zu errichten.« Der Satz steht im »Deutschen Bekenntnis« von Johannes R. Becher, mit dem im September 1945 die Zeitschrift »Aufbau« als Organ des Kulturbunds zur demokratischen Erneuerung Deutschlands eröffnet wurde.[1] Viele sind, wie die Nachgeborenen schmerzlich konstatierten, solchem Selbstbetrug in der Euphorie der Wiederaufbaujahre erlegen. Es wurde aber auch, und zwar beginnend schon bald nach der Etablierung des NS-Staates 1933, an allen möglichen Orten von Menschen unterschiedlicher Überzeugung und jeglicher politischer Couleur, nachgedacht und geschrieben, wie Deutschland nach Hitler geistig und politisch neu aufgebaut werden müßte.

Die Fülle und Vielfalt der Konzeptionen für ein demokratisches Nachkriegsdeutschland aufzuzählen wäre ebenso zeitraubend und ermüdend, wie es andererseits fast unmöglich ist, den Stoff systematisch geordnet und nach Kategorien wie sozialistisch, liberal, konservativ oder föderalistisch, monarchisch, genossenschaftlich, ständisch usw. zu präsentieren. Aber auch ein nur kursorischer Überblick ist angesichts des Materials schwierig, weil es sich ebenso uferlos wie heterogen darbietet. Es muß also wohl beim bescheidenen Versuch sein Bewenden haben, an exemplarischen Konzeptionen grundsätzliche Positionen zu demonstrieren. Reine Organisationsmodelle oder Strukturskizzen zum Staatsaufbau, wie sie vor allem in den ersten Nachkriegsjahren von Politikern, Beamten, Staats- und Verfassungsrechtlern entworfen wurden, bleiben dabei außer Betracht.[2]

Erschreckend reaktionär und patriarchalisch waren die Anfang 1941 formulierten Zielsetzungen der führenden Köpfe des 20. Juli 1944. Goerdeler und Beck erstrebten eine Reform des Deutschen Reiches – in den Grenzen von 1914 und unter Einschluß nationalsozialistischer Annexionen, nämlich Österreichs und der Sudetengebiete. Die Erneuerung sollte im Geist der preußischen Reformperiode des 19. Jahrhunderts erfolgen, und entsprechend lesen sich die Passagen zur Volksvertretung und zum Wahlrecht, die vom Mißtrauen ihrer Verfasser gegen die Formen repräsentativer Demokratie zeugen: Es sei nicht vertretbar, meinten Beck und Goerdeler[3], »in einem derart durch Unfreiheit und Propaganda kritiklos gewordenen Volke die gesamte Politik und damit das Wohl der Menschen sowie die Sicherheit des Staates ganz auf das direkte Wahlrecht zu gründen«. Mancher Deutsche, vermuteten die Männer des 20. Juli, habe Sorgen vor Wahlrecht und Volksvertretung, aber die Vergangenheit lehre, daß es keine Möglichkeit gebe, »den Kampfcharakter des Lebens auch auf diesem Gebiete zu umgehen. Der diktatorische oder tyrannische Führerstaat ist ebenso unmöglich wie der entfesselte überdemokratische Parlamentarismus.« Ganz folgerichtig erscheint daher die Volksvertretung an letzter Stelle aller verfassungsmäßigen Institutionen, quasi als ein Anhängsel der Reichsregierung und flankiert von einem nichtgewählten, aber in der Gesetzgebung gleichberechtigten Ständehaus.

Den liberalen und sozialistischen Konzeptionen ganz entgegengesetzt wurde im Goerdeler-Kreis aus dem Scheitern der Weimarer Republik die Konsequenz gezogen, daß die personale Spitze des Staats gestärkt werden müßte. Einem kleinen Kabinett, in dem der Wehrminister an erster Stelle genannt wurde und in dem das Ressort Arbeit bewußt nicht vorkam, sollte ein gegenüber dem Parlament starker Kanzler präsidieren. Über dem Kanzler sollte ein »Reichsführer« schweben, den man sich wohl als eine mit Weisheit und Umsicht begabte Persönlichkeit à la Hindenburg dachte. Der Reichsführer sollte »nicht im Rampenlicht der Kritik« stehen, sollte aber »immer das Heft in der Hand« halten, und im äußersten Fall eines Staatsnotstands, »für dessen Erklärung der Staatsführer allein die Verantwortung vor Gegenwart und Geschichte zu übernehmen hat«, würde ihm ein alleiniges Verordnungsrecht zustehen. »Es bleibt dann seinem Verantwortungsbewußtsein und seinem Können überlassen, die Dinge zu gegebener Zeit wieder in die rechten Geleise zu bringen, wie es seinerzeit Bismarck und der alte Kaiser in den 60er Jahren des vorigen Jahrhunderts getan haben.« Bei diesem Staatsverständnis wundert es nicht, daß eine monarchische Spitze das Ideal gewesen wäre. Aus »kalter Vernunft« plädierten Goerdeler und Beck daher für einen Erb- oder Wahlkaiser, weil das den deutschen Bedürfnissen und Traditionen am besten entspräche. Unter die demokratischen Programme lassen sich diese Gedankengänge nur mit einiger Mühe einreihen.[4]

Die kleine liberale Oppositionsgruppe um Hans Robinson und Ernst Strassmann, deren später prominentestes Mitglied Thomas Dehler war, argumentierte nicht nur rationaler als der Goerdeler-Kreis, dessen »kalte

Vernunft« zum guten Teil aus deutschnationalen Emotionen bestand. Die »Deutsche Opposition« radikaler Demokraten linksbürgerlicher Observanz zeigte sich auch lange vor Goerdeler in ihren Prognosen und Postulaten realistischer. In einer großen Programmschrift[5], die 1939, zwischen März und September, entstand, umriß Robinsohn die Ziele, deren oberstes die Wiederherstellung des Rechtsstaats mit einer gewählten Repräsentativkörperschaft war, in dem Gedankenfreiheit, Pressefreiheit und allgemeines, gleiches und geheimes Wahlrecht selbstverständlich sein würden. Wie beim Goerdeler-Kreis war von Selbstverwaltung die Rede, aber die Liberalen sahen sie in erster Linie »als Mittel zur Schulung des Volks, in verantwortlicher Weise an der Bestimmung seiner Angelegenheit mitzuwirken«. Im Gegensatz zu den Männern des 20. Juli, die die Zustände unter Bismarck idealisierten, hofften die Liberalen, das in der Revolution 1918/19 Versäumte nachzuholen, wenn sie das Volk an freie und verantwortliche Mitarbeit an der Regierung gewöhnen wollten, »um so Schritt für Schritt den Zustand politischer Reife zu entwickeln, der irrtümlicherweise bei dem Sprung vom Kaiserreich zur Weimarer Verfassung als vorhanden vorausgesetzt worden war«.[6]

Auf ihre Weise waren die Liberalen auch elitär – ein Verdacht, der schon durch den häufigen Gebrauch der Vokabel »Schulung« genährt wird –, aber sie hatten zukunftsweisende und beherzigenswerte Vorstellungen von Demokratie, wenn sie die Position des Parlaments im Staat nach Hitler folgendermaßen definierten: »Die Aufgaben dieser Volksvertretung werden dreifach sein: Verwaltungskontrolle, Zusammenarbeit mit und Kritik an der Regierung, und Vorbereitung, Heranbildung und Auslese von Nachfolgern für die Regierung und die Führung des Volks«[7], und ebenso, wenn sie vor Ausbruch des Zweiten Weltkriegs erklärten, »die Auffassung Europas als einer kulturellen und wirtschaftlichen Einheit wird die politische Haltung der neuen deutschen Regierung in allen Tagesfragen bestimmen«.[8]

Verhaltener war das Bekenntnis zu Europa in den »Grundsätzen für die Neuordnung« des Kreisauer Kreises vom August 1943. Im Kreisauer Kreis hatten sich 1940 Personen höchst unterschiedlicher politischer und sozialer Herkunft zusammengefunden. An ihrer Spitze Helmuth James Graf Moltke, auf dessen schlesischem Rittergut Kreisau die Zusammenkünfte stattfanden, und Peter Graf Yorck von Wartenburg. Zu den Kreisauern gehörten Sozialdemokraten wie Adolf Reichwein, Theodor Haubach, Carlo Mierendorff und Julius Leber, evangelische Geistliche wie Eugen Gerstenmaier und katholische wie Pater Delp, konservative Verwaltungsbeamte und Diplomaten. Bezeichnend ist freilich, daß diese prominenten Kreisauer, soweit sie überlebten und nach dem Krieg als Politiker eine Rolle spielten, wie Theodor Steltzer als Ministerpräsident in Kiel

oder Hans Lukaschek als späterer Bundesminister oder auch Eugen Gerstenmaier, keinen Einfluß auf die Demokratiekonzeptionen in der Nachkriegszeit hatten, oder, schlichter ausgedrückt: Bei der Innenausstattung
des staatlichen Neubaus wirkten sie nicht mit, obwohl wenigstens Steltzer
sich bemühte, Kreisauer Gedankengänge in seinem 1949 publizierten
Buch »Von deutscher Politik« in die Nachkriegsdiskussion einzubringen.[9]
Auch dem Parlamentarischen Rat legte er eine umfängliche Denkschrift
als »Diskussionsbeitrag zum deutschen Verfassungsproblem« vor, die
aber ebenso wie andere Eingaben an die Konstituante wenig oder keine
Beachtung fand.

Im Mittelpunkt des Neuaufbaus sollten nach dem Kreisauer Programm
Arbeiterschaft und Kirchen stehen, die demokratische Erneuerung sollte
aus dem Geist des Christentums erfolgen. Die Wiederherstellung von
Rechtsstaatlichkeit, Glaubens- und Gewissensfreiheit, Selbstverwaltung
galten als besonders wichtig. Zum Wahlrecht hatten sich die Kreisauer
eine interessante Variante ausgedacht: Jedem Familienoberhaupt war für
jedes nicht wahlberechtigte Kind eine zusätzliche Stimme zugedacht. Politische Beamte und Soldaten sollten für den Reichstag, dessen indirekte
Wahl durch die Landtage vorgesehen war, nicht wählbar sein. Als Reflex
auf die Erfahrungen in der Weimarer Republik war das Wahlrecht ja in
den meisten Konzepten für eine Nachkriegsdemokratie einer der sensi-
blen Punkte. Die Neigung, beim Untergang der ersten Republik vor allem dem Wahlsystem von Weimar die Schuld zu geben, war so verbreitet,
daß das Verhältniswahlrecht und auch direkte Wahlen weithin diskreditiert waren. In der Wahlrechtsfrage zeigten sich die Kreisauer also eher
von der konservativen Seite. Dafür nahmen sie im Wirtschaftsprogramm
nicht nur Gedankengänge des Ahlener Programms der CDU von 1947
vorweg, sie engagierten sich vielmehr konsequent für den Grundsatz
staatlicher Wirtschaftslenkung – »Die Wirtschaftsverwaltung ist Teil der
allgemeinen Staatsverwaltung« hieß es in der Grundsatzerklärung –, sie
forderten die Sozialisierung der Schlüsselunternehmen des Bergbaus, der
eisen- und metallschaffenden Industrie, der Grundchemie und der Ener-
giewirtschaft, und sie propagierten den Gedanken der Mitbestimmung.
Das las sich so: »Die Reichsregierung fördert die Entwicklung des Betriebes zu einer Wirtschaftsgemeinschaft der in ihm schaffenden Menschen.
In einer solchen – Betriebsgewerkschaft genannten – Gemeinschaft wird
die Beteiligung der Belegschaft an der Betriebsführung und an den Be-
triebsergebnissen, insbesondere dem Wertzuwachs des Betriebes, zwischen dem Eigentümer des Betriebes und der Vertretung der Belegschaft
vereinbart.«[10]

Eines der bemerkenswertesten Dokumente zum demokratischen Neubeginn entstand in einem Konzentrationslager. Das »Buchenwalder Mani-

fest«, niedergeschrieben am 13. April 1945, basierend auf Diskussionen
politischer Häftlinge sozialistischer, kommunistischer, christlicher Gesinnung aus vielen europäischen Ländern, wurde von seinen Urhebern als
demokratisch-sozialistisches Programm, aber auch als Gebrauchsanwei-
sung verstanden zur Vernichtung des Faschismus, zum Aufbau einer
»Volksrepublik«, zur Gewinnung von Frieden, Recht und Humanität und
zur Herstellung der sozialistischen Einheit. Aus dem Diskussionskreis,
den der Idealist und Sozialist Hermann Brill 1944 im Konzentrationslager
Buchenwald als »Volksfront-Komitee« unter Beteiligung des späteren
hessischen CDU-Vorsitzenden Werner Hilpert, des Sozialdemokraten
Ernst Thape und des Kommunisten Walter Wolf gegründet hatte, waren
als Unterzeichner des Buchenwalder Manifests nur die demokratischen
Sozialisten übriggeblieben. Sie erstrebten, in der Hoffnung auf ein Bünd-
nis aller antifaschistischen Kräfte, »einen neuen Typ der Demokratie, die
sich nicht in einem leeren, formelhaften Parlamentarismus erschöpft,
sondern den breiten Massen in Stadt und Land eine effektive Betätigung
in Politik und Verwaltung ermöglicht«.[11]
Über antifaschistische Volksausschüsse sollte ein Deutscher Volkskon-
greß entstehen, der eine Volksvertretung wählen müßte. Das Konzept
der Antifa-Ausschüsse, das basisdemokratische Gedanken und der Räte-
bewegung entlehnte Elemente enthielt, war in der ersten Zeit nach dem
Zusammenbruch des NS-Regimes verbreitet und wurde an etlichen Orten
auch erfolgreich praktiziert. Das Antifa-Modell kollidierte aber bald mit
den Realitäten der alliierten Besatzungspraxis und wurde allenthalben
unterbunden. Ebenso scheiterten am Widerstand der KPD die Hoffnungen zur sozialistischen Einheit, die im Buchenwalder Manifest als uner-
läßliche Voraussetzung des gesamten Demokratie-Programms betrachtet
wurden und an die der Bund demokratischer Sozialisten – wie sich die
Buchenwalder Sozialdemokraten nannten – mit folgenden Worten appel-
lierte: »Begründet auf die Gedanken des Klassenkampfes und der Inter-
nationalität und auf das Bewußtsein, daß die Verwirklichung des Sozialismus nicht eine Frage des Zukunftsstaates, sondern die unmittelbare Ge-
genwartsaufgabe ist, wollen wir die Einheit der sozialistischen Bewegung
als eine Einheit des praktischen Handelns, der proletarischen Aktion her-
stellen. Freiheit in der Diskussion und Disziplin in der Durchführung der
Beschlüsse werden es uns ermöglichen, alle ehrlichen sozialistischen
Kräfte zusammenzufassen.«[12] Bis ins Frühjahr 1946 waren diese Gedankengänge in allen vier Besatzungszonen Deutschlands populär.
Beim Aufbau der Volksrepublik wollten die Unterzeichner des Manifests
von Buchenwald auch das »privilegierte Berufsbeamtentum« abschaffen
und durch ein »hochqualifiziertes, sauberes, sozialmodernes Volksbeam-
tentum« ersetzen, der Achtstundentag und die Tariffreiheit würden –

ebenso wie eine unabhängige Gewerkschaftsorganisation – wiederhergestellt werden. Friede, Recht und Humanität sollten durch die Beteiligung
an einer internationalen Gerichtsbarkeit gefördert und erzielt werden.
Als oberstes Ziel der Außenpolitik wurde postuliert, »in Zusammenarbeit mit allen sozialistisch geführten Staaten zu einer europäischen Staats-
gemeinschaft« zu kommen. Erträumt wurde der neue Typ des deutschen
Europäers, und in diesem Zusammenhang findet sich auch der bedeu-
tungsschwere Satz: »Uns kann niemand umerziehen, wenn wir es nicht in
Freiheit selbst tun.«

Das Kernstück des Manifests bildete der Programmpunkt »Sozialisierung
der Wirtschaft«: »Überzeugt, daß die letzte Ursache zu diesem ungeheu-
erlichsten aller Kriege in der Raubtiernatur der kapitalistischen Wirtschaft, des finanzkapitalistischen Imperialismus und der von beiden er-
zeugten moralischen und politischen Verwahrlosung des Lumpenproleta-
riats und Kleinbürgertums liegt, fordern wir, daß den Gesellschaftskrisen
durch eine sozialistische Wirtschaft ein absolutes Ende gesetzt wird.
Deutschland kann ökonomisch nur auf sozialistischer Grundlage wieder
aufgebaut werden. Ein Aufbau unserer zerstörten Städte als kapitalisti-
sches Privatgeschäft ist ebenso unmöglich, wie ein Wiederaufbau der Industrie aus den Taschen der Steuerzahler. Wir erklären feierlich, daß niemand von uns an eine Enteignung des bäuerlichen Besitzes denkt. Er soll
im Gegenteil garantiert und vermehrt, zur Höchstleistung geführt, von
allen Schranken der Reichsnährstandspolitik befreit, genossenschaftlich
gefördert werden und einer freien Selbstverwaltung überlassen bleiben.
Der Großgrundbesitz ist einzuziehen und gemeinwirtschaftlich zu verwal-
ten.«[13]

II

Sozialistische Programmschriften für einen demokratischen Neuanfang,
die mit dem Buchenwalder Manifest vergleichbar sind, entstanden während der NS-Zeit in einiger Anzahl, aber allesamt nicht auf deutschem
Boden. Der wohl früheste Text wurde im Januar 1934 vom sozialdemokratischen Exilvorstand in Prag als Produkt langer Debatten und mehre-
rer Entwürfe verabschiedet. Das späteste Dokument des sozialistischen
Exils, die »Richtlinien für eine deutsche Staatsverfassung«, wurde von
der Union deutscher sozialistischer Organisationen in Großbritannien
Ende November 1945 in London publiziert.[14] Das »Prager Manifest der
Sopade« von 1934 verstand die Hitlerdiktatur als Sieg der Gegenrevolu-
tion, der durch neuen revolutionären Kampf überwunden werden müsse,
quasi um die Ausgangsposition von 1918 wiederherzustellen. Die Wieder-

eroberung demokratischer Rechte werde »zur Notwendigkeit, um die Arbeiterbewegung als Massenbewegung wieder möglich zu machen und den sozialistischen Befreiungskampf wieder als bewußte Bewegung der Massen selbst zu führen«. Der »Kampf um die Demokratie« erweitere sich so zum »Kampf um die völlige Niederringung der nationalsozialistischen Staatsmacht«.[15]

Das Pathos der Verzweiflung bestimmte die Sprache des Prager Manifests, wenn es etwa hieß: »Die Niederwerfung des nationalsozialistischen Feindes durch die revolutionären Massen schafft eine starke revolutionäre Regierung, getragen von der revolutionären Massenpartei der Arbeiterschaft, die sie kontrolliert.« Die litaneimäßige Beschwörung der Revolution war wohl auch als Schmerzlinderungsmittel verordnet für die Wunden, die die widerstandslose Zerschlagung der organisierten Arbeiterbewegung den Sozialdemokraten und Gewerkschaftern geschlagen hatte. Aber die SPD-Führer im Exil hatten auch, über die Sofortmaßnahmen nach einem Sieg über den Faschismus hinaus, die Vision eines demokratischen Staats und einer sozialistischen Gesellschaft. Dazu sollten der alte politische Apparat zerschlagen und die Eliten in Bürokratie, Justiz, Polizei und Militär ausgetauscht, die Trennung von Kirche und Staat durchgeführt werden. Als Bedingung des revolutionären Wandels schien die sofortige entschädigungslose Enteignung des Großgrundbesitzes und der Schwerindustrie und die Sozialisierung der Großbanken unerläßlich.

Das Zauberwort »Selbstverwaltung« findet sich auch im Prager Manifest: »Das despotische System der zentralisierten Staatsvollmacht wird durch die Herstellung einer echten freiheitlichen Selbstverwaltung innerhalb des gegliederten Einheitsstaats gebrochen.«[16] Die erstrebte Sozialisierung der gesamten Wirtschaft würde dann das »Mittel zum Endziel der Verwirklichung wahrer Freiheit und Gleichheit, der Menschenwürde und voller Entfaltung der Persönlichkeit«[17] sein.

Das Ideal schließlich wäre, je mehr der Obrigkeitsstaat durch die Selbstverwaltung ersetzt sein würde, in der Überwindung des Gegensatzes zwischen Staat und Gesellschaft erreicht: »An die Stelle des Machtstaates, der durch Militär, Bürokratie und Justiz seine Untertanen beherrscht, tritt die Selbstverwaltung der Gesellschaft, in der jeder zur Mitwirkung an den allgemeinen Aufgaben berufen ist.«[18] Anders als beim Goerdeler-Kreis, wo mit dem Begriff »Selbstverwaltung« in erster Linie die Kompetenzen des preußischen Landrats gemeint waren, assoziierten die Sozialdemokraten damit Elemente direkter Demokratie. Das Prager Manifest schloß mit dem flammenden Aufruf an die deutsche Arbeiterschaft, die Ketten der Knechtschaft abzuschütteln.[19]

Die Illusion, daß sich das deutsche Volk aus eigener Kraft von der NS-Herrschaft befreien könne, verflog unter den Emigranten bis in die letz-

ten Kriegsjahre hinein nicht vollständig. In New York trafen sich Anfang Juli 1943 deutschsprachige Sozialdemokraten und Gewerkschafter
zu einer Konferenz. Als Veranstalter zeichneten der deutschsprechende
Zweig der »Social Democratic Federation of America«, die »German
Labor Delegation in USA« und die New Yorker »Neue Volkszeitung«.
Einige Prominenz der deutschen Arbeiterbewegung war versammelt,
wie Siegfried Aufhäuser, Hedwig Wachenheim, Friedrich Stampfer und
Max Brauer. Unter den Resolutionen, die nach zweitägiger Beratung
verabschiedet wurden, war eine dem künftigen Staatsaufbau Deutschlands gewidmet. Darin wurde der Hoffnung Ausdruck verliehen, daß
»die allgemeine Kriegslage zu einer Revolution in Deutschland führen
möge, noch ehe ein Soldat der alliierten Mächte deutschen Boden betreten hat«. Die Konferenz, so hieß es weiter, würde in dieser Revolution
»den vom deutschen Volke selbst ausgesprochenen und Tat gewordenen
Willen zur Freiheit erblicken, dem die Welt ihre Achtung nicht versagen
dürfte«.[20]
Aber viel Hoffnung auf einen befreienden revolutionären Akt hatten die
Emigranten in New York nicht, denn sie fuhren ahnungsvoll fort:
»Sollte der Zusammenbruch des Naziregimes nur allmählich, jeweils mit
dem Vordringen der alliierten Heere vor sich gehen, so spricht die Konferenz den Wunsch aus, daß bei der dann eintretenden Okkupation die
militärischen Befehlshaber bereit sein werden, den demokratischen
Kräften Gelegenheit und Hilfe zur Liquidierung der nationalsozialistischen Gewaltherrschaft und zu wirkungsvollem Aufbau einer neuen
Demokratie zu bieten... Die Konferenz würde es begrüßen, wenn der
organische Aufbau eines neuen Deutschlands möglichst früh durch
Wiedereinführung normaler Formen demokratischen Lebens in Angriff genommen werden könnte. Sie empfiehlt zur Sicherung der künftigen Demokratie und zur Erhaltung des Weltfriedens die politische
Demokratie der Zweiten Republik durch wirtschaftlich demokratische
Maßnahmen zu festigen und den Bestand der Verfassung durch die
Garantie einer überstaatlichen Organisation sicherzustellen.«[21]
Das Referat über die staatliche Neugestaltung Deutschlands hatte bei
dieser Konferenz der frühere preußische Innenminister Albert Grzesinski gehalten. Seine Rede war eine Verteidigung der Weimarer Reichsverfassung von 1919 und ein Plädoyer für ihre Wiederinkraftsetzung.
Grzesinski dachte freilich an einige Modifikationen wie die Heraufset-
zung des Wahlalters, die Verbesserung des Wahlsystems, der Präsident
sollte nicht mehr plebiszitär gewählt werden, die Kompetenzen des
Reichs wollte er u. a. auf dem Gebiet des Erziehungswesens, der Polizei,
der Justiz ausdehnen und die Verwaltungsexekutive den Ländern nehmen. Das waren für den Weimaraner und Sozialdemokraten Grzesinski

selbstverständliche Konsequenzen und Nutzanwendungen zu einer verbesserten Neuauflage der »demokratischsten Verfassung der Welt«.[22]
Ein Jahr zuvor, 1942, hatte im brasilianischen Exil der ehemalige
Reichsminister Erich Koch-Weser, einer der linksliberalen Verfassungs-
väter von Weimar, den »Entwurf einer Deutschen Reichsverfassung
nach Hitlers Sturz« fertiggestellt.[23] Koch-Weser zog zum Teil die gleichen Schlüsse aus dem Scheitern der Weimarer Republik wie Grzesinski, wenn er die Regierung gegenüber Mißtrauensvoten des Parlaments stärken und wenn er den Ländern Kompetenzen entziehen
wollte. Anders als der Sozialdemokrat Grzesinski hielt Koch-Weser aber
am plebiszitär gewählten Staatsoberhaupt als der Spitze einer starken
Exekutive fest, und – das war ein typischer Reflex auf den Untergang
der Weimarer Republik – Koch-Weser suchte die eher konservative Lösung der Stärkung der Exekutive einschließlich eines formulierten Not-
standsrechts anstelle der verfassungsrechtlichen Fixierung des Instru-
mentariums der Massendemokratie, der politischen Parteien.
Bei den Verfassungskonstruktionen für Nachkriegsdeutschland sind
zwei Hauptströmungen die Regel, nämlich die Tendenz zur Stärkung der
Zentralgewalt, zum einheitsstaatlichen Unitarismus bei Sozialisten und
Liberalen und die Neigung zur Stärkung des Föderalismus von bundes-
staatlichen bis staatenbündischen Spielarten bei Konservativen. Diese
Regeln wurden vor allem in den Entwürfen der Nachkriegsjahre selten
durchbrochen.
Im Schweizer Exil hatte sich eine Gruppe deutscher Politiker getroffen,
die unter dem Namen »Das Demokratische Deutschland« eine Arbeitsgemeinschaft bildeten: Der Sozialdemokrat und spätere bayerische Ministerpräsident Wilhelm Hoegner, sein Parteifreund, der legendäre frühere preußische Ministerpräsident Otto Braun und der ehemalige
Reichskanzler Josef Wirth vom Zentrum waren die Köpfe der Gruppe.
Im Mai 1945, schon an der Schwelle zur Nachkriegszeit, veröffentlichten
sie eine Broschüre mit dem Titel: »Grundsätze und Richtlinien für den
deutschen Wiederaufbau im demokratischen, republikanischen, föderalistischen und genossenschaftlichen Sinne.« Diese Grundsätze weichen
nicht nur von der eben genannten Typologie ab, sie sind auch eines der
seltenen Beispiele für die Adaption politischer Ideen des Exillandes.
In kraftvoller Sprache und mit Pathos wurde ein deutscher Bundesstaat
im Mittelpunkt einer europäischen Föderation propagiert. Kategorisch
abgelehnt wurden die Auflösung der nationalen Einheit und jede Verletzung der territorialen Integrität Deutschlands durch Gebietsverluste im
Osten wie durch Gründung katholischer Separatstaaten im Süden oder
im Westen. Statt eines Reichspräsidenten sollte der deutsche Bundesstaat eine kollegiale Bundesregierung mit jährlich wechselndem Vorsitz

haben. Wirtschaftspolitisch wurden rigorose Enteignungen des Großgrundbesitzes, aber der Erhalt des vererbbaren Privateigentums und
genossenschaftliche Produktionsformen in der Landwirtschaft, im
Gewerbe und in der zu dezentralisierenden Industrie propagiert. Die
besonders zu fördernde Familienpolitik schloß die Forderung nach
Einfamilienhäusern beim Wiederaufbau ein.

Den Grundsätzen war ein Aufruf vorangestellt, in dem der Gedanke
einer Kollektivschuld der Deutschen zurückgewiesen wurde: Das ganze
deutsche Volk für alle seit 1933 begangenen Untaten verantwortlich machen zu wollen sei reine Rachsucht: »Gerecht ist schließlich doch auch
die Einsicht, daß das gegenwärtige furchtbare Weltunglück nicht nur von
seinen unmittelbaren Urhebern, sondern auch durch blinde Duldung
des Unrechts mitverschuldet worden ist.«[24]

Die ausdrückliche Zurückweisung der Kollektivschuld-These war übrigens häufiger Bestandteil von Überlegungen, die im Exil publiziert worden sind, und indirekt basierte auch der Aufruf des Nationalkomitees
Freies Deutschland an die Wehrmacht und an das deutsche Volk, der
hier wenigstens noch erwähnt werden soll, darauf, ja darüber hinaus
wurde darin in Aussicht gestellt, daß die Selbstbefreiung der Deutschen
vom Nationalsozialismus honoriert würde. Das Ziel heiße »Freies
Deutschland«, hatten die Kriegsgefangenen der bei Stalingrad vernichteten 6. Armee in Krasnogorsk bei Moskau im Juli 1943 geschrieben,
und das bedeute: »eine starke demokratische Staatsmacht, die nichts ge-
mein hat mit der Ohnmacht des Weimarer Regimes, eine Demokratie,
die jeden Versuch des Wiederauflebens von Verschwörern gegen die
Freiheitsrechte des Volkes oder gegen den Frieden Europas rücksichts-
los schon im Keim erstickt. Restlose Beseitigung aller auf Völker- und
Rassenhaß beruhenden Gesetze, aller unser Volk entehrenden Einrichtungen des Hitlerregimes, Aufhebung aller gegen die Freiheit und
Menschenwürde gerichteten Zwangsgesetze der Hitlerzeit. Wiederherstellung und Erweiterung der politischen Rechte und sozialen Errungenschaften der Schaffenden, Freiheit des Wortes, der Presse, der Organisation, des Gewissens und der Religion.«[25]

III

Viele vom Idealismus beseelte Entwürfe der ersten Nachkriegszeit erwiesen sich deshalb als unrealistisch und unbrauchbar, weil ihre Verfasser
in der Euphorie des Pläneschmiedens glaubten, die nationalsozialistischen Jahre ausblenden und im neuen Anlauf einfach an den besseren
Traditionen der deutschen Geschichte anknüpfen zu können. Ein Beispiel lieferte der Würzburger Historiker Ulrich Noack, der als Kopf des

neutralistischen Nauheimer Kreises bekannt wurde. Noack publizierte im Frühjahr 1946 seinen Prospekt für »Die Dritte selbstgegebene Verfassung des deutschen Volkes und die Vorbereitung zur Nationalversammlung von 1948«. Als ob nichts geschehen wäre, was unter den Kategorien von Schuld und Sühne aufzuarbeiten sei, ohne einen Gedanken an notwendige Maßnahmen der Selbstreinigung wie die Bestandsaufnahme und Überwindung der nationalsozialistischen Ideologie zu verschwenden, verlangte Noack in schönklingender Formulierung die sofortige Vorbereitung einer Nationalversammlung. »Zeitpunkt und Sitz dieser Versammlung sind geschichtlich mit fast zwingender Geistesmacht vorgezeichnet: Die neue deutsche Nationalversammlung zur Schaffung der dritten selbstgegebenen Verfassung des deutschen Volkes muß im Jahrhundertjahr von 1848 und in der wiederhergestellten Paulskirche zu Frankfurt am Main stattfinden.«[26] Noacks Verfassung sollte eine Art konstitutioneller Demokratie sein, bei der dem Parlamentarismus ständische Elemente beigemischt würden, und staatenbündische Tendenzen wären weitgehend verwirklicht worden.

Ähnlich von den Realitäten des Besatzungsalltags abgehobene Konzepte wurden in der Zeitschrift mit dem programmatischen Titel »Neues Abendland« ab März 1946 propagiert. Mit dem Geld des erzkatholischen Fürsten Waldburg-Zeil wurde in der in Augsburg verlegten Zeitschrift für die Erneuerung Deutschlands aus christlicher Verantwortung gestritten. Konkret verstanden Herausgeber und Autoren darunter die Abkehr vom Nationalstaat Bismarcks und die strenge Verurteilung aller von Preußen verursachten Fehlentwicklungen deutscher Geschichte. Das Heil suchten sie in einem Föderalismus strengster, also bayerischer Observanz unter Einbeziehung monarchistischer Sehnsüchte und Wunschträume, und als Propheten wurden Konstantin Frantz, Joseph Görres, Georg Gottfried Gervinus und andere Klassiker des 19. Jahrhunderts verehrt.[27]

Die Zeitschrift war nicht ohne Wirkung und Einfluß, und namentlich in Bayern gab es auch ähnliche offizielle Strömungen, die bis in den Herrenchiemseer Verfassungskonvent 1948 reichten; ihre Repräsentanten propagierten auf staats- und verfassungsrechtlichem Gebiet verwandte Ziele. So hatte Friedrich Glum, der Verfassungsreferent in der bayerischen Staatskanzlei, im Sommer 1946 den Entwurf einer »Verfassung der Vereinigten Staaten von Deutschland« ausgearbeitet als Anleitung für die extremföderalistische Reorganisation Deutschlands.[28] Die Überlegungen des bayerischen Staatsministers Anton Pfeiffer, der im Parlamentarischen Rat in Bonn die CDU/CSU-Fraktion führte, waren von ähnlichen konservativ-katholischen Überzeugungen geprägt wie die Diskussionsbeiträge des rheinischen Unionspolitikers Adolf Süsterhenn im »Rheinischen Merkur«, dessen weltanschauliche Enge sich zusätzlich im Kampf für eine starke Stellung der Kirche im Staat und die Grundsätze christlicher Erziehung, Sitte und Moral manifestierte.[29] Progressiv-katholische Positionen vertraten – auf längere Sicht mit geringerer Resonanz – vor allem Walter Dirks und Eugen Kogon in den »Frankfurter Heften« und, sozialpolitisch motiviert, Männer wie Eberhard Welty, Johannes Albers, Oswald von Nell-Breuning oder der christliche Gewerkschafter Adam Stegerwald.[30]

Im Gegensatz zu den in den Nachkriegsjahren landauf, landab in reichem Maß publizierten und diskutierten Bauplänen zur Restaurierung oder für den mehr oder minder gründlichen Neubau deutscher Staatlichkeit, waren die Konzepte aus der Illegalität, dem Widerstand und dem Exil entweder schon vergessen oder gar nicht erst ins öffentliche Bewußtsein gedrungen. Jedenfalls spielten sie in der Diskussion über die äußere Gestalt und die Innenausstattung der Nachkriegsdemokratie keine oder doch keine nennenswerte Rolle.

Die politische Diskussion erreichte den äußeren Impulsen und den daraus resultierenden Zwängen folgend 1947/1948 ihren Höhepunkt. Es waren die Londoner Konferenzen, erst die gescheiterte der vier Mächte, die Deutschland kontrollierten, dann die der drei Westmächte mit den drei westlichen Nachbarstaaten Deutschlands, bei denen die Weichen für die künftige Staatlichkeit der Deutschen gestellt wurden. Zum äußeren Rahmen gehörten, und zwar als ganz wesentliche ökonomische Bestandteile, der amerikanische Marshall-Plan und die von den drei Westalliierten durchgeführte Währungsreform sowie, als die entscheidende politische Vorgabe, die Frankfurter Dokumente.[31]

Diese enthielten den Auftrag oder doch mindestens die dringende Offerte zur Gründung des westdeutschen Staates, und diese Offerte wurde von den elf westdeutschen Ministerpräsidenten im Juli 1948 nach geringem Sträuben angenommen. Von nun an ging es darum, möglichst rasch den Rahmen der alliierten Vorgaben auszufüllen, also eine Verfassung zu schaffen, wobei weder die Staatsform noch die Staatsstruktur überhaupt zur Diskussion standen: Die parlamentarische Demokratie mußte aber nach alliierter Vorschrift darüber hinaus auch föderalistisch strukturiert sein, eine »angemessene Zentralinstanz« wurde erwartet, und die individuellen Rechte und Freiheiten mußten garantiert werden. Angesichts dieses Pflichtenkatalogs waren viele Ausarbeitungen, die in deutschen Amtsstuben oder Studierzimmern ersonnen waren, obsolet, weil sie den Forderungen des Tages nicht entsprachen. Berufen waren nun, im Sommer 1948, Juristen, Politiker und – noch indirekt – die Parteien, die möglichst rasch der neuen Demokratie aufgrund des gegebenen Schnittmusters das passende Gewand schneidern mußten.

Grundsatzdiskussionen zur Verfassungsfrage wurden mit unterschiedlicher Leidenschaft seit 1946 in allen Parteien geführt. Innerhalb der noch sehr heterogenen Union war der »Ellwanger Kreis« das Forum, auf dem die Probleme künftiger Staatsorganisation am intensivsten erörtert wurden. Entstanden war das Gremium im Frühjahr 1947 aus dem Bedürfnis der CDU- und CSU-Mitglieder der süddeutschen Länderregierungen, sich untereinander über Fragen der Tagespolitik zu verständigen.

Die Zusammenkünfte im württembergischen Ellwangen standen im Zeichen von Grundsatzfragen christlicher Politik, sie konzentrierten sich ab Herbst 1947 auf das Problem der föderalistischen Neugestaltung Deutschlands.[32] Zusammen mit gleichgesinnten Freunden aus der CDU ganz Westdeutschlands wurde im November 1947 unter beträchtlichem bayerischen Einfluß ein Verfassungsmodell entworfen, das im April 1948 in Bad Brückenau mit einer von Adenauer geführten Delegation der zentralistischer eingestellten CDU der britischen Zone diskutiert wurde. Ein für die gesamte CDU/CSU verbindlicher Entwurf kam nie zustande. Die Konzepte unterschieden sich freilich weniger in Grundsatzpositionen als in den Organisationsvorstellungen, oder, etwas vereinfacht ausgedrückt, in den norddeutsch-unitarischen bzw. süddeutsch-föderalistischen Erwartungshorizonten.

Die SPD bot im Gegensatz zur CDU und CSU äußerlich ein Bild großer Geschlossenheit, das aber beim Vergleich der Parteilinie von Hannover mit den Standpunkten der sozialdemokratischen Landesfürsten in Facetten auseinanderfiel. Die »Richtlinien für den Aufbau der Deutschen Republik«[33], die ein vom Parteivorstand eingesetzter verfassungspolitischer Ausschuß ab September 1946 erarbeitet hatte, griffen auch in den Formulierungen weitgehend auf die Weimarer Reichsverfassung zurück.

Bis in den Sommer 1948 hinein begnügte sich die SPD-Zentrale, auf diese Nürnberger Richtlinien zu verweisen, wenn es notwendig schien. Im Vordergrund ihres Interesses standen Probleme der Wirtschafts- und Gesellschaftspolitik, und gegenüber der deutschlandpolitischen Konzeption spielte in Kurt Schumachers Umgebung die Verfassungsfrage eine untergeordnete Rolle. Die Gegensätze zwischen Pragmatikern in den Länderregierungen wie Wilhelm Hoegner, Carlo Schmid oder Hermann Brill und den Dogmatikern im Parteivorstand hatten zusammen mit der Fixierung auf den Vorrang eines Besatzungsstatus vor verfassungspolitischen Orientierungen zur Stagnation geführt, in deren Folge die SPD der Situation im Sommer 1948 – zu Beginn der Staatsgründung – ziemlich ungerüstet gegenüberstand. Erst im Juli 1948 bestellte der Parteivorstand bei seinem Verfassungsexperten Menzel den Entwurf für ein Grundgesetz, der den Vorstellungen der Alliierten und der weit fortgeschrittenen deutschen Diskussion der Weststaatsgründung Rechnung tragen sollte. Menzel legte den Entwurf für eine »Westdeutsche Satzung« vor[34], in dem sorgfältig alle terminologischen Hinweise auf den Staatscharakter des zu gründenden Gebildes vermieden waren. Dieser sogenannte »Erste Menzel-Entwurf«, der sich, in Übereinstimmung mit den Richtlinien von 1946/47, substantiell wenig von der Weimarer Reichsverfassung unterschied, war zum Zeitpunkt seiner Veröffentlichung im August 1948 bereits obsolet. Es waren darin nämlich nicht nur die Verhandlungsergebnisse der Ministerpräsidenten mit den Militärgouverneuren über die Frankfurter Dokumente ignoriert worden, inzwischen war auch der Verfassungskonvent in Herrenchiemsee an der Arbeit. Die Annahme des SPD-Parteivorstands, daß die Verhandlungen im Parlamentarischen Rat quasi am Nullpunkt beginnen würden, die Tätigkeit des Verfassungskonvents also mehr oder weniger unverbindliche Debatte und das Ergebnis eine Materialsammlung unter vielen sein würde, war eine Illusion. Auf der Chiemsee-Insel wurde nämlich, und zwar unter prominenter sozialdemokratischer Beteiligung, eine Art Regierungsentwurf für die künftige Verfassung erarbeitet, der erstaunlich verbindlich blieb. Die Ergebnisse des Verfassungskonvents vom August 1948 waren für die Debatten der kommenden Monate im Bonner Parlamentarischen Rat von struktureller Bedeutung, an denen kein Weg mehr vorbeiführte.[35]

Auf Herrenchiemsee waren allerdings auch als Verfassungsexperten, ohne den Zwang zu politischem Streit und Kompromiß, politische Sachverständige und sachverständige Politiker versammelt, die alle wesentlichen Strömungen in der Nachkriegsgesellschaft verkörperten. Sogar der Widerstand und das Exil waren, wenn auch marginal, repräsentiert in Gestalt von Theodor Kordt und Hans Nawiasky. Hermann Brill, der Verfasser des Buchenwalder Manifests, vertrat föderalistische Interessen aus sozialdemokratischer Position. Adolf Süsterhenn focht für seine katholisch-konservativen Ideale. Gemeinsam war aber fast allen, welchen geistigen Standort sie auch einnahmen, die politische Herkunft aus der Weimarer Republik. Deren Tradition hatte sie stärker geprägt als andere Erfahrungen. Und die Kontinuitäten waren beträchtlich. So agierte der Liberale Theodor Spitta als Vater zweier Bremer Verfassungen, der von 1920 und der von 1947; Josef Beyerle war in Stuttgart Justizminister, und zwar von 1923 bis 1933 und wieder von 1945 bis 1951, und Hans Nawiasky erwies sich stärker seiner Rolle als Anwalt der bayerischen Staatsregierung der 20er Jahre verhaftet denn seinen Erfahrungen in der Emigration.

Der Horizont der Männer, die in Herrenchiemsee oder wenig später in Bonn das Grundgesetz strukturierten, war von der Weimarer Republik und dem Erlebnis ihres Scheiterns ausgefüllt: Die Verbesserung der Konditionen, die Herstellung der Funktionsfähigkeit, die Beseitigung offensichtlicher Fehler und Konstruktionsmängel des Weimarer Demokratie-Systems lag ihnen am Herzen. Einen zweiten Anlauf zur Demokratie wollten sie wagen, aber keine Experimente. Das entsprach exakt der Grundstimmung in Deutschland nach 1945.

Teil II
Akute Probleme der Nachkriegszeit: Gesellschaft und Wirtschaft

3. Zwischen Befreiung und Heimkehr.
Das KZ Dachau im Mai und Juni 1945

Mit der Befreiung verwandelte sich das Konzentrationslager Dachau von der Haft-, Ausbeutungs- und Vernichtungsstätte unter der Herrschaft der SS in die »autonome Republik Dachau unter amerikanischem Protektorat«[1]. Das eigenartige Gemeinwesen bestand etwa sechs Wochen lang und endete mit der Abreise der letzten ehemaligen Häftlinge irgendwann im Juni 1945.[2]

Äußerlich unterschied sich die Situation nach dem 29. April, dem Tag der Befreiung, für die meisten aber wenig vom Zustand davor. Hatte die Bedrohung durch die SS aufgehört, so dauerte die Lebensgefahr doch an, die vom Typhus und vom Fleckfieber ausging, von den schauderhaften sanitären Verhältnissen, von den überall umherliegenden Leichen, deren Abtransport auch eine Woche nach der Befreiung noch im Gange war. Und die Befreiung hatte auch noch nicht die Freiheit gebracht, wenigstens nicht die Freiheit, das Lagergelände zu verlassen.

Unter dem Datum des 29. April 1945 war eine Proklamation veröffentlicht worden, aus der die Kameraden – das war jetzt offizielle Bezeichnung und Anrede – erfuhren, daß sich »als oberste Repräsentation der Häftlinge aller Nationen und zur Aufrechterhaltung der Sicherheit und Ordnung ein Internationales Häftlings-Komitee gebildet« habe, das unter anderem mit sofortiger Wirkung folgendes anordnete: »Die obersten Ausführungsorgane des Lagers sind der Lagerälteste und der Lagerschreiber. Alle ihre Anordnungen, welche im Einverständnis des Internationalen Häftlings-Komitees gegeben werden, sind sofort auszuführen. Die gesamte Polizei ist dem Lagerältesten unterstellt und hat mit allen ihr zur Verfügung stehenden Mitteln für Ruhe und Sicherheit im Lager zu sorgen. Jede Ausschreitung wird sofort mit den strengsten Mitteln bestraft.«[3]

Und wenige Tage später machte der Lagerälteste bekannt, daß der Kommandant der amerikanischen Befreiungsarmee diesen Befehl erlassen habe: »Wer außerhalb des Lagers ohne Ausweis angetroffen wird, wird erschossen«, und der Lagerälteste fügte den Hinweis hinzu, daß »der Herr Kommandant auch innerhalb des Lagers strengste Disciplin, Ruhe und Ordnung« verlange.[4]

Die Situation in dem aus Angehörigen vieler Nationen bestehenden Ge-

meinwesen war beispiellos. Sie ähnelte gewiß in manchem der einer mittel-
alterlichen Stadt, in der die Pest gewütet hatte, im Gegensatz dazu
herrschte aber gleichzeitig Übervölkerung, und die gemeinsam erlittene
Lagerhaft hatte, wie sich sehr bald zeigte, keineswegs bei allen das Bewußtsein der Gleichheit und Brüderlichkeit zur Folge, und nicht alle betrachteten Geduld und Solidarität als situationsbedingt wichtigste Tugenden.

Die Aufgabe, die das Internationale Häftlings-Komitee als zugleich ge-
setzgebendes und ausführendes Organ der Selbstverwaltung zu bewältigen
hatte, war gigantisch. 32000 ehemalige Häftlinge aus fast allen Ländern
Europas mußten nicht nur genährt und gekleidet werden, sie mußten pro-
visorisch mit Identitätsbeweisen ausgestattet werden, um in ein normales
Leben zurückkehren zu können, und für viele mußte man sogar auch erst
ein Vaterland suchen, für die Spanier etwa, die gegen Franco gekämpft
hatten, für Jugoslawen, die ohne ihr Zutun zu italienischen Staatsbürgern
gemacht worden waren oder die als Tito-Gegner nicht in ihre Heimat
zurück wollten. Es gab Griechen und Albaner in Dachau, die als Italiener
geführt waren, es gab Litauer, Esten, Letten und Ukrainer, die gegen ihren
Willen von der Sowjetunion reklamiert wurden, es waren annähernd
10000 Polen und über 2000 Juden im Lager, deren Nationalität teilweise
umstritten war. Ganz zu schweigen von jenen unglücklichen jungen Männern aus Belgien, Norwegen, Holland, die sich von den Nazis zum Dienst in
der Waffen-SS hatten verführen lassen, dann desertiert waren und schließlich als Gefangene nach Dachau geraten waren. Wenn ihre Landsleute
nicht schon an Ort und Stelle kurzen Prozeß mit ihnen machten, stand
ihnen in der Heimat Schlimmes bevor.[5]

Spontane Rachejustiz drohte auch allen Häftlingen, die sich als Handlan-
ger der SS betätigt hatten; etliche Capos ereilte das Schicksal in der Stunde,
die ihren Opfern die Befreiung brachte.

Die erste Sitzung des Häftlings-Komitees nach der Befreiung, die in Anwesenheit des Kommandeurs der amerikanischen Truppen, Oberstleutnant
Fellenz, am Abend des 29. April 1945, vielleicht aber auch erst am Morgen
des 30. April stattfand[6], war ausgefüllt mit dem Problem, das aus den
genannten Gründen drohende Chaos zu verhindern. Der amerikanische
Kommandeur übergab in dieser Sitzung dem Präsidenten des Komitees,
Patrick O'Leary, sämtliche Vollmachten über das Lager. Die Amerikaner
wollten sich auf den äußeren Schutz beschränken, sie stellten die Übernahme der Verpflegung für einige Tage später in Aussicht. Als Ausführungsorgane im Lager wurden der Lagerälteste Oskar Müller, ein
deutscher Kommunist, langjähriger Häftling, der integre Gesinnung mit
Dickschädeligkeit vereinigte, und der Lagerschreiber Jan Domagala, ein
polnischer Priester, bestimmt. Die Lagerpolizei wurde »bis auf weiteres«
Gustav Eberle unterstellt.

Die ersten und wichtigsten Verfügungen, die das Komitee traf, lauteten

1. »Es ist niemandem gestattet, das Lager zu verlassen.«
2. »Etwaige Waffen im Lager müssen sofort im Jourhaus abgegeben werden.«
3. »Willkürliche Akte, persönliche Rache usw. werden sofort mit den schärfsten Mitteln bestraft.«

Die zur Versorgung des Lagers notwendigen »Kommandos« – die Sprachregelungen aus der Zeit vor der Befreiung wurden beibehalten, auch von Capos war weiterhin die Rede, wenn Funktionäre der internen Selbstverwaltung gemeint waren – konnten mit Passierscheinen das Lagergelände verlassen. Das Häftlings-Komitee setzte drei Ausschüsse ein, die sich um Ernährung (Jan Marcinkowski), Disziplinarfragen (Oskar Juranic) und Desinfektion und Sanitätswesen (František Blaha) kümmern sollten. Das war der erste Organisations-Rahmen, den das Internationale Häftlings-Komitee dem Lager gab.

Das Komitee selbst war nicht erst nach der Befreiung gebildet worden, es hatte im Untergrund schon einige Zeit vor der Ankunft der Amerikaner existiert, und unmittelbar vor deren Erscheinen hatte das Komitee die innere Kontrolle über das Lager übernommen. Die Aktivitäten hatten in der letzten Woche des Aprils darin bestanden, die Evakuierungstransporte aus Dachau zu sabotieren, den bis zuletzt aus anderen Lagern noch Ankommenden Hilfe zu bieten (etwa den 400 Frauen aus Landsberg, die am 23. April, oder den 120 Frauen aus Auschwitz, die am 26. April in Dachau ankamen). Die Hilfe bestand im Organisieren von Nahrung und Decken. Die Vertrauensleute der nationalen Gruppen hatten sich vor allem aber darauf vorbereitet, Widerstand gegen die erwartete letzte Vernichtungsaktion der SS gegen das ganze Lager zu leisten. Das Komitee unterhielt ein gut funktionierendes unterirdisches Kommunikationssystem, über das Anweisungen für den Ernstfall verbreitet werden konnten, über dessen Verästelungen aber auch Nachrichten aus der Lagerhierarchie der SS gewonnen wurden.

In der Nacht zum 29. April, als den Männern klar war, daß das Gros der Bewacher sich aus dem Staub gemacht hatte, fand die erste »offizielle« Sitzung des Internationalen Häftlings-Komitees statt.[7] Das erste Ziel war es, das Überleben bis zur Ankunft alliierter Truppen zu organisieren. Ungeheure Schwierigkeiten würden auch nach der Befreiung fortbestehen oder erst sichtbar werden, nämlich der Gesundheitszustand der 32000 Häftlinge, von denen zwei Drittel krank und entkräftet waren, die Lebensmittelversorgung, das Fehlen von Medikamenten und medizinischem Gerät. Abgesehen davon war die Atmosphäre in der Vielvölker-

Kommune des Lagers von explosiven Emotionen bestimmt. »Worauf es jetzt ankommt«, schrieben die Chronisten Haulot und Kuci, »ist, diese 32 000 Menschen dem Tode zu entreißen, damit sie als Lebende heimkehren und in der Heimat von ihren körperlichen und seelischen Leiden Genesung finden können. Das ist die Aufgabe, die vor uns liegt, und die zu lösen wir versuchen wollen. Unter dem Vorsitz des Majors O'Leary konstituieren wir uns als das Internationale Häftlings-Komitee und betrachten uns von diesem Augenblick ab als die einzige legitime Autorität des Lagers…«[8]

Vierzehn Mitglieder bildeten als Vertreter der einzelnen Nationen (bzw. der nationalen Komitees) das IPC, wie die gängige Abkürzung (nach The International Prisoners Committee) lautete. Die Zusammensetzung änderte sich bald[9], und das Gremium wurde im Laufe der Repatriierungen der nationalen Gruppen immer kleiner. Bis zum 7. Mai war Patrick O'Leary, der Großbritannien vertrat, Präsident. Arthur Haulot (Belgien) und Edmond Michelet (Frankreich), beides Widerstandskämpfer, die nach ihrer Heimkehr politische Karriere machten, waren Vizepräsidenten. Der Schriftsteller Giovanni Melodia vertrat Italien, Oskar Juranic Jugoslawien, die Sowjetunion wurde durch Nikolai Michailow repräsentiert, einen General, der wunderbarerweise dem Schicksal so vieler hoher russischer Offiziere in deutscher Gefangenschaft entgangen war. Für Ungarn sprach Georg Pallavicini, für Österreich Alfons Kothbauer, für Albanien (gleichzeitig für die kleinen Volksgruppen des Balkans, später auch für Griechenland) saß Dr. Ali Kuci im Komitee, der außerdem – in seiner Heimat war er ehemals Informationsminister gewesen – als Kulturreferent und Pressechef im Lager Bemerkenswertes leistete. Die Polen vertrat Josef Kokoszka, und Delegierter der Tschechoslowakei war der Arzt František Blaha, der in vielen Erinnerungen an die Dachauer Leidenszeit eine höchst rühmliche Rolle spielt. Norwegen, Holland, Luxemburg, Spanien hatten zeitweilig ebenfalls Vertreter im IPC. Nicht selbständig repräsentiert waren, auf Einspruch des Generals Michailow, Angehörige einzelner Nationalitäten der UdSSR, wie z. B. die Litauer. Die über 2000 Juden hatten zunächst, da ihr nationaler Status nicht leicht zu klären war, keinen eigenen Vertreter. Und nicht repräsentiert als Nation waren vorläufig auch die 1100 deutschen Häftlinge.

Während die Österreicher mit rot-weiß-roten Fahnen und Abzeichen nationale Wiedergeburt feierten und vor der Lageröffentlichkeit neues Selbstbewußtsein demonstrierten[10], waren die Deutschen Parias geworden. Ihre doppelte Identität – als Landsleute der SS und als Leidensgenossen in meist jahrelanger KZ-Haft – wies ihnen jetzt den Platz am untersten Ende der Lagergemeinschaft. Sie hatten keine Fahne, als sich das ganze Lager als ein Meer von Nationalfarben illuminierte (Stoff dazu hatten die

Befreiten in Mengen in den Magazinen und Werkstätten der SS gefunden), und die deutsche Sprache, gestern noch das einzige offizielle Idiom, trat ganz in den Hintergrund. Freilich blieb Deutsch im babylonischen Durcheinander Dachaus ein wichtiges Mittel der Verständigung, sowohl innerhalb der neuen Lagerregierung wie im Verkehr mit der Außenwelt.[11]

»Aus den ersten sind die letzten geworden« schrieb der ehemalige Häftling Nr. 16921 Karl Adolf Gross am 30. April in sein Tagebuch. Das sei etwas ungewohnt für die auch als Häftlinge noch der »Herrenklasse und Edelrasse« angehörigen Deutschen. Und Gross fuhr fort: »Wir müssen, unter uns gesagt, froh sein, daß sie uns nicht den Schädel eingeschlagen haben; haben nicht die verschiedenen Sorten von Paschas, Moguls, Pharaonen, Capos und Stubendienst alles getan, um den Irrtum entstehen zu lassen, es sei unter den Deutschen kein Unterschied, ob SS-Führer oder Häftling, sie seien alle dieselben eichenen Klötze und gehörten sämtlich zur Familie der Stiere? Denn unsre Paschas waren ja bis in die letzte Zeit hinein fast nur aus den Deutschen genommen; und haben sie irgend etwas getan, um jene Meinung zu zerstören? Gewiß, die SS ist dadurch nicht im geringsten entlastet; im Gegenteil, es zeugt von der Abgefeimtheit, mit der sie vorgingen, als sie seit einigen Jahren die direkten Mißhandlungen mehr und mehr ablösen ließen durch die Quälereien der Gestreiften untereinander, so die menschliche Schwachheit und Bosheit in ihr System einbauend.«[12] Daß ein Deutscher die Funktion als »Lagerältester« nach der Befreiung ausübte, war daher mehr ein Wunder als ein Zufall. Zu erklären ist die Tatsache eher mit den persönlichen Qualitäten des Antifaschisten Oskar Müller, der erst kurz zuvor von der SS in das Amt eingesetzt worden war und der dann in enger Zusammenarbeit mit den noch illegalen Nationalkomitees Vorbereitungen getroffen hatte, um die von allen befürchtete Katastrophe, das von der abziehenden SS erwartete Massaker, in den letzten Stunden vor der Ankunft alliierter Truppen zu verhindern.[13] Oskar Müller, ein energischer Mann und politischer Kopf (er war später, von Oktober 1945 bis Dezember 1946, Arbeitsminister in der ersten hessischen Regierung nach dem Kriege), war Nachfolger des berüchtigten Armeniers Johann Meanssarian, der als Lagerältester von der SS Mitte April 1945 abgesetzt und, zusammen mit dem Capo der Lagerpolizei, dem Deutschen Wernicke, gleich nach der Befreiung auf Befehl des US-Kommandanten standrechtlich erschossen worden war.[14] Auch angesichts der Rache, die allenthalben in den Konzentrationslagern an den ehemaligen Häftlingsfunktionären von Gnaden der SS geübt wurde, war es bemerkenswert, daß ein deutscher Lagerältester Autorität behielt. Schließlich, am 6. Mai, konstituierte sich auch formell ein deutsches Komitee.[15]

Es gab mehrere Gründe, weshalb das Lagertor nach der Befreiung für die meisten geschlossen blieb und warum es für viele noch Wochen dauerte, bis sie tatsächlich frei waren. Solange in Süddeutschland noch gekämpft wurde, standen auch noch keine Transportmöglichkeiten für die ehemaligen Häftlinge zur Verfügung, mindestens wären sie auf der Heimfahrt wieder gefährdet gewesen. Aber auch die Bevölkerung der Umgebung des Lagers mußte geschützt werden vor marodierenden befreiten Häftlingen, die sich für ihre Entbehrungen schadlos halten wollten. (Das war trotz aller Vorkehrungen nicht ganz zu verhindern, die Heimsuchung des Dachauer Hinterlandes durch plündernde Lagerinsassen blieb aber weit hinter den schlimmen Befürchtungen zurück.)

Neben den Transportschwierigkeiten war der Gesundheitszustand der Häftlinge ein entscheidendes Hindernis für die Heimfahrt; selbst die Konstitution der scheinbar Gesunden zeigte sich nach wenigen Tagen der drastischen Verbesserung der Ernährung nicht gewachsen. Typhus und Fleckfieber waren ohnehin seit Monaten epidemisch. Das hatte, zusammen mit den katastrophalen hygienischen Verhältnissen, die Amerikaner bewogen, das ganze Lager unter Quarantäne zu stellen. Ein weiterer Grund für die Aufrechterhaltung haftähnlicher Bedingungen bestand darin, daß ehemalige Bewacher und Funktionäre, sowohl aus den Reihen der SS wie der Häftlinge, im Lager untergetaucht waren, in der Hoffnung, in Häftlingskleidung der Gerechtigkeit zu entgehen.

Dies alles, nicht zuletzt auch die Repatriierungsfrage, kennzeichnete die Situation und die Probleme zwischen Befreiung und Heimkehr. Im absoluten Kontrast zur Hochstimmung der Befreiung standen die bürokratischen Prozeduren, die sich die Amerikaner voll guten Willens ausgedacht hatten und die sie in Zusammenarbeit mit den nationalen Häftlingskomitees durchführten.

Berichterstatter und Chronisten des Konzentrationslagers Dachau enden in der Regel spätestens mit der Beschreibung der Feierlichkeiten am 1. Mai 1945, als auf dem Appellplatz des Lagers inmitten eines Waldes von Fahnen und Spruchbändern die Befreiung und das bevorstehende Kriegsende mit Festreden in fünfzehn Sprachen festlich begangen wurden.[16] Den Feiern – viele nationale Gruppen zelebrierten die Befreiung außerdem in eigenen Veranstaltungen – folgten aber für die meisten Lagerbewohner noch schwer erträgliche Wartezeiten. Am späten Nachmittag des ersten Mai fand die dritte Sitzung des Internationalen Häftlingskomitees statt. Der amerikanische Captain Martin Agather erläuterte bei dieser Gelegenheit (in deutscher Sprache) den bevorstehenden Papierkrieg mit folgenden Worten: »Es handelt sich darum, daß Ihr so schnell als möglich nach Hause kommt. Daß wir dies so schnell als möglich machen können, wollen wir haben, daß Ihr alle uns ein wenig Hilfe gebt. Da

haben wir hier einen Fragebogen. Da muß jeder, der im Lager sitzt, einen
Fragebogen ausfüllen. Wir wollen daher, daß Ihr als eine Gruppe, jeder
von seiner eigenen Nation, dafür sorgt, daß uns mit diesen Fragebögen
geholfen wird. Sie können so viele Mitarbeiter, als nötig, aussuchen. Es
kommt darauf an, wie groß eine Gruppe ist. Daß dies so schnell als möglich geschieht, wird der Herr Major, der unser Hilfsoffizier ist, zusehen,
daß alle Fragen richtig beantwortet werden. Ich will Ihnen heute abend
zeigen, wie dieser Fragebogen ausgefüllt werden soll. Dazu verteile ich
jetzt allen Anwesenden den Fragebogen. Diese Fragebögen sind in englisch und deutsch gedruckt und die Antworten sollen in Blockschrift geschrieben werden. Geben Sie ein wenig acht, es sind hier ein paar Fragen,
die einiger Erklärung bedürfen. Bei der Frage nach dem Beruf ist der
zivile Beruf gemeint. Auf die Frage nach dem Ort der Verhaftung ist der
Platz gemeint, wo die Verhaftung geschehen ist. Unter Einzelheiten, be-
treffend die Haft, ev. Grausamkeiten, die einem persönlich widerfahren
sind. Es wird nämlich ein amerikanisches Gericht eingesetzt, und zwar
wird es im Lager aufgestellt. Alle jene, die Grausamkeiten verübt haben,
werden vor dasselbe berufen und werden ihre Strafe bekommen. Auf der
zweiten Seite, sechste Zeile, befindet sich die Frage: Sind Sie jemals wegen einer strafbaren Handlung verurteilt worden? Diese Frage muß genau beantwortet werden. Es gibt im Lager einige, die wegen Verbrechen
hier sind; das müssen wir wissen. Die nächste Frage bezieht sich auf alles,
was mit der vorherigen Frage zusammenhängt: Datum, Gericht, Verhandlung, Datum der Haftentlassung – alles muß auf dem Fragebogen
genau beantwortet werden. Wir brauchen für jede Person vier Fragebögen. Wir müssen so rasch als möglich die Fragebögen ausgefüllt haben,
daher werden Fragebögen nur in einem Exemplar ausgefüllt. Sobald wir
die einzelnen Bögen fertig haben, werden wir Sie bitten, daß die anderen
drei mit Schreibmaschine abgeschrieben werden und von dem Aussteller
unterschrieben werden.«[17]
Es entspann sich eine lebhafte Diskussion, bei der die Vertreter der Nationalgruppen die Schwierigkeiten demonstrierten, die dem Ausfüllen
der Fragebogen entgegenstanden: Sprachprobleme, denn Englisch gehörte im Lager zu den seltenen Sprachen, zweifelhafte oder nicht mehr
gültige Staatsbürgerschaften, Nomenklaturfragen. Typisch waren Aus-
kunftsbegehren wie das des Italieners Melodia, ob für die italienischen
Militärhäftlinge, die aus der italienischen Militärhaft in ein deutsches KZ
gerieten, das Datum der italienischen oder der deutschen Verhaftung
maßgebend sei; General Michailow wollte wissen, welche Staatsangehörigkeit russische Emigranten angeben müßten, die 1917 emigriert waren
und jetzt in die alte Heimat zurück wollten.
Der amerikanische Hauptmann war trotzdem guten Muts, daß die Räu-

mung des Lagers in 30 Tagen zu schaffen sein würde. Fünftausend Formulare hatte er schon zur Verfügung, weitere 100000 erwartete er in den folgenden Tagen. Die Schreiber und Dolmetscher machten sich ans Werk.

Die größte Schwierigkeit bestand in den folgenden Tagen darin, den Lagerinsassen die Grenzen ihrer Freiheit zu erklären und diese Grenzen mit Appellen und Drohungen wirksam zu halten. Am 2. Mai zogen die Amerikaner die Zügel straffer. Aus Eisenhowers Hauptquartier war der Befehl gekommen, daß niemand das Lager verlassen dürfe, der nicht desinfiziert war. Außerdem machten trotz aller Vorkehrungen plündernde und in der Stadt Dachau herumlungernde Lagerbewohner Sorgen. Wer unberechtigt außerhalb des Lagers angetroffen werde, würde erschossen, entsprechende Befehle seien an die US-Truppen in Dachau ergangen, erklärte Captain Agather in der Sitzung des IPC am Abend des 2. Mai. Aber auch im Lager gaben die Zustände Anlaß zur Besorgnis. Agather beschwor die Männer vom Internationalen Komitee: »Es soll keinen Streit im Lager geben, sondern Ihr sollt als gute Kameraden miteinander leben. Wir wollen keine Wächter sein. Ihr seid frei und Ihr sollt frei leben, nur könnt Ihr vorläufig noch nicht heraus, bis die Voraussetzungen gegeben sind.«[18]

Um die ins Wanken geratene Ordnung und Disziplin im Lager wiederherzustellen, wurde am 2. Mai auf Veranlassung des amerikanischen Kommandanten die Organisation der für Dachau verantwortlichen Instanzen gestrafft. Der Befehlshaber der US-Truppen installierte sich als »Lagerkommandant«, der Vorsitzende des IPC wurde »Lagerführer«, in dieser Eigenschaft war Patrick O'Leary ausführendes Organ und dem US-Kommandanten unmittelbar verantwortlich. Auf der Ebene darunter – »Lagerältester« und »Lagercapos« – blieb alles beim alten. Der »Polizeicapo«, der Chef der lagerinternen Ordnungstruppe, bekam Vollmacht, jeden Missetäter sofort zu verhaften. Die juristische Instanz, die Klagen entgegennahm, »Prozesse« führte und darüber dem IPC berichtete, wurde wie bisher durch das jugoslawische Komitee-Mitglied Juranic verkörpert. Wie ernst die Amerikaner ihre Sicherheits- und Ordnungsfunktion nahmen, läßt sich an allerlei Klagen und Beschwerden ablesen, mit denen sich das Internationale Häftlings-Komitee beschäftigten mußte. So konfiszierte die amerikanische Militär-Polizei einen Wagen mit Ersatzteilen für Radioapparate, den ein offizielles Kommando im Auftrag des IPC außerhalb des Lagers besorgt hatte. Radioapparate waren für die Stimmung im Lager lebenswichtig. In einem anderen Fall hatten die Amerikaner ein Kommando, das ordnungsgemäß mit Passierscheinen versehen war, um Kleidung zu beschaffen, gar nicht erst aus dem Lager hinausgelassen. Und den Präsidenten des Internationalen Häftlings-Komitees, Patrick O'Leary, der als britischer Offizier telegraphisch und dringend nach London berufen wurde, ließen die amerikanischen Militärs unter Hinweis auf die Quarantänebestimmungen zunächst nicht abreisen, da niemand das Lager verlassen dürfe.

Am Abend des 7. Mai konnte O'Leary das Lager dann doch verlassen [19]; das brachte wieder eine Veränderung in der Hierarchie. Nachfolger O'Learys als »Lagerführer« wurde der amerikanische Leutnant Charles Rosenbloom; das hatte den Vorteil engsten Kontaktes mit den amerikanischen Stellen. Als Angehöriger der Befreiungstruppen konnte Rosenbloom allerdings nicht Mitglied des IPC sein. Die Stelle O'Learys als Präsident des Internationalen Häftlings-Komitees nahm nun der Russe Michailow ein. Das war freilich nur eine Formsache. De facto leitete der Belgier Haulot, wie eigentlich von Anfang an, die Geschäfte der Lagerregierung. Deren Zusammensetzung änderte sich bis zur Auflösung des Lagers noch mehrfach. Haulot und Rosenbloom sorgten aber bis zum 6. Juni, als das Gröbste erledigt war, für Kontinuität und Effizienz bei den Abschlußarbeiten. Haulot, der nach der Abreise Michailows ab 26. Mai auch offiziell das Amt des Präsidenten übernahm, scheint keinen Nachfolger mehr gehabt zu haben. Das ziemlich geleerte Lager wurde dann von den Amerikanern, die dort ab November 1945 die ehemaligen Herren von Dachau und anderen Konzentrationslagern vor Militärgerichten aburteilten, allein verwaltet. [20]

Das Internationale Komitee war ab Ende Mai immer mehr zusammengeschrumpft. Der tschechische Arzt František Blaha, der sich um die medizinische Versorgung des Lagers so verdient gemacht hatte, reiste am 23. Mai in die Heimat. (Er leitete in Prag, bis er 1968 in Ungnade fiel, ein Krankenhaus.) Sein Nachfolger als Chef des Sanitätswesens im Lager wurde Dr. Dortheimer, der als Jude im IPC saß. Der Ungar Pallavicini begab sich am 26. Mai nach Paris, um dort über die Repatriierung seiner Landsleute zu konferieren. Das Gros der Franzosen hatte bereits am 22. Mai Dachau verlassen; am 26. Mai wechselte auch die Interessenvertretung der Griechen; deren Delegierter im IPC war wegen des Verdachts der Kollaboration mit der SS verhaftet worden. Ali Kuci, der außer seinen albanischen Landsleuten auch die Rumänen und Bulgaren vertrat, übernahm jetzt auch die Repräsentation der Griechen im IPC. Kuci blieb bis zuletzt im Lager und sorgte als Pressechef und Kulturreferent für Information und Unterhaltung. (Er kehrte dann nach Albanien zurück, und man hat nie wieder von ihm gehört.) Am 31. Mai wechselte auch die polnische Vertretung, weil Josef Kokoszka abreiste. Am 2. Juni schlug dann für Oskar Müller, den Lagerältesten, die Stunde der Heimkehr; sein Nachfolger wurde der Jugoslawe Senko Knez, der bisher Protokoll im IPC geführt hatte und der alle Sprachen, die im Lager gesprochen wur-

den, konnte. Am 5. Juni verließ auch Oskar Juranic, der »Justizminister«
der Lagerregierung, Dachau.[21]
Nicht nur höchst bemerkenswert, sondern auch recht problematisch
für die Lagergemeinschaft war der Nationalismus, der sofort nach der
Befreiung aufloderte. Daß die einzelnen nationalen Gruppen auf dem
Appellplatz Zeremonien abhielten, um das Überleben und die Freiheit zu
feiern, war nichts anderes als selbstverständlich. In Anbetracht der Situation waren aber der nationale Egoismus und, schlimmer noch, die Anlässe, bei denen er sich manifestierte, sonderbar und schwer verständlich.
Daß sich der Norweger Rasmus Broch im Internationalen Komitee be-
schwerte, weil bei der Feier des 1. Mai keine norwegische Fahne gehißt
war – das war noch harmlos. Dagegen machten die Franzosen ihren Kameraden anderer Nationalitäten offensichtlich häufig und gründlich das
Leben schwer. Am 7. Mai erklärte Haulot in der Komitee-Sitzung, es gebe
eine französische Agitation im Lager, die nicht mehr geduldet werden
könne. So hätten französische Offiziere wiederholt die Aufnahme von
Landsleuten ins überfüllte Krankenrevier verlangt, wozu kein Anlaß und
keine Berechtigung bestand. Zuerst hatte es wegen nicht gebührender
Berücksichtigung der französischen Sprache und wegen unangemessener
Plazierung der Trikolore Mißhelligkeiten gegeben, denn die Franzosen
waren der Meinung, ihre Fahne müsse neben dem amerikanischen Ster-
nenbanner und den Fahnen Großbritanniens und der UdSSR wehen, statt
Frankreich wurde aber im Frühjahr 1945 allenthalben China als Nation
unter die »Großen Vier« gerechnet. Eine Lebensmittelspende der französischen Armee gleich nach der Befreiung, ehe die Amerikaner liefern
konnten, und die propagandistische Auswertung dieser Hilfe hielt das
Internationale Häftlings-Komitee einige Zeit in Atem.[22]
Der französische Vertreter Michelet wurde bei Prestigefragen gerne
grundsätzlich und verglich das Häftlings-Komitee dann sogar mit der
UNO-Gründungskonferenz in San Francisco, etwa um zu beweisen, daß
der IPC-Vorsitz eigentlich dem französischen Vertreter gebühre. Als Michelet im Zuge solcher Argumentation auch heftige Klage führte, daß
kein Vertreter des französischen Nationalkomitees zur Begrüßung des
US-Botschafters in Paris, der am 8. Mai dem Lager Dachau eine Visite
abstattete, geladen war, war das Maß voll. Kuci meinte darauf, man habe
von dem Ereignis erst nachts erfahren: »Wenn Michelet schlief, während
wir arbeiteten und uns plagten, um alles vorbereitet zu haben, soll er sich
die Folgen selbst zuschreiben.« Und Haulot fügte hinzu, »während wir
diese Vorbereitungen in dem größten Hetzjagdtempo trafen, haben wir
wirklich keine Zeit gehabt, um über alle irgend möglichen Folgen nachzu-
denken«. Im übrigen seien dringlichere Angelegenheiten zu erledigen,
und man solle die Zeit nicht mit derlei Dingen vertrödeln.

Michelet rechtfertigte sich, indem er auf die Aufregung seiner Landsleute hinwies, er habe sie als »diszipliniertes Mitglied des Komitees« zu beschwichtigen versucht und eine Protestkundgebung verhindert. Außerdem gehörten die Franzosen zu den Ärmsten der Lagerbevölkerung; diese Tatsache und die besonderen Leiden der Franzosen wurden auch von den Komiteemitgliedern gewürdigt. František Blaha bemerkte allerdings, daß noch niemand von ihm, solange er im Komitee sitze, auch nur ein einziges Wort gehört habe, das Bezug auf seine Nation gehabt habe: »Wir müssen alle nur das Gesamtwohl des Lagers vor Augen haben.«[23] Und ähnlich äußerten sich die anderen Mitglieder des Komitees.

Ein Appell, Solidarität zu üben und politische Demonstrationen zu unterlassen, in Geduld die Prozedur der Auflösung des Lagers abzuwarten, um Chaos und Anarchie zu verhindern, wurde am gleichen Tag vom Pressechef Ali Kuci im Namen des Internationalen Häftlings-Komitees an die Presseabteilungen der Nationalkomitees herausgegeben. Unter der Überschrift »Zwei Pflichten und ein Grundsatz: Freundschaft, Brüderlichkeit und keine Politik...« hatte der Artikel folgenden Wortlaut[24]:

»Zwölf Jahre sind vergangen, seit dieses Lager Dachau gegründet wurde. Zwölf Jahre sind vergangen, seit die Bestie Hitler in Deutschland die Zügel ergriffen hat. Nur zwölf Jahre. Jahre des Leidens und ungeheuerlicher Qualen. Eine sehr kleine Spanne im riesigen Zeitraum der unzähligen Jahrhunderte, doch ein sehr trauriger und bedrückender Abschnitt der Menschheitsgeschichte... Der machtbesessene Hitler wollte die Welt unterjochen, und der deutsche Boden wurde zum Grab Europas. Ein Grab war auch dieses unser Dachau. Das Grab von Hunderttausenden. Und wir haben es überlebt. Und heute leben wir...
Wir sind aus einem langen Schlaf und einem furchtbaren Traum erwacht. Das Dunkel jener langen Unsicherheit und makaberen Szenen in diesem Traum sind frisch in unserem Gedächtnis: Wir können die Wirklichkeit nicht begreifen. Unser Bewußtsein ist außerstande, das Glück der Freiheit zu fassen.
Das Wichtigste ist, daß wir dem Leben wiedergegeben sind, daß wir heute am Leben sind. Und daß wir heute leben, verdanken wir der Freundschaft und der Brüderlichkeit, die im Lager bestanden haben. Wir haben alle Sorgen und Leiden der schweren Zeit geteilt, aber wir haben einander nie gehaßt und niemals bespitzelt. In der Nazi-Hölle gab es keine Deutschen, keine Russen, keine Polen, keine Jugoslawen: Hier lebte eine Gemeinschaft von Freunden und Brüdern, eine allseits vom Tod bedrohte Familie, eine Gesellschaft mit gleichen Prinzipien und Idealen. Alle hatten das eine Ziel: Tod den Hitler-Schergen und ihren Anhängern. Dem galt der Krieg, den wir in den hohen Gebirgen und auf den weiten Ebenen unserer Länder geführt hatten. Das war der Wahlspruch der Ausgemergelten in Dachau.
Und jetzt sind wir frei. Die ruhmreichen Armeen der Alliierten haben die Bestie tödlich verletzt. Sie liegt schon im Sterben...
Morgen werden wir zu unserem häuslichen Herd zurückkehren. Wir werden unsere Lieben und vor allem unsere Heimatländer frei und unabhängig antreffen.

Dort werden wir unsere sozialen Tätigkeiten entfalten. Nicht hier. Hier sind wir in Dachau, dem Ort der Mißhandlungen und der Massenmorde. Und an diesem Ort würden wir in Gedanken immer mit Schaudern bei dem Geschehenen verweilen. Nichts mehr. Nicht weiter. Wir müssen unseren Befreiern Zeit lassen, uns zu helfen und unsere Wunden aus der Vergangenheit zu heilen. Wir müssen unseren Vertretern ermöglichen, ihre Aufgaben zu erfüllen. Kein Chaos, keine Anarchie! Jene, die gestern unsere Sache verraten haben, werden vor dem Lagergericht zur Rede gestellt und angeklagt werden. Aber das Leben von dreiunddreißigtausend zu Skeletten heruntergekommenen Menschen darf nicht aufs Spiel gesetzt werden. Wer die Ordnung zu stören versucht, wird von allen bestraft werden. Nichts wird ihm nachgesehen… Hier gelten nur zwei Pflichten und ein Grundsatz: Freundschaft, Brüderlichkeit und keine Politik.«

Von der Politik lassen konnten natürlich diejenigen nur schwer oder gar nicht, die wegen ihrer politischen Überzeugung, als Gegner des Hitler-Regimes, als Kämpfer der Resistance seit Jahren im Lager eingekerkert waren. Politische Abstinenz in der Situation des befreiten Lagers zu verlangen, war daher kaum realistisch.

Die französischen Vertreter übertrieben freilich ein bißchen, wenn sie, sozusagen auf niedrigerer Ebene, vorwegnahmen, was ab Sommer 1945 der französische Militärgouverneur im Alliierten Kontrollrat in Berlin an Obstruktion leistete. Bei den Amerikanern in Dachau hatten sie sich wegen ihrer steten Sorge um das Ansehen ihrer Nation und ihrer gleichzeitigen Sorglosigkeit gegenüber dem Lager-Comment unbeliebt gemacht. Charakteristisch war die Sitzung am 14. Mai, zu der das Internationale Häftlings-Komitee beim amerikanischen Kommandanten, Colonel Joyce, der Besuch von General Adams hatte, eingeladen war. Leutnant Rosenbloom stellte die Mitglieder des IPC dem General vor, Michelet, der französische Vertreter, fehlte. Weil es auch um Belange der Franzosen ging, bedauerte Joyce die Abwesenheit Michelets ausdrücklich. Als er erfuhr, daß der Franzose ordnungsgemäß eingeladen war, aber erklärt hatte, er werde wahrscheinlich nicht erscheinen, platzte dem amerikanischen Oberst der Kragen. Michelet habe bereits am Abend zuvor einer Aufforderung nicht Folge geleistet, wenn sich das wiederhole, werde er ihn mit der Wache holen lassen. Die Lage im Bezirk der Franzosen sei furchtbar, sie mißachteten die Quarantäne-Bestimmungen, sie gingen um das Hospital mit den Typhuskranken spazieren, und sie glaubten, die Küche sei für sie allein da.[25]

Mit der Disziplin lag es, weil für die meisten Lagerinsassen die Beschäftigung vor allem im Warten bestand, bald im argen. Zum Kummer des Internationalen Komitees war an die Stelle des von der SS geübten Zwanges nicht automatisch ein Gefühl der Solidarität getreten, das als Regelungsmechanismus des Lagerlebens hätte dienen können. So berichtete der Lagerälteste Müller, bei einer Kontrolle zweier Arbeitskommandos habe man das eine auf dem Dach liegend vorgefunden, wo sich die Männer sonnten, das andere habe sich ganz verlaufen, um zu »organisieren«. (Am folgenden Tag teilte der Chef der Arbeitsdienste, Malczewski, »zur Illustration der Arbeitsmoral« mit, daß das ganze Küchenkommando, bestehend aus 60 Leuten, auseinandergelaufen sei.) Wenn es nicht gelinge, durch die Nationalkomitees Ordnung zu schaffen, erklärte Oskar Müller, »dann werden wir tun müssen, was wir gerne vermeiden würden: die Amerikaner zu bitten, den einzelnen Kommandos Posten mitzugeben«[26]. Das hätte bedeutet, daß die US-Army Funktionen der SS hätte übernehmen müssen.

Die Amerikaner hatten mit der Bewachung des Lagers zur Aufrechterhaltung der Quarantäne und mit der Bearbeitung der Fragebogen jedoch genug zu tun. Dem Häftlingskomitee gegenüber begnügten sie sich mit Appellen, die Disziplin irgendwie herzustellen. Die fortwährenden Plünderungen und Arbeitsverweigerungen müßten aufhören. Es komme regelmäßig vor, berichtete das IPC-Mitglied Malczewski, »daß z. B. ein Kommando mit der Säuberung einer Baracke beauftragt ist. Tatsächlich jedoch ist niemand bei der Arbeit, denn alle sind mit Plünderungen beschäftigt. Die Amerikaner sagen sich: Uns kann es schließlich einerlei sein, wie lange diese Arbeiten, die das Leben im Lager erträglich machen sollen, von den Interessierten selbst hinausgezogen werden...«[27]

Ganz ungeahnte Probleme warf auch die Versorgung mit Lebensmitteln durch die US-Army auf. Die leeren Konservendosen erhöhten nicht nur die Müllberge im Lager, deren Beseitigung so lästig war, die Armeerationen verleiteten viele zum Kochen in den Lagerstraßen vor den Baracken; das war nicht nur wegen der Hygiene bedenklich, sondern auch deshalb, weil manche als Brennstoff Bretter von den Bettgestellen und sonstiges Inventar benutzten.[28] Die Autorität der lagerinternen Ordnungskräfte war naturgemäß beschränkt, die »Camp Police« der ehemaligen Häftlinge konnte z. B. der zahlreichen Besucher, die im Krankenrevier herumliefen und die Quarantäne sinnlos machten, nicht Herr werden, klagte Dr. Blaha. Er hätte am liebsten seine Kranken durch GIs bewachen lassen: »Für einen Häftling (von der Lagerpolizei) ist es schwer, alle Besucher wegzubringen. Da muß schon eine Autorität da sein, denn Uniform ist Uniform und Waffe ist Waffe.«[29]

Der Lagerälteste Müller versuchte dagegen in einem Rundschreiben an die Block-Ältesten seinen Ordnungstruppen durch einen Appell an die Vernunft und das Gemeinschaftsgefühl Autorität zu verschaffen: »Die Camp Police ist keine frühere Lager-Polizei. Die Camp Police ist nur ein kameradschaftlicher, freiwilliger Dienst zur Aufrechterhaltung von Ordnung und Sicherheit im Lager. Daher sollte man der Camp Police keine

Schwierigkeiten machen und sie nicht beschimpfen, sondern ihren Anordnungen gehorchen und, wo es nur möglich ist, sie völlig unterstützen.
Jeweilige berechtigte und wahre Vorwürfe sind in Protokollen abzufassen
und an den Lager-Ältesten abzugeben. Gegen disziplinlose und böswil-
lige, die Gemeinschaft des Lagers schädigende Elemente wird allerdings
die Camp Police energisch vorgehen.«[30]
Mit einem guten Mußeprogramm erspare man sich die halbe Lagerpolizei,
hatte in der IPC-Sitzung am 5. Mai ein Mitarbeiter von Kucis Kulturabtei-
lung geseufzt, und Michelet hatte einen Komitee-Beschluß verlangt, durch
den die Frage der Unterhaltung und Beschäftigung in den Mußestunden
gelöst werde. Wenn die Leute sängen und sich unterhielten, habe man
weniger Schwierigkeiten mit ihnen. Das war zwar allen Komitee-Mitglie-
dern klar, die Möglichkeiten waren indessen äußerst beschränkt. Vor allem
fehlte es im überfüllten Lager an Raum für kulturelle Aktivitäten. Die
Freigabe des von der SS angelegten Wildparks neben dem Lager war z. B.
auch eine Frage der Bewachung, weil viele Lagerbewohner nur auf eine
Möglichkeit zur »Flucht« warteten; nicht wenigen gelang das auch, obwohl
die Amerikaner sehr davor warnten, ohne Papiere und ohne eine Kopie
ihres Fragebogens das Lager in Richtung Heimat zu verlassen.
Wie entsetzlich die Zustände im Lager nach der Befreiung waren und wo
die Aktivitäten der Lagerselbstverwaltung wie der Amerikaner am dringlichsten waren, läßt sich auch an der Sterbe-Statistik des Lagers in den
Monaten Mai und Juni 1945 ablesen. Jan Domagala, der polnische Priester, der als Lagerschreiber bis zum 16. Juni Buch führte, überliefert für
den Mai 2226 Tote, im Juni waren es noch 192.[31] Der Abtransport der
Leichen, die seit April in den Lagerstraßen lagen, war eine Woche nach
der Befreiung noch nicht beendet. Nach Auskunft des Lagerältesten in
der IPC-Sitzung am 5. Mai wurden täglich 100 bis 300 bestattet. Besondere Sorgen bereiteten die Toten, die in den Wassergräben lagen und in
der Würm trieben. Dieser schmale Fluß zwischen dem Konzentrationslager und dem Lager der SS diente zur Trinkwasserversorgung der Lagerinsassen.[32] Die Amerikaner führten Impfaktionen gegen Typhus und
Fleckfieber durch und verwendeten beträchtliche Mühe an die Desinfektion der Lagerbewohner und des Inventars. Zur Verbesserung der
sanitären Verhältnisse war es aber in erster Linie notwendig, das Lager
aufzulockern, Kranke und Gesunde – soweit man bei den ehemaligen
Häftlingen von »Gesunden« überhaupt reden konnte – zu scheiden und
überhaupt Platz zu schaffen. Durch die Einbeziehung des angrenzenden
SS-Geländes, in dem vor allem auch bessere Einrichtungen zur Aufnahme
Kranker zur Verfügung standen, besserte sich die Situation allmählich.
Die Umsiedlung erfolgte, was allerdings wieder eigene Probleme
brachte, so weit als möglich geschlossen nach nationalen Gruppen.

Die Umquartierung in die Außenbezirke des Lagerkomplexes brachte
Erleichterung, die nachhaltigste Besserung der Situation ergab sich jedoch aus der Evakuierung von einigen tausend Männern in ein SS-Ka-
sernengelände beim Schleißheimer Flugplatz, etwa 10 km von Dachau
entfernt. Der Exodus begann Mitte Mai, heftige Debatten und Kontro-
versen im Internationalen Häftlings-Komitee, welche Gruppen nach
Schleißheim gehen sollten, waren vorausgegangen. Der Aufenthalt in
der neuen Umgebung sollte, wie Leutnant Rosenbloom erklärte, ungefähr 14 Tage dauern, am Ende würde die Repatriierung stehen. Die
Quarantäne sollte für alle, wie Blaha schon am 10. Mai in der Sitzung
des Komitees mitteilte, am 28. Mai beendet sein. Der Streit entbrannte
nun darüber, welche Gruppen nach Schleißheim übersiedeln sollten. Im
ursprünglichen Lagerbezirk befanden sich nach Auskunft Domagalas zu
der Zeit – am 14. Mai 1945 – noch rund 4500 Russen, 3100 Jugoslawen,
9000 Polen, 2200 Italiener und 1100 Reichsdeutsche. Kuci schlug vor,
alle Polen umzusiedeln, damit sei die Frage gelöst. Haulot wandte ein,
die gesunden Polen reichten nicht aus (Kranke konnten und sollten nicht
verlegt werden), man müsse die Italiener dazu nehmen. Michelet widersprach, die Polen seien »les doyens du camp«, sie hätten alle lebenswichtigen Funktionen im Lager in der Hand und sollten da bleiben, damit
nicht alles durcheinanderkomme. Haulot schlug daraufhin vor, die
4500 Russen mit den 3100 Jugoslawen, 1600 Tschechen und 1100 Deutschen zu verlegen, wogegen aber General Michailow protestierte. Die
Russen seien zum großen Teil kaum transportfähig, weil sie erst kürzlich
entkräftet aus Buchenwald und Flossenbürg in Dachau angekommen
seien. Überdies seien nicht 4500, sondern nur 3500 Russen im Lager, von
denen lediglich 2500 transportfähig seien. Die Deutschen kamen, wie
Oskar Müller einwarf, zur Verlegung aber auch nicht in Frage, weil ihre
Umquartierung in die Außenbezirke des Dachauer Lagers gerade im
Gang war. Die Tschechen schieden aus, weil ihre Repatriierung unmittelbar bevorstand.

Gegenüber dem Vorschlag, Quoten der einzelnen Nationalitäten (Italiener, Jugoslawen, Polen und Russen kamen nur noch in Betracht) umzusiedeln, protestierte erst der jugoslawische Delegierte; seine Landsleute
seien immer schlecht behandelt worden, auch jetzt hätten sie gegenüber
den Franzosen und kleineren Gruppen, die in den Außenbezirk des Dachauer Lagers gekommen waren, wieder den kürzeren gezogen. Der
polnische Vertreter erklärte, die Polen seien am längsten in Dachau und
hätten die größten Opfer gebracht. Lediglich die Spanier und die Italiener waren zur Übersiedlung nach Schleißheim bereit. Nachdem Leutnant Rosenbloom noch einmal die Zweckmäßigkeit der geschlossenen
Umsiedlung ganzer Nationalgruppen betont hatte und ein polnischer

Vertreter abermals die Gründe, warum die Polen nicht umziehen wollten, dargelegt hatte, setzte sich der US-Leutnant mit seinen Vorgesetz-
ten in Verbindung und übermittelte die Empfehlung des Russen Michailow, daß man die Auswahl den amerikanischen Stellen überlassen solle.
Rosenbloom konnte die Entscheidung des Kommandanten, Col. Joyce,
dem Komitee gleich mitteilen. Den ersten Transport sollten am 15. Mai
1000 Russen bilden, und vom neuen Lager Schleißheim aus werde zuerst
in die Heimat entlassen, noch vor Dachau. Die Lockung wirkte (auch
die Unterkünfte, ehemalige SS-Kasernen, sollten dort ja besser sein),
Oskar Juranic erklärte, daß er unter der Voraussetzung der beschleunig-
ten Entlassung der Übersiedlung der Jugoslawen in das Zwischenlager
zustimme, allerdings wolle er sich von den Örtlichkeiten vorher gerne
ein Bild machen.

Es wurde beschlossen, eine Kommission einzusetzen, der als Vertreter
der umziehenden Nationalgruppen ein Pole, ein Jugoslawe und ein Italiener angehörten. Diese Kommission sollte das neue Lager in Augen-
schein nehmen. Die Russen benannten kein Kommissionsmitglied; General Michailow hatte es mit einer schönen Begründung abgelehnt: »Er
wolle nichts sehen, da er volles Vertrauen zu den amerikanischen Behörden habe. Wir haben unsere Gründe genannt, wenn es aber bestimmt
ist, daß wir überstellt werden, dann haben wir totales Vertrauen und haben weder zu wählen noch zu verifizieren, also ist eine Besichtigung
zwecklos.«[33]

Die Zustände im Lager Dachau verbesserten sich durch die Auflocke-
rung und durch die Evakuierungsaktion nach Schleißheim natürlich
nicht schlagartig. Es gab sogar gegenteilige Meinungen. Im alten Lager
herrschte eine furchtbare Stimmung, erklärte das IPC-Mitglied Malczewski am 17. Mai, die in die Außenbezirke Umquartierten hätten eine
Menge Vorteile, die Zurückgebliebenen lebten in einer Wüste. Der Vorschlag, diesen Leuten den Wildpark der SS als Erholungsfläche zu
öffnen, lag immer noch unerledigt bei den Amerikanern; die Umsied-
lungsaktion nach Schleißheim war gestoppt worden, weil dort noch nicht
genügend Unterkünfte hergerichtet waren. Die Zustände seien nicht anders und nicht besser als zur Zeit der Befreiung, gab der Pole Kokoszka
zu Protokoll, die Leute schliefen immer noch auf dem Boden, die Lage
sei katastrophal, es könne zu Meutereien kommen.[34] Fünf Tage später
wurde auch über unzureichende und schlechte Verpflegung geklagt, man
argwöhnte, daß die deutsche Bevölkerung außerhalb des Lagers viel
besser lebe, welche Befürchtungen Leutnant Rosenbloom zu zerstreuen
suchte.[35]

Zur Verbesserung der Stimmung hatte der Pressechef wieder zur Feder
gegriffen. Unter dem Titel »Drei Fragen und zwei Gründe« ermunterte

Ali Kuci namens des Internationalen Häftlings-Komitees zum Durchhalten, abermals die Geduld und die Solidarität der Lagerinsassen beschwörend:

»Wann fahren wir nachhause? Das ist die Frage, die jedermann den amerikanischen Behörden, den Mitgliedern des Häftlings-Komitees etc. stellt. Die Leute in diesem Lager sind sehr begierig, etwas über das Datum ihrer Repatriierung zu erfahren. Und sie haben recht. Denn nach so vielen Jahren des Leidens und der Trauer wollen wir alle nachhause fahren. Sofort zurückkehren zu unserem häuslichen Herd und in den Kreis unserer Lieben, wissen und sehen, wie es unseren Ländern und Leuten geht, jetzt, da vom Himmel über Europa die schwarzen Wolken vertrieben sind, die so viele Jahre die leuchtende Vergangenheit und Zukunft dieses Kontinents verdunkelt haben.

Aber warum fahren wir nicht heim? Es sind sehr wenige Personen, die diese Frage beantworten können. Nur jene, die mit den gegenwärtigen Zuständen vertraut sind und wissen, was hier in Dachau vorgeht. Diese Gruppe verantwortlicher Personen kennt die wirkliche Lage. Und sie arbeiten Tag und Nacht, um ihren Kameraden zu helfen und ihnen den Heimweg zu erleichtern.

Die Lebensbedingungen im Lager haben sich inzwischen sehr gebessert. In den amerikanischen Evakuierungskrankenhäusern werden unsere Kranken so gut versorgt wie nur irgend möglich. Das Essen, das sie täglich bekommen, ist von einer Art, die wir uns früher gar nicht vorstellen konnten. Sie sind zufrieden und satt. Der größte Teil jener, deren Schicksal in der einstmaligen SS-Zeit besiegelt war, ist gerettet und dem Leben zurückgegeben. Die Schwachen, die ehedem im Elend der Quarantäne dahinsiechten, erfreuen sich jetzt recht guter Gesundheit. Ihr Leben ist gerettet worden.

Wie können wir heimfahren? Viele Lagerinsassen leiden an Typhus, Tuberkulose und anderen schweren epidemischen Krankheiten. Das ist der Tatbestand. Hätten die Amerikaner versucht, uns sofort zu evakuieren, wären viele – etwa 80 Prozent – auf ihrem Heimweg gestorben. Das ist der eine Grund, warum wir nicht sofort in unsere Länder zurückkehren konnten. Das Leben vieler Tausende wurde durch diese kluge Maßnahme der amerikanischen Behörde gerettet.

Und der zweite Grund? Die Epidemien, die wir mit uns nachhause gebracht haben würden, hätten die Gesundheit in unseren Ländern schwer gefährdet. Wir hätten in den geliebten Orten unserer Heimat Unglück verursacht. Das wäre unfair gewesen.

Wir lebten lange Jahre an diesem Ort als Gefangene und Todesschatten. Wir hatten den Mut und die Ausdauer, die größten Leiden zu überstehen, die die Geschichte der Menschheit kennt. Wir waren Opfer der grausamsten Tyrannei der Welt.

Aber jetzt sind wir frei. Und wir wissen, daß wir in wenigen Wochen nachhause kommen. Warum solche Eile? Alle Hast, Unordnung und Widersetzlichkeit behindert die Arbeit unserer Befreier und verschiebt unsere Heimkehr. Deshalb sollten wir einmütig zusammenstehen. Deshalb sollten wir untereinander helfen, einer dem anderen und alle zusammen den Amerikanern, die so viel für uns tun.«[36]

Immerhin waren, als der Artikel erschien, auch Silberstreifen am Lager-
horizont erkennbar. František Blaha, der am 22. Mai zum letzten Mal an
einer Komitee-Sitzung teilnahm (sie war sogar eigens anberaumt worden,
um ihn zu verabschieden), erklärte, daß die Infektionskrankheiten im
Lager – außerhalb der Reviere – aufgehört hätten, und Michelet fügte
hinzu, daß es unter den Franzosen keine Typhuskranken mehr gebe. Oskar Müller berichtete, daß sich die Situation im Lager, das immer leerer
werde, bessere. Am Vortag hätten 2200 Russen das Lager verlassen, die
restlichen 1100 reisten am 22. Mai; von den Tschechen waren 990 teils
repatriiert, teils evakuiert worden, die übrigen befanden sich im Aufbruch. Im alten Lager verblieben Polen, Jugoslawen, Italiener und kleinere nationale Gruppen und Juden mit ungeklärter Staatsbürgerschaft.
Insgesamt betrug die Belegung jetzt noch etwa 10 000 Mann, die allmählich auch besser verteilt wurden. Der Wildpark war endlich (bis 21.00 Uhr
abends) auch zugänglich geworden (die Benutzung des Schwimmbads der
SS mußte aber bald wieder verboten werden, weil das Wasser verseucht
war), die Lebensverhältnisse hatten sich insgesamt gebessert[37], und für
viele hatten sich die Lagertore schon zur Freiheit geöffnet. Die Quarantäne war vorzeitig beendet worden, und auch bei der bürokratischen Prozedur hatten die Amerikaner zur Verblüffung der Betroffenen eine
Kehrtwendung unternommen, die in einigen Details die Entnazifizierungspolitik vorwegnahm, wie sie dann in der amerikanischen Besatzungszone Deutschlands betrieben wurde.
Der 12. Mai wurde zum dramatischen Höhepunkt im Tauziehen um die
Entlassungsregularien, die sich die Büro-Strategen der US-Army ausgedacht hatten. Captain Alfred I. V. Peterson hatte das Häftlingskomitee zu
sich gebeten, um für die bisherige erfolgreiche Arbeit bei der Ausfüllung
der Fragebogen zu danken; er drückte die Hoffnung aus, daß die Arbeit
im gleichen Tempo fortgesetzt werde. Es sei »der Wille seines Büros, das
sich mit der Sammlung der Angaben über die zu repatriierenden Lagerinsassen befaßt, sowie der Wille der amerikanischen Armee, daß diese Arbeit soweit möglich beschleunigt werde«.
Freilich ließ die Ankündigung des amerikanischen Hauptmanns ahnen,
daß für so manche die Entlassung in die Freiheit auch nach dem Ausfüllen
aller Formulare sich nicht unmittelbar anschließen würde: »Diejenigen,
über die keine Zweifel oder offene Fragen bestehen, kommen zur Entlassung als erste in Betracht. Dagegen werden die Fragebögen jener, bei
denen Zweifel offen sind, bis zu deren völliger Klärung zurückgehalten.«
Es würde also für viele vom Scharfsinn oder der Geneigtheit der Leute
vom CIC, dem amerikanischen Geheimdienst, der die »zweifelhaften«
Fälle untersuchte, abhängen, ab wann sie die Freiheit genießen konnten.
Angesichts der Schicksale so mancher Lagerinsassen war das eine be-

drückende Perspektive. Zu Hunderten zogen es die ehemaligen Häftlinge daher vor, sich ohne Rücksicht auf die Entlassungsbürokratie der vierfach auszufüllenden Fragebogen aus dem Lagerleben zurückzuziehen. Captain Peterson warnte sehr vor solcher Eigenmächtigkeit, verwies auf das jetzt nach dem Ende der Kampfhandlungen reichlich zur Verfügung stehende Personal der amerikanischen Militärpolizei, das streng darüber wachen werde, daß niemand mehr ohne Erlaubnis herauskomme. Außerdem werde es für diejenigen, die illegal nach Hause reisten, dort Schwierigkeiten geben. Captain Peterson bat, den Lagerinsassen folgendes klarzumachen: »Für jeden in Ordnung entlassenen Lagerinsassen geht eines dieser 4 Formulare mit an seinen Bestimmungsort, wer aber durchgeht, für den wird kein solcher Bogen da sein. Das wird ihm viele Scherereien und Unannehmlichkeiten verursachen und kann ihm auch gefährlich werden.«[38]

Das war um neun Uhr morgens.

Abends um sechs Uhr des gleichen Tages fand aus triftigem Grund wieder eine Komiteesitzung statt. Haulot, das als Vorsitzender amtierende Mitglied des Komitees teilte mit, Captain Peterson habe neue Instruktionen bekommen, danach werde das Lager jetzt in kürzester Frist geräumt. Die US-Militärbehörden hatten beschlossen, die Fragebogenaktion abzublasen. Lediglich die Deutschen und die Österreicher sollten die lästigen Formulare vor der Entlassung noch ausfüllen. Angehörige der anderen Volksgruppen würden lediglich in Listen erfaßt und dann repatriiert werden. In die »special cases« würden sich die Amerikaner nicht (mehr) einmischen, es sei die Sache der Heimatbehörden, was mit diesen Leuten geschehe. Major Goormaghtigh erklärte als Vertreter der US-Army mit Nachdruck, in dem Augenblick, wo ein verantwortlicher Offizier mit den nötigen Verkehrsmitteln erscheine, bekomme er seine Landsleute. Wenn ein Land dazu nicht in der Lage sei, würden die Amerikaner die Leute bis an die Grenze des betreffenden Landes transportieren.

Inzwischen gingen offenbar Gerüchte um, das Lager werde binnen einer Woche geräumt. Leutnant Rosenbloom erschien nämlich in einer Sitzung des IPC und erklärte, der Lagerkommandant wisse davon nichts. Eine Deputation machte sich daraufhin auf den Weg, um Colonel Joyce selbst zu fragen. Die Abordnung kehrte zurück, und Major Goormaghtigh versicherte dem Komitee, daß es falscher Alarm gewesen sei. Es stimme zwar, daß das Lager zügig geräumt werden solle, aber nicht innerhalb einer Woche: »Col. Joyce traf beinahe der Schlag, als er hörte, daß das Lager laut umlaufenden Gerüchten bereits in 8 Tagen niedergebrannt werden solle. Er kenne eben die Enten nicht, die im Lager oft und so lebhaft flattern.«[39]

Die Räumung des Lagers war jetzt nur noch ein Transportproblem, denn

auch in der Quarantänefrage hatte sich die Haltung der Amerikaner vollständig geändert. Nur noch die Erkrankten selbst fielen darunter, alle
übrigen würden nach ihrer Rückkehr in die Heimat eine 14tägige Quarantäne durchmachen müssen – versicherten die Amerikaner, und sie glaubten vielleicht sogar daran. Haulot begrüßte die Besserung der allgemeinen Lebensverhältnisse im Lager und freute sich, daß man jetzt einer
logischen und praktischen Lösung der Repatriierungsfrage entgegensehe
und keine papierenen Probleme mehr habe.

Das traf freilich für die Deutschen und die Österreicher nicht zu, und
deren Sprecher verhehlten ihre Empörung nicht über die Diskriminierung, die sie darin sahen, daß sie als einzige die Fragebogen ausfüllen
sollten. Der Vertreter der Österreicher, der Vorarlberger Anton Kothbauer, sagte erregt: »Wenn ich richtig verstanden habe, so werden wir als
Österreicher, die wir in den Konzentrationslagern und Zuchthäusern für
die Sache Österreichs und der Alliierten gegen den Hitlerismus aktiv gekämpft haben und zum Teil schon seit 1938 nach Deutschland deportiert
wurden, zweitrangig behandelt oder den Deutschen gleichgestellt. Gestern noch meldete Radio London, daß die Angehörigen Österreichs,
welche sich in der Tschechoslowakei befinden, nicht als Deutsche zu betrachten sind und auch nicht unter die für die Deutschen jetzt gültigen
Bestimmungen fallen. Ich drücke als Vertreter der Österreicher hier mein
Befremden darüber aus, gerade uns, die wir mit Blut und Schweiß im
›marsch-marsch-Tempo‹ dieses Lager aufbauen mußten, als letzte liqui-
dieren sollen. Persönlich habe ich schon, wie viele andere Kameraden,
unter Dollfuß und Schuschnigg gegen das Nationalsozialistische Deutschland gekämpft. Ich werde wahrscheinlich auf den Sitzungen des Internationalen Komitees nicht mehr erscheinen können und werde die Vertrau-
ensfrage an das nationale Komitee stellen. Man kann nicht jahrelang
durch Radio Moskau, London und Amerika uns zum Widerstand aufru-
fen und dann jene, die in den Zuchthäusern und Konzentrationslagern
landen, als nicht vollwertig anerkennen.«[40]

Major Goormaghtigh versuchte, ihn zu beruhigen mit dem Hinweis, die
Fragebogen-Angelegenheit sei doch eine reine Formsache. Er erwarte
vor allem die Liste der Verdächtigen – gemeint waren die Helfershelfer
der SS im Häftlingsgewand – und versicherte, daß für die Diskriminierung
eben die Staatsangehörigkeit zum Deutschen Reich maßgebend gewesen
und daß damit keine pauschale Aburteilung gemeint sei, also kein Grund
zur Empörung bestehe.

Oskar Müller sah das aber anders. Und bei seiner Erwiderung mag das
schmerzliche Bewußtsein vom unterschiedlichen Status eine Rolle gespielt haben, den die wohlgekleideten Vertreter der gutgenährten US-
Army gegenüber den Elendsgestalten der Befreiten unwillkürlich auf

Schritt und Tritt demonstrierten: »Wir deutschen Antifaschisten sind die ersten, die schon acht und zehn Jahre in den Zuchthäusern und Konzentrationslagern unsagbares Leid tragen, und es ist auch uns gegenüber ungerecht, daß für uns spezielle Enqueten gemacht werden.«[41]

Die Vertreter einiger anderer Nationalgruppen hatten andere Sorgen. So fragte Pallavicini, worauf diejenigen, die wie die Ungarn und Jugoslawen noch keine Verbindung zu ihren Heimatländern hatten, hoffen dürften. (Bei dieser und anderer Gelegenheit artikulierten auch die Polen ihr Problem der ungeklärten Zukunft: welche polnische Regierung würde für sie zuständig sein, die Exilregierung in London oder das Lubliner Komitee, und wohin sollten sie sich, je nachdem, welche Richtung die Oberhand bekäme, repatriieren lassen?)

Major Goormaghtigh tröstete die Vertreter der Nationalgruppen, die noch keinen Kontakt mit ihren Regierungen hatten: »Die ganze Welt weiß von Dachau. Das ist heute der Brennpunkt des Interesses der Weltöffentlichkeit. Niemand kann behaupten, daß Ihre Regierungen von Dachau nichts wissen. Zweifellos interessieren sie sich für Dachau. Daß sie noch nicht die Verbindung hergestellt haben, daran sind die materiellen Schwierigkeiten schuld. Es ist ungeheuer schwer, durch eine militärische Zone durchzukommen; bis man die Erlaubnis dazu erhält, vergeht eine lange Zeit. Es ist ein bürokratischer Vorgang. – Die Franzosen haben deshalb den Kontakt so rasch hergestellt, weil ihre Truppen in der Nähe sind. Daß die Belgier den Kontakt von Anfang an hatten, ist eine Folge des Zufalls, daß er selbst – nicht als Belgier, sondern als Offizier einer verbündeten Armee –, hier in Dachau mit den Repatriierungsfragen betraut sei.«[42]

Die bevorstehende Heimkehr und die Frage, »wie sieht es in der Heimat aus?« waren auch die wichtigsten Themen der Lagerzeitungen. In Dachau existierte ab Anfang Mai eine zwar kurzlebige aber dafür äußerst vielfältige Presselandschaft. Die Zeitungen, die von den Nationalkomitees publiziert wurden, bestanden meist aus wenigen hektografierten Blättern im Format DIN A 4. Das Organ des sowjetischen Komitees war sogar handschriftlich über Matrizen vervielfältigt, vermutlich stand keine Schreibmaschine mit kyrillischen Typen zur Verfügung. Die Spanier veröffentlichten ein »Boletin de Informacion de los Espanoles Internados en Dachau«, das polnische »Glos Polski-Biuletyn Komitetu Polskiego w Dachau« begann am 3. Mai zu erscheinen, es gab ein griechisches und ein jugoslawisches Informationsblatt; die Italiener meldeten sich mit 37 Nummern »Gli Italiani in Dachau« bis zum 29. Juni 1945 zu Wort, während das Blatt der Belgier (»L'Union Belge«) wegen der frühen Repatriierung schon zeitig im Mai das Erscheinen einstellte, ebenso wie die französische »Liberté«, in der mehr als in anderen Lagerzeitungen von der großen Politik die Rede war. Die Niederländer informierten sich (letzt-

mals mit der Nummer 11 vom 14. Mai) durch »De Stem der Lage Landen
– Orgaan der Nederlanders in Dachau«, und die Luxemburger bedienten
sich in »Ons Zeidong« der letzeburgischen Sprache.

Die Österreicher hatten eines der umfangreichsten Blätter, das allerdings
nur selten erschien, dafür aber in der dritten (und letzten) Nummer noch
den Titel wechselte: aus »Weg und Ziel der Österreicher« wurde im Juni
»Das Neue Österreich« (mit dem Untertitel »Mitteilungsblatt der Österreicher in Dachau«). Hauptthema war hier die nationale Wiedergeburt,
und es gab eine erstaunlich ausführliche Berichterstattung über die Situation in der Heimat.

Die deutsche Lagerzeitung hieß »Der Antifaschist. Stimme der Deutschen aus Dachau« und erschien ab 6. Mai insgesamt 20mal. Die letzte
(undatierte) Nummer des Blattes, das vor allem Ankündigungen, kurze
Informationen und Nachrichten publiziert hatte, war dem Rückblick
(»Deutsche Antifaschisten taten ihre Pflicht« aus der Feder Oskar Mül-
lers) gewidmet, aber auch der Zukunftsvision. Beschlossen wurde die
Zeitung mit den Worten: »Wir verlassen Dachau mit dem festen Bewußtsein, daß auch weiterhin unser Leben dem Kampf gegen jede Form der
faschistischen Tyrannei und für ein freies, demokratisches und antifaschi-
stisches Deutschland gilt.«[43]

Die Abschiedsworte, die Ali Kuci als Chef des Pressebüros des Internationalen Häftlings-Komitees Anfang Juni als eine Art Schlußproklama-
tion verfaßte, galten allen, die in Dachau gelitten hatten. Sie erinnerten
an das Geschehene, aber sie enthielten auch, mit freundlichem Pathos,
optimistische Erwartungen an das Kommende: »Die Menschen fahren
nachhause. Viele, viele fuhren in den letzten Tagen heim und noch immer
brechen viele auf. In den nächsten Tagen wird Dachau verlassen sein: ein
verlassenes Kloster, das den kommenden Generationen das größte Martyrium der Geschichte bezeugt. Vorher war es ein Grab. In den zwölf
Jahren seines Bestehens wurden hinter den Mauern und hinter dem elek-
trisch geladenen Stacheldraht dieses riesigen Grabes etwa eine Million
Europäer gemartert. Die überlebenden Männer kehren heim. Ihre Heimat ist frei und ihre Fahnen flattern stolz in ihren Ländern. Das große
Werk des Wiederaufbaus hat schon begonnen. Und wir alle müssen bei
diesem Wiederaufbau mitarbeiten. Glücklich und voll Freude verlassen
wir diese Hölle: Es ist zu Ende. Keine Bedrohung mehr, keine Angst: Das
große Leben – wie man so sagt – erwartet uns!«[44]

4. Jüdisches Leben in Deutschland nach Auschwitz

Die Eltern haben sich nach der Befreiung aus dem KZ in einem Sanatorium kennengelernt. Im Gegensatz zur Lagerzeit – über die sie nicht sprechen können – berichten sie darüber der Tochter oft und gern. Sie hatten »noch kahlgeschorene Köpfe und eingefallene abgemagerte Körper. Die ersten Kleider, die man ihnen gab, paßten nicht, und vor allem mein Vater war gefühlsmäßig vollkommen gestört. In den ersten Wochen in der Klinik stahl er überall Brot und verbarg es unter seiner Matratze. Selbst als es schon vollkommen verschimmelt war und die Schwestern es wegwerfen wollten, weigerte er sich und bekam hysterische Anfälle.«
Die Eltern leben still und bescheiden in Wien. Sie seien »sehr lieb, freundlich, nett, so nett, daß man gar nicht auf die Idee kommt, hinter die Fassade zu schauen. Dort zittern sie nämlich, am ganzen Körper. Sie leben das Leben eines Kaninchens vor der Schlange... Schon als Kind ist mir die Angst meiner Eltern aufgefallen. Die Angst vor meinen Lehrern, vor einem Polizisten, vor einem eingeschriebenen Brief.«
Die Journalistin, die dies berichtet[1], sagt von sich, »wir jungen Juden können uns heute hier in Wien nicht einfach so unters Volk mischen, als ob nichts gewesen wäre. Vor allem deshalb nicht, weil unsere Eltern auf die eigene Rache und die Sühne der Täter verzichtet haben.« Das heißt nicht, daß die jungen Juden rächen wollen. Aber sie sind aufmerksam und mißtrauisch, sensibler und verletzbarer durch falsche Töne als alle anderen: »Manchmal vergeht kein Tag, an dem ich nicht mit irgend jemandem zusammenkrache, sei es der Taxifahrer oder die Obstfrau. Ich streite mit den Leuten, schreie herum und beschimpfe sie, wann immer ich nur die geringsten Anzeichen von Nazitum, Antisemitismus oder Ausländerfeindlichkeit entdecke.«[2]
Diese Feststellung aus dem Leben einer jungen Jüdin in Wien gilt genauso für Bayern oder jedes andere Land der Bundesrepublik. Jüdisches Leben in Deutschland nach der Hitlerherrschaft ist alles andere als selbstverständlich, es ist besonders schwierig, emotional belastet, viele der heute in Deutschland lebenden Juden stehen unter einem latenten Rechtfertigungszwang gegenüber den Überlebenden des Holocaust in aller Welt, gegenüber Glaubensbrüdern in Israel, und – nicht zuletzt – auch gegen ihre deutsche Umgebung, der gegenüber sie je nach Temperament

oder Umständen ihr Judentum verbergen oder demonstrativ entgegenhalten.[3]

Vor dem Beginn der nationalsozialistischen Judenverfolgung lebte mehr als eine halbe Million Juden in Deutschland. Zwischen 1933 und 1945 konnten davon etwa 270000 auswandern, mehr als 200000 wurden in die Ghettos und Vernichtungslager deportiert, etwa 165000 sind dort ermordet worden, ungefähr 15000 überlebten außerhalb der Konzentrationslager, die meisten hatten nichtjüdische Partner in »Mischehen«, etwa 2000 hatten sich im Untergrund verborgen. Heute gibt es in der Bundesrepublik etwa 30000 Juden, aber die wenigsten von ihnen sind Überlebende des früheren deutschen Judentums, Rückkehrer aus den Konzentrations- und Vernichtungslagern oder deren Nachkommen. Die ehemaligen deutschen Juden wohnen zum größeren Teil in Israel und in den USA, in Südamerika, Australien oder Südafrika. Juden machen heute etwa 0,05 Prozent der Bevölkerung der Bundesrepublik aus, sie leben vor allem in Großstadtgemeinden, mehr als die Hälfte lebt in drei Gemeinden, nämlich in Berlin (6100), Frankfurt (4800) und München (4000). 63 jüdische Gemeinden gibt es in der Bundesrepublik insgesamt.

Die Mitglieder der heutigen jüdischen Gemeinden in Deutschland haben zum beträchtlichen Teil andere Ursprünge. Die 1945 aus den deutschen Konzentrationslagern befreiten Juden stammten zumeist aus Ungarn, der Tschechoslowakei, aus Polen und aus anderen Ländern Osteuropas, manche von ihnen blieben, weil sie keine neue Heimat fanden, in Deutschland, andere wanderten aber auch in den ersten Nachkriegsjahren zu, als in Polen neuer Antisemitismus manifest wurde. Sie suchten Hilfe vor allem in der amerikanischen Besatzungszone Deutschlands, in der Hoffnung auf weiteres Fortkommen und bessere Lebensbedingungen, als sie in der ehemaligen osteuropäischen Heimat herrschten. Der größte Teil dieser Zuwanderer betrachtete Deutschland lediglich als Durchgangsstation, aber etliche blieben auch und prägten die neu entstehenden jüdischen Gemeinden mit. In diesen Gemeinden lebten die traditionellen Spannungen zwischen deutschem Judentum und Ostjudentum wieder auf – und zwar in Bayern und ganz Süddeutschland stärker als in der größten jüdischen Gemeinde, in Berlin – das bildete ein weiteres Problem der schwierigen jüdischen Nachkriegsgeschichte in Deutschland.[4]

Die kulturell hoch assimilierten deutschen Juden hatten Probleme mit den Ostjuden in vielerlei Hinsicht: die Ostjuden sprachen jiddisch, beachteten strenger die rituellen und religiösen Gesetze des Judentums, demonstrierten ihr Judentum und lehnten jede Assimilation ab. Die deutschen Juden sahen sich dem Vorwurf konfrontiert, lax im Glauben zu sein, kaum jüdische Geistigkeit auszustrahlen, sich allzu stark mit Nichtjüdischem verbunden zu haben. Das ließ sich schon an der Zahl der Ehen mit Nichtjuden ablesen. Die deutsch-jüdische Identität (häufig als deutsch-jüdische Symbiose mißverstanden und von interessierten Nichtjuden auch nach dem Holocaust immer wieder als vermeintliche Tatsache beschworen) stieß bei den Ostjuden auf Skepsis, Unverständnis, Ablehnung.

Diese Probleme waren konstitutiv für die Gründungsgeschichte der neuen jüdischen Gemeinden, aber sie wirken auch fort bis in die Gegenwart. Heute sind die jüdischen Gemeinden in der Bundesrepublik weitgehend Einwanderungsgemeinden für ausländische Juden. Kulturell, sprachlich und auch in der Religiosität sind die jüdischen Gemeinden sehr heterogen. Sie sind stark überaltert und durch eine sehr hohe Fluktuation gekennzeichnet. Die jüdischen Gemeinden in Deutschland bilden – von aussterbenden Kleingemeinden in Franken und Hessen abgesehen – keineswegs die Fortsetzung der alten Gemeinden vor dem Holocaust. Viele Juden in Deutschland haben auch oder ausschließlich eine andere Staatsbürgerschaft als die deutsche, zum Lebensgefühl gehört für viele, »auf gepackten Koffern zu sitzen« – das ist eine häufig verwendete Metapher – und hier nur auf einer Zwischenstation der Auswanderung zu leben.

Die Heterogenität der Mitglieder erschwert das Gemeindeleben, die Kommunikation ist kompliziert, aber nicht nur auf Gemeinde- und Landesverbandsebene, sondern auch schon in den Familien. Am schwierigsten sind die Verhältnisse in der »zweiten Generation«, bei den »Kindern des Holocaust«. Das sind diejenigen, deren Eltern (oder ein Elternteil) im KZ oder die sonstige Verfolgungsopfer waren. Die zweite Generation ist teils in den Lagern geboren, die nach der Befreiung für die »Displaced Persons« auf deutschem Boden errichtet wurden, teils in den Heimatländern der Eltern, namentlich in Ungarn, Polen, Rußland, Rumänien, der Tschechoslowakei.

Die Kommunikation der jüdischen Minorität der zweiten Generation erfolgt über mehrere Sprachen. Die Eltern brachten eine oder mehrere Heimatsprachen mit, in denen sie sich verständigten, etwa polnisch oder russisch. Als Kultsprache diente hebräisch, als Umgangssprache war allen aus Osteuropa Zugewanderten jiddisch geläufig, die traditionelle Mischsprache aus deutschen, slawischen und hebräischen Elementen, und schließlich deutsch, das als Sprache des äußeren Umfelds vielfach erst erlernt werden mußte, aber als Idiom der Mörder immer suspekt bleibt.[5]

Der Wiederbeginn jüdischen Lebens in Deutschland ist von den Spannungen gekennzeichnet, die sich aus den angedeuteten soziologischen, kulturellen und psychologischen Problemen ergaben. Einerseits schien es undenkbar, daß auf deutschem Boden wieder jüdische Gemeinden existieren könnten, und die Mehrzahl der aus Lagern – vor allem Theresienstadt – geretteten und der illegal überlebenden deutschen Juden bemühte sich um die raschestmögliche Auswanderung. Die internationalen jüdischen Hilfswerke, die nach dem 8. Mai 1945 in Deutschland tätig wurden, gingen ebenso wie die zionistischen Organisationen davon aus, daß innerhalb gewisser Fristen alle Juden deutsches Territorium verlassen haben würden, daß also alle sozialen, religiösen, kulturellen Aufbaumaßnahmen nur für eine Übergangszeit gedacht sein konnten.[6]

Andererseits erfolgte, ausgelöst durch den neuen Antisemitismus und die neuen Pogrome in Osteuropa, ein Zustrom jüdischer Menschen nach Deutschland, der – zunächst unbeabsichtigt – den Wiederbeginn jüdischen Lebens ganz nachhaltig beeinflußte. Diese, vor allem aus Polen kommenden Juden, sammelten sich in der amerikanischen Besatzungszone, wo die amerikanische Armee und die Hilfsorganisation UNRRA (United Nations Relief And Rehabilitation Administration) und ab Juli 1947 in deren Nachfolge die IRO (International Refugee Organization) Lager einrichteten. Diese Lager befanden sich vor allem in Bayern, in Deggendorf und Landsberg, in Freimann, Feldafing und – das war das bis 1957 am längsten existierende – unter dem Namen »Föhrenwald« bei Wolfratshausen. Die Zahl der jüdischen Displaced Persons – Befreite aus den Konzentrationslagern, Verschleppte und heimatlose Flüchtlinge aus Osteuropa – betrug zwischen 1945 und 1950 fast 200000. Die DP-Lager wurden Zentren jüdischer Kultur und jüdischer Religiosität in Deutschland, aber die Synagogen und Schulen, Zeitungen und Theatergruppen restituierten die Situation des Ghettos, und die überwiegend ostjüdischen Ghettobewohner hatten kein Interesse an der deutschen Umgebung, sie lehnten überwiegend Kontakte und Zusammenarbeit strikt ab.[7]

Im jiddisch-sprachigen Teil der Zeitung DP-Express aus München kommt die Situation im Herbst 1946 in aller Deutlichkeit zum Ausdruck: »Noch (nach) der befrajung hot sich geschafn farn deklasirtn jidischn kazet-element a pajnliche lage. Di erste chadoschim (Monate) hot men sich gerut un gehejlt di fisische wundn fun kazet. Di zajt is gegangen. Di getrojmte alija (Auswanderung) ken Eretz Jißroel (nach Palästina) is noch nit mekujem geworn (hat sich nicht realisiert). Di farscholtene (verfluchte) dajtsche erd hot sich farwandelt in a zajtwajlikn hejm far die jidische masn. A mensch ken on a bascheftigung nit lebn. Wos sol men ton? Arbetn in dajtsche fabrikn, opbojen (aufbauen) dajtsche hajser, sejen in dajtscher erd? Dos hot kejn jid (Jude) nischt gewolt un wil oich nischt hajnt (heute), wajl jeder ejner fast oif wi a farbrechn dos helfn opbojen di wirtschaft fun dem folk, wemens (dessen) bawofnete sin (Söhne) hobn oisgemordewet (ermordet) mer wie a dritl fun

jiddischn folk. Es wolt gewen an absurd, as jidn (Juden) soln zulegn a hant (helfen) zum wieder-oifboj fun Daitschland.«[8]
Die DPs warteten auf die Möglichkeit zur Auswanderung, vor allem nach Palästina. Angesichts der restriktiven Politik Großbritanniens, der Mandatsmacht über Palästina bis 1948, erhofften sich die jüdischen Überlebenden und Flüchtlinge Schutz und Unterstützung bei den Amerikanern, auch daher rührte die Massierung in der US-Zone. Manchen gelang die illegale Einwanderung nach Palästina oder die legale Immigration im Rahmen der Quotenregelung in die Vereinigten Staaten, für die meisten brachte jedoch erst die Gründung des Staates Israel im Mai 1948 die Erfüllung ihrer Wünsche. Ab 1950 leerten sich die DP-Lager, übrig blieb aber ein Rest von jüdischen Menschen, die zu alt und zu krank für die Auswanderung waren, deren Visa-Probleme unlösbar blieben oder die nach allen überstandenen Leiden nicht mehr fähig waren, sich irgendwo eingliedern zu lassen.

Bis zum Jahr 1952 dauerte die Bevölkerungsbewegung an, in deren Verlauf München die Durchzugs- und Ausreisestation für etwa 120 000 Juden bildete. Die Flüchtlingsorganisation IRO stellte 1952 die Betreuung der jüdischen DPs in Deutschland ein, es zeigte sich, daß etwa 12 000 zum Bleiben entschlossen waren, und zwar nicht nur aus den erwähnten Gründen wie Krankheit oder Erschöpfung, manche hatten auch Existenzen gegründet oder sich verheiratet.

Zwischen 1945 und 1950 war München also der Mittelpunkt für die geretteten Juden in Deutschland. In der bayerischen Landeshauptstadt hatten sich, unter der Obhut der amerikanischen Militärregierung, die internationalen Hilfsorganisationen etabliert. Das amerikanisch-jüdische »Joint Distribution Committee«, die größte und wichtigste Organisation, unterhielt in der Siebertstraße 3 ein großes Büro, das zuletzt (ab 1949) über die US-Zone hinaus für ganz Deutschland und Österreich zuständig, dann, bis zur Schließung im Frühjahr 1957, aber nur noch mit der Betreuung und Auflösung des letzten DP-Lagers Föhrenwald beschäftigt war. Im Jahr 1947 hatte das Münchner Joint-Büro 560 Angestellte, schon aus dieser Größenordnung kann man Rückschlüsse auf die Bedeutung der Tätigkeit des Joint ziehen. Die Versorgungsabteilung verteilte Lebensmittel und andere Güter, die Auswanderungsabteilung kümmerte sich um Einreisemöglichkeiten, half bei der Visabeschaffung, unterstützte auch die illegale Palästinaeinwanderung unter der Hand. Die »Abteilung für Beschäftigung und berufliche Ausbildung« unterhielt (in Verbindung mit der Organisation ORT) Berufsschulen in den DP-Lagern, suchte durch Trainingsprogramme die künftigen Existenzmöglichkeiten der Juden zu verbessern und sie zu produktiver und ökonomisch sinnvoller Arbeit zu ermuntern.

Das Amt für Erziehung und Kultur errichtete Schulen und Bibliotheken, ließ Bücher drucken und sammelte Lesestoff für die jüdischen DPs, die rabbinische Abteilung kümmerte sich um Kultus und religiöse Erziehung, stellte Kultgerät wie Gebetbücher, Leuchter usw. zur Verfügung und etablierte koschere Küchen und Speisesäle. Daß der Joint auch ein Gesundheitsamt, ein juristisches Büro, eine Wohlfahrtsabteilung unterhielt, verstand sich fast von selbst. Aber auch Kino-, Theater- und Konzertaufführungen mußten organisiert werden.

Die »Hebrew Immigrant Aid Society«, damals allgemein bekannt unter ihrer Abkürzung HIAS, war als jüdische Hilfsorganisation für die Auswanderung vor allem der Heimatlosen zuständig, die nicht nach Palästina/Israel wollten. Die HIAS-Zentrale in der Münchner Möhlstraße vermittelte 1947 rund 17000 Auswanderungen. Für die Palästina-Einwanderung war die Jewish Agency for Palestine verantwortlich. Die Jewish Agency war gleichzeitig organisatorische Spitze des Zionismus wie Vorläufer der israelischen Regierung. Seit Januar 1946 unterhielt sie, ebenfalls in der Möhlstraße, ihr Zentralbüro für die US-Zone in München. Aber wegen der britischen Restriktionen standen der Jewish Agency zunächst kaum Einwanderungsquoten für Palästina zur Verfügung, nämlich gerade 476 für den Zeitraum vom 1. Januar 1946 bis zum 14. Mai 1948, die auf Waisenkinder verteilt wurden, dazu kamen noch ein paar weitere Berechtigungen für nächste Verwandte bereits in Palästina lebender Personen. Insgesamt war es nur 948 Menschen erlaubt, legal nach Palästina einzuwandern. Über Zwischenstationen wie Italien und Frankreich wurde daher auch die illegale Einwanderung nach Palästina gefördert, aber mit relativ geringem Erfolg, denn die Briten waren sehr tüchtig beim Aufbringen der Schiffe mit den illegalen Einwanderern, die dann auf Cypern interniert wurden. Mit der israelischen Staatsgründung begann 1948 die Hauptarbeit der Jewish Agency, Ende September 1950 war sie im wesentlichen beendet, als die Auswanderungsabteilung ihr Deutschlandbüro schloß. [9]

Wohlfahrtspflege für die jüdischen Überlebenden des Nationalsozialismus, aber auch Aufbauhilfe für Israel und die neuen jüdischen Gemeinden in Deutschland war der Zweck der »Jewish Restitution Successor Organization« (JRSO), die das herrenlos gewordene und individuell unbeansprucht gebliebene jüdische Vermögen im Auftrag aller jüdischen Organisationen verwaltete. Die JRSO war als einzige Institution von Washington anerkannt, die Zentrale für die US-Zone unterhielt eine Zweigstelle in der Münchner Möhlstraße. Ganz andere Ziele verfolgte die 1880 in Rußland gegründete Gesellschaft ORT, deren russische Abkürzung mit der englischen (»Organization for Rehabilitation through Training«) übereinstimmt. Ziel war zunächst die handwerkliche Ausbildung, aber auch Sprachen und generell berufliche Fähigkeiten wurden gelehrt. ORT-Fachschulen und Kurse gab es in allen DP-Lagern und in München.

Wenn der amerikanische Militärgouverneur General Lucius D. Clay im Rückblick davon sprach, seine Armee dürfe »stolz auf die Rolle sein, die sie bei der Versorgung und beim Schutz der Verschleppten gespielt« habe, deren Dankbarkeit ihr gewiß sei, so galt das wohl für das Ende der DP-Zeit in Deutschland, aber nicht, oder doch nur mit Einschränkungen, für die ersten Monate.[10] Der Anblick der Konzentrationslager und ihrer befreiten Insassen war ein Schock für die alliierten Soldaten, aber in die Lage der unglücklichen entkräfteten und verzweifelten Opfer konnten sie sich deshalb noch nicht versetzen. Und natürlich gab es auch unter den Besatzungssoldaten nicht nur Verständnislosigkeit und Stumpfheit, sondern auch Antisemitismus. Der Anblick der jüdischen Überlebenden der Vernichtungslager erweckte bei vielen eher Abscheu als Mitleid, denn ihr Verhalten war neurotisch und asozial, und die jungen Soldaten taten sich schwer, diese »Leute zu verstehen und zu mögen, die für Essen drängelten, schrien, schlecht rochen, aneinander zerrten, die Befehle nicht befolgten, die mit dumpfen Gesichtern und leer starrenden Augen in einem Keller einer Konzentrationslager-Baracke oder in einer primitiven Höhle saßen und sich weigerten, auf ihren Befehl herauszukommen«.[11]

Die oft verständnislose und ungeschickte Behandlung äußerte sich auch darin, daß jüdische Überlebende anfangs mit Kriegsgefangenen, Nazis, ehemaligen KZ-Wächtern zusammen in Lagern leben mußten und sogar von Mannschaften bewacht wurden, die auch unter der SS-Herrschaft diesen Dienst versehen hatten. Eine amerikanische Delegation unter der Leitung von Earl G. Harrison besuchte im Sommer 1945 im Auftrag des amerikanischen Präsidenten die DP-Lager in Bayern, ihr Bericht (September 1945) erregte in Washington Aufsehen, denn Harrison faßte seine Beobachtungen über den Umgang der amerikanischen Armee in folgendem Satz zusammen: »Wie die Sache nun aussieht, scheinen wir die Juden wie die Nazis zu behandeln, mit dem Unterschied, daß wir sie nicht vernichten.« Der Oberkommandierende, General Eisenhower, veranlaßte daraufhin sofort die Beseitigung des Stacheldrahts um die DP-Lager und ließ die bewaffneten Wachen abziehen. Vor allem wurden von nun an rein jüdische Lager errichtet.[12]

Das war auch psychologisch von unschätzbarer Bedeutung, denn dadurch brachten die Amerikaner zum Ausdruck, daß sie den jüdischen Anspruch auf nationale Eigenständigkeit anerkannten. Diese Anerkennung – lange vor der Gründung des Staates Israel und zu einem Zeitpunkt, da diese ersehnte Errichtung einer staatlichen Heimat der Juden noch ganz ungewiß war – gab den »Displaced Persons«, die sich selbst als »Sherit Hapleita«, als »Rest der Geretteten« bezeichneten, die Hoffnung auf die Verwirklichung des nationaljüdischen Programms. Die Sherit Hapleita sah sich nicht nur in einer Tradition, die auf das babylonische Exil der Juden zurückging und aus der sich auch der moderne Zionismus speiste, sondern auch vor der symbolischen Aufgabe, das vernichtete europäische Judentum in einem jüdischen Staat wieder auferstehen zu lassen.[13]

Die amerikanische Armee gab sich jedenfalls, nach Überwindung der Anfangsprobleme, viel Mühe, den Wünschen und Erwartungen der jüdischen DPs gerecht zu werden. Dazu halfen auch die »Berater für jüdische Angelegenheiten«, die zwischen den Bedürfnissen der Juden und den Interessen der Besatzungsmacht auszugleichen bemüht waren. Ausdruck der Fairneß, die sich General Clay angelegen sein ließ, war auch sein Urteil über die Zustände in den DP-Lagern, über die angsterregende Nachrichten in Umlauf waren. Clay meinte: »Bei der Aussichtslosigkeit der Lage sank die Moral in den Lagern, die Haltung ließ nach, und es kam zum Schwarzmarkthandel und ähnlicher Tätigkeit. Die Berichte über das Ausmaß dieser Vorgänge waren häufig übertrieben, und wenn man die Lage bedenkt, in der sich diese Leute befanden, so ging ihr Benehmen durchaus an.«[14]

Wie sehr die Anwesenheit der überlebenden Juden in den Lagern auf Ressentiments und Abneigung stieß, wie sehr sich die deutsche Bevölkerung in verdrängtem Schuldbewußtsein bedroht fühlte, zeigte sich immer wieder in antisemitischen Vorfällen. Typisch war die Razzia, die am 28. Mai 1952 im Lager Föhrenwald durchgeführt wurde. Mehrere hundert Mann vom Zollfahndungsdienst, von der Kriminal- und der Landespolizei, bewaffnet und ausgerüstet einschließlich Spürhunden und mit Rotkreuz-Ambulanz im Gefolge, umzingelten das Lager und drangen ein. Der Zweck war die Kontrolle einiger Geschäfte und Kioske, in denen man unverzollte Waren vermutete. Die Aktion vollzog sich in einer Art und Weise, die die 2000 jüdischen DPs im Lager an die Mordaktionen in den Ghettos und Konzentrationslagern der Nazis erinnerte und Aggressionen weckte. Es wurde geprügelt, und antisemitische und nazistische Beleidigungen fehlten ebensowenig wie Drohungen der Art, »die Krematorien und Gaskammern existierten noch, dies sei erst der Anfang«. Vertreter des American Joint Distribution Committee verständigten den Staatssekretär für das Flüchtlingswesen im bayerischen Innenministerium, dessen Intervention die gesetzwidrige Aktion zum Ende brachte. Traurige Ironie, daß dieser Staatssekretär, Professor Theodor Oberländer, einige Zeit später als Bundesminister zurücktreten mußte, weil man ihn mit Massenhinrichtungen in Rußland in Zusammenhang brachte.[15]

Zusammen mit der kleinen deutsch-jüdischen Restgruppe von etwa 3000 bis maximal 5000 Menschen bildeten die ehemaligen DPs aus Osteuropa dann den Kern der jüdischen Gemeinden, wie sie heute existieren. Die ehemaligen Displaced Persons stellten in den neuen jüdischen Gemeinden meist einen erheblichen, oft und besonders in Bayern sogar den dominanten zahlenmäßigen Anteil. In München betrug der DP-Anteil Ende der 50er Jahre 79,1 Prozent, in Berlin stellten die DPs prozentual zwar nur 16 Prozent, aber mit 1000 Mitgliedern war Berlin zugleich die Gemeinde mit der zweitstärksten DP-Gruppe nach München überhaupt.

In Bayern waren in folgenden jüdischen Gemeinden DPs zu mehr als 20 Prozent vertreten: Amberg 88,2 Prozent, Augsburg 57,0 Prozent, Bamberg 86,6 Prozent, Fürth 27,7 Prozent, München 79,1 Prozent, Nürnberg 20,8 Prozent, Passau 50,0 Prozent, Regensburg 48,8 Prozent, Straubing 88,6 Prozent, Weiden 100 Prozent, Würzburg 23,8 Prozent. Aus der Statistik geht hervor, daß in traditionellen Zentren des Judentums in Franken der DP-Anteil (mit Ausnahme Bambergs) nur bei einem Fünftel bis einem Viertel lag, dort dominierte die deutsch-jüdische Restgruppe. Im Auge behalten muß man bei allen jüdischen Statistiken für Nachkriegsdeutschland freilich immer die geringen absoluten Zahlenwerte: Wenn für Passau 50 Prozent DP-Anteil angegeben wird, so sind das 18 Personen, die ganze jüdische Gemeinde hatte Ende der 50er Jahre also nur 36 Mitglieder und der 100prozentige DP-Anteil in Weiden in der Oberpfalz entsprach einer Judengemeinde von 47 Personen insgesamt.[16]

Eher unbeabsichtigt, denn die Neugründungen des Jahres 1945 waren ja nur als Übergangs- und Liquidationsinstitutionen gedacht, entwickelte sich im Spannungsfeld von ehemaligem deutschen Assimilationsjudentum und Ostjudentum ein Gemeindeleben, das jetzt, nach 40 Jahren, vor dem ersten Generationswechsel steht. Die Gründergeneration tritt allmählich zurück, eine neue Form jüdischer Tradition in Deutschland beginnt damit. Zur Tragik jüdischen Lebens in Deutschland gehört es, daß diese Tradition von Menschen begründet wurde, die die NS-Herrschaft überlebt hatten, weil sie als Partner in »Mischehen« oder als »Geltungsjuden« oder als »Mischlinge« – alle diese Ausdrücke stammen aus dem offiziellen Nazijargon – an der Peripherie des Judentums gelebt, wenig mit jüdischer Religiosität und Geistigkeit zu tun, ja oft nur geringe Kenntnisse vom Judentum hatten. Als Gemeindegründer fühlten sie sich zunächst oft mehr sozial verpflichtet, damit begann dann aber auch oft die Wiederentdeckung und die Erneuerung ihres Judentums.

Einer der Gemeindegründer berichtete: »Diese wiedererstandenen alt-neuen Gemeinden sind wenige Stunden oder Tage nach dem Verschwinden der Gestapoverbrecher inmitten der noch rauchenden Bombentrümmer der zerstörten Städte mit unzureichenden Mitteln von

Männern ins Leben gerufen worden, die vielleicht seit ihrer Barmitzwah keine Synagoge mehr besucht haben und deren Mitarbeiter aus sogenannten Mischehepartnern bestanden... Alle diese Männer beseelte ein Wille. Sie wollten in dem Chaos retten, was noch zu retten war, und helfen, wo zu helfen war, und sie begannen ihr Werk in den meisten Fällen damit, daß sie wie Juden zu allen Zeiten, wenn sie aus der Verbannung zurückkamen, sofort Gottesdienste einrichteten... Sie glaubten damit ihren Dank für ihre Errettung dem Allmächtigen darbringen zu sollen, und sie wollten zunächst einen Mittelpunkt jüdischen Lebens in dem wüsten Dasein der ersten Monate nach dem Kriegsende schaffen. Aber sie begnügten sich nicht damit, denn die Probleme häuften sich von Tag zu Tag: Die Rückführung der Überlebenden aus dem KZ Theresienstadt, die Unterbringung der Alten und Kranken, Hilfe für die Untergetauchten, für die Flüchtlinge, die aus den Ländern des Ostens kamen. Einrichtung von Krankenhäusern, Altenhäusern, Öffnung und Instandsetzung der geschlossen gewesenen, völlig verwahrlosten, wenn nicht zerstörten Friedhöfe, Hilfe und Beratung für alle Juden, die mittel- und ratlos vor ihren zertrümmerten Wohnstätten und Existenzen standen...«[17]

Man darf sich durch die Lektüre solcher Berichte nicht zur Annahme verführen lassen, nach der Befreiung vom Nationalsozialismus hätten deutsche und osteuropäische Juden Hand in Hand und gemeinsam mit Deutschen und der amerikanischen Armee, begleitet von Wohlwollen und Mitleid der ganzen Welt, den Wiederaufbau jüdischen Lebens betrieben. Davon kann trotz schließlicher Erfolge keine Rede sein. Es gab kleine und große Enttäuschungen. Zu den ersteren gehörte die Tatsache, daß die amerikanische Militärregierung die jüdischen DPs und die deutschen Juden zunächst unterschiedlich behandelte. Die einen waren als Opfer des Nationalsozialismus privilegiert, sie erhielten bessere Lebensmittelrationen, die von der UNRRA und der US Army zur Verfügung gestellt wurden; die deutschen Juden dagegen, auch wenn sie wie die osteuropäischen Glaubensbrüder aus dem KZ befreit worden waren, galten als »Deutsche«, wurden entsprechend schlechter versorgt und mußten froh sein, wenn man sie nicht als Nazis behandelte. Das war bitter. Mindestens gegen die materielle Benachteiligung aber konnte man sich – schließlich mit Erfolg – wehren.

Am 12. Februar 1948 beklagte sich die Direktion des »Bayerischen Hilfswerks für die durch die Nürnberger Gesetze Betroffenen« bei dem Staatskommissar für religiös, rassisch und politisch Verfolgte im Bayerischen Innenministerium, Philipp Auerbach, über die Erbitterung und Empörung ihrer jüdischen Angestellten deutscher Nationalität über das Verhalten der ausländischen Wohlfahrtsorganisationen, »die ihre eige-

nen Glaubensbrüder deutscher Nationalität bewußt als Juden 2. Kategorie behandeln und damit in unverantwortlicher Weise diskriminieren«.
Staatskommissar Auerbach gab den Protest weiter an den Vertreter des American Joint Distribution Committee, er fügte weiteres Material hinzu, auch ein Gedicht über die unterschiedliche Behandlung deutscher und polnischer Juden, das Anfang 1948 kursierte. »Aus USA die Ware stammt, / gesammelt ward mit lieber Hand, / für alle Juden sollt' es sein, / und nicht für die DP's allein!«[18]
Ging es vordergründig um die Gleichstellung deutscher und ausländischer jüdischer Überlebender in der Ernährungsfrage, um Zusatzrationen, die vom Joint zur Verfügung gestellt wurden, so bestand das eigentliche Problem darin, daß die Repräsentanten der internationalen jüdischen Organisationen durch ihre Haltung zum Ausdruck brachten, daß es kein deutsches Judentum mehr geben sollte. Rabbiner Leo Baeck, das geistige Oberhaupt der deutschen Juden während der NS-Herrschaft, der 1943 nach Theresienstadt deportiert worden war, aber überlebt hatte, um Deutschland dann endgültig zu verlassen, Leo Baeck also hatte feierlich konstatiert, daß die Geschichte des deutschen Judentums mit dem Machtbeginn der Nationalsozialisten geendet habe.[19]
Jüdischer Neubeginn in Deutschland schien in den ersten Nachkriegsjahren nicht nur unmöglich, sondern vor allem unerwünscht, und die Protagonisten mußten mit Widerstand, Unverständnis, Ablehnung und Verachtung auch derer rechnen, die es als ihre Aufgabe verstanden, den geretteten Juden zu helfen, die auf deutschem Boden auf eine bessere Zukunft in Palästina oder USA warteten. Es galt den Juden in aller Welt als selbstverständlich, daß Deutschland nach dem Holocaust ein gebanntes Land für Juden sein werde, ähnlich wie Spanien nach der Vertreibung der Juden im Jahre 1492. Es galt als selbstverständlich, daß die spärlichen Reste deutschen Judentums so rasch als möglich verschwinden würden. Und 1948, im Jahr der Gründung Israels, erklärte der Jüdische Weltkongreß, daß künftig kein Jude mehr deutschen Boden betreten würde. In der innerjüdischen Auseinandersetzung kam diese Haltung am schärfsten darin zum Ausdruck, daß auf Zionistenkongressen lange Zeit keine Vertreter der in der Bundesrepublik lebenden Juden zugelassen waren.[20]
In den 50er Jahren entstand, der Notwendigkeit folgend, die religiöse Rechtfertigung für den Verbleib von Juden in Deutschland, wie sie von einem prominenten Rabbiner formuliert wurde. Juden seien für deutsche Menschen ein Mahnmal, jüdische Existenz in Deutschland halte Erinnerung wach und führe zum Nachdenken und zur Einkehr. Eine nicht geringe Zahl deutscher Menschen suche den Weg zur Sühne: »Und in dieser Situation gewinnt das Vorhandensein eines ›Überrestes Israels‹

in Deutschland eine ganz andere Perspektive und Bedeutung... Noch nie sah ich eine solche Aufgeschlossenheit für jüdische Gedanken, beinahe eine Sehnsucht nach jüdischen Werten im Kreise anderer Völker wie heute und hier. Inmitten dieser Entwicklung und umdroht von einem wieder aufsteigenden Antisemitismus haben Juden in Deutschland ihre Aufgabe und damit die Möglichkeit einer Zukunft und Existenzberechtigung.«[21]

Ob die Euphorie dieser Rechtfertigungslehre berechtigt war, ist hier nicht zu untersuchen; es geht noch um die Enttäuschungen der ersten Zeit nach dem Holocaust. Auch die DPs, die von der deutsch-jüdischen Restgruppe wegen der besseren Behandlung beneidet wurden (und die ihrerseits wegen ihrer Privilegien den Deutschen bald wieder Anlaß zu neuem Antisemitismus boten), litten unter Enttäuschungen nach ihrer Befreiung. Im Kloster St. Ottilien im westlichen Vorland Münchens war ein Lazarett für Displaced Persons, für ehemalige Häftlinge des KZ Dachau, die in den Außenlagern bei Landsberg und Kaufering befreit worden waren, eingerichtet. 420 Juden, Überlebende der einstmals blühenden Judengemeinden von Budapest und Prag, Warschau, Kowno und Saloniki, befanden sich im Frühjahr 1945 in diesem Lazarett. Sie richteten zugleich im Namen weiterer Schicksalsgenossen folgenden Appell an den Jüdischen Weltkongreß: »Wir, der Rest der europäischen Judenheit, wenden uns an Sie als Zentrale Instanz für jüdische Fragen mit folgendem Appell: Es sind vier Wochen seit unserer Befreiung verstrichen, und kein Vertreter der jüdischen Welt, kein Vertreter von irgendwelchen jüdischen Organisationen ist zu uns gekommen, um mit uns nach dem schwersten Leidenswege aller Zeiten und aller Völker zu sprechen, zu trösten und die momentane Not zu lindern und die erste Hilfe zu geben. Wir mußten uns mit unseren eigenen schwachen Kräften zu helfen versuchen. Dies ist für uns die erste und größte Enttäuschung nach unserer Befreiung. Dies ist für uns eine unverständliche und traurige Tatsache. Zwei wichtige Fragen bewegen uns momentan. Jeder von uns will die Blutbilanz seiner Familie machen, daher wenden wir uns an Sie und ersuchen Sie auf dem schnellsten Wege, uns Listen zu schicken von den überlebenden Juden in Sowjetrußland und im besetzten Teil Deutschlands. Wir wollen wissen, nach wem wir ›Kadesch‹ sagen müssen. Die zweite Frage, die uns bewegt, ist die Frage, was wird mit uns geschehen? Wohin werden wir gebracht werden, wo sollen wir unser neues unglückliches Leben weiterführen?«[22]

Die großen Enttäuschungen hatten beide Gruppen, die DPs und die deutschen Juden, gemeinsam zu tragen. Sie bildeten den Hintergrund beider Entwicklungen, der Auswanderung aus Deutschland wie des Weiterlebens in Deutschland. Samuel Gringauz, Präsident des Rates der befreiten Juden in der US-Zone, Vorsitzender der Lagerverwaltung Landsberg und Herausgeber der Landsberger »Jiddischen Cajtung«, beschrieb in einem berühmt gewordenen Aufsatz 1946 das Problem in seiner Gesamtheit. Als Gegenstände der drei großen Enttäuschungen des Jahres 5706 in der Geschichte des jüdischen Volkes benannte er »Die Gleichgültigkeit der Welt gegenüber den Ursachen und Wirkungen unserer größten nationalen Katastrophe«. Damit meinte Gringauz das internationale Desinteresse am Palästina-Problem, die seit Herbst 1945 schwindende Hoffnung auf eine Lösung der jüdisch-nationalen Frage, wie sie in der restriktiven Einwanderungspolitik Londons im britischen Mandatsgebiet Palästina und in der amerikanischen und sowjetischen Haltung dazu zum Ausdruck kam: »Überrascht, fassungslos, erschreckt stehen wir im Herbst 1945 der Tatsache gegenüber, daß die Frage der Zuteilung einer territorialen Existenzgrundlage an uns gar nicht ins Auge gefaßt wird, daß uns sogar die Einreise in unsere vor 25 Jahren garantierte Heimstätte verwehrt wird.« Als weitere Enttäuschung bezeichnete Gringauz »die unverständliche und paralysierende Welle des Antisemitismus in der Zeit nach der Zerschmetterung des Faschismus«, wobei er Beispiele aus Polen, Ungarn, Rumänien, Litauen, der Slowakei, Nordafrika und Amerika anführte, wo es 1946 zu Pogromen, antisemitischen Demonstrationen, zur Hetze in Zeitungen gekommen war.

Traurige Berühmtheit erlangte übrigens Jahre später, im August 1949, ein Leserbrief in der Süddeutschen Zeitung, in dem ein »Adolf Bleibtreu« an die Adresse der Juden räsonierte: »Geht doch nach Amerika, aber dort können sie Euch auch nicht gebrauchen, sie haben genug von diesen Blutsaugern. Ich bin beim Ami beschäftigt und da haben verschiedene schon gesagt, daß sie uns alles verzeihen, nur das eine nicht, und das ist: daß wir nicht alle vergast haben, denn jetzt beglücken sie (die Juden) Amerika...«[23]

In München war es Anfang 1948 in der Möhlstraße, dem berühmt-berüchtigten Zentrum jüdischen Lebens und Handelns der Nachkriegszeit, wo neben braven Geschäftsleuten, Hilfsorganisationen und karitativen Einrichtungen Schwarzhändler und Schieber agierten, zu gewaltsamen Ausschreitungen gegen jüdische Geschäfte und Einrichtungen gekommen. Im August 1949 wurde die Möhlstraße Schauplatz eines Straßenkampfes zwischen jüdischen Demonstranten gegen den Leserbrief des »Adolf Bleibtreu« und der Polizei, die mit Gummiknüppeln verhindern wollte, daß etwa 1000 DPs ihren Protest der Süddeutschen Zeitung übermittelten. Im Gegenzug bewarfen die jüdischen Demonstranten die Polizei mit Pflastersteinen, steckten einen Einsatzwagen in Brand, die Polizei schoß und verletzte drei Juden. Es bedurfte amerikanischer Militärpolizei, um Ordnung und Ruhe wiederherzustellen.

Aber zurück in das Jahr 1946 und zur Bilanz der jüdischen Enttäuschungen durch Samuel Gringauz. Die dritte sah er in der Haltung des jüdischen Volkes angesichts der geschichtlichen Tragödie, und damit meinte er nicht nur den Verfall jüdischer Kultur durch die weitgehende Vernichtung des europäischen Judentums; es sei »unumstößliche Tatsache«, daß der Verlust biologischer Substanz eine qualitative Strukturverschiebung bedeute, das jüdische Volk sei aus einem europäischen zu einem amerikanisch-asiatischen Volke geworden. Aber auch die Appelle zur innerjüdischen Einigkeit seien vergeblich gewesen, klagte Gringauz: »Gruppen und Parteien, Richtungen und Organisationen führen ihr altes, separates Daseinsspiel. Manche von ihnen sehen das Heil der Zukunft in Spaltungen und gegenseitigen Beschuldigungen, als ob das gemeinsame Martyrium der Jahre der großen Katastrophe an ihnen spurlos vorbeigegangen wäre.«[24]

Unter diesen, das materielle Elend und die psychische Katastrophe innerhalb und außerhalb der DP-Lager überschattenden Hypotheken vollzog sich der Wiederaufbau jüdischen Lebens in Deutschland. Ein Beispiel für den organisatorischen Neuaufbau ist München mit der heute drittgrößten Israelitischen Kultusgemeinde in Deutschland. Im Juni 1945 lebten etwa 430 Juden in München, in deren Namen Rechtsanwalt Siegfried Neuland die Bildung einer religiösen Gemeinde beim Kultusministerium beantragte. Im jüdischen Altersheim Kaulbachstraße 65 fand am 19. Juli die Gründungsversammlung statt, bei der der Arzt Dr. Julius Spanier zum Präsidenten und Rechtsanwalt Neuland zum Vizepräsidenten gewählt wurden. Zum Rabbiner bestellte die Gemeinde im Oktober 1945 Dr. Aron Ohrenstein, er trat sein Amt im Dezember an.

Die Verwaltung der Israelitischen Kultusgemeinde bezog das Gebäude Herzog-Max-Straße 7, das bis 1938 der alten Münchner jüdischen Gemeinde gehört hatte und vom NS-Regime enteignet worden war. Hier, unweit der 1938 zerstörten Synagoge, wurde auch der Betsaal errichtet, in dem im September zum jüdischen Neujahrsfest Rosch ha-Schana der erste Gottesdienst gehalten wurde. Es war ein feierliches und ergreifendes Ereignis, das von Radio München übertragen wurde. Der äußere Aufbau war indes von inneren Spannungen begleitet. Rabbiner Ohrenstein bemühte sich um die Integration der ostjüdischen DPs, Präsident Spanier kämpfte um eine deutschjüdische Gemeinde.

Ohrenstein, selbst polnischer Nationalität (er lebte bis 1938 in Berlin), hatte die Mehrheit hinter sich, Spanier konnte seine Forderung, den ostjüdischen Gemeindeangehörigen das Wahlrecht vorzuenthalten, nicht realisieren. Der Ausgleich zwischen deutscher kultureller Tradition und ostjüdischer Religiosität brauchte Zeit. Zur Aufbauarbeit gehörte die Instandsetzung der beiden jüdischen Friedhöfe; die notwendigen kommu-

nalen Zuschüsse wurden im Juli 1946, später als in anderen Städten, genehmigt. Für die drei vernichteten Synagogen mußte Ersatz gefunden
werden. Unabhängig von der Münchner Israelitischen Kultusgemeinde
richtete das »Zentralkomitee der befreiten Juden in Bayern« Ende 1946
eine orthodoxe Synagoge in Bogenhausen ein, an der Ecke Neuberghau-
ser-/Möhlstraße. Von der ehemaligen Gemeindesynagoge in der Rei-
chenbachstraße standen nur noch die Außenmauern, auf dem Areal
hatte sich eine Autowerkstatt etabliert. Mit staatlichen Zuschüssen gefördert erstand die Synagoge wieder, bei der Einweihung am 21. Mai
1947 sprach auch der amerikanische Militärgouverneur, General Clay,
Worte der Begrüßung.

Im Januar 1947 war der »Landesverband der Israelitischen Kultusge-
meinden in Bayern« gegründet worden, Dr. Ohrenstein wurde im
Herbst des Jahres zum Landesrabbiner gewählt. Aus der Arbeitsgemeinschaft der süddeutschen Landesverbände entstand dann, im Sommer 1950, der »Zentralrat der Juden in Deutschland« als Dachorganisa-
tion jüdischen Lebens in Deutschland.

Dieses jüdische Leben entwickelte sich aber nicht als Kontinuum. Anders als so viele Institutionen, die nach dem Zusammenbruch und als
Folge des NS-Regimes gegründet wurden und die in schöner und gedeih-
licher Entwicklung sich bis zum heutigen Tag vergrößerten, konsolidier-
ten und florieren, waren die jüdischen Gemeinden trotz eines geringen
Zuwachses durch eine dritte Personengruppe, die Rückwanderer in den
50er Jahren, latent in ihrer Existenz bedroht. Das reiche religiöse und
kulturelle Leben der DP-Lager setzte sich nach deren Auflösung nicht in
den Gemeinden fort; deren Zahl und Bestand ging nach dem Exodus
der DPs drastisch zurück.

Die Massenauswanderung nach Israel bis 1952 bedeutete den Zusammenbruch der kulturellen und religiösen Substanz. Nach dem Abzug der
internationalen Organisationen Anfang der 50er Jahre boten die zurück-
bleibenden Juden in Deutschland ein bescheidenes Bild. 1954 lebten
noch 8000 Juden in Bayern, davon 3500 in München. Die Struktur der
Münchner Gemeinde war gekennzeichnet durch einen Anteil von fünf
bis zehn Prozent überlebender deutscher Juden, die überwiegend in
»Mischehen« lebten und im vorgerückten Alter standen. Unter den DPs,
die sich auf Dauer angesiedelt hatten, gab es einem Bericht von 1954
zufolge 80 Gewerbetreibende, die von ihren Geschäften leben konnten.
Weitere 150 kleine Ladenbesitzer, Kioskbetreiber usw. kämpften ums
wirtschaftliche Überleben, ihnen fehlte es an Kapital und Unterstützung. Andere hielten sich mit Gelegenheitsverdiensten mühsam über
Wasser, 500 Sozialhilfeempfänger zählte die Gemeinde und nur wenige
erhielten Wiedergutmachungsrenten.[25]

Die Anfänge jüdischen Lebens nach 1945 waren mühselig, und die Verhältnisse hatten sich zehn Jahre nach dem Neubeginn arg verschlechtert. Jüdisches Leben in der Bundesrepublik Deutschland ist auch heute nicht leicht.

5. Zwangswirtschaft und Industrie.
Der Kasseler Spinnfaser-Prozeß von 1947

Am Gründonnerstag des Jahres 1947, am 5. April, wurde in Kassel der Fabrikdirektor Dr. Erich Reimann verhaftet. Reimann war ein geachteter Bürger, 45 Jahre alt, er hatte in Freiburg, München und Gießen Staatswissenschaften studiert und stand seit 1928 in Diensten des deutsch-holländischen Konzerns Vereinigte Glanzstoff-Fabriken A.G. Wuppertal-Elberfeld. Seit 1945 war Reimann nicht nur geschäftsführendes Vorstandsmitglied der Glanzstoff-Tochter Spinnfaser AG in Kassel-Bettenhausen, er war auch, dies nach 1945 ein Indiz für eine tadellose politische Vergangenheit, von der amerikanischen Militärregierung zum Custodian der Spinnfaser AG bestellt worden. In den ersten Veröffentlichungen über die Verhaftung Reimanns war von Großschiebungen die Rede, die von der Außenstelle Kassel des Landeswirtschaftsamts Hessen aufgedeckt worden seien. Textilien in einem Umfang, der bei ordnungsgemäßer Verteilung den Bedarf einer kleinen Stadt befriedigt hätte, seien gehortet worden. Nutznießer seien leitende Angestellte der Spinnfaser AG und deren Geschäftsfreunde gewesen.[1]

Die Frankfurter Rundschau entsandte einen Mitarbeiter nach Kassel, der ausführlich über die »Großschiebung in Textilien«[2] berichtete. Während die Erklärungen der Firma und der Verteidigung des verhafteten Reimann im zweifelnden Konjunktiv referiert wurden, war die Darstellung der belastenden Angaben sehr präzise: »Wie polizeiliche Vernehmungen und die stattgefundenen Haussuchungen ergaben, ist die Ausgabe von Textilfabrikaten von der Spinnfaser AG an Geschäftsfreunde und das Personal ohne Kontrolle vorgenommen worden. Jeder Betriebsangehörige in leitender Stellung hatte die Möglichkeit, sich durch Übernahme von Textilien Vorteile zu verschaffen. Beträchtliche Mengen an Bekleidungs- und Wäschestücken wurden dem persönlichen Verbrauch der leitenden Angestellten zugeführt. Haussuchungen bei führenden Angestellten der Firma förderten große Mengen von Textilien zutage. So war zum Beispiel der jetzt ebenfalls verhaftete Verkaufsangestellte Kohler u. a. im Besitz von einigen hundert Meter Stoff sowie 49 Damen-Hüftgürteln und 31 Büstenhaltern. Für 85 angebotene Glühbirnen, die man im Betrieb dringend brauchte, wurden 112 Meter Stoff gegeben. Diese Glühbirnen gelangten nicht einmal in den Betrieb: 55 von ihnen wurden in der Woh-

nung eines Angestellten der Firma gefunden.« Unter der Überschrift
»Schmarotzer – Schieber« versuchte auch die hessische KPD zur Wahr-
heitsfindung beizutragen: Die Arbeiter im Betrieb könnten keinen Ar-
beitsanzug erhalten, hieß es in einer Parteipublikation vom 25. April
1947, dafür gebe es »gewissenlose Verbrecher, die aus der Not Deutschlands für sich ein persönliches Geschäft machen. Man spricht in Kassel,
daß unter anderem so viel Anzugstoffe verschoben wurden, die mehr als
1500 Herrenanzüge gegeben hätten. Die Bevölkerung verlangt von der
zuständigen Behörde eine restlose Aufklärung dieser Schiebergeschäfte
und eine Veröffentlichung der beteiligten Verbrecher.«[3]

War ein beispielloser Skandal aufgedeckt worden, oder konnte man den
Beteuerungen der Spinnfaser AG glauben, die – im Juli 1947 – eine Mittei-
lung an die Presse gab, derzufolge weder Waren gehortet noch im
Schwarzhandel verwertet wurden, der ferner zu entnehmen war, daß die
Firmenleitung auch nicht eigennützig gehandelt habe, sondern im Gegenteil die beanstandeten Maßnahmen im Interesse der Produktion und der
Erhaltung des Betriebs und der Belegschaft erfolgt seien? Und die
Rechtsanwältin Elisabeth Selbert – die in Hessen prominente Sozialde-
mokratin saß im Landtag und gehörte später zu den Abgeordneten, die
im Parlamentarischen Rat in Bonn das Grundgesetz für die Bundesrepublik Deutschland ausarbeiteten – erklärte wenige Tage, nachdem sie die
Verteidigung Reimanns übernommen hatte, es sei Tatsache, daß das Landeswirtschaftsamt Hessen mindestens stillschweigend Kompensationsgeschäfte der nunmehr inkriminierten Art genehmigt habe. Infolge der
wirtschaftlichen Schwierigkeiten seien von der Spinnfaser AG laufend gewisse Teilmengen der Firmenproduktion an Zellwolle zur Beschaffung
von Roh- und Betriebsstoffen verwendet worden. Die Produktion hätte
anders nicht aufrechterhalten werden können.[4]

Konkret ging es um 500 Liter Benzin, die von der Spinnfaser AG im Kompensationsweg gegen Stoffe beschafft worden waren. Der Betrieb produ-
zierte mit 1200 Beschäftigten seit Sommer 1945 wieder Zellwolle, und
zwar 10 bis 15 Tonnen pro Tag; das entsprach wegen der Kriegsschäden
und des Rohstoffmangels 10 bis 15 % der ursprünglichen Kapazität des
Werks.[5] Die Stoffe, die von der Spinnfaser AG in das Geschäft eingebracht worden waren, tauchten dann auf dem Schwarzen Markt in Frankfurt wieder auf. Ihr Weg konnte bis Kassel zurückverfolgt werden, und
außerdem hatte sich ergeben, daß das Benzin, das die Spinnfaser AG bei
dem Geschäft erwarb, gestohlen war. Dafür konnte die Firma freilich
nichts. Daß sich etwas zusammenbraute, wußte man dort aber schon
Ende März. Bei einer Abteilungsleiterkonferenz in einem anderen Betrieb des Konzerns, in den Glanzstoffwerken Obernburg, wurde darüber
gesprochen, daß Kompensationsgeschäfte nur mit soliden Partnern getä-

tigt werden sollten und daß die Einbeziehung von Behördenmitarbeitern vermieden werden müsse.[6] In Kassel war nämlich ein Beamter der Preisprüfstelle als Vermittler des Tauschgeschäfts Stoffe gegen Benzin tätig gewesen, eine Untersuchung gegen ihn hatte den Stein ins Rollen gebracht. Hinzu kam, daß der Leiter der Kasseler Außenstelle des Landeswirtschaftsamts, der Polizei und Staatsanwaltschaft gegen die Spinnfaser AG und deren Direktor mobilisierte, der KPD angehörte und daß ein früherer Angestellter der Firma ihn mit Informationen versorgt hatte. Der Informant hatte sich bei der Spinnfaser AG offenbar nicht gut genug behandelt gefühlt und verspürte Revanchegelüste. Von größerer Bedeutung als diese privaten Motive war aber die Tatsache, daß das Kompensationsdelikt als Hebel bei der Verfolgung politischer Absichten dienen sollte.[7] Die KPD-Fraktion im Hessischen Landtag brachte am 24. April eine große Anfrage ein, in der in der »Fall Spinnfaser AG« den Aufhänger für eine grundsätzliche Erörterung des Grau- und Schwarzhandels bieten sollte, anknüpfend an die Frage, ob die Regierung bereit sei, den Personen, die sich gegen die Bewirtschaftungsverordnungen vergangen hatten und der Warenschiebung und des Schwarzhandels überführt waren, »die Produktions- bzw. Handelsgenehmigung zu entziehen, sie aus der Wirtschaft zu entfernen und zu veranlassen, daß Schieber und Schwarzhändler grundsätzlich die über sie verhängte Freiheitsstrafe in einem Arbeitslager zu verbüßen haben«[8].

Mehr als an solcher drakonischen – juristisch gar nicht möglichen – Bestrafung lag den Kommunisten aber daran, das Problem der Zerschlagung der Konzerne und das Problem der Wirtschaftsordnung überhaupt in der Diskussion zu halten. Das wurde bei der Begründung der Anfrage durch den KPD-Abgeordneten Müller am 25. Juli 1947 im Landtag in Wiesbaden deutlich, als er die Forderung wiederholte, Wirtschaftssaboteure wie im Spinnfaser-Fall müßten ausgeschaltet werden, und es müsse die »Einschaltung der Betriebsräte und Gewerkschaften in die Wirtschaftsorganisation, die Wirtschaftsverwaltung und Wirtschaftsplanung, in die Erfassung und Verteilung der Produktionsgüter« erfolgen.[9] Die Forderungen überstiegen die Möglichkeiten und Kompetenzen der hessischen Regierung allerdings erheblich. Weder konnte sie den Chemiefaser-Konzern VGF, dessen Betriebe in verschiedenen Zonen lagen und der überdies mit einem holländischen Unternehmen eng liiert war[10], der Dekartellisierung unterziehen, noch lag es in der Macht der Regierung in Wiesbaden, das Bewirtschaftungssystem zu ändern oder gar zu verbessern. So antwortete der Minister für Wirtschaft und Verkehr im Hessischen Landtag auf das Verlangen der KPD-Fraktion nach planmäßiger Lenkung der Wirtschaft, daß in dem Zustand, in dem man sich seit zwei Jahren befinde, »von einer planmäßigen Lenkung nicht die Rede sein«

könne. Dazu sei das Chaos zu groß, das die nationalsozialistischen Verbrecher verursacht hätten. Und zu den Kompensationsgeschäften sagte
Minister Koch:»Sie wissen, daß auch das Wirtschaftsministerium grundsätzlich auf dem Standpunkt steht, daß Kompensationsgeschäfte abzuleh-
nen sind, weil sie die Wirtschaft stören und weil sie eine Ungerechtigkeit
gegenüber denjenigen Betrieben bedeuten, die nicht kompensieren können, und deren gibt es viele. Auf Grund der Kriegswirtschaftsverordnung
waren Kompensationen schon immer verboten. Der Kontrollrat hat im
Gesetz Nr. 50 die Strafen, die auf Kompensationen stehen, wesentlich
verschärft. Kompensationen sollen nach diesem Gesetz mit Zuchthaus
bestraft werden. Nun dürfen wir aber die Augen vor den Bedürfnissen der
Wirtschaft nicht verschließen. Wir müssen uns klar darüber sein, daß in
gewissem Umfange kompensiert werden muß, weil die Wirtschaftsverwaltung gar nicht in der Lage ist, allen Betrieben alles das zuzuteilen, was
sie für ihre Produktion brauchen. Die Wirtschaft greift also in gewissem
Sinne im Interesse der Selbsterhaltung zur Selbsthilfe, und diese Selbsterhaltung liegt im Interesse aller.«[11] Ähnlich wurde in den folgenden Monaten im Spinnfaser-Prozeß und in dessen Umfeld argumentiert. Das
Verfahren gegen Direktor Reimann und einige Mitangeklagte, das vom
25. August bis 8. September in Kassel stattfand, hatte den Charakter eines
Musterprozesses, bei dem das System der grauen und der schwarzen
Märkte angeklagt war, bei dem prominente Sachverständige auftraten
und der auch von der amerikanischen Militärregierung mit großer Aufmerksamkeit beobachtet wurde.
Die Vorgeschichte des Prozesses mutet eher kurios an: Die Verhaftung
Reimanns am 5. April 1947 stützte sich auf die Kriegswirtschaftsverordnung von 1939 bzw. 1942, nach der Zuchthaus, Gefängnis oder in besonders schweren Fällen die Todesstrafe angedroht wurde für die Vernichtung, das Beiseiteschaffen oder Zurückhalten von Rohstoffen oder
Erzeugnissen des lebenswichtigen Bedarfs.[12] Die Verordnung blieb über
den Zusammenbruch des NS-Staats hinaus in Kraft, ebenso wie zum Instrumentarium der Wirtschaftslenkung der ersten Nachkriegsjahre nationalsozialistische Institutionen am Leben gehalten wurden. Auf dem Er-
nährungssektor galt die Organisation des »Reichsnährstands« wenigstens
in den ersten beiden Nachkriegsjahren in den Westzonen als unentbehrlich für die Aufrechterhaltung der Versorgung der Bevölkerung.[13] Zur
Lenkung der Erzeugung und zur Verteilung der gewerblichen Produktion
war im Auftrag der Militärregierungen der aus dem Dritten Reich über-
nommene Apparat lediglich der Nachkriegssituation angepaßt worden,
und zwar durch Rechtsverordnungen, die in der US-Zone auf Landes-
ebene, in der britischen Zone zentral galten. In Hessen waren Ende des
Jahres 1945 die Befugnisse, die »bis zum Erlöschen der Reichsgewalt in

den Aufgabenbereich der Zentralen Lenkungsstellen (Reichsstellen) fielen«, dem »Landeswirtschaftsamt« – formal war es eine Abteilung des Ministeriums für Wirtschaft und Verkehr – übertragen worden.[14] Bis zum Abbau der Verwaltungswirtschaft, der in der Bizone nach der Währungsreform begann und unter der Flagge der »Sozialen Marktwirtschaft« in der Gründerzeit der Bundesrepublik zum Abschluß kam, blieb das Bewirtschaftungs- und Preisrecht der NS-Zeit mit dem dazugehörigen staatlichen Kontrollapparat erhalten, es war lediglich geringfügig novelliert und modifiziert. Der Mechanismus der Lenkung der Wirtschaft beruhte auf der Ausgabe und Einlösung von »Bezugsberechtigungsscheinen« für Rohstoffe, Halb- und Fertigfabrikate und der bürokratischen Überwachung des Stroms – schließlich nur noch des Rinnsals – von Rohstoffen und Gütern durch staatliche Stellen. Die Befugnisse des Landeswirtschaftsamts in Wiesbaden mit seinen Außenstellen und unteren Instanzen gingen ziemlich weit: Beschlagnahmen waren zur Sicherung der jeweils für erforderlich erachteten Lenkungsmaßnahmen ebenso möglich wie Auflagen an Betriebe, die vom Zwang zur Beschaffung, Lagerung oder Erzeugung bestimmter Rohstoffe oder Güter bis zur Festlegung, an wen wieviel verkauft werden durfte, reichten. Versuche zur Bewältigung der Engpässe dieser behördlich gelenkten Wirtschaft, zu deren kritischem Zustand weitere Probleme wie die zerrüttete Währung, der Rohstoffmangel, die Energie- und Transportkrise ab Herbst 1946 oder Entnahmen der Besatzungsmächte beitrugen, waren die Kompensationsgeschäfte. Sie wurden in begrenztem Umfang durch Freikontingente, die die Wirtschaftsämter den Produzenten zugestanden, von den Behörden sanktioniert.

Darauf hatte sich ja auch die Spinnfaser AG noch nach der Verhaftung Reimanns berufen. Er wurde am 17. April 1947 aufgrund einer Haftbeschwerde entlassen, am 9. Juli aber erneut verhaftet, und zwar wegen Verdunkelungsgefahr. Aus dem gleichen Grund wurde auch sein Kollege Karl Ritzauer, der Vorstandsmitglied der Konzernspitze in Wuppertal und zugleich Vorstandsmitglied der Spinnfaser AG in Kassel war[15], in Untersuchungshaft genommen. Am 1. Juli 1947 hatte die Staatsanwaltschaft wegen Warenhortung und Kompensation Anklage gegen sieben leitende Angestellte der Spinnfaser AG und zwei weitere Personen erhoben.[16] Am 18. Juli wurden Reimann und Ritzauer, da die Strafkammer nach mündlicher Verhandlung keine Verdunkelungsgefahr mehr sah, entlassen. Am 4. August mußte Reimann, am 14. August auch Ritzauer, aber wieder ins Gefängnis zurück.

Auf die Beschwerde des Oberstaatsanwalts hatte das Oberlandesgericht entschieden, daß bei den zum Teil verwickelten wirtschaftlichen Vorgängen der dringende Tatverdacht tatbestandsmäßig den Vorwurf der Verschleierung in sich einschließe. Auch sei Fluchtverdacht wegen der Schwere der Anklage ohne weitere Begründung als gegeben anzunehmen.

Im Tanzsaal des Gasthauses Wilhelmshöher Hof (das Gerichtsgebäude lag zusammen mit drei Vierteln aller anderen Gebäude der Stadt in Schutt und Asche) wurde am 25. August 1947 das Verfahren vor der Strafkammer III des Landgerichts Kassel eröffnet. Zwei Wochen lang verfolgte ein Publikum von einhundert bis zweihundert Personen »a grand enquiry into the present ways of German business and economic administration«, wie der Beobachter der amerikanischen Militärregierung berichtete.[17] Vierzig Zeugen, Männer der Wirtschaft, Beamte des Landeswirtschaftsamts, Vertreter des Länderrats und der ehemalige Chef der ersten bizonalen Wirtschaftsverwaltung in Minden und frühere hessische Wirtschaftsminister Rudolf Mueller äußerten sich zur Sache, also zur Agonie des Wirtschaftssystems der frühen Nachkriegszeit.

Ludwig Vaubel, dem Leiter der Rechtsabteilung und des Direktionssekretariats der Vereinigten Glanzstoff-Fabriken[18], oblag es, die Strategie der Verteidigung zu entwickeln und die Tätigkeit der Anwälte während des Prozesses zu koordinieren. Der damals 39jährige Konzernjurist, dessen Schreibtisch in den ersten Nachkriegsjahren im Werk Obernburg stand, sah sich anfangs stark kritisiert, weil es der Verteidigung nicht gelungen war, das Verfahren noch vor der Eröffnung der Hauptverhandlung abzubiegen. Bei der Konzernspitze in Wuppertal, in der britischen Zone also, wo andere Usancen galten als in der amerikanischen, hatte man erwartet, daß sich der Fall noch im Vorfeld des Gerichts bereinigen lassen würde.

Zur Strategie der Verteidigung in Kassel gehörte es, Kompensationsgeschäfte als allgemein üblich und die der Spinnfaser AG außerdem als vom Landeswirtschaftsamt legitimiert darzustellen. Tatsächlich bestätigte das Landeswirtschaftsamt Wiesbaden der Kasseler Firma nach Reimanns erster Verhaftung auch schriftlich, daß sie zu Kompensationsgeschäften ermächtigt gewesen war. Umgekehrt zielte die Staatsanwaltschaft in der Anklageschrift, die Anfang Juli 1947 vorlag, gar nicht so sehr auf die Strafbarkeit der Kompensationen, sie verneinte nicht die Notwendigkeit und Zulässigkeit derartiger Geschäfte, erhob dafür aber den Vorwurf des Mißbrauchs solcher Transaktionen.[19]

Zwei der insgesamt acht Punkte der Anklage ließ die Staatsanwaltschaft während des Verfahrens fallen: Der Vorwurf der Hortung von Fertigwaren wurde aufgegeben, weil der fragliche Bestand lediglich zur Versorgung der Belegschaft mit der von den zuständigen Behörden seit Monaten in Aussicht gestellten Textilprämie für Arbeiter und Angestellte der Textilindustrie gedient hatte. Ebenso wurde die Beschuldigung nicht aufrechterhalten, die Spinnfaser AG habe unerlaubterweise ein Lager von

Fertigwaren bei zwei Kasseler Textilgroßhandlungen unterhalten. Diese Waren stammten aus »Versuchskontingenten«, durften also für Kompensationen verwendet bzw. gegen Bezugsscheine an Betriebsangehörige ausgegeben werden. Der »Direktionsfonds«, ein weiterer Gegenstand der Anklage, erwies sich als kleiner Bestand von Textilien, aus dem der Hauptangeklagte Reimann »in geringem Umfang Textilien an Flüchtlinge und Ausgebombte, in einzelnen Fällen auch an notleidende Bekannte und als kleine Repräsentationsausgaben an Dolmetscherinnen, die ausländische Kommissionen begleiteten, ausgegeben« hatte.[20] Die Ausgaben für den Direktionsfonds betrugen während eines Jahres 355,39 RM, bei der Beschlagnahme des Bestands im März 1947 wurde dessen Wert auf etwa 200,– RM veranschlagt. Aufgrund von Sachverständigenaussagen kam das Gericht zur Überzeugung, daß Direktor Reimann sich für berechtigt halten konnte, aus diesem Fonds im Rahmen des der Spinnfaser AG zustehenden Versuchskontingents zu schöpfen, und sprach ihn in diesem Punkt frei. (Ein Prozent der Produktion war für »Tragversuche« freigegeben, d. h. die Firma konnte über dieses Kontingent frei verfügen.) Streng unterschied das Gericht dagegen die zulässige Ausgabe von »Reisepäckchen« an Firmenangehörige (als erlaubt galt der Einsatz von Textilien zur Ermöglichung von Reparaturen an Kraftfahrzeugen) von verbotener Verwendung. Die Verteidigung hatte angeführt, daß Beamte auf Dienstreisen Gästehäuser, Dienstzüge oder Lebensmittelzulagen zur Verfügung gestellt bekämen, es sei daher nur recht und billig, daß Dienstreisende aus der Wirtschaft sich mit Hilfe von Waren die mühseligen Transport-, Unterbringungs- und Beköstigungsprobleme unterwegs auf adäquate Weise erleichterten. Das Gericht folgte dieser Argumentation aber nicht und verurteilte Reimann zu 5000,– RM Geldstrafe. Auch die Abgabe von Waren an einzelne Personen zur Erleichterung von Geschäftsabschlüssen wurde »als nicht mehr im Rahmen der Kompensationsgenehmigung liegend«[21] verworfen.

Der Firmenchef stand ferner auch unter der Anklage, die zunächst gegen einen Einkäufer erhoben, dann aber auf Reimann umgelenkt worden war, auf dem Kompensationsweg einen PKW gegen 200 Meter Anzugstoff für die Spinnfaser AG erworben zu haben. Der Sachverständige des Landeswirtschaftsamts hatte vor Gericht den Standpunkt vertreten, der Erwerb von Kraftwagen im Kompensationsweg sei zulässig, es konnte überdies nachgewiesen werden, daß der Verkäufer des Stoffs diesen ordnungsgemäß gegen Punktschecks bezogen hatte. Trotzdem hielt die Staatsanwaltschaft mit der Begründung, die Anschaffung des Autos sei nicht notwendig gewesen, die Anklage aufrecht. Das Gericht erkannte dann aber auch in diesem Punkt auf Freispruch.

Zum Vorwurf der Beschaffung von Benzin im Kompensationsweg, dem

Ausgangspunkt des ganzen Verfahrens, hatte die Verteidigung ausführliches Beweismaterial zusammengetragen. Die Staatsanwaltschaft verfocht die Ansicht, daß der Erwerb von Benzin auf diese Weise grundsätzlich verboten sei. Die Verteidigung wies dagegen nach, daß in der britischen wie in der amerikanischen Zone laufend große Mengen Benzin auf dem Tauschweg umgesetzt würden. In der britischen Zone betrage die Zahl der insgesamt gefahrenen Kilometer das Dreieinhalbfache der nach den amtlich ausgegebenen Treibstoffmengen möglichen Strecke. Das Gericht verurteile wegen der Treibstoff-Kompensation daher nur einen Angeklagten, den Spinnfaser-Verkaufsleiter Grünhaupt, und diesen nur wegen eines Einzelfalls, bei dem er nicht »die notwendige Sorgfalt angewandt« habe. Das betraf das Geschäft, bei dem das Benzin von einem Behördenangestellten angeboten worden war, und dieses kam aus Beständen der Besatzungsmacht.[22]

Der siebte Gegenstand der Anklage faßte insgesamt 22 Fälle von Kompensationsgeschäften zusammen, von denen in der Hauptverhandlung jedoch nur noch sechs übrigblieben. Für die meisten Vorgänge hatte die Spinnfaser AG befriedigende Erklärungen liefern können: »In den weiteren Fällen handelte es sich um die Beschaffung von Gegenständen des notwendigen Bedarfs für Flüchtlinge und Ausgebombte unter den Betriebsangehörigen, und zwar von Betten, Matratzen, Kochtöpfen, Straßenschuhen, Weckeruhren, Bügeleisen und 2 Faß Heringen für die Werkskantine. Die Kompensationsgeschäfte waren auf Wunsch des Betriebsrats durchgeführt worden, dem auch die Verteilung überlassen war. Die Beschaffung und Verteilung der Heringe war dem Ernährungsamt gemeldet.«[23] Der Betriebsrat, es war übrigens der einzige unter den größeren Unternehmen in Kassel, in dem die KPD die Majorität hatte, bestätigte nicht nur den von der Verteidigung vorgebrachten Einwand, daß die inkriminierten Geschäfte lediglich dem Wohl der Belegschaft dienten, der Betriebsrat solidarisierte sich mit der Geschäftsleitung auf der ganzen Linie und überreichte dem Gericht eine Resolution, in der engagiert zugunsten der Unternehmensführung plädiert wurde: »Nach unserer Auffassung sind die zur Anklage führenden Verstöße nur im Interesse der Spinnfaser AG und ihrer Belegschaft durchgeführt worden. Es erscheint uns grotesk, daß Herr Dr. Reimann für die Beschaffung der für unsere Belegschaft dringend notwendigen Schuhe, Decken, Kochtöpfe und sonstigen Haushaltungsgegenstände mit Gefängnis in Höhe von fast einem Jahr bestraft werden soll. Wir heben ausdrücklich hervor, daß die Beschaffung dieser Artikel von Herrn Dr. Reimann auf Drängen der Belegschaft, vertreten durch ihren Betriebsrat, beantragt und in diesem Sinne erfolgt ist. Die sonstigen durchgeführten Aktionen, die im Interesse der Werkserhaltung vorgenommen wurden und somit der Arbeitsplatzerhaltung der Belegschaft dienten und darüber hinaus auch für die Versorgung der Allgemeinheit mit Rohstoffen für unsere Textilindustrie sehr wichtig waren, finden vollauf unsere Billigung. Betriebsräte und Vertrauensleute der Spinnfaser AG fühlen sich in dieser Angelegenheit vollkommen solidarisch mit Herrn Dr. Reimann und ersuchen das Gericht – unter Würdigung der vorgetragenen Argumente und aller Umstände – zu einem gerechten Urteilsspruch zu gelangen.«[24] Das war um so erstaunlicher, als der kommunistische Betriebsratsvorsitzende Schmidt, der die Resolution unterzeichnet hatte, im April nach der Verhaftung Reimanns zu erkennen gegeben hatte, angesichts der fehlenden Mitbestimmung im Betrieb werde der Betriebsrat keinen Anteil an der Sache nehmen. Der Beobachter der amerikanischen Militärregierung, der auch genau darüber unterrichtet war, daß ein kommunistischer Angestellter im Wirtschaftsamt mit Hilfe eines ehrgeizigen Verbindungsmanns in der Spinnfaser AG den Stein ins Rollen gebracht hatte, würdigte die Haltung des Betriebsrats mit der Bemerkung: »Thus a concrete vote of confidence superseded the abstract expressions of distrust in the management.«[25]

Entscheidender als die Solidaritätsaktion des Betriebsrats war aber die Unsicherheit der Beamten der Bewirtschaftungsbürokratie, die als Experten aussagten. Der Präsident des Landeswirtschaftsamts Kassner äußerte sich am 29. August 1947 vor dem Gericht über die Zulässigkeit der Kompensationsgeschäfte in einer Form, die die ganze Ratlosigkeit der zuständigen Behörde spiegelte: »Tatsache ist, daß die Betriebsführer damals unter einem gewissen Druck ihrer Gefolgschaft und des Betriebsrates gestanden haben. Mir ist wiederholt gemeldet worden, daß der Betriebsrat an den Betriebsführer herangetreten ist mit dem Vorwurf: Du sorgst nicht für uns, aber da und da wird für den Betrieb das und das getan! Ich denke dabei an Bügeleisen und Kochtöpfe. Damals hat der Betriebsführer in vielen Fällen geglaubt, es wäre seine soziale Pflicht, das zu tun, um die Arbeitsfreude damit zu erhöhen. Das mag vom Gesichtspunkt des Betriebsführers gesehen richtig sein, es verstößt selbstverständlich gegen die Bewirtschaftungsbestimmungen und gegen den Begriff der Kompensation heute. Auch damals war ich persönlich der Auffassung, daß man Kompensationsgeschäfte nur dulden kann, um den Betrieb aufrecht zu erhalten. Die Auffassungen über Kompensationen sind aber selbst unter meinen Mitarbeitern verschieden. Einheitlich können sie ja auch nicht sein, da Richtlinien nicht vorhanden sind. Ich habe vorhin schon festgestellt, daß genau wie wir auch der Unternehmer ein Verantwortungsgefühl gegenüber dem Verbraucher haben muß, dem wir helfen wollen und müssen.«[26]

Die Hilflosigkeit der Experten paßte gut ins Kalkül der Verteidigung. Die Referenten des Landeswirtschaftsamts mußten im Zeugenstand zugeben, daß sie selbst in vieler Beziehung überfordert waren, daß sie teilweise die Vorschriften z. B. der Kriegswirtschaftsverordnung gar nicht kannten und daß sie auch nicht exakt abgrenzen konnten, was unter Kompensationsgeschäften genau zu verstehen war, geschweige denn, wo das Erlaubte aufhörte und das Verbotene begann. Das Gericht beanstandete schließlich unter diesem, dem siebten Anklagepunkt – »Angebliche Verwendung von in den Kompensationslisten verbuchten Zellwollmengen für andere Zwecke« – nur noch einen Fall, nämlich ein Geschäft »Zellwolle gegen Arbeitsanzüge für ein Bergbauunternehmen gegen Karbid- und Holzlieferungen«, aber dieser Fall fiel unter eine Amnestie des Landes Hessen und blieb somit straffrei.

Wesentlich unter dem Eindruck der Ermittlungen gegen die Spinnfaser AG, die seit der Verhaftung Reimanns die Öffentlichkeit beschäftigten[27], hatte das Landeswirtschaftsamt Wiesbaden im April 1947 neue Richtlinien herausgegeben, die den Begriff »Kompensation« schärfer fassen sollten. Präsident Kassner referierte im Kasseler Prozeß darüber: »Es wurde festgestellt und herausgegeben, daß Kompensationen nur gemacht werden dürfen mit Waren, die nicht von den Behörden als Rohstoffe zugeteilt werden; z. B. sind Kompensationen mit Kohle unbedingt verboten. Es ist auch verboten, Kompensationen mit Lebensmitteln in irgendeiner Form zu machen. Das war früher nicht der Fall. Wir wissen, daß gerade zur Versorgung der Werksküchen Kompensationen auch mit Lebensmitteln gemacht worden sind. Das ist damals still geduldet worden, weil es noch keine bestimmte Begriffserfassung gab. Heute haben wir mit dem Landwirtschaftsministerium eine Verständigung darüber erzielt, daß man den Betrieben, die zur Erhaltung der Arbeitskraft unbedingt Zuschüsse haben müssen, Zuschüsse gewährt für die Versorgung des Werksverbrauchs. Wir müssen erlauben Kompensationen mit Hilfsstoffen, die der Betrieb braucht und die wir nicht beschaffen können. Wir haben mit Rücksicht darauf, daß Kompensationsgeschäfte in aller Welt umstritten sind, eine Grenze gezogen und haben gesagt, daß alle Betriebe einen entsprechenden Antrag bei der Wirtschaftsbehörde stellen müssen. Wir haben eine Vereinbarung dahin getroffen, daß Fall-zu-Fall-Geschäfte vom Landeswirtschaftsamt genehmigt werden können, daß aber Freiquoten in irgendeinem Prozentsatz (5–10 %) nur vom Wirtschaftsminister persönlich genehmigt werden können. Wenn dann diese Freiquote genehmigt wird, hat der Betrieb das Recht, Hilfsstoffe, die zur Erhaltung und zur Verbesserung der Produktion notwendig sind, einzukompensieren. Er hat aber jeden Monat einen ausführlichen Bericht mit Unterlagen an das LWA zu geben, damit von dort aus geprüft werden kann, ob er tatsächlich nur im Rahmen des Gestatteten Kompensationen gemacht hat. Die Tatsache, daß der Unternehmer weiß, daß er kontrolliert wird, gibt ihm aber eine bestimmte Einschränkung und mehr Verantwortung uns gegenüber.«[28] Diese Ausführungen des Chefs des Landeswirtschaftsamts zur Situation des Jahres 1947 konnte man gleicherweise als Entlastungsmaterial für die Angeklagten wie als Verteidigungsrede der Wirtschaftskontrollbehörde in eigener Sache interpretieren.

Der prominenteste Sachverständige, der ehemalige hessische Wirtschaftsminister und zeitweilige Vorsitzende des bizonalen Verwaltungsrats für Wirtschaft, Dr. Rudolf Mueller, hatte sich am 8. Verhandlungstag, dem 2. September, ebenso grundsätzlich wie drastisch geäußert:»Die Planwirtschaft ist, das ist wohl hier niemandem ein Geheimnis, auf weiter Strecke zusammengebrochen. Die Folgen dieses Zusammenbruches reichen von der erlaubten Selbsthilfe der Wirtschaft bis zu der von dem Herrn Vorsitzenden erwähnten Kriminalität, dem Schwarzen Markt.« Im Krieg habe die Planwirtschaft, wenigstens nach den Begriffen des Jahres 1947, hervorragend funktioniert:»Sie hat funktioniert mit dem Zuckerbrot UK-Stellung und mit der Peitsche Sabotage.« Der teilweise Zusammenbruch des Planungs- und Lenkungsapparats, die Abschottung der Länder und Zonen gegeneinander, der Mangel an qualifiziertem Personal wurden von Mueller als Ursachen dafür genannt, daß die Bewirtschaftung nicht funktionierte. Das Ergebnis sei der geteilte Markt, bei dem die Betriebe mit betriebsfremden Produkten arbeiten müßten und bei dem die Großbetriebe zu Gemischtwarenhandlungen herabsänken. Die Rechtslage beschrieb Mueller dabei folgendermaßen:»Wenn die Firma zum Wirtschaftsminister kommt und die Situation schildert und der Wirtschaftsminister nimmt zur Kenntnis, dann kann man Verschiedenes ableiten: 1. daß er es nicht verboten hat, 2. daß er es nicht genehmigt hat, 3. daß er es weiß. Was ist nun die Rechtslage, und das ist das allerwichtigste, und wie kann man versuchen, dieser ganzen Situation Herr zu werden? Es ist notorisch, wie ich eben gesagt habe, daß die Dinge geduldet werden.« Es falle aber auf, daß diese Dinge trotzdem vor den Strafrichter kämen, und da liege die Frage nahe, ob der herausgegriffene Fall ein Präzedenzfall sei. Er nehme an, daß dies der Grund für den Prozeß sei: Die Gerichte stünden nicht zum ersten Male vor der Aufgabe, Recht und Wirklichkeit in Einklang zu bringen.[29]

So sahen es auch die Verteidiger[30], die sich mit verteilten Rollen erfolgreich bemühten, dem Gericht und der Öffentlichkeit deutlich zu machen, worum es in diesem Prozeß ging, nämlich nicht um Korruption oder persönlichen Vorteil, »sondern darum, was zur Wiederingangsetzung und Steigerung der Produktion an Kompensationen als erlaubt angesehen werden kann«[31]. Mit Hilfe der Zeugen und Experten, unter denen einige dem angeklagten Konzern freundschaftlich verbunden waren (etwa Rudolf Mueller, dessen Frankfurter Anwaltssozietät auch an der Verteidigung beteiligt war), gelang dies, und zwar auf teilweise hohem theoretischen Niveau, im Laufe der Verhandlung:»Langsam von Zeuge zu Zeuge und dann entscheidend mit den Sachverständigen, dem Leiter des Landeswirtschaftsamts Wiesbaden, Kassner, und dem früheren hessischen Wirtschaftsminister Dr. Mueller gelingt es, dem Gericht und der Öffentlichkeit klar zu machen, daß es in den letzten beiden Jahren eine funktionierende Wirtschaftslenkung überhaupt nicht gab und nicht geben konnte, weil alle Voraussetzungen dafür fehlten. Der Lenkungsapparat des Dritten Reiches war zerschlagen, seine Basis – der ideelle und tatsächliche Zwang der Kriegswirtschaft – war weggefallen, die letzten Reserven, die jede funktionierende Verteilung als Puffer braucht, aufgezehrt, nichts zu verteilen und keine Menschen, keine Räume, keine Mittel, nicht einmal Geld, um die Veröffentlichungen von Vorschriften in der dafür Bezahlung verlangenden Tagespresse durchzuführen.«[32]

Der Vorsitzende der Strafkammer hatte den Ruf, unternehmerfeindlich zu sein, und zu Beginn des Prozesses schien Landgerichtsdirektor Dr. Erich Lewinski diesem Ruf auch zu entsprechen. Die Vorurteile auf der anderen Seite gegenüber Lewinski, der ehemals in Kassel Rechtsanwalt gewesen war, sich angeblich vor 1933 auch als kommunistischer Agitator betätigt hatte und der die nationalsozialistischen Jahre in der Emigration verbrachte, waren aber auch erheblich. Das geringste war noch dies, daß Lewinski, 1947 aus dem Exil zurückgekehrt und erst seit dem Frühjahr Vorsitzender der Strafkammer, von den wirtschaftlichen Verhältnissen im Nachkriegsdeutschland keine Ahnung habe.[33]

Das interessanteste Delikt und der wesentlichste Punkt der Anklage war die »WE-Aktion«. Hinter der Abkürzung verbargen sich komplizierte Geschäfte, die die Spinnfaser AG zusammen mit der Vereinigten Glanzstoff zur »Werterhaltung« durchführte. Die Anklage warf den dafür Verantwortlichen vor, größere Mengen Zellwolle, die in Kassel produziert worden waren, in der britischen Zone zur Herstellung von Damenkonfektion verwendet zu haben. Die Kleider wurden zunächst in Wuppertal in Erwartung der Währungsreform als hochwertige Kapitalanlage (die Staatsanwaltschaft veranschlagte den Wert auf 1 Million RM) eingelagert, dann aber, auch weil die ersehnte Währungsreform auf sich warten ließ, im Interesse der Liquidität veräußert. Der Verkauf sei ohne Beachtung von Bezugsrechten und Preisvorschriften und ohne Wissen des hessischen Landeswirtschaftsamts erfolgt. Dadurch seien der allgemeinen Versorgung beträchtliche Quantitäten von Verbrauchsgütern entzogen worden.[34]

In der Vernehmung gab Ritzauer zu diesem Anklagepunkt zu Protokoll, die »WE-Aktion« sei eine letzte Notlösung gewesen, »um den sicheren Niedergang der Zellwollindustrie, deren größtes Werk die Spinnfaser sei, zumindest aufzuhalten«[35]. Mit der »Werterhaltungs«-, oder besser:

»Werterhöhungsaktion« habe man die horrenden Verluste, die zwischen 1944 und 1947 in Höhe von etwa 11 Millionen Mark entstanden seien, verringern wollen, sagte Ritzauer vor Gericht. Als Beispiel führte er an, daß infolge des Preisstopps ein Kilogramm Zellwolle für 1,85 RM verkauft werde, bei einem Gestehungspreis von 3,35 RM (bei einer Tagesproduktion von 10 Tonnen). Der angeklagte Verkaufsdirektor Koecke gab zu, daß die Textilfertigwaren ohne Bezugsberechtigung mit einem Aufschlag von 100 % auf den Einkaufspreis verkauft worden seien. Im Zusammenhang mit der »WE-Aktion« stand auch das geplante Schweden-Geschäft, bei dem Zellstoff auf dem Kompensationsweg gegen Konfektionswaren importiert werden sollte.

Der späteren Darstellung des Glanzstoff-Konzerns zufolge war die ganze »WE-Aktion« jedoch ziemlich harmlos und ziemlich legal: »Die Spinnfaser AG hatte 34 t Zellwolle zur Herstellung von Textilfertigwaren in eigener Regie verwendet, durch die nach der ursprünglichen Absicht mit Rücksicht auf die um die Jahreswende 1945/46 alsbald erwartete Währungsreform der Spinnfaser AG ein gewisser Sachwert unter gleichzeitiger Werterhöhung bleiben sollte. Der ursprüngliche Vorwurf der Hortung war unbegründet, weil die Fertigware alsbald nach der Fertigstellung dem Textilhandel zugeleitet werden sollte und zugeleitet worden ist. Die Spinnfaser hatte im Juni 1946 vom LWA die Genehmigung erhalten, die betreffende Zellwollmenge an bestimmte namentlich genannte Spinner in der britischen und amerikanischen Zone zur Herstellung von Fertigware in eigener Regie als Kompensationsobjekt für Rohstoffe, insbesondere für evtl. aus Schweden zu importierenden Zellstoff abzugeben. Als Vorwurf verblieb schließlich die Tatsache, daß das LWA Wiesbaden nicht unterrichtet worden war, nachdem sich herausgestellt hatte, daß die Ware für die vorgesehenen Kompensationsgeschäfte keine Verwendung finden konnte...« Der Verkauf habe die Weisung gehabt, die Ware regulär zu den zulässigen Preisen zu veräußern, und bis auf wenige Ausnahmefälle sei dies auch so geschehen.[36] Das Gericht war in diesem Punkt aber streng und verurteilte Reimann wegen dessen Gesamtverantwortung für das Unternehmen zu 15000 RM Strafe. Oskar Koecke, der verantwortliche Verkaufsdirektor, erhielt sechs Monate Gefängnis, weil er bei der »WE-Aktion« zu leichtfertig bei der Auswahl seiner Geschäftspartner gewesen war. Koecke war von Anfang an deswegen das Sorgenkind der Verteidigung gewesen.[37]

Das Gericht hatte sich den Anträgen der Staatsanwaltschaft keineswegs angeschlossen. Der Staatsanwalt hatte den Hauptangeklagten Reimann für drei Jahre ins Gefängnis schicken wollen und u. a. gegen Koecke eine zweijährige Freiheitsstrafe gefordert.[38] Die Verteidiger hatten in ihren Plädoyers noch einmal das Grundsätzliche hervorgehoben: Der

Schwarze Markt sei weder moralisch noch unmoralisch, sondern eine wirtschaftliche Begebenheit, konstatierte Rechtsanwalt Isele, und Isele gelang auch »eine glänzende Schlußapotheose, die dem Vorsitzenden Lewinski, dem etwas eitlen Idealisten, mit allen Hilfsmitteln der Rechtsphilosophie – gewagt aber erfolgreich – die Brücke zum königlichen Richter baute«. Vaubel beschreibt in seinem Tagebuch den Höhepunkt der Verteidigungsstrategie, den Isele am 5. September erklomm: »Es war die Psychologie, die dem Verfahren von uns zu Grunde gelegt worden war und die durch alle Tiefen des Positivismus – tagelang über Weckuhren, Büstenhalter, Kochtöpfe, Schmierpäckchen des fröhlichen Wanderburschen Grünhaupt, Koeckes Gehilfen – Isele dann doch zur Höhe führte: Es gab einmal eine Zeit, da hatte Kassel ein berühmtes Gericht, den Oberappellationshof, und dieses Gericht hatte einen über die Grenzen Hessens weit hinaus bekannten Vorsitzenden Eccius. Er pflegte zu sagen: Zuerst stellen Sie fest, wo sitzt der Schweinehund, und wenn Sie ihn haben, suchen Sie es juristisch zu begründen. Wir alle sind uns in gemeinsamer Arbeit vieler Tage durch mancherlei Irrtümer darüber klargeworden, daß hier unter diesen Angeklagten sich kein Schweinehund befindet. Meine Herren Richter, suchen Sie es zu begründen.«[39]

Und das Gericht zeigte sich kongenial, als der Vorsitzende bei der Urteilsbegründung sagte: »In diesem Prozeß liegt der extreme Fall vor, daß um des Rechtes willen das Gesetz hinter der Idee der Gerechtigkeit zurücktreten muß.«[40]

Mit diesem einzigen Satz sei der Stab »über jenes Zwangssystem von Quoten, Ablieferungssolls, Kontrollen, Behördenmaßnahmen und Strafandrohungen gebrochen worden, mit dem die sich erst zaghaft regende Wirtschaft regiert wird«, schrieb der Berliner Tagesspiegel zum Kasseler Urteil, und weiter war zu lesen, der Spinnfaser-Fall erweise, warum die Wirtschaft an diesem System bisher nicht erstickte: »Kompensationen sind das Ventil, ohne das die Mehrzahl der Produktionsbetriebe die beiden letzten Jahre nicht überdauert hätte.«[41] Die Lokalpresse pries das Urteil als salomonisch – »Kompensation saß auf der Anklagebank. Verurteilt wurden diejenigen Gesetze, die veraltet, dem heutigen Wirtschaftsleben konträr gegenüberstehen«[42] –, aber gerade darin, daß es scheinbar so salomonisch war, lag auch das Bedenkliche des Richterspruchs. Das Gericht hatte Kompetenzen in Anspruch genommen, die ihm schwerlich zustanden, wenn es in der Urteilsbegründung die Grenze zwischen erlaubten und verbotenen Kompensationen mit rechtsphilosophischen Methoden zog. Das machte auch der Kommentar im Rheinischen Merkur deutlich, in dem es hieß, das Neue an der Kasseler Entscheidung bestehe darin, daß das Gesetz keine neue zeitgemäße Auslegung erhalte, dafür aber in seiner strafrechtlichen Wirkung aufgehoben werde: »Damit hat

sich der Richter zum Kontrolleur des Parlaments und der Verwaltung gemacht. Jetzt müßten Volksvertreter und Behörden handeln, wenn sie
nicht vollends den Boden unter den Füßen verlieren wollen, müssen
neue, bessere Wege der Bewirtschaftung finden.«[43] Die grundsätzlichen
juristischen und staatsrechtlichen Einwände interessierten die Allgemeinheit jedoch weniger (sie waren später Gegenstand des Revisionsver-
fahrens) als die wirtschafts- und sozialpolitischen Aspekte des Urteils von
Kassel. Im Tagesspiegel wurde diese Problematik am klarsten erkannt
und formuliert: Nach dem Spruch seien Kompensationsgeschäfte »dann
zulässig, wenn sie zur Aufrechterhaltung der Produktion notwendig sind,
von den zuständigen Wirtschaftsbehörden genehmigt wurden und der
Beschaffung von dringend benötigten Rohstoffen oder Betriebsmitteln
dienen. Kompensationen, welche die Arbeitskraft erhalten oder die Arbeitsmoral von Betriebsmitgliedern heben sollen, bezeichnet er jedoch
als unzulässig. Auch behält er Kompensationen grundsätzlich den Pro-
duktionsbetrieben vor, während er Groß- und Einzelhandel davon ausgenommen wissen will. Voraussetzung für die Legalität solcher Geschäfte
ist nach der getroffenen Entscheidung, daß sie ausschließlich ein Mittel
zur Produktionssteigerung sind. An dieser Begründung erweist sich die
beschränkte wirtschaftliche Erkenntnisfähigkeit der Justiz. Die Arbeitskraft gehört ohne Zweifel zu den wichtigsten Produktionsmitteln, über
die die deutsche Wirtschaft gegenwärtig verfügt. Den ›Mitteln zur Produktionssteigerung‹ sind deshalb nicht nur Rohstoffe oder Betriebsmit-
tel, sondern vor allem auch die Arbeitskraft zuzurechnen.«[44]
Die Frankfurter Rundschau blieb in Berichterstattung und Kommenta-
ren bis zum Ende des Verfahrens dabei, alle Kompensationsgeschäfte
grundsätzlich zu verdammen, als »Besserstellung weniger Auserwählter
und Aktion zur Werterhaltung gegenüber der kommenden Geldreform«;
auch dort wurde aber die Frage aufgeworfen, ob es richtig sei, die schwer-
wiegende und das gesamte Wirtschaftsleben beeinflussende Entscheidung über die Zulässigkeit von Tauschgeschäften einem Gericht zu
überlassen, anstatt sie der Legislative zu übertragen. »Entsprechend ihrer
Verantwortung gegenüber der Bevölkerung obliegt es ihr allein, eingrei-
fende Beschlüsse zu fassen oder klärende Gesetze zu formulieren. Sie
begibt sich dieser Pflicht, wenn sie solche wichtigen Fragen dem Richterspruch überläßt...«[45]
Das Kasseler Verfahren gegen die Spinnfaser AG war eine Art Musterprozeß, der in allen vier Zonen mit Aufmerksamkeit verfolgt wurde, der
zum Nachdenken über ökonomische Probleme und juristische Grundsätze anregte und bei dem niemand bestraft wurde. Reimanns Verteidigung hatte sofort nach dem Urteilsspruch, die Oberstaatsanwaltschaft
zehn Tage später Revision eingelegt. Ende November kam es zum Ver-

fahren in zweiter Instanz vor dem Kasseler Senat des hessischen Oberlandesgerichts, der das Urteil aufhob und den Fall an das Landgericht zurückverwies. Der aus Frankfurt angereiste Generalstaatsanwalt war durch Erwägungen, die sich auf das Naturrecht und auf die Idee übergesetzlicher Gerechtigkeit stützten, im Gegensatz zur ersten Instanz, nicht zu beeindrucken. Er sprach gar von Klassenjustiz und Rechtsprechung im Dienst des Kapitalismus und zeigte sich entschlossen, einer mehr positivistischen Betrachtung der Kompensationsgeschäfte zum Sieg zu verhelfen: Wenn die Begründung des Landgerichts Kassel nämlich Schule machte, führte er aus – und Anzeichen dafür lägen schon vor –, sei das Ansehen der Justiz aufs äußerste gefährdet.[46] Dem Revisionsbegehren der Oberstaatsanwaltschaft wurde also stattgegeben und der Fall an die ursprüngliche Strafkammer zurückverwiesen. Den formalen Revisionsgrund bildete das Kontrollratsgesetz Nr. 50 vom Frühjahr 1947, das in erster Instanz mehr oder minder ignoriert worden war.

Mit dem Urteil des Oberlandesgerichts waren aber die in erster Instanz vertretenen Grundsätze nicht preisgegeben. Lediglich die Berufung auf das Naturrecht wurde durch eine andere Begründung ersetzt: Entscheidend war nach der Auffassung des OLG, daß die Kriegswirtschaftsverordnung zwar als weitergeltend angesehen wurde, den Bewirtschaftungsstellen aber die Befugnis zugebilligt werden mußte, Ausnahmen zuzulassen. Das war geschehen und davon war Gebrauch gemacht worden. Der hessische Wirtschaftsminister hatte zudem am 6. Mai 1947 – von den Kasseler Ereignissen mit veranlaßt – formelle Richtlinien für die Genehmigung von Kompensationsgeschäften erlassen.

Die Richter des OLG begaben sich sowohl dem Urteil erster Instanz als auch dem Revisionsbegehren des Staatsanwalts gegenüber in die überlegenere Position eines aufgeklärten Positivismus, als sie feststellten, nicht der Wortlaut der Kriegswirtschaftsverordnung von 1939 sollte maßgebend sein, sondern die aus der Entwicklung und Erweiterung der Lenkungsmaßnahmen entstandenen Gesetze und Verordnungen im Zusammenhang. Nur so sei es möglich, daß das gesetzte Recht sich den mit der Veränderung der wirtschaftlichen Verhältnisse notwendig wechselnden Bedürfnissen der Wirtschaft anpasse und seine ihm zugedachte Aufgabe des Schutzes der Wirtschaft erfüllen könne. Soweit die Lenkungsbehörden im Rahmen ihrer Zuständigkeit Kompensationsgeschäfte für zulässig erklärten, entfalle damit ihre Strafbarkeit nach § 1a der Kriegswirtschaftsverordnung, ohne daß es einer Heranziehung des Naturrechts oder des übergesetzlichen Notstandes bedürfe. Die Kontrolle der Durchführung eines genehmigten Kompensationsgeschäftes bleibe der eigenen Regelung durch die Lenkungsbehörden überlassen. Hier seien im vorgelegten Tatbestand noch einige – erkennbar zweitrangige – Fragen offen.

Deshalb müsse die Zurückweisung an die erste Instanz erfolgen. Im übrigen vertrat das OLG – unter dem Vorsitz desselben Präsidenten, der drei Monate vorher die Wiederinhaftnahme Reimanns mit angeordnet hatte – den Standpunkt, daß die von ihm vertretene Rechtsauffassung auch die volle Berücksichtigung sozialer Gesichtspunkte unter Ausschluß der Eigenmächtigkeit einzelner Wirtschaftskreise sichere.[47]

Die Entscheidung des Oberlandesgerichts war also wirklich salomonisch, denn alle Beteiligten konnten damit zufrieden sein: In der Form war die Entscheidung zugunsten der Staatsanwaltschaft, in der Sache zugunsten der Angeklagten ausgefallen. Das allgemeine Rechtsempfinden litt, da die denkwürdige Urteilsbegründung erster Instanz verworfen wurde, keinen weiteren Schaden, und die Verurteilten[48] wurden schließlich alle amnestiert oder rehabilitiert, allerdings ohne übertriebene Eile. Das Verfahren gegen Reimann und Koecke, die beiden noch verbliebenen Beschuldigten, wurde am 13. März 1950 aufgrund des bizonalen Gesetzes zur Vereinfachung des Wirtschaftsstrafrechts eingestellt; die Straffreiheit Reimanns war aus dem Gesetz unmittelbar abzuleiten[49]; Koecke fiel unter das Amnestiegesetz der jungen Bundesrepublik vom 31. Dezember 1949.[50]

Vom Standpunkt der amerikanischen Militärregierung sei der Spinnfaserprozeß eine sehr achtbare Leistung der Justiz gewesen, urteilte der Beobachter von OMGUS: »The Court made a good contribution to the establishment of law and order in the economic field.«[51] Die deutschen Politiker waren sich da nicht so sicher, wenn man den verschiedenen Stellungnahmen der Parteien nach dem Spinnfaser-Urteil Glauben schenkt. Aus den Reihen der CDU waren erhebliche Zweifel zu vernehmen, ob die komplizierte Frage der Kompensationsgeschäfte das richtige Thema für einen Gerichtsentscheid sei, im übrigen hätte es wohl »dankbarere Fälle« gegeben als ausgerechnet den Fall Reimann. In der liberalen Stellungnahme wurde hervorgehoben, daß der Prozeß symptomatisch für den größten Teil der Nachkriegswirtschaft gewesen sei, grundsätzlich müsse festgestellt werden, das »System der kommandierten Wirtschaft« sei heillos kompromittiert worden, und die automatische Fortwirkung der nationalsozialistischen Kriegswirtschaftsverordnung müsse zwangsläufig zur Verwirrung der Rechtsbegriffe führen.[52] Die KPD in den Westzonen geißelte unisono mit dem SED-Organ Neues Deutschland, das ausführlich über den Kasseler Prozeß berichtete[53], die Schieber und Schmarotzer. Die »Aushungerung des Volkes, Schwarz- und Schleichhandel« würden »durch den Verlauf dieses Prozesses legalisiert«. Die Schuldigen in Wirtschaft und Politik müßten abtreten und dem schaffenden Volk müsse das Mitbestimmungsrecht in allen Fragen gegeben werden, damit es über Produktion, Erfassung und Verteilung gerecht entscheiden könne, daß

»die Vorrechte von ein paar Blutsaugern ein für allemal aufgehoben werden«[54].

Die Sozialdemokraten hatten Grund, solche Wendungen als Sprung auf ihr Trittbrett zu empfinden, denn sie verurteilten nicht nur Werterhaltungsaktionen, von denen der Spinnfaser-Prozeß ein Schulbeispiel gezeigt hatte, sondern sie nahmen den Fall zum Anlaß, auf stärkere Mitbestimmung und Mitverantwortung zu dringen in der Hoffnung, »daß jeder Einbruch in das Bewirtschaftungsgefüge beseitigt und die Produktion restlos in die vorgeschriebenen Kanäle geschleust wird, die Korruption ab- und die Geschäftsmoral wieder zunimmt«[55].

Die Gewerkschafter waren noch strenger. Sie ermahnten unermüdlich die Betriebsräte zur Standhaftigkeit gegenüber den Lockungen der Kompensationswirtschaft und appellierten an die Solidarität der Arbeitnehmer, mit deren Hilfe nicht augenblicklicher Vorteil, sondern die endgültige Beseitigung des kapitalistischen Wirtschaftssystems zu erringen sei. Das klassenkämpferische Pathos, das zur Anwendung kam, war erheblich, und nahezu grenzenlose Opferbereitschaft wurde von den Betriebsräten verlangt. Aufgrund des Mitbestimmungsrechts müßten sie »die Unternehmer überwachen und kontrollieren und energisch gegen das Betreiben von Kompensationsgeschäften protestieren und einschreiten. Bis heute haben wir noch ein gesetzliches Zahlungsmittel, die deutsche Reichsmark, eine Valuta bzw. Währung, zu der wir Vertrauen aufbringen müssen, auch wenn wir heute noch eine Papiergeldflut ohne ausreichende Deckung haben. Dieserhalben dürfen wir doch unsere eigene Währung nicht wertloser machen, als sie durch das Ausland schon festgesetzt ist.«[56] Diese Beschwörung war angesichts der Situation im Frühjahr 1947 ebenso kühn wie illusionär und wirkungslos, wie sich gerade im Spinnfaserprozeß zeigte, als sich der Betriebsrat mit dem Management wegen der Kompensationen solidarisierte. Auch nach dem Kasseler Urteil hielten die Gewerkschaften am Verdikt der Kompensationswirtschaft fest. »Die allgemeine Wirtschaftsanarchie, die ja von uns immer wieder als typisch für den Kapitalismus herausgestellt wird, sollten wir Gewerkschafter jedenfalls in keiner Weise begünstigen.« Das kompensierende Unternehmertum schiebe immer wieder die Interessen der Belegschaften vor, um die Betriebsräte als »willige Werkzeuge dunkler Machenschaften« zu mißbrauchen.[57]

Der schwarze und der graue Markt florierten den Appellen der SPD und der Gewerkschaften und allen Bemühungen der deutschen wie der alliierten Obrigkeit zum Trotz bis zum Sommer 1948, als mit der Währungsreform und dem Leitsätzegesetz die Weichen neu gestellt wurden. Den amtlichen Bemühungen des Jahres 1947, die Probleme der Bewirtschaftung in den Griff zu bekommen, waren allerdings auch enge Grenzen gesetzt.

Der Versuch, die Kompensationswirtschaft auf ein Minimum zu beschränken, dieses Minimum aber zu legalisieren, war auf bizonaler Ebene im Mai 1947 unternommen worden, aber erst am Einspruch des Landes Schleswig-Holstein und dann am Verdikt der Militärregierungen gescheitert.[58] Bis zur Währungsreform blieb die Wirtschaft auf die illegale Selbsthilfe angewiesen.

6. Währungsreform und Wirtschaftsordnung. Legende und Wirklichkeit

Der 20. Juni 1948 war – im Bewußtsein der Bürger wie in seiner Nachwirkung – einer der wirklich dramatischen Tage der deutschen Nachkriegsgeschichte. Es war der Tag der Währungsreform, der Tag, an dem Hitlers Kriegsfinanzierung durch Offenbarungseid liquidiert wurde, und es war das Ereignis, auf das wenig später der Beginn des westdeutschen Wirtschaftswunders zurückdatiert wurde. Legenden haben sich um diesen Tag gerankt, um Verdienste und Urheberschaft – wobei ein kleiner amerikanischer Leutnant im verborgenen die Hauptrolle spielte, während der Mythos des Erfolgs sich je länger desto mehr um den Deutschen Ludwig Erhard kristallisierte. Der hatte seine Meriten, nämlich um die Wirtschaftsordnung: Unmittelbar nach der Währungsreform im amerikanischen und britischen Besatzungsgebiet, der Bizone, hatte er die Lockerung der Restriktionen der Bewirtschaftung eingeleitet. Die Währungsreform selbst, durch die erst die Voraussetzung der neuen Marktwirtschaft geschaffen wurde, war jedoch weder sein Werk, noch hatten Deutsche überhaupt einen nennenswerten Anteil daran. Der Erfolg der Neuordnung der Wirtschaftspolitik durch Erhard und der amerikanischen Wirtschaftshilfe im Rahmen des Marshall-Plans wäre aber ohne die Währungsreform nicht möglich gewesen.

Das NS-Regime hatte seit 1936 die Kriegsvorbereitungen und dann den Krieg durch inflationäre Geldvermehrung mit Hilfe der Notenpresse finanziert. Durch Lohn- und Preisstopps, durch Bewirtschaftung und Rationierung der Konsumgüter und staatlich verordnetes Zwangssparen waren die Folgen bis zum Kriegsende verborgen geblieben. Als das Dritte Reich zusammenbrach, wurde der Ruin der deutschen Währung sichtbar: Den dreihundert Milliarden Reichsmark, die sich im Umlauf befanden, stand kaum ein Warenangebot gegenüber. Die verbriefte Schuldenlast des Hitlerstaats betrug am Kriegsende mindestens dreihundertachtzig Milliarden Reichsmark, nicht gerechnet viele weitere Milliarden sonstiger Forderungen, die dem Deutschen Reich gegenüber entstanden waren.

Deutschland war nach dem Krieg ein Land mit vielen Währungen geworden: Löhne und Steuern wurden in Reichsmark gezahlt, im Verkehr zwischen alliierten und deutschen Instanzen gab es »Besatzungsgeld«, das nicht in Reichsmark gewechselt werden konnte, wichtigstes Zahlungsmittel waren Zigaretten, für die man auf dem Schwarzen Markt alles erhielt.

Im übrigen herrschte Natural- und Tauschwirtschaft, und neben dem Schwarzen Markt der Schieber und Hamsterer gab es einen Grauen Markt, auf dem fast legal Kompensationsgeschäfte in großem Ausmaß getätigt wurden. Mindestens die Hälfte aller Geschäfte in Industrie, Handel und Gewerbe wurde im Nachkriegsdeutschland bis Sommer 1948 in der Form von Kompensationen getätigt. Es war üblich, daß Arbeiter Naturallöhne aus der eigenen Produktion oder andere Güter als den wesentlichen Teil ihrer Entlohnung erhielten und daß sie nur die halbe Woche am Arbeitsplatz verbrachten; die übrigen Tage brauchten sie zum Hamstern und Tauschen.

Das staatliche Bewirtschaftungssystem des Dritten Reiches wurde in der Besatzungszeit von den Alliierten beibehalten, aber es zerbröckelte am Schwarzen Markt. Angesichts der weitgehenden Wertlosigkeit von Geld und Lebensmittelkarten sah sich der »Normalverbraucher« – das war die offizielle Bezeichnung für die damalige Verwaltungseinheit Mensch – auf Schwarzhändler und Schieber angewiesen, da er auf dem offiziellen Markt des Rationierungssystems das Lebensnotwendige kaum erhielt.

Daß sich die Sieger des Zweiten Weltkriegs nach dessen Ende so rasch auseinanderlebten, machte sich im besetzten Deutschland in vielfältiger Weise schmerzlich bemerkbar. In jeder der vier Besatzungszonen amtierte ein Militärgouverneur nach den Weisungen seiner Regierung. Dadurch erhielt jede Zone ihr Eigenleben, und die Gemeinsamkeiten schwanden dahin. Vor allem wurde auch der Beschluß der Potsdamer Konferenz vom Sommer 1945 nicht praktiziert, nach dem Deutschland in wirtschaftlicher Hinsicht als Einheit behandelt werden sollte. Geradezu das Gegenteil war der Fall. In der französischen und der sowjetischen Zone hielten sich die Besatzer für ihre Kriegsverluste schadlos. Demontiert wurde aber auch in den beiden anderen Besatzungsgebieten im Rahmen eines vom Alliierten Kontrollrat in Berlin verabschiedeten Industrieplans, der unter den Gesichtspunkten der Entmilitarisierung, Reparationsleistung und der Begrenzung des deutschen Wirtschaftspotentials aufgestellt worden war. Sowenig der Alliierte Kontrollrat als oberstes gemeinsames Lenkungsorgan der alliierten Besatzungspolitik funktionierte, so schlecht entwickelte sich die ökonomische Situation; von der in Potsdam erdachten wirtschaftlichen Balance der vier Zonen konnte keine Rede sein. Da war es ein Lichtblick, als im Sommer 1946 die Amerikaner die Initiative ergriffen und die Fusion ihrer Zone mit den anderen Okkupationsgebieten anboten. Die Franzosen und Sowjets lehnten ab, aber die Briten stimmten zu, und ab 1. Januar 1947 existierte die Bizone als lockerer Zusammenschluß der beiden von Angelsachsen besetzten Zonen. Hier durften deutsche Verwaltungsorgane und dann auch ein Parlament, der Wirtschaftsrat in Frankfurt, installiert werden. In der Bizone wurde der Weststaat im kleinen erprobt, und hier wurden die ökonomischen Weichen auch für die spätere Bundesrepublik gestellt.

Der Keller der Frankfurter Reichsbankhauptstelle barg im Frühjahr 1948 eines der bestgehüteten Geheimnisse der drei Westzonen. In stählernen Kisten wurde dort das neue Geld bis zum geheimen Tag X, an dem die Währungsreform in Kraft treten sollte, versteckt. Gedruckt waren die Geldzeichen von der American Bank Note Company in USA, ab November 1947 wurden sie nach Deutschland transportiert. Vom 11. bis 15. Juni 1948 wurden sie dann – militärisch bewacht und unter größter Geheimhaltung – von Frankfurt aus mit Lastwagen zu den elf Landeszentralbanken der Länder der drei Westzonen gebracht. Die Entscheidung, den Notendruck in Amerika durchzuführen, war aus Zeitmangel erfolgt. Im Herbst 1947 wurde nämlich befürchtet, daß in der Sowjetzone eine separate Währungsreform bevorstehe. Diese Sorgen waren, wie sich spätestens im Juni 1948 bei der Währungsreform in den Westzonen zeigte, unbegründet gewesen.

Die neuen Banknoten ähnelten sehr den Dollarscheinen, bemerkenswert war aber vor allem, daß auf ihnen weder ein Ausgabeort noch der Name der ausgebenden Bank oder einer anderen Institution erschien. Die Noten waren so schlicht und neutral, weil – als im Oktober 1947 der Druckauftrag erteilt wurde – die Chancen für eine gemeinsame Währungsreform in allen vier Besatzungszonen so lange wie möglich bestehenbleiben sollten. Die Debatten im Alliierten Kontrollrat in Berlin über die Sanierung der deutschen Währung waren freilich schon Ende 1946 am toten Punkt angelangt, weil Amerikaner und Sowjets sich nicht über den Druckort des Geldes verständigen konnten. Die Amerikaner beharrten auf einem zentralen, gemeinsam zu kontrollierenden Druckort (das hätte das unter Vierzonenhoheit stehende Berlin sein sollen), die sowjetischen Befehlshaber verlangten, daß außerdem auch in ihrer Zone, in Leipzig, neues Geld hergestellt würde. Die Westmächte, die den inflationären Mißbrauch der Druckplatten befürchteten, lehnten dies kategorisch ab.

Aber auch die Notwendigkeit und Dringlichkeit einer Währungsreform wurde von den Siegern ganz unterschiedlich beurteilt. Am wenigsten Interesse hatte die Sowjetische Militäradministration, weil sie gleich nach der Besetzung in ihrer Zone die Banken geschlossen und damit das Problem der Überliquidität in den Griff genommen hatte. Jedoch auch die Briten und Franzosen sahen das Währungsproblem nicht als vordringlich an, weil sich die Besatzungskosten mit der von den Alliierten in Umlauf gesetzten »Militärmark« regulieren ließen und weil zu Beginn der Besatzungszeit die ökonomische Gesundung Deutschlands keineswegs in ihrem Katalog der Prioritäten stand.

Bis zum Januar 1948 wurde auf Außenminister- und Kontrollratsebene noch über eine vierzonale Währungsreform verhandelt. Als sich die Alliierten schließlich über den Notendruck und andere Details verständigt hatten, scheiterte die Einigung daran, daß die sowjetische Besatzungszone eine deutsche Zentralbank und eine zentrale Finanzverwaltung für alle vier Zonen forderte. Das wollten die Amerikaner nicht konzedieren. Die Entscheidung war tatsächlich im Herbst 1947, als die Amerikaner in New York und Washington das neue Geld zu drucken begannen, schon gefallen, und zwar zugunsten einer Währungsreform nur auf dem Territorium, das die drei Westmächte kontrollierten. Definitiv entschlossen hatten sich die Westmächte unter Führung der USA im März 1948, die sowjetische Besatzungszone nicht mehr in gemeinsame Währungsreformpläne einzubeziehen. Dadurch, daß die sowjetischen Vertreter am 20. März 1948 durch ihren demonstrativen Auszug aus dem Alliierten Kontrollrat dieses Instrument der gemeinsamen Verantwortung der Sieger über Deutschland funktionslos machten, ersparten sie den Amerikanern die Peinlichkeit der Erklärung, daß die westliche Seite nicht mehr interessiert war, weil sie inzwischen – im Frühjahr 1948 – die Weststaatsgründung mit allen Kräften vorantrieb.

Deutsche Instanzen und Fachleute waren an den Vorbereitungen der Währungsreform fast gar nicht beteiligt. Der amerikanische und der britische Militärgouverneur hatten sich im Oktober 1947 über die Struktur einer Zentralbank für die Bizone geeinigt. Nachdem die französische Militärregierung ebenfalls zugestimmt hatte, konnte am 1. März 1948 die Bank deutscher Länder als Zentralbank für die drei Westzonen errichtet werden. Die Bank deutscher Länder, die im Frankfurter Reichsbankgebäude ihren Sitz hatte (und die Vorgängerin der Deutschen Bundesbank war), wurde zwar von den Alliierten gegründet, sie war aber die erste trizonale deutsche Institution und eine wesentliche Voraussetzung zur Durchführung der Währungsreform.

Die »Normalverbraucher«, die auf Reichsmark-Einkommen und Lebensmittelkarten angewiesen waren, sehnten den Tag der Währungsreform herbei. Der Geldschnitt war aber auch unerläßlich, wenn die wirtschaftlichen Hilfsmaßnahmen des amerikanischen Marshall-Plans, die für 1948 angekündigt waren, Aussicht auf Erfolg haben sollten.

Auf deutscher Seite beschäftigte sich ein Expertengremium seit Oktober 1947 in Bad Homburg mit Plänen zur Geldreform. Diese »Sonderstelle Geld und Kredit« war vom Wirtschaftsrat, dem Parlament der Bizone in Frankfurt, ins Leben gerufen worden. Den Vorsitz hatte bis März 1948 Ludwig Erhard gehabt, nach seiner Wahl zum Direktor für Wirtschaft der Bizonen-Administration in Frankfurt war der Münchner Stadtkämmerer Erwin Hielscher Vorsitzender der Sachverständigenrunde. Als

Ergebnis ihrer Tagungen präsentierte sie dem Währungsausschuß des Wirtschaftsrats im April 1948 den »Homburger Plan« zur Neuordnung des Geldwesens. In Verhandlungen mit den Alliierten sollte der Homburger Plan nach deutscher Vorstellung die Grundlage einer Währungsreform bilden. Aber die Konzepte der Militärregierung waren längst fertig. Sie unterschieden sich von den deutschen Plänen wesentlich und, das war das Entscheidende, eine substantielle Mitwirkung der Deutschen war gar nicht vorgesehen. Das alliierte Konzept war radikaler als das deutsche, vor allem konsequenter in der Liquidierung der Reichsschuld, die im deutschen Entwurf nicht annulliert, sondern auf nicht ganz klare Weise allmählich getilgt werden sollte. Die Überlegungen der Westmächte basierten auf dem Cohn-Goldsmith-Dodge-Plan, den drei amerikanische Experten bereits 1946 ausgearbeitet hatten. Die Quintessenz des Plans bestand im Abwertungsverhältnis zehn zu eins und in der Koppelung des Geldschnitts mit einem Lastenausgleich, der Gerechtigkeit zwischen Sachwertbesitzern und den durch Krieg, Flucht und Vertreibung Verarmten schaffen sollte. Der Lastenausgleich sollte durch Zwangshypotheken und Kapitalabgaben derjenigen, die heil, das heißt ohne Verlust von Haus und Hof, davongekommen waren, in Gang gesetzt und finanziert werden.

Anfang 1948 interessierten sich auch die Militärregierungen für die Arbeiten in Bad Homburg. Sie machten den deutschen Politikern und Sachverständigen aber gleichzeitig klar, daß die Planung und Durchführung der Währungsreform in alliierten Händen bleiben würde. Zur Unterstützung der amerikanischen, britischen und französischen Sachverständigen wurden dann ab April 1948 auch deutsche Experten herangezogen. Sie wurden, etwa fünfundzwanzig Personen an der Zahl, wie Gefangene in einem Omnibus, dessen Scheiben undurchsichtig waren, an einen von der Umwelt völlig abgeschiedenen Ort gebracht. Dort blieben sie bis Anfang Juni in Klausur (bei guter Verpflegung, aber ohne Kontakt zur Außenwelt) und leisteten Formulierungshilfe bei Gesetzestexten, Verordnungen und Durchführungsbestimmungen und übersetzten die notwendigen Texte, Fragebogen und Formulare ins Deutsche. Im »Konklave von Rothwesten«, wie die Veranstaltung später genannt wurde, als die Beteiligten erfuhren, daß sie in der Nähe Kassels auf einem trübseligen Kasernengelände untergebracht gewesen waren, bestimmte ein junger amerikanischer Leutnant, Edward Tenenbaum, den Gang der Dinge. Nominell war er nur Assistent des Finanzberaters der US-Militärregierung, tatsächlich war er der überragende Kopf, der die amerikanischen Währungspläne zielstrebig und erfolgreich gegen deutsche und alliierte Widerstände durchsetzte.

Den deutschen Experten, die, mit dem Homburger Plan bewaffnet, in der Illusion einer Mitwirkung und Mitberatung ins Konklave gekommen waren, wurde eröffnet, daß die Grundzüge der Operation festgelegt seien, daß wegen der fortgeschrittenen Zeit und weil bei Änderungen der Marschroute Kabinettsentscheidungen in Washington, Paris und London erforderlich seien, keine Möglichkeit zur Grundsatz- oder tiefgreifenden Sachdiskussion bestünde. Die Grundzüge des alliierten Plans sahen eine siebzigprozentige Streichung aller Altguthaben, die Blockierung weiterer zwanzig Prozent und die Umwandlung von zehn Prozent in neues Geld vor, ferner die Annullierung der Reichsschuld und die Übertragung der Kompetenz für flankierende Gesetze über den Lastenausgleich, eine Steuerreform und die Kapitalabgabe in deutsche Hände.

Die deutschen Fachleute versuchten mehrfach, auch protestierend, ihre Vorstellungen zur Geltung zu bringen. Da sie damit fast völlig erfolglos blieben, verfaßten sie am 8. Juni 1948, dem Tag der Auflösung des Konklaves, eine Resolution, in der sie nach deutscher Sitte das Problem der Verantwortung für die getroffenen Entscheidungen klargestellt haben wollten. Angesichts der Tatsache, daß sich die Währungsreform – auch im internationalen Vergleich gesehen – als außerordentlich geglückt erwies und ihr Erfolg zur Legende und als Leistung der Deutschen gefeiert wurde, ist die reservatio der »deutschen Sachverständigenkommission für die Geldreform« im nachhinein nicht ohne Reiz zu lesen. Sie baten nämlich anläßlich der offiziellen Verkündung der Währungsreform durch die Militärregierungen um die Verlautbarung folgender Sätze: »Die drei Besatzungsmächte tragen für die Grundsätze und Methoden der Geldreform in ihren Zonen die alleinige Verantwortung. Deutsche Sachverständige wurden auf Wunsch der Militärregierungen und der deutschen politischen Stellen hinzugezogen, doch konnte ihre Arbeit im Ergebnis fast nur in technischer Hinsicht zur Geltung kommen. Alle sachlich wesentlichen Gegenvorschläge der deutschen Sachverständigen mußten... abgelehnt werden, da die Militärregierungen die Verantwortung für deren Verwirklichung nicht glaubten übernehmen zu können.«

Am Abend des 18. Juni 1948 erfuhr die deutsche Öffentlichkeit die Einzelheiten der Reform: Mit dem Verfall der »Reichsmark« am 20. Juni 1948 galten alle Schulden des Reiches als erloschen. Private Verbindlichkeiten und alle Bank- und Sparguthaben wurden im Verhältnis zehn zu eins abgewertet. Als »Kopfquote« waren 60 »Deutsche Mark« in bar für jeden Einwohner der drei Westzonen – Neugeborene eingeschlossen – vorgesehen, und zwar im Umtausch gegen 60 Reichsmark. 40 DM wurden sofort, also am 20. Juni 1948, gegen Vorzeigen von Kennkarte und Lebensmittelkarte und Ablieferung von 60 RM ausbezahlt. (Wer kein altes Geld hatte, bekam sein Kopfgeld trotzdem, und die Umtauschstellen waren für Nachzügler auch am 21. Juni noch geöffnet.) Die restlichen 20 DM sollten innerhalb der nächsten vier Wochen ausbezahlt werden, tatsächlich wurden sie aber erst im August freigegeben, um den Markt nicht durch zu starke Kaufkraft zu belasten. Das Kleingeld blieb, auf ein Zehntel seines Nennwerts herabgesetzt, in Umlauf: Alte Einmarkscheine galten wie Zehnpfennigstücke und alte Groschen vertraten die neuen Pfennige. Neues Münzgeld blieb noch lange Mangelware.

Rein rechnerisch ergab sich nach der Umstellung der Bankguthaben und der anmeldepflichtigen Altgeldbestände eine Umtauschrelation von 100 RM zu 6,50 DM. Das wußte man freilich erst nach Abschluß aller Prozeduren, da die Bearbeitung der Fragebogen, auf denen alle Vermögenswerte angegeben werden mußten, viel Zeit in Anspruch nahm. Wer mehr als 5000 RM anmeldete, brauchte eine Unbedenklichkeitsbescheinigung vom Finanzamt, und dazu wurden Steuererklärungen und Einkommensnachweise durchleuchtet. Manche Schwarzhändler und Schieber zogen es damals vor, ihr altes Geld, dessen Herkunft zu deklarieren peinliche Folgen gehabt hätte, bündelweise zu vernichten. Wer nur 5000 RM auf der Bank hatte, erhielt ohne weiteres 250,– DM zur freien Verfügung sowie eine Gutschrift über weitere 250,– DM, die auf ein Sperrkonto kamen. Die Entscheidung, ob dieses Geld freigegeben würde, blieb zunächst offen. Zur Enttäuschung der Kontoinhaber wurden die gesperrten Guthaben schließlich gestrichen.

Das Datum des »Tages X« war so lange als möglich auch vor den deutschen Politikern geheimgehalten worden. Trotzdem wurde in den Tagen vor dem 20. Juni in den Läden nichts mehr angeboten. Während die Geschäftsleute ihre Waren horteten, versuchte jeder, für seine wertlosen Reichsmark noch irgend etwas zu erhandeln. Der Schwarze Markt erlebte seinen letzten Höhepunkt. Nach dem 20. Juni 1948 änderte sich die Situation schlagartig. Die Lager wurden geöffnet, die Schaufenster waren gefüllt. Die Preise stiegen, viele erlagen den plötzlichen Verlockungen und verfielen in einen Kaufrausch. Der Schwarze Markt brach zusammen.

Die Währungsreform begünstigte einseitig die Besitzer von Sachwerten und kam einer weitgehenden Enteignung der Geldwertbesitzer gleich, weil das Eigentum an Grund und Boden, an Produktionsmitteln und Waren von der Neuordnung unberührt blieb. Trotz der Beteuerungen aller Parteien, daß ein gerechter Lastenausgleich zu den dringlichsten Aufgaben gehöre, dauerte es noch Jahre, bis die ärgsten Härten durch entsprechende Gesetze gemildert wurden.

In der sowjetischen Zone gab es drei Tage später eine eigene Währungsreform: sie wirkte etwas improvisiert, war, da die dortige Besatzungsmacht schon 1945 Banken und Sparguthaben stillgelegt und damit etwa siebzig Milliarden Reichsmark aus dem Verkehr gezogen hatte, weniger dringlich. Sie machte aber die Spaltung Deutschlands um so deutlicher und endgültig sichtbar.

Denn gleichzeitig mit der Währungsreform waren in der Bizone (und daß sich die französische Zone dem System der Bizone anpassen würde, war im Sommer 1948 nur noch eine Frage der Zeit) auch die Weichen für eine andere Wirtschaftsordnung gestellt worden. Während in der sowjetischen Zone die Zentralverwaltungswirtschaft mit staatlich gelenkten Produktionsplänen, Preisen und Löhnen beibehalten wurde, kehrte die Bizone zur wettbewerbsorientierten Marktwirtschaft zurück. Das erschien 1948 als atemberaubendes Experiment, das von vielen mit Argwohn und Skepsis beobachtet wurde. Verantwortlich für den kühnen Schritt war Ludwig Erhard, der im März 1948 auf Vorschlag der FDP mit den Stimmen der CDU/CSU vom Frankfurter Wirtschaftsrat zum Direktor der Verwaltung für Wirtschaft gewählt worden war, zum »Wirtschaftsminister« der Bizone also. Erhard vertrat engagiert das Konzept der neoliberalen Schule der Nationalökonomie, das im wesentlichen von Alfred Müller-Armack ausgeformt wurde und, als »Soziale Marktwirtschaft« propagiert, den Wettbewerbsgedanken an die Stelle der staatlichen Wirtschaftslenkung setzte. Vom Wirtschaftsrat, dem Bizonen-Parlament, ließ sich Erhard im Juni 1948 die nötigen Vollmachten zum Abbau der Zwangswirtschaft geben, in Gestalt eines »Gesetzes über Leitsätze für die Bewirtschaftung und Preispolitik nach der Geldreform«. Es war eines der eigenartigsten Gesetze, die in der Ära des Bizonen-Parlaments verabschiedet wurden, weil es mehr ein in die Zukunft weisendes Programm als ein in Paragraphen gekleideter Normenkatalog war.

Das Leitsätzegesetz trat zugleich mit der Währungsreform in Kraft, es war bis Ende 1948 befristet, wurde aber mehrfach verlängert. In rascher Folge wurden ab 20. Juni 1948 die Preis- und Rationierungsvorschriften aufgehoben. Nur besonders wichtige Güter blieben noch eine Zeitlang mit festgesetzten Höchstpreisen bewirtschaftet, darunter Kohle, Stahl, Düngemittel, Treibstoffe, und für Grundnahrungsmittel und Mieten gab es auch noch überwachte Festpreise. Die Rationierung von Kartoffeln wurde schon im Oktober 1948 aufgehoben, Zucker blieb dagegen bis April 1950 bewirtschaftet, Benzin blieb bis 1951, Kohle bis 1952 rationiert.

In den ersten Monaten nach der Währungsreform schien es, als würden die Skeptiker recht behalten, die Erhards Kurs für falsch hielten. Solche gab es auch in den Reihen der CDU und CSU. Die Schere zwischen Löhnen und Preisen ging nach der Währungsreform erst einmal weit auf, die Leidtragenden waren die Lohnabhängigen. Der Zustand der Marktwirt-

schaft, bei dem sich Angebot und Nachfrage durch freie Preise gegensei-
tig regulieren, war mit dem Kaufkraftstoß zu plötzlich über die Bevölkerung hereingebrochen. Weder Käufer noch Verkäufer zeigten sich der
Situation gewachsen. In den ersten Tagen waren die Läden leergekauft
worden, dann reagierten die ratlosen Konsumenten erbost auf die
Hektik, mit der die Preise in die Höhe kletterten. Ein großer Teil der
Presse verlangte den Abbruch des marktwirtschaftlichen Experiments
und die Entfernung des allem Anschein nach unfähigen Politikers Erhard. Im Frankfurter Wirtschaftsrat stellte die Opposition im Sommer
und Herbst 1948 zweimal Mißtrauensanträge gegen ihn.

Die Gewerkschaften der britischen und amerikanischen Zone – die vier-
einhalb Millionen organisierte Arbeiter repräsentierten – riefen schließlich im November 1948 zum Generalstreik »gegen die Anarchie auf den
Warenmärkten und gegen das weitere Auseinanderklaffen von Löhnen
und Preisen« auf. Etwa neun Millionen Arbeiter folgten dem Streikauf-
ruf am 12. November 1948 und demonstrierten mit einer 24stündigen
Arbeitsruhe gegen die Marktwirtschaft. Der Höhepunkt des Protestes
war mit dieser Aktion im November 1948 erreicht. Die Auseinandersetzungen um die Wirtschaftsordnung dauerten aber an, sie standen ein
halbes Jahr später im Mittelpunkt des Wahlkampfes für den ersten Deutschen Bundestag. Da war Ludwig Erhard aber schon die Wahllokomo-
tive der CDU/CSU, weil sich der Erfolg der Frankfurter Wirtschaftspolitik bereits gezeigt hatte. Das »Wirtschaftswunder« hatte begonnen.

Teil III
Grundsatzprobleme: Säuberung, Wiedergutmachung, Reformen

7. Die Entnazifizierung der Richter

I

Im November 1946 fand in Freiburg ein Terroristenprozeß statt. Die Tat – ein Mord und ein Mordversuch – lag zwar 25 Jahre zurück, war aber wegen verschiedener Unterbrechungshandlungen nicht verjährt. Der Angeklagte Heinrich Tillessen war voll geständig und schilderte die Tat wahrheitsgetreu und detailreich. Er verweigerte zunächst lediglich die Auskunft über seine Hintermänner. Mit einem Kameraden zusammen, der ebenso wie der Angeklagte Marineoffizier gewesen war, dem Freikorps des Korvettenkapitäns und Kapp-Putschisten Ehrhardt angehörte, hatte er am 26. 8. 1921 in der Nähe von Offenburg im Schwarzwald einen der prominentesten Politiker der jungen Weimarer Republik aus dem Hinterhalt erschossen und dessen Begleiter, einen Reichstagsabgeordneten, schwer verletzt.

Das Opfer war Matthias Erzberger, 45 Jahre alt, prominent als Unterzeichner des Waffenstillstands vom November 1918 und als Minister der Republik. Er war in nationalen Kreisen einer der meistgehaßten Politiker des neuen Systems. Politisch befand er sich nach einem halb verlorenen Beleidigungsprozeß gegen einen Exponenten des alten Regimes und der darauf folgenden Demission als Reichsfinanzminister auf dem Tiefpunkt der Karriere. Aber er galt den Fanatikern noch als gefährlich genug. Der Mord gehörte nicht nur vom Motiv, sondern auch von den Auftraggebern her zu einer Serie von Attentaten, denen Demokraten und Republikaner unterschiedlicher parteipolitischer Couleur zum Opfer fielen. Kurt Eisner und Karl Gareis, beide USPD, Erzberger vom katholischen Zentrum, Walther Rathenau von der rechtsliberal-großbürgerlichen Deutschen Volkspartei oder der Sozialdemokrat Philipp Scheidemann, der mit dem Leben davonkam. Das Motiv war die rechtsextremistische Spielart von Vaterlandsliebe, die Drahtzieher waren militärisch organisierte Geheimbünde, die dem Nationalsozialismus den Weg bereiten halfen.

Der Erzberger-Mörder Tillessen war 1945 routinemäßig verhaftet worden, weil er den Rang eines SA-Sturmbannführers ehrenhalber bekleidete. Nach dem Erzberger-Mord war er ins Ausland geflohen. Nach der nationalsozialistischen Machtübernahme zurückgekehrt, hatte er sich politisch nicht mehr exponiert, vielmehr geläutert. Im November 1946 stand er also endlich vor Gericht. Der Staatsanwalt forderte die Todesstrafe wegen des Mordes an Erzberger, vier Jahre Zuchthaus wegen des Mordversuchs am Reichstagsabgeordneten Diez sowie den Verlust der bürgerlichen Ehrenrechte. Zur Begründung führte die Anklagevertretung an, erstens sei die Tat nicht verjährt, zweitens sei die Amnestie des Reichspräsidenten vom 21.3.1933 staatsrechtlich ungültig und drittens überdies nach dem Kontrollratsgesetz Nr.1 vom 20.9.1945 wegen Rechtsungleichheit auf den Angeklagten nicht anwendbar. Viertens schließlich bedeute die Tat Tillessens nach der Terminologie des Internationalen Militärgerichtshofes von Nürnberg ein »Verbrechen gegen die Menschlichkeit«. Die Verteidigung plädierte auf Einstellung des Verfahrens, weil die Tat des Angeklagten kein gemeiner Mord, sondern eine politische Überzeugungstat gewesen sei und damit mildere Beurteilung verdiene. Die Amnestieverordnung Hindenburgs vom März 1933 sei gültig, das Kontrollratsgesetz treffe auf den Angeklagten nicht zu, weil weder er noch die Tat in Beziehung zur NSDAP gestanden habe.

Der Spruch des Gerichts lautete: Einstellung des Verfahrens auf Grund der Amnestie des Reichspräsidenten von 1933 und Übernahme der Kosten durch die Staatskasse. Der entscheidende Satz der Begründung lautete, für die Strafkammer sei es erwiesen, »daß der Täter seine Tat aus übersteigerter Vaterlandsliebe begangen hat, um Deutschland einer besseren Zukunft entgegenzuführen«.[1]

Die Entrüstung über das Freiburger Urteil war allgemein und äußerst heftig. Die Urteilsbegründung könne »nur als willentliche Verhöhnung aller Bemühungen um ein anderes Deutschland« aufgefaßt werden, schrieb Walter G. Becker, Inhaber des Mainzer Lehrstuhls für Bürgerliches Recht, im Berliner »Tagesspiegel«.[2] Wenn derartige Urteile hingenommen würden, so war im Ostberliner »Vorwärts« unter der Überschrift »Die Mörder sind unter uns« zu lesen, würde es für die junge Demokratie den Anfang vom Ende bedeuten; der rechtspolitische Ausschuß der Berliner SPD erklärte, es handele sich um einen völligen Fehlspruch, »der jedes Gefühl für die elementaren Grundsätze des Rechts vermissen läßt und eine offensichtliche Mißachtung des politischen Erneuerungswillens des deutschen Volkes ist«.[3] Die öffentliche Meinung stand in diesem Falle in Übereinstimmung mit der französischen Militärregierung, die nicht nur das Freiburger Urteil kassierte, sondern auch den Vorsitzenden Richter seines Amtes enthob. Die Militärregierung gab bekannt, sie sei der Ansicht, »daß es unverantwortlich ist, kaum zwei Jahre nach der Niederwerfung des Nationalsozialismus die elementarsten Begriffe von Gerechtigkeit und Demokratie zu verhöhnen. Deshalb wird Tillessen vor ein wahrhaft demokratisches Gericht gestellt werden, wie es von der demokratischen öffentlichen Meinung des deutschen Volkes auch einstimmig gefordert wird.«[4]

Nur der Vollständigkeit halber sei noch erwähnt, daß das französische Tribunal Général in Rastatt Anfang Januar 1947 das Freiburger Urteil formell aufhob und den Fall an das Landgericht Konstanz überwies, wo Tillessen Ende Februar zu einer Gesamtstrafe von 15 Jahren Zuchthaus verurteilt wurde. Staatsanwalt und Verteidiger waren dieselben wie im Freiburger Prozeß gewesen.[5]

Ungewöhnlich an dem Fall war auch, daß prominente Juristen in großer Zahl öffentlich das Wort ergriffen, um die Freiburger Richter zu schelten und sie, wie der Tübinger Jurist Emil Niethammer, der Unfähigkeit zu zeihen: »Der Freiburger Strafkammer oblag die Mitwirkung an der Säuberungsarbeit im Rahmen der Aufgaben, mit denen sie sich in der Strafsache gegen Tillessen zu befassen hatte. Sie hat versagt, da sie den Anforderungen an ein gesetzgeberisches Gestalten nicht gewachsen war.«[6]

Anfang Dezember 1946 hielten in Wiesbaden die Chefs der Justizverwaltungen der Länder zusammen mit prominenten Vertretern der Rechtswissenschaft ihre zweite interzonale Konferenz. Vertreter aus allen vier Besatzungszonen waren anwesend, und das Freiburger Urteil wurde außerhalb der Tagesordnung eingehend debattiert. Einmütigkeit herrschte, daß die Hindenburg-Amnestie von 1933 verfassungswidrig war, und protokolliert wurde auch der »einstimmige brennende Wunsch..., daß künftig in Deutschland die Gerechtigkeit wieder eine Stätte finden und keine formale Erwägung hindern dürfe, Unrecht zu sühnen«.[7]

Professor Kohlrausch von der Ostberliner Humboldt-Universität, der Nestor des deutschen Strafrechts, charakterisierte das Freiburger Urteil »als schwere Schädigung des deutschen Richterstandes«, außerdem werde das Rechtsgefühl der meisten Deutschen aufs tiefste verletzt. Zur Absetzung des Freiburger Richters Göring mochte sich die Versammlung aber nicht äußern, weil es sich dabei um eine Maßnahme der Militärregierung handelte. Aber ein für unsere Fragestellung bedeutsamer Satz findet sich im Protokoll der Konferenz. Er lautet: »Nach Mitteilung von unterrichteter Seite handelt es sich bei den Richtern um Persönlichkeiten, die an sich durch eine Beteiligung am Nationalsozialismus nicht belastet erscheinen.«[8]

Die Freiburger Richter hatten also bei der Entnazifizierung keine Probleme gehabt. Daraus läßt sich verschiedenes folgern. Entweder war der politische Säuberungsvorgang, der mit dem Begriff der Entnazifizierung umschrieben wird, zu oberflächlich oder er ging in die falsche Richtung oder er war eineinhalb Jahre nach dem Zusammenbruch des NS-Staats noch gar nicht recht in Gang gekommen. Möglicherweise war das Sieb, mit dem Demokraten und Nazis voneinander geschieden wurden, zu weitmaschig. Vielleicht war im Vierzonen-Deutschland die Diskriminierung der ehemaligen Nazis auch gar nicht oder nicht überall beabsichtigt? Oder verfehlten die Intentionen derer, die das Purgatorium betrieben – die Deutschen, die Anstrengungen zur Selbstreinigung unternahmen, ebenso wie die Besatzungsoffiziere der Alliierten, die Demokratie anordneten und durchzusetzen versuchten –, einfach die Realität und erwiesen sich die politischen, menschlichen, fachlichen Unzulänglichkeiten vieler Beteiligter – der Richter – als stärker denn die Demokratisierungsbemühungen?[9]

Ehe Antworten auf diese Fragen gesucht werden, muß man den Entnazifizierungsprozeß in den vier Besatzungszonen – als Mechanismus und die damit jeweils verfolgte Perspektive – in den Blick nehmen. Der empirische Befund, biographische Fallstudien anhand der Entnazifizierungsakten der Landgerichtsdirektoren zweier Gerichtssprengel, soll anschließend helfen, die Frage nach dem Sinn und Erfolg der Entnazifizierung vielleicht nicht zu lösen, jedenfalls aber sinnvoll zu stellen.

II

Die Entnazifizierung war als politischer Reinigungsprozeß konzipiert, der als Bestandteil der Demokratisierung Vorbedingung der Rehabilitierung Deutschlands sein sollte. In Potsdam hatten die Regierungschefs der drei Großmächte im Sommer 1945 den personellen Rahmen des Entnazifizierungsprozesses abgesteckt und dekretiert: »Alle Mitglieder der nazistischen Partei, welche mehr als nominell an ihrer Tätigkeit teilgenommen haben, ...sind aus den öffentlichen oder halböffentlichen Ämtern und von den verantwortlichen Posten in wichtigen Privatunternehmungen zu entfernen. Diese Personen müssen durch Personen ersetzt werden, welche nach ihren politischen und moralischen Eigenschaften fähig erscheinen, an der Entwicklung wahrhaft demokratischer Einrichtungen in Deutschland mitzuwirken.«[10]

Das war eine Präzisierung der alliierten Absichten zur Beseitigung des Nationalsozialismus und der Bestrafung der Exponenten des NS-Regimes, wie sie auch schon in den Kriegskonferenzen der Alliierten propagiert waren. Mit unterschiedlichem Eifer und Erfolg wurde gleich nach der Kapitulation in allen vier Besatzungszonen mit der Entnazifizierung begonnen. Örtliche antifaschistische Komitees, in denen sich in ganz Deutschland vor allem Männer aus der Arbeiterbewegung zusammenfanden mit dem doppelten Ziel kollektiver Selbsthilfe und politischer Säuberung, waren auf deutscher Seite die Vorreiter. Die Antifa-Leute hinderten die führenden Nazis in ihrer Umgebung am Untertauchen und gelegentlich auch die Bevölkerung an spontaner Lynchjustiz gegenüber Ortsgruppenleitern oder anderen lokalen Bonzen.

In Frankfurt existierten Anfang April 1945 einem amerikanischen Bericht zufolge acht Antifa-Gruppen. Über die Antifa-Organisation in Riederwald, die als »eigenständige und neuartige Antwort auf das Nazi-Regime« spontan unter den Arbeitern des Orts entstanden sei, berichtete der amerikanische Beobachter für den Geheimdienst OSS: »Ganz offensichtlich waren sie nicht nur äußerst entschlossen, überall den Einfluß der Nazis auszuschalten, sie waren auch die Gruppe, die am besten darüber informiert war, wo die Nazis in dieser Gegend noch Einfluß hatten und wie man ihrer habhaft werden konnte. Ohne die Hilfe solcher Leute wird es praktisch unmöglich sein, die gefährlichen Elemente aufzuspüren und zu identifizieren. Die Antifaschistische Organisation entsprach einer allgemeinen Tendenz in Frankfurt, wo nach meinen Beobachtungen selbst die Sozialisten und die liberalen Intellektuellen aktiver, mit mehr Nachdruck und radikaler in der Entnazifizierungsfrage auftraten als anderswo.«[11]

An solcher deutschen Mithilfe waren die Militärregierungen aber nicht interessiert. Die Antifa-Bewegung wurde, in der sowjetischen Zone genauso wie in der amerikanischen, schon im Frühsommer 1945 verboten. Die Entnazifizierung gehörte in die Zuständigkeit des Alliierten Kontrollrats, der sich um eine einheitliche, für alle Besatzungszonen verbindliche Regelung bemühte und am 25. 12. 1945 eine Direktive erließ, die Anfang Januar 1946 publiziert wurde. Darin war zum praktischen Gebrauch der Militärregierungen definiert und kategorisiert, welche Personen aus welchen Ämtern und Stellungen entfernt werden sollten.[12]

Eine weitere Verordnung des Kontrollrats lieferte im Oktober 1946 gemeinsame Richtlinien für ganz Deutschland zur Bestrafung von Kriegsverbrechern, Nationalsozialisten, Militaristen und Industriellen, die das NS-Regime gefördert und gestützt hatten. Zur Durchführung der Potsdamer Grundsätze wurden nach dieser Direktive zwecks »gerechter Beurteilung der Verantwortlichkeit« und zur »Heranziehung zu Sühnemaßnahmen« fünf Gruppen gebildet:

»1. Hauptschuldige,
2. Belastete (Aktivisten, Militaristen und Nutznießer),
3. Minderbelastete (Bewährungsgruppe),
4. Mitläufer,
5. Entlastete (Personen der vorstehenden Gruppen, welche vor einer Spruchkammer nachweisen können, daß sie nicht schuldig sind).«[13]

Die Entnazifizierungsprozedur, die der Kontrollrat in gleichförmige Bahnen lenken wollte, war aber längst im Gang, und zwar in den einzelnen Besatzungszonen auf höchst unterschiedliche Weise. Durch ihren bürokratischen Rigorismus taten sich die Amerikaner hervor, in der britischen

Zone wurde die Säuberung besonders lax gehandhabt, in der französischen Zone gab es regionale Unterschiede und diverse Kurswechsel der Besatzungsmacht.

In der französischen wie in der britischen Zone wurde der Säuberungsprozeß als pragmatische Angelegenheit betrachtet, bei der das Schwergewicht darauf lag, die Eliten auszuwechseln, also die personellen Spitzen des NS-Systems zu treffen, wobei aber ganze Berufsgruppen von der Entnazifizierung ausgenommen wurden, weil sie für die Aufrechterhaltung der Lebensmittelversorgung, zur Sicherstellung des Energiebedarfs oder für bestimmte andere Funktionen als unentbehrlich galten. In der britischen und der französischen Zone neigte man bei der anzuwendenden Methode mehr bürokratischen als justizförmigen Prozeduren zu, paßte sich aber ab Mitte beziehungsweise Ende 1946 mehr den amerikanischen Vorstellungen an, die auch in der Kontrollratsdirektive Nr. 38 vom Oktober 1946 dominierten.[14]

In der sowjetischen Besatzungszone wurde die Säuberung am konsequentesten durchgeführt und am schnellsten abgeschlossen. Die Entnazifizierung erfolgte hier im Zusammenhang der »antifaschistisch-demokratischen Umwälzung« aus einer etwas anderen Perspektive. Die Entfernung der ehemaligen NSDAP-Mitglieder aus allen wichtigen Stellungen war Bestandteil der politischen und sozialen Neustrukturierung, der »Auseinandersetzung zwischen der Arbeiterklasse und der Monopolbourgeoisie, da sie den überwiegenden Teil der leitenden Angestellten und Beamten aus ihren Positionen entfernte und damit wesentliche Stützen für eine Restaurierung der imperialistischen Verhältnisse ausschaltete«.[15]

Bis zum Dezember 1946 wurde die Entnazifizierung in der Sowjetzone nach unterschiedlichen Gesetzen und Richtlinien betrieben. In der Provinz Brandenburg und im Land Mecklenburg galten alle ehemaligen Nationalsozialisten generell als entlassen. In Sachsen wurde bei der angestrebten Entlassung aller belasteten Funktionsträger der Dienstrang als Kriterium benutzt, in Sachsen-Anhalt wurde über jeden Fall einzeln entschieden. Die Säuberung oblag – unter Kontrolle der Sowjetischen Militäradministration – zunächst den Personalabteilungen der Landes- und Provinzialverwaltungen. Sie bestand hauptsächlich in der Entlassung ehemaliger Parteigenossen aus dem öffentlichen Dienst. Ende Oktober 1946 standen dann auch »Richtlinien für die Bestrafung der Naziverbrecher und die Sühnemaßnahmen gegen die aktivistischen Nazis« zur Verfügung. Sie waren von einem gemeinsamen Ausschuß der Blockparteien verfaßt worden. Der Katalog der Sühnemaßnahmen sah vor:

»1. Entlassung aus öffentlichen Verwaltungsämtern und Ausschluß von Tätigkeiten, die öffentliches Vertrauen erfordern; 2. zusätzliche Arbeits-,

Sach- und Geldleistungen; 3. Kürzung der Versorgungsbezüge und Einschränkung bei der allgemeinen Versorgung, solange Mangel besteht; 4. Nichtgewährung der politischen Rechte einschließlich des Rechts auf Mitgliedschaft in Gewerkschafts- oder anderen Berufsvertretungen und in den antifaschistisch-demokratischen Parteien.«[16]

Die nur nominellen Mitglieder der NSDAP sollten von Bestrafung und Sühneleistung ausgenommen sein, »in der Erwartung, daß sie mit ihrer politischen Vergangenheit vollkommen brechen und sich mit ganzer Kraft am Wiederaufbau unseres Landes beteiligen. Sie dürfen jedoch in der öffentlichen Verwaltung und in öffentlichen Betrieben nur dann beschäftigt werden, wenn andere Bewerber gleicher Eignung nicht vorhanden sind.«[17]

In dieser Konzeption hatte sowohl das Element der Diskriminierung als auch das der Rehabilitierung Platz, und bei der gesellschaftlichen Strukturänderung ließ sie sich auch zur Durchsetzung der Hegemonie der Arbeiterklasse einsetzen. Aber wie in den Westzonen wurde auch in der Ostzone bei der Säuberung Rücksicht genommen auf unentbehrliche Fachleute. Die sowjetische Militärregierung hatte schon im Herbst 1945 die bei vielen Behörden anzutreffende Praxis gerügt, ehemalige NSDAP-Mitglieder weiterzubeschäftigen, und ihre Entlassung bis 15. 11. 1945 gefordert. Das war aber einfach unmöglich, weil die Leute nicht ersetzbar waren. Trotzdem konnte sich die Bilanz etwa im Lande Sachsen ein Jahr später, Ende 1946, sehen lassen: Unter den 58336 Angestellten des öffentlichen Dienstes befanden sich nur noch 3415 (5,9%) ehemalige Nazis. Im Apparat der sächsischen Landesregierung selbst gab es noch 34 Amtsinhaber, die ein NSDAP-Parteibuch besessen hatten unter 2520 Beschäftigten insgesamt (1,3%). Unter den 2280 Landräten, Oberbürgermeistern und Ratsmitgliedern waren nur noch zehn ehemalige Nazis im Amt.

Ende 1946 waren in der sowjetischen Besatzungszone insgesamt 390478 ehemalige NSDAP-Mitglieder entlassen bzw. nicht wieder eingestellt worden. Zu diesem Zeitpunkt wurde das Säuberungsverfahren neu organisiert. Entnazifizierungskommissionen wurden gebildet, und zwar auf der Ebene der Landes- beziehungsweise Provinzialregierung als oberster Instanz mit Kontroll- und Revisionsfunktion. Vertreter der Parteien, Gewerkschaften, der Vereinigung der Verfolgten des NS-Regimes, der Frauen- und Jugendausschüsse sowie der Industrie- und Handelskammern usw. gehörten den Entnazifizierungskommissionen an. Die Arbeit vor Ort wurde von Kreiskommissionen unter dem Vorsitz der Oberbürgermeister beziehungsweise Landräte getan. Die Kommissionen entschieden nur über Entlassung oder Weiterbeschäftigung, sie arbeiteten sich von oben nach unten durch die Behörden und mußten unter ziemlichem Zeitdruck auch die von den früheren Instanzen erlaubten Fälle von Weiterbeschäftigung wieder aufrollen. Schwierigkeiten bereiteten immer noch die Fachleute, wie aus einer Beschwörung von höherer Stelle hervorgeht: es sei »heilige Pflicht, alle faschistischen Personen durch antifaschistische Kräfte zu ersetzen und keinerlei Rücksicht auf jene Elemente zu nehmen, die glauben, als unersetzbare ›Fachkraft‹ im Trüben fischen zu können«.[18]

Allmählich wurde der Gedanke der Rehabilitierung stärker propagiert. Wilhelm Pieck mahnte im Februar 1947 in einem Artikel über den Sinn der Entnazifizierung zur deutlichen Unterscheidung von Aktivisten und nur nominellen NSDAP-Mitgliedern. Diese seien zwar nicht frei von jeglicher Schuld zu sprechen, aber es müsse alles getan werden, »ihnen verständlich zu machen, daß ein neuer Weg gegangen werden muß, um Deutschland aus dem Unglück herauszuführen und seinen Wiederaufstieg zu ermöglichen. Es würde aber diese Aufgabe sehr erschweren, wenn gegen sie auch jetzt noch mit Strafmaßnahmen, Entlassung aus der Arbeit, Beschlagnahme ihres Eigentums oder Verächtlichmachung vorgegangen wird. Es sind vorwiegend werktätige Massen, die wir nicht von uns stoßen, sondern die wir auf das engste an uns heranziehen und an der Aufbauarbeit beteiligen müssen.«[19]

Die letzte Phase der Entnazifizierung wurde im August 1947 durch den Befehl Nr. 201 der Sowjetischen Militäradministration eingeleitet. Er stellte endgültig die Weichen zur Rehabilitierung aller nominellen NSDAP-Mitglieder. Das Ziel war die baldige Beendigung des Säuberungsprozesses. Dieser Befehl gab den Mitläufern das Wahlrecht ganz und die übrigen bürgerlichen Rechte weitgehend zurück. Den deutschen Gerichten wurde gleichzeitig mit der Auflösung der meisten Entnazifizierungskommissionen die Aburteilung der Nazi- und Kriegsverbrecher übertragen. Die Justiz sollte sich aber ausschließlich mit den Vergehen aktiver ehemaliger Nationalsozialisten befassen. Bis zum März 1948 waren seit Beginn der Entnazifizierung insgesamt 520 734 Personen aus ihren Ämtern und Funktionen entlassen bzw. nicht wieder eingestellt worden. Das war die rechnerische Schlußbilanz der politischen Säuberung in der sowjetischen Besatzungszone, als sie durch Befehl der Militärregierung im Frühjahr 1948 abgeschlossen wurde.

Wie sich bei der Betrachtung der Entnazifizierungspraxis in der amerikanischen Zone zeigen wird, gab es eine ganze Menge von gemeinsamen Intentionen bei der Säuberungs- bzw. Rehabilitierungsprozedur. Es gab aber auch einen ganz erheblichen Qualitätsunterschied. In der Ostzone lag nicht nur das Schwergewicht auf der Räumung von Positionen im öffentlichen Dienst (und selbstverständlich bei Schlüsselpositionen in Industrie und Wirtschaft), die Entlassungen in zwei Bereichen waren auch definitiv und irreversibel, nämlich in der inneren Verwaltung und in der Justiz.

Die Sowjetische Militäradministration hatte schon im September 1945 den Aufbau einer neuen demokratischen Justiz befohlen. Aus dem Justizapparat mußten sämtliche NSDAP-Mitglieder entfernt werden. Im Gerichtswesen spielte die Frage aktiver oder nur nomineller Mitgliedschaft keine Rolle. Da etwa 90 % des Justizpersonals in der Partei gewesen waren, hatte der Befehl der Sowjetischen Militäradministration revolutionären Charakter. Von den 16 300 Bediensteten der Justiz auf dem Gebiet der ganzen Zone waren am Stichtag 8. 5. 1945 13 800 Beamte und Angestellte sowie 2467 Richter und Staatsanwälte in der NSDAP und ihren Gliederungen organisiert gewesen. In Sachsen wurden von 1000 Richtern und Staatsanwälten 800 entlassen. Um das entstandene Vakuum wieder zu füllen, wurde ab Anfang 1946 in jedem der fünf Länder der sowjetischen Besatzungszone eine Volksrichterschule errichtet. In sechs- bis neunmonatigen Lehrgängen genossen jeweils 30 bis 40 Personen, die von den politischen Parteien und Organisationen vorgeschlagen waren, eine Ausbildung zu Volksrichtern. Die Erfolgsquote war zunächst recht gering, da fast die Hälfte der Kandidaten ungeeignet war und die Abschlußprüfung nicht bestand. Im Oktober 1946 nahmen die ersten Volksrichter die Arbeit auf. Im August 1947 wurde durch erneuten Befehl der Sowjetischen Militäradministration die Quote der Auszubildenden auf 350 pro Land erhöht und die Ausbildung selbst um ein Jahr verlängert.[20]

III

Mancherlei Argumente sind gegen diese Form der Säuberung der Justiz in der sowjetisch besetzten Zone vorgebracht worden, etwa die sozialen Härten gegenüber den Entlassenen oder die bedenkliche Fachqualifikation der neuen Richter; der Vorwurf mangelnder Konsequenz ging allerdings ins Leere.

Lauheit bei der Beseitigung des Nationalsozialismus glaubte aber der maßgebende Mann der amerikanischen Zone, Militärgouverneur Clay, sich auch nicht nachsagen lassen zu müssen – im Gegenteil. Rückblickend konstatierte er: »Zweifellos wurden in keiner anderen Zone die wirklichen Nazis so systematisch ausgesiebt; auch verhängte man nirgends Strafen, die mit denen bei uns vergleichbar gewesen wären. Meiner Ansicht nach hat unser Programm die irgendwie bedeutenderen Naziführer davon abgehalten, die Öffentlichkeit während der Zeit, da die Länderregierungen entstanden, zu beeinflussen. Es hat bewirkt, daß führende Nationalsozialisten unbedingt von maßgeblichen Stellungen im deutschen Leben ausgeschlossen wurden.«[21]

Angepackt hatten die Amerikaner das Problem in ihrer Zone mit denkbar größtem Elan, um alle ehemaligen Nazis aus dem öffentlichen Leben und der Wirtschaft zu entfernen. Zur Ermittlung dieses Personenkreises wurde der vielbeschworene *Fragebogen* eingeführt, dem jeder Inhaber einer höheren Position so ziemlich alle Details seines Lebenslaufs anvertrauen mußte, das Körpergewicht ebenso wie religiöse Bindungen, Vorstrafen, die Einkommensentwicklung für jedes Jahr ab 1931, die Vermögensverhältnisse, berufliche Karriere, Militärdienst, Auslandsreisen usw. Auf 131 Fragen war wahrheitsgetreu Antwort verlangt, Auslassung und Unvollständigkeit war als Delikt gegen die Militärregierung mit Strafe bedroht. Das Kernstück des sechsseitigen Fragebogens bildeten die Positionen 41 bis 95, unter denen detaillierte Auskunft über die Mitgliedschaft in nationalsozialistischen Organisationen, von der NSDAP angefangen bis zum »Werberat der Deutschen Wirtschaft«, gefordert war.

Richter, Staatsanwälte, Notare und Rechtsanwälte mußten einen Ergänzungs-Fragebogen ausfüllen, dessen erste Frage auf die Mitgliedschaft im Volksgerichtshof zielte, in dem nach beruflichen und privaten Verbindungen zu Gestapo-Beamten, nach der Art und Zahl der geführten Prozesse gefragt wurde. Ziemlich hilflos fielen die Antworten auf die Frage Nummer neun aus, die lautete: »Wie können Sie die Tatsache erklären, daß ehrbare Menschen wie Richter und Juristen jeder Art, die geschworen hatten, das Recht und die Gesetze zu verteidigen, das deutsche Volk vor Unrecht und Willkür zu schützen, ohne Protest zu Hitlers und Himmlers ›Gestapo-Justiz‹ übergingen?«

Dazu schrieb ein Landgerichtsdirektor, der als Entlasteter eingestuft wurde: »Die Richter, die ›zur Gestapo-Justiz übergingen‹, sind m. E. nicht besonders ›ehrbar‹, oder sie fürchteten für ihre und ihrer Familie Existenz.«[22]

Dieses Argument war naturgemäß das häufigste. Ein anderer Respondent, ebenfalls Landgerichtsdirektor und Parteigenosse seit 1933, Mitglied im NS-Rechtswahrerbund ohne besonderen Aktivismus, ein Mitläufer also, erteilte statt der Antwort auf die Gewissensfrage eine Rechtsbelehrung folgenden Wortlauts: »Polizei ist ›Verwaltung‹ und hat mit ›Justiz‹ so wenig zu tun wie Entscheidung aus Erwägungen der ›Zweckmäßigkeit‹ oder aus Gründen des ›Rechts‹.«

Es gab aber auch einen Amtsgerichtsrat, der als Motiv für die Anpassung der Juristen an den Nationalsozialismus in den Fragebogen geschrieben hatte, sie sei erklärbar aus moralischem Zwang, nämlich der Angst vor dem Verlust des täglichen Brotes, »daneben aus Strebertum und falschem Ehrgeiz«. Dieser Satz wurde vom öffentlichen Kläger einer bayerischen Kreisstadt quasi als Merksatz kolportiert. Wehrten sich die meisten gegen den Sinn der Frage – oder verstanden sie sie einfach nicht? –, so taten sie sich mit der nächsten eher noch schwerer. Sie lautete: »Haben Sie persönlich irgendwelchen Protestversuch gemacht, Ihr Amt niedergelegt, Ihre Praxis eingestellt?« Und »genaue Ausführungen« waren ausdrücklich erbeten. Da schrieb der eben Zitierte in die Antwortspalte, er habe Protest eingelegt gegen das Verbot, die Bibel zu zitieren. Andere führten zu diesem Punkt an, sie hätten die richterliche Unabhängigkeit z. B. bei den Strafmaßen gewahrt oder den Vorsitz bei Sondergerichten abgelehnt.

Anfang Dezember 1945 waren bei den Dienststellen der amerikanischen Militärregierung ungefähr 900 000 Fragebogen eingegangen. Mehr als zwei Drittel waren schon geprüft worden mit dem Ergebnis, daß über 140 000 Personen sofort aus ihren Positionen entlassen wurden. Fast ebenso viele wurden als minder gefährliche Nazi-Sympathisanten eingestuft, und rund 4000 aktive Nazi-Gegner waren auch entdeckt worden.

Die Durchführung der Entnazifizierung lag in der US-Zone bis zum Frühjahr 1946 ausschließlich in der Zuständigkeit der Militärregierung. Zunächst beschränkte sich die Säuberung freilich darauf, die Fragebogen zu überprüfen, das heißt die Spreu vom Weizen zu scheiden. Bleibt man im Bild und nimmt die gegen den Nationalsozialismus immun Gebliebenen (genauer gesagt diejenigen, die formal nichts mit ihm zu tun gehabt hatten) als den Weizen, so war die Spreu nach verschiedenen Kriterien in Kategorien unterteilt. Die ärgsten Nazis fielen in die Kategorie »automatischer Arrest«, dann kamen die NS-Aktivisten, die aus ihren Stellungen entlassen werden mußten, nach ihnen die harmloseren Fälle, deren »Entlassung empfohlen« wurde, und schließlich die Mitläufer, die ihre Stellungen behalten durften. Beim Weizen gab es die beiden Einstufungen »kein Beweis für nationalsozialistische Aktivität« und das de luxe-Etikett: »Antinationalsozialistische Aktivität bewiesen.«

Die ständige Erweiterung des Säuberungsprogramms über die eigentlichen Führungspositionen hinaus schuf beträchtliche Probleme, einerseits Personalmangel in der Verwaltung wegen der zahlreichen Entlassungen – im Frühjahr 1946 waren es 300 000 –, auf der anderen Seite bedeutete die Existenz der Internierungslager, in denen rund 120 000 Personen der Kategorie »automatischer Arrest« inhaftiert waren, eine lastende Hypothek für den Demokratisierungsanspruch der amerikanischen Besatzungsmacht. Die in den elf Lagern der US-Zone auf ihre Entnazifizierung Wartenden sahen kaum den Zweck ihrer Festsetzung ein, und die ebenso schleppende wie unsystematische Prozedur ihrer

Überprüfung ließ für die Betroffenen auch keinen rechten Sinn erkennen. Denn nach der Aussonderung der »Goldfasane«, der Inhaber hoher Ränge in der NS-Hierarchie, und der mutmaßlichen Straftäter blieben die mittleren Ränge der SS und der SA, die mittleren Funktionäre der NSDAP, die Apparatschiks vom Ortsgruppenleiter bis zum Gauamtsleiter übrig, und die brauchten sich kaum schuldiger zu fühlen als die meisten anderen, denen bis zu drei Jahre Internierungslager erspart blieben.

Sicherlich, die Haftbedingungen waren im elendsten der Internierungslager noch tausendmal besser, als sie es in den nationalsozialistischen Zwangsarbeitslagern, vom KZ ganz zu schweigen, gewesen waren, aber das Gefühl, ungerecht behandelt zu werden, fördert die Läuterung allemal kaum. Eugen Kogon besuchte im März 1947 drei Tage lang das Internierungslager in Darmstadt, das mit etwa 11 000 Mann belegt und besonders verrufen war. Kogon, als ehemaliger Buchenwald-Häftling gewiß ein unverdächtiger Zeuge, schrieb danach in den »Frankfurter Heften«: »Die Stimmung der Darmstädter Internierten kann nur als miserabel bezeichnet werden. Sie schreien, soweit sie nicht völlig apathisch oder zynisch geworden sind, nach Gerechtigkeit und Gleichberechtigung. Ein Schuldbewußtsein haben die wenigsten: Sie haben nichts verbrochen, nichts gewußt, aus Idealismus gehandelt, sie waren Kameraden, – und die anderen sind auch schlecht! Wenig wird seit Jahr und Tag für ihre Aufklärung getan, vom wenigen das meiste einseitig, undifferenziert, unpsychologisch... Kaum ein Nationalsozialist wird in einem Internierungslager zum Demokraten. Die Haft wird meist als Rache und Vernichtungswille empfunden.«[23]

Ab Frühjahr 1946 bezogen die Amerikaner deutsche Stellen in die Entnazifizierungsprozedur ein. In den Ländern der US-Zone wurde gleichlautend ein »Gesetz zur Befreiung von Nationalsozialismus und Militarismus« verabschiedet, das fortan die Rechtsgrundlage der Säuberung bilden sollte. Das Befreiungsgesetz war formal in den Rahmen der Kontrollratsdirektiven eingepaßt und suchte den Kompromiß zwischen dem Diskriminierungs- und Strafgedanken und der als notwendig empfundenen Rehabilitierung. Wie in den anderen Zonen setzte sich das Rehabilitierungsstreben nachhaltiger durch. Infolge des größeren Rigorismus, mit dem in der US-Zone das Problem in Angriff genommen war, erschien die zunehmend betriebene Umwidmung von Schuldigen in Unschuldige dort aber als besonders eklatanter Fehlschlag des ganzen Unternehmens oder als in politischer Absicht programmiert. Daß die Spruchkammern in der US-Zone zu Mitläuferfabriken denaturierten, hatte jedoch dieselbe Ursache wie in der sowjetisch besetzten Zone: Wiederaufbau war ohne Rehabilitierung des zum Wiederaufbau benötigten Personals nicht möglich.[24]

Die Diskrepanz zwischen Anspruch und Wirklichkeit, die sich in der amerikanischen Zone im Laufe der Entnazifizierung ergab, war allerdings gewaltig. Dreizehn Millionen Menschen vom vollendeten 18. Lebensjahr an hatten ihre Fragebogen ausgefüllt, knapp ein Drittel der Bevölkerung erwies sich daraufhin als vom Befreiungsgesetz betroffen. Etwa zehn Prozent wurden dann von einer Spruchkammer realiter verurteilt. Und tatsächliche Strafen oder Nachteile von Dauer erlitt weniger als ein Prozent der zu Entnazifizierenden. Die justizförmige Prozedur der Entnazifizierung in der amerikanischen Zone, die mit einer gewissen Zeitverzögerung auch in den beiden anderen Westzonen angewendet wurde, erfolgte vor Spruchkammern. Die Spruchkammern, deren es insgesamt über 545 in der US-Zone gab, waren Laiengerichte mit öffentlichen Klägern. Oberste deutsche Instanz waren die Befreiungsministerien der Länder Bayern, Württemberg-Baden, Hessen und Bremen, beaufsichtigt wurde die Prozedur von der amerikanischen Militärregierung. Jeder Fall war individuell zu würdigen. Ein bißchen Entlastung brachte die Jugendamnestie vom August 1946, die ab Jahrgang 1919 galt, und die Weihnachtsamnestie von 1946, die Kriegsbeschädigte und sozial Schwache begünstigte. Für die Spruchkammern blieben 930000 Einzelfälle übrig.

Einwände gegen das Spruchkammersystem gab es zuhauf. Beklagenswert war der schleppende Gang der Verhandlungen, der die Aktivsten und tatsächlichen Nazis begünstigte, weil deren Fälle zuletzt behandelt wurden. Als streng gerichtet wurde, waren die harmloseren an der Reihe, weil man sich die schlimmen Nazis aufsparen wollte. Das wäre an sich logisch gewesen, aber der Elan war spätestens ab Frühjahr 1948 dahin, die Besatzungsmacht lockerte die Kontrollen. Um die Sache abzuschließen, wurden sogar Schnellverfahren eingerichtet, und im Zeichen des Kalten Krieges hatte sich der Straf- und Diskriminierungsgedanke verflüchtigt. Ein anderer Vorwurf war quasi systemimmanent, er richtete sich gegen das grassierende Denunziantentum und gegen Korruption, Scheinheiligkeit und »Persilschein«-Hamsterei. Schließlich war die Spruchkammer als Instanz zur Gesinnungsprüfung vom rechtsstaatlichen Standpunkt aus gesehen ein zweifelhaftes Instrument.

Diskreditiert war die Entnazifizierung, als sie ab 1948 hastig zu Ende gebracht wurde, auf jeden Fall.[25] Ob sie wirkungslos war, ist eine andere Frage. General Clay, der einer der Protagonisten des Säuberungsgedankens gewesen war, führte im Rückblick ein Argument an, das vor allem als Entschuldigung für die bescheidene Bilanz dienen sollte: »Hätten die nominellen Parteimitglieder nicht ihre vollen bürgerlichen Rechte und die Möglichkeit zurückerhalten, wieder ein normales Leben zu führen, dann hätte sich bestimmt früher oder später ein ernsthafter politischer Unruheherd entwickelt.«

Das war sicherlich richtig, wenn auch für überzeugte Antifaschisten und engagierte Reformer nicht befriedigend. Immerhin, meinte Clay, hätten die deutschen Spruchkammern zwar das eigene Haus vielleicht noch nicht gründlich gesäubert, aber den groben Schmutz wenigstens ausgekehrt.[26]

IV

Intention und Wirkung der Entnazifizierungspolitik bilden, soweit sie sich anhand der Zahl der Fälle, der auferlegten Sühneleistungen usw. bilanzieren lassen, die abstrakte Seite des Säuberungsprozesses. Konkrete Einsicht erlaubt aber nur der jeweils individuelle Entnazifizierungsfall. Abschließend sollen daher drei typische Beispiele zur Anschauung gebracht werden. Aufschlußreicher noch als die Entnazifizierung aus der Betroffenenperspektive wäre freilich die Antwort auf die hypothetische Frage, wie die nachfolgend vorgestellten Landgerichtsdirektoren im eingangs geschilderten Tillessen-Prozeß Recht gesprochen hätten. Denn die demokratische und rechtsstaatliche Gesinnung war mit dem positivistischen Instrumentarium der Entnazifizierungsprozedur weder festzustellen noch gar zu erzwingen. Immerhin ergeben sich Hinweise auf das demokratische Potential bzw. den formalen Charakter vieler NSDAP-Zugehörigkeiten. Daß die folgenden Fälle einigermaßen typisch sind, wird mit aller Vorsicht behauptet. Es handelt sich um Direktoren bei den Landgerichtsbezirken München I und München II, also um die Gerichtsbezirke Stadt und Landkreis München sowie 16 Amtsgerichte in Oberbayern. Von 31 Landgerichtsdirektoren, die 1942 in diesem Sprengel tätig waren, durchliefen 17 die Entnazifizierungsprozedur, bzw. deren ausführliche Spruchkammerakten konnten aufgefunden und ausgewertet werden.[27]

Landgerichtsrat Dr. A. war 1935 der NSDAP beigetreten, im gleichen Jahr wurde er Stellvertretender Landgerichtsdirektor, zwei Jahre später Landgerichtsdirektor. Der Parteibeitritt erfolgte im Zuge der »Schemm-Aktion«, als nach dem Tod des Gauleiters von Niederbayern-Oberpfalz wegen der zerrütteten Finanzen des NSDAP-Gaues besonderer Druck zur Mitgliederwerbung (unter vorübergehender Lockerung der Aufnahmesperre) ausgeübt wurde. Im Spruchkammerverfahren brachte Dr. A. Beweise, daß er nationalsozialistische Gewaltmaßnahmen wie Euthanasie, Sondergerichte, den Kampf gegen die Bekenntniskirche scharf kritisiert hatte. Gegen den Novemberpogrom 1938 hatte er so heftig protestiert, daß er, folgenden Tags als Judenknecht gebrandmarkt, von SA und SS durch den Ort getrieben wurde. Außerdem wurde er in einem Artikel der Lokalpresse angegriffen. Dr. A. wurde aus der NSDAP ausgeschlossen, betrieb jedoch seine Rehabilitierung beim Obersten Parteigericht der NSDAP, das den Ausschluß wieder aufhob. Es sei ihm dabei nur um die Wiederherstellung seiner richterlichen Ehre gegangen, erklärte er im Frühjahr 1947 vor der Spruchkammer, die zu dem Schluß kam, die Rehabilitierung als Pg. hebe die Wirkung des geleisteten Widerstands auf, und ihn als Mitläufer einstufte sowie 1000,– RM Sühneleistung gebot. Im Mai 1948 beantragte Dr. A. die Wiederaufnahme des Spruchkammerverfahrens. Er sei seinerzeit über den Spruch, der ihn unter die Mitläufer einreihte, zutiefst empört gewesen, habe aber keine Berufung eingelegt, da bis zur rechtskräftigen Erledigung des Verfahrens sein Gehalt – und zwar ab 1.5.1945 – gesperrt war. Im Wiederaufnahmeverfahren wurden Dr. A. die erlittenen Gesundheitsschäden und finanziellen Verluste angerechnet, die er nach seinem Protest gegen die Ereignisse der »Reichskristallnacht 1938« – öffentliche Schmähung, Flucht aus der Stadt, Nervenzusammenbruch – erlitten hatte. Die Spruchkammer entsprach im Juli 1948 Dr. A.s Antrag und stufte ihn als entlastet ein. Die Kosten wurden ihm zurückerstattet, und zwar im Verhältnis 1:10, da inzwischen die Währungsreform stattgefunden hatte.

Im Juristenfragebogen hatte Dr. A., der immerhin auf persönlichen Protest gegen nationalsozialistische Willkür verweisen konnte, auf die Gewissensfrage geantwortet: »Nach der Machtübernahme wurden die Richter auf Hitler vereidigt und mußten die von ihm erlassenen Gesetze, die nun für sie bindend waren, anwenden. Es blieb nur die einzige Möglichkeit für einen verantwortungsbewußten Richter, die nun einmal bestehenden Gesetze möglichst milde und großzügig anzuwenden.«

Abgesehen von den Kränkungen, die ihm durch die Nazis im November 1938 öffentlich, und zwar in einer ziemlich großen Stadt, zugefügt worden waren, verkörperte Dr. A. den normalen Typus des Juristen im Justizdienst, der aufgrund religiöser Bindung und konservativer Gesinnung den meisten Erscheinungsformen des Nationalsozialismus skeptisch gegenüberstand, aus Opportunität und Karrierestreben, auch auf gelinden Druck hin, aber die Parteimitgliedschaft erwarb und dem Verdruß darüber im Bekanntenkreis schimpfend Luft machte. Karrierenachteile wollten diese Juristen aber ebensowenig hinnehmen wie andere Staatsdiener oder Inhaber sonstiger Stellen. Die oppositionelle Einstellung gegen das Regime wurde ihnen allen nachträglich von Kollegen und lokalen Honoratioren attestiert. Die Manifestationen ihrer Opposition waren in der Regel im privaten Bereich das Nichtabonnieren des Völkischen Beobachters, die Verweigerung des Hitlergrußes, regelmäßiger Besuch der Gottesdienste, und im dienstlichen die Ablehnung, an Sondergerichten mitzuwirken, und das Bestreben, sich nicht zu exponieren, die Karriere »normal« und unauffällig fortzusetzen.

Nicht ungewöhnlich war auch der Fall Dr. B., der 1923 dem »Bund Oberland« angehört (aber nicht am Hitler-Putsch teilgenommen) hatte, 1934/1935 bei der SA war, wo es ihm nicht gefiel, und der 1937 in die NSDAP aufgenommen wurde. Dr. B. hatte viele »Persilscheine«, die bestätigten, daß er die NS-Ideologie verabscheute. Außerdem hatte sich ein SS-Obergruppenführer bei Himmler über ihn beschwert, weil er sich während eines Kriegseinsatzes in Ungarn geweigert hatte, der Gestapo Devisen aus einer Wehrmachtskasse auszuzahlen. Er gab auch an, 40 ungarische Juden vor dem Konzentrationslager bewahrt zu haben, und er sei seit 1940 in engen Beziehungen zu Graf Stauffenberg gestanden und habe nach dem 20. Juli 1944 ernstlich mit Verhaftung rechnen müssen. Gegen Dr. B., der nach dem Zusammenbruch des NS-Regimes zwei Wochen Gefängnishaft und fast sieben Monate Internierungslager aufgrund automatischen Arrests und zwei Jahre Einkommensverlust erlitten hatte, wurde im September 1947 Klage erhoben. Er sollte als »minderbelastet« (Gruppe 3) eingestuft werden. Vor allem die Mitgliedschaft im »Bund Oberland« galt aber als bedenklich, weil die Organisation zu den nationalsozialistischen Freikorps gerechnet wurde, die auch die Erzberger-Mörder und andere militante Gegner der Weimarer Republik hervorgebracht hatten. Ein moralischer Zusammenhang bestand zumindest, auch wenn speziell Dr. B.s Mitgliedschaft harmlos gewesen sein mag.

Im Oktober 1947 wurde das Verfahren gegen Dr. B. nach gründlicher Erwägung eingestellt. Er fiel als Kriegsversehrter nämlich unter die Weihnachtsamnestie von 1946.

Landgerichtsdirektor Dr. C. war im Frühjahr 1933 der NSDAP beigetreten, und zwar, wie er in einer den Fragebogen ergänzenden Verteidigungsschrift im Januar 1947 schrieb, aufgrund der traurigen Zustände der Jahre 1930/32. »Man sah Unordnung und Auflösung im Staat ... 1933 hat sich dann das Volk mit überwältigender Mehrheit für Hitler entschieden. Als Diener dieses Volkes wollte ich mich diesem ›Gottesurteil‹ nicht entziehen, dies um so weniger, als schon bekannt war, daß auf die Zugehörigkeit der Beamten zur Partei künftig großes Gewicht gelegt würde. Ich hielt es daher für gut u. richtig, der Partei beizutreten. Es geht meines Erachtens nicht an, mir heute daraus einen Vorwurf zu machen. In jenem Zeitpunkt konnten die wahren Ziele Hitlers und seiner Partei noch gar nicht erkannt werden. Sie haben sich wohl auch erst in der Folgezeit zwangsläufig entwickelt. Wären sie zu erkennen gewesen, dann hätte auch das Ausland ganz anders auf Hitlers Machtergreifung reagiert.« Spätestens Ende 1937 oder Anfang 1938 habe er sich von der Partei abgewendet und diese in der Folgezeit mit geistigen Waffen bekämpft. Dr. C. stufte sich daher selbst als »entlastet« ein, räumte aber am Ende des umfangreichen Schriftsatzes ein, er sei als Richter objektiv genug, zuzugestehen, daß die Kammer ihn unter die Mitläufer einreihen könnte, da er nun einmal formell der Partei angehört habe und nicht ausgetreten sei. Vorsorglich kündigte er seine Reaktion auf den Spruch an: »Während ich gegen eine eventuelle Einstufung in die Bewährungsgruppe, weil gänzlich unzutreffend, jedes Rechtsmittel ergreifen würde, bin ich eventuell bereit, eine Charakterisierung als Mitläufer anzunehmen, vorausgesetzt, daß billige Sühnemaßnahmen ausgesprochen würden.«

Oder ob ihn die Spruchkammer nach über 40jähriger tadelfreier Tätigkeit völlig ruinieren wolle und, »wenn ja, weshalb eigentlich? Wo bliebe da die Gerechtigkeit?«

Es war nicht der erste Schriftsatz, den Dr. C. zum Zwecke seiner Entnazifizierung vorlegte. Im Juli 1946 hatte er dem ersten Fragebogen der Militärregierung eine vierzehnseitige Beilage angefügt, in der er zum Beweis seiner Renitenz gegen den Nationalsozialismus unter anderem ein Gedicht mit vielen Strophen anführte. Er hatte es Weihnachten 1942 im Bekanntenkreis vorgetragen, die gewagteste Strophe lautete: »Und während die tapfere Heldenschar / kämpft ruhmbekränzt aller Orten, / Da fragt voll Wehmut der Humanist: / Was ist aus Deutschland geworden??? « Woran der Verfasser die Frage knüpfte: »Welcher wirkliche Nazi hätte ein solches Gedicht verfaßt und es noch dazu in einem größeren Kreise vorgetragen, ja es – wenn auch gemildert – schriftlich aus der Hand gegeben?«

Er würde sich mit weiteren Einzelheiten nur noch befassen, wenn dies unumgänglich sei, kündigte er abschließend an, »denn einmal muß mit diesem Dreck Schluß sein«.

Eine erste große Verteidigungsschrift hatte Dr. C. bereits im Oktober 1945 an den Präsidenten des Landgerichts gesandt, mit der Bitte, für seine Rehabilitierung einzutreten. Wenn die Gefahr der Nichtwiederverwendung als Richter abgewendet sei, wolle er sein Pensionsgesuch einreichen, hatte der damals im 63. Lebensjahr Stehende geschrieben.

Der öffentliche Kläger beantragte in der Klageschrift vom Januar 1947 die Einstufung des Dr. C. als Hauptschuldigen, weil er als Gau-Pressereferent des NS-Rechtswahrerbundes und als Vorsitzender des Gau-Ehrengerichts gewirkt hatte. Verhängnisvoll war auch ein Schreiben des Bundes Nationalsozialistischer Deutscher Juristen, in dem Dr. C. im Juli 1935 zur Beförderung vorgeschlagen wurde, nicht zuletzt weil er »in der Bewegung sich in jeder Weise verdient gemacht hat«.

Mit dreizehn »Persilscheinen« untermauerte Dr. C. jedoch seine Version. Auf seine Bitte hatten unter anderem zur Feder gegriffen: ein Funktionär der Landesbezirksleitung der KPD Bayerns, der Präsident des Oberlandesgerichts, ein Religionsphilosoph, ein Geistlicher Rat, ein Bildhauer,

der ihm bescheinigte, er sei in gutem Glauben und wegen seines beruflichen Fortkommens als Staatsbeamter der NSDAP beigetreten. Der prominenteste Entlastungszeuge war der bayerische Ministerpräsident Ehard, ein ehemaliger Studien- und Dienstkollege. Ehard schrieb, ihre Einstellung zum Nationalsozialismus sei etwa 1933 grundsätzlich auseinandergegangen: »Herr C. erhoffte sich von der heranstürmenden neuen Bewegung einen nationalen, wirtschaftlichen und kulturellen Aufstieg. In Übereinstimmung mit weiten Kreisen des In- und Auslandes vertrat auch er die Auffassung, man müsse sich unbedingt zu einer positiven Mitarbeit bereitfinden, um die guten Kräfte des Nationalsozialismus zu stärken und so zugleich die Gefahr einer recht unerwünschten politischen Entwicklung nach innen und außen zu bannen. Ich persönlich dagegen hatte eine gerade gegenteilige Meinung vom Nationalsozialismus und glaubte, man müsse dem Nationalsozialismus stärkstens entgegenwirken und geistige und kulturelle Kräfte gegen ihn mobil machen. Herr C. sah sich in seinen Erwartungen schon bald schwer enttäuscht. Er hat mir gegenüber in der Folgezeit, noch lange vor dem Krieg, öfters ganz offen ausgesprochen, daß er von der nationalsozialistischen Bewegung schwer enttäuscht sei, daß er die weitere Entwicklung mit größter Besorgnis betrachte und daß es ihm bei seiner ein Leben lang festgehaltenen Einstellung zu Recht und Moral unmöglich sei, ein solches Tun auch nur durch eine äußere Mitwirkung weiter zu unterstützen.«
Die Spruchkammer reihte Dr. C. unter die Mitläufer ein. Mehr war er auch tatsächlich nie gewesen.

Wie die Mehrzahl seiner Kollegen hatte sich auch dieser Richter in seinem Verhältnis zum Nationalsozialismus lediglich als Vollstreckungsbeamter des Staates, nicht als Angehöriger eines politisch autonomen Standes empfunden.[28]
Anpassungsfähigkeit und Opportunismus waren die Charakteristika des Verhaltens der meisten Richter im Dritten Reich gewesen – darin unterschieden sie sich nicht vom übrigen öffentlichen Dienst. Sie konnten sich bei ihrer Entnazifizierung daher wohl auch nicht anders verhalten. Sie begriffen die Säuberung ganz positivistisch als Prozedur zur Rettung der Karriere.[29]
Eugen Schiffer, der liberale Justizminister von 1919, konstatierte wegen dieses Verhaltens eine Vertrauenskrise der deutschen Justiz in der Nachkriegszeit – die dritte nach Weimar und dem Nationalsozialismus. Die Justiz sei nach ihrer Eigenart über die objektive Rechtsausübung hinaus auf das Vertrauen des Volkes angewiesen, schrieb Schiffer im Jahre 1949. Dieses Vertrauen des Volkes hätten aber alle verscherzt, die durch ihre Zugehörigkeit zur Partei oder durch ihre Beteiligung an nazistischer

Rechtsbrechung das Kainszeichen auf die Richterrobe geheftet hätten.
Nicht »um Nazis schärfer zu strafen und zu treffen, sondern um der Justiz
willen muß die Säuberung in den Reihen der Justiz eine tiefergreifendere
sein als sonst irgendwo«, lautete Schiffers bereits anachronistische Forderung. Sie führte zweifellos zu Härten, aber sie müßten in Kauf genommen
werden, »zumal diejenigen, die von ihnen betroffen werden, ganz schuld-
los nicht sind. Sie haben, mochten sie auch innerlich dem Nationalsozialismus durchaus feindlich gegenüberstehen und sich ihm nur aus zwingen-
den äußeren Gründen angepaßt haben, doch dazu beigetragen, daß er
seine Herrschaft in so ungeheurem Umfange aufrichten konnte. Sie sind
insofern mitschuldig geworden und müssen es büßen. Sonst werden wir
des Mißtrauens gegen die Justiz niemals ganz Herr werden.«[30]

8. Der Wollheim-Prozeß.
Entschädigung für Zwangsarbeit in Auschwitz

Die Gläubiger der »I. G. Farbenindustrie AG. in Auflösung« und ihrer Nachfolgegesellschaften – von der Agfa-Photo GmbH bis zu den Zünderwerken Ernst Brün GmbH – waren am 1. August 1950 in Zeitungsanzeigen aufgefordert worden, ihre Ansprüche, die vor dem 5. Juli 1945 entstanden waren, innerhalb bestimmter Fristen anzumelden. Die Anmeldungen nahm das »Tripartite I. G. Farben Control Office« in Frankfurt entgegen, die alliierte Behörde, der die Überwachung der Liquidation des Chemiekonzerns oblag. Der Industriegigant, der ab 1925 durch den Zusammenschluß u. a. der Firmen Agfa, BASF, Bayer Leverkusen, Farbwerke Hoechst und Dynamit Nobel entstanden war, bildete nach dem Zusammenbruch des NS-Staats in zweifacher Weise den Gegenstand des Interesses. Zum einen hatten die Alliierten beschlossen, den Konzern, der in den Rüstungs- und Kriegsanstrengungen des Dritten Reiches eine beträchtliche Rolle gespielt hatte, zu entflechten[1], zum anderen standen 23 leitende Persönlichkeiten des I. G. Farbenkonzerns 1947/48 im sechsten der Nürnberger Kriegsverbrecherprozesse vor einem amerikanischen Militärtribunal, um den Beitrag der Firma zur nationalsozialistischen Wirtschaft und Politik zu verantworten. Punkt drei der Anklage im Nürnberger Prozeß lautete »Versklavung und Tötung der Zivilbevölkerung, Kriegsgefangenen- und Konzentrationslagerinsassen«; dreizehn der angeklagten Vorstandsmitglieder und leitenden Angestellten waren am 29./30. Juli 1948 zu Strafen zwischen eineinhalb und acht Jahren Gefängnis verurteilt worden. Zwar fiel die Hauptverantwortung für die Zustände in den Produktionsstätten wie dem Buna-Werk Auschwitz-Monowitz der SS zur Last, erwiesen war aber auch, daß die Ingenieure und Meister der I. G. Farben, viele von ihnen waren fanatische Nazis gewesen, das Äußerste an Leistung aus den Arbeitssklaven herauspreßten, daß deren Leben als wertlos erachtet wurde.[2] Als Zeuge der Anklage war damals in Nürnberg Norbert Wollheim aufgetreten. Er hatte als Häftling Nr. 107984 bei den I. G. Farben in Auschwitz-Monowitz als Schweißer gearbeitet.

Unter dem Briefkopf des Verbands der Jüdischen Gemeinden Nordwestdeutschlands, dessen Vorsitzender er damals war, bat Norbert Wollheim am 27. November 1950 den Frankfurter Rechtsanwalt Henry Ormond um eine gelegentliche Meinungsäußerung zu einer Aktennotiz, in der er Überlegungen zu den Ansprüchen ehemaliger Häftlinge im Buna-Werk Auschwitz-Monowitz zusammengefaßt hatte. Das Nürnberger Militärgericht habe in seinem Urteil anerkannt, daß die Methoden der I. G. Farben in Auschwitz beim Häftlingseinsatz unter die Kategorie »Verbrechen gegen die Menschlichkeit« gefallen seien, und die Verantwortlichen seien dafür bestraft worden. »Offen gelassen«, schrieb Wollheim weiter, »wurde bei diesem auf das Strafrechtliche beschränkten Urteil die Frage der bürgerlich rechtlichen Haftung des IG Konzerns hinsichtlich der Entschädigungsansprüche, die die als Arbeitssklaven in Auschwitz beschäftigten Personen geltend machen können.«[3]

Wollheim lenkte mit diesen Überlegungen die Aufmerksamkeit auf eine besondere Gruppe von Gläubigern, die im Aufruf des »Tripartite I. G. Farben Control Office« gar nicht gemeint gewesen waren. Die Sachlage war im Grunde einfach: Wie alle anderen Rüstungsfirmen in Deutschland hatte die I. G. Farben mit dem Wirtschafts- und Verwaltungshauptamt der SS Verträge geschlossen, mit denen Häftlinge aus dem Gewahrsam der Konzentrationslager zur Arbeitsleistung ausgeliehen wurden. Die I. G. Farben zahlten Lohn nach einem für Hilfs- und Facharbeiter unterschiedlichen Festsatz an die SS (es waren Minimallöhne), die Häftlinge selbst erhielten keinen Pfennig. Während Ansprüche, die aus der zwangsweisen und unrechtmäßigen Inhaftierung im KZ herrührten, mit Hilfe der Haftentschädigungsgesetze geltend gemacht werden konnten, waren die Ansprüche auf den Lohn für die erzwungene Häftlingsarbeit noch gar nicht anerkannt.

Es ging also Ende 1950 zuerst um die Prüfung, wie diese Ansprüche juristisch geltend gemacht werden konnten, ob die Durchsetzung dieser Ansprüche von jedem einzelnen Häftling individuell oder besser durch eine Interessengemeinschaft zu erzielen sei und ob – falls die geltenden Bestimmungen nicht ausreichen würden – gesetzliche Maßnahmen gefordert werden müßten. In Auschwitz-Monowitz waren etwa 10 000 Häftlinge im Arbeitseinsatz gewesen, bis zu 72 Stunden pro Woche im Sommer zu Tagessätzen von höchstens 4,– bis 5,– Reichsmark, wie Wollheim vermutete, und die Folgerung, daß der I. G. Farben Konzern sich an nicht gezahlten Arbeitslöhnen ungerechtfertigt bereichert habe, war alles andere als eine kühne Spekulation.

Wollheim war sich über die Dimension eines etwaigen Rechtsstreits im klaren. Seine Aufzeichnung schloß mit dem Satz: »Sollte es gelingen, ein obsiegendes Urteil im Sinne dieser Ansprüche gegen die I. G. Farben zu erlangen, so dürfte damit ein wichtiges Präjudiz hinsichtlich aller Ansprüche geschaffen sein, die unterbezahlte Häftlinge gegen ihre früheren Arbeitgeber geltend machen können.«

Einen solchen Prozeß zu führen, würde mindestens langwierig sein und das ganze Engagement einer großen Anwaltskanzlei fordern. Ob der Empfänger von Norbert Wollheims Brief dazu in der Lage sein würde? Zumindest am Engagement war nicht zu zweifeln, denn Henry Ormond war selbst ein Verfolgter des NS-Regimes. Bis 1933 war er Richter in Mannheim gewesen, er war nach Hitlers Machtübernahme entlassen worden und hatte zunächst bei einer Frankfurter Kohlengroßhandlung eine Anstellung als Justitiar gefunden. 1938 verlor er aber auf Druck der NSDAP als »Nichtarier« auch diese Beschäftigung. Nach dem November-pogrom, der »Reichskristallnacht«, wurde er verhaftet und in das Konzentrationslager Dachau eingeliefert. Im März 1939 entließ man ihn mit der Auflage, Deutschland zu verlassen. Ormond, alleinstehend, vermögenslos, gesundheitlich geschädigt (nach einer durchstandenen Dachauer Appellnacht waren beide Hände erfroren) und ohne Verbindungen zum Ausland, mußte bis August 1939 warten, ehe er ein Visum für die Vereinigten Staaten via England erhielt. Da er nach seiner Entlassung als Justitiar in Frankfurt eine Dienerschule besucht hatte, arbeitete er bis zu seiner Internierung als »enemy alien« 1940 als Haushaltshilfe in dem englischen Pfarrhaus, das auch die Bürgschaft für ihn übernommen hatte. Während der Internierung in Kanada meldete sich Ormond zur britischen Armee und diente zunächst im Pioneer Corps, dann bei einer Propaganda-Einheit.

Nach Kriegsende kam er, nunmehr als britischer Besatzungsoffizier, zur Information Services Division erst nach Hannover, dann nach Hamburg. Zu den Obliegenheiten der Information Services Division gehörten die Kontrolle und der Neuaufbau der Institutionen eines demokratischen kulturellen Lebens: Rundfunk, Presse, Film, Theater, Musik. Ormond war einer der drei britischen Presseoffiziere, die für die Gründung des Periodikums »Der Spiegel« verantwortlich waren. Die Geburtshelfer- und Patendienste blieben unvergessen, das zu Einfluß und Wirkung gekommene Nachrichtenmagazin hat sie im Nachruf auf Ormond 1973 gewürdigt. Nach dem Ausscheiden aus der britischen Besatzungsbürokratie hatte sich Henry Ormond im April 1950 in Frankfurt als Rechtsanwalt niedergelassen. Ormond sollte auf seinem Felde berühmt werden, er war in den 60er Jahren u. a. Nebenkläger im Frankfurter Auschwitz-Prozeß; im Mai 1973 starb er, einundsiebzigjährig, während eines Plädoyers im Gerichtssaal.[4]

Im November 1950 war er als Anwalt noch ziemlich unbekannt, und als er die Vertretung Wollheims übernahm, wurde er von Kollegen und anderen, die sich in der Materie auskannten, bemitleidet und belächelt. Eine Art Don Quichotte sei er, und an einen Erfolg glaubte so gut wie keiner. Hinzu kam das finanzielle Risiko des Verfahrens: Norbert Wollheim war dabei, sich in den USA eine Existenz aufzubauen. Die jüdischen Organisationen übten sich, solange kein Erfolg in Sicht war, in Zurückhaltung, und deshalb bildeten der Idealismus und die Opferbereitschaft der kleinen Anwaltskanzlei Ormond den größten Aktivposten. Wollheim war dieser Teil der Inanspruchnahme des Anwalts Ormond lange Zeit eine große Sorge, aber Ormond beruhigte ihn. Am 21. März 1952 schrieb er seinem Mandanten, er solle sich über die Finanzierung des Prozesses keine Sorgen machen, wenn er freilich eine Möglichkeit sehe, daß jüdische Organisationen – etwa der World Jewish Congress – dazu beitragen könnten, wenigstens die Barauslagen wie Vorschüsse für Zeugengebühren oder Reisekosten zu Zeugenvernehmungen und Archivstudien (die Ormond in der Wiener Library in London, im Staatsarchiv Nürnberg, im Centre de Documentation Juive Contemporaine in Paris betrieb) zu übernehmen, wäre es ihm natürlich lieb, nicht alles aus eigener Tasche vorschießen zu müssen: »Aber noch einmal – daran darf und wird die Durchführung dieses Prozesses nicht scheitern. Solange ich es einigermaßen kann – und ich bin mit der gegenwärtigen Entwicklung der Praxis überaus zufrieden –, werde ich es als meine Ehrenpflicht betrachten, mich für die gute Sache persönlich und finanziell einzusetzen.«[5]

Schrittweise kam das Verfahren in Gang. Anfang August 1951 wurde von der alliierten Aufsichtsbehörde die Genehmigung zur Feststellungsklage erteilt. Am 3. November 1951 erhob Ormond gegen die I. G. Farbenindustrie A.G. in Liquidation – gesetzlich vertreten durch die Tripartite I. G. Farben Control Group – Klage auf Feststellung, »daß die Beklagte dem Kläger denjenigen Schaden zu ersetzen hat, der ihm durch mißbräuchliche Verwendung seiner Arbeitskraft in der Zeit vom 15. März 1943 bis 18. Januar 1945 entstanden ist«. Der Streitwert war mit Absicht niedrig angesetzt, auf 10000,– DM. 23 Punkte dienten der Begründung der Klage auf Schadensersatz für erbrachte Arbeit ohne Lohn, erbracht unter Bedingungen, bei denen vorsätzlich die Arbeitsschutzbestimmungen außer Kraft waren. Argumentiert wurde mit der ungerechtfertigten Bereicherung, die der Konzern durch den Häftlingseinsatz erfahren habe. Die I. G. Farben-Anwälte hatten in den Vorverhandlungen dagegen vorgebracht, die Bereicherung sei weggefallen, da das in Auschwitz mit der Arbeit des Schweißers Wollheim erstellte Bauwerk kriegsbedingt verlorengegangen sei. Zurückgewiesen wurden von Ormond auch die ebenfalls in den Vorverhandlungen geäußerten Mutmaßungen über ein noch schlimmeres Schicksal, das den Kläger möglicherweise ereilt hätte, wenn er nicht für I. G. Farben gearbeitet hätte.

In Kenntnis der Biographie des Klägers waren solche Einwendungen nichts anderes als Zynismus. Einige dramatische Details standen in der Begründung der Klageschrift: »Am 8. März 1943 wurde der Kläger, zusammen mit seiner Ehefrau und seinem dreijährigen Sohn, aus seiner damaligen Wohnung in Berlin-Halensee heraus verhaftet und in das unter Aufsicht der Gestapo stehende bewachte Sammellager für Juden in der Großen Hamburger Straße in Berlin verbracht. Mit einem aus 1000 jüdischen Menschen bestehenden Transport wurde die Familie Wollheim am 12. März 1943 in Eisenbahnwaggons verladen und nach Auschwitz verbracht. Die Ankunft erfolgte am Nachmittag des 13. März. Bei der Ankunft wurde der Kläger von seiner Frau und seinem Kinde getrennt. Von diesem Augenblick an hat er sie nie wieder gesehen.«[6]

Wollheim kam von der Selektionsrampe in Auschwitz-Birkenau zum Arbeitseinsatz ins Buna-Werk, wo er erst zu Transport- und Ausschachtungsarbeiten, dann, ab Mitte April 1943, als Schweißer bei Montagearbeiten eingesetzt wurde. Wollheim, 1913 in Berlin geboren, war ursprünglich kein Arbeiter; vor der nicht freiwillig gewählten Ausbildung zum Schweißer hatte er 1933 als Jude ein gerade begonnenes Studium der Rechtswissenschaft und Nationalökonomie abbrechen müssen. Er war dann in jüdischen Organisationen tätig, als Geschäftsführer des Bundes deutschjüdischer Jugend, er arbeitete in einer Exportfirma der Metallbranche, später, nach dem Novemberpogrom 1938, organisierte er die Auswanderung jüdischer Kinder nach Großbritannien und Schweden. Dann kümmerte er sich als Referent bei der Reichsvereinigung der Juden in Deutschland um die handwerkliche Ausbildung (Umschichtung) der aus ihren Berufen verdrängten Juden. Ab Herbst 1941 bis zur Deportation nach Auschwitz war Wollheim Zwangsarbeiter in Berlin gewesen.

Am 18. Januar 1945 wurde der Lagerkomplex Auschwitz in Erwartung der Roten Armee evakuiert. Mit anderen Häftlingen gelangte Wollheim über die Konzentrationslager Sachsenhausen und Mauthausen im April 1945 auf einem der »Todesmärsche« nach Mecklenburg, wo er sich am 2./3. Mai durch Flucht selbst befreite. Über Schwerin kam er nach Lübeck, wo er die nächsten Jahre lebte, die jüdische Gemeinde reorganisierte, Verbindung zur Zentrale der überlebenden Juden in Berlin herstellte. Er war 2. Vorsitzender des Zentralkomitees der befreiten Juden in der britischen Zone und Mitgründer der »Jewish Trust Corporation« der britischen Zone. Ende 1951, als die Kanzlei Ormond eben seine Klage einreichte, wanderte Norbert Wollheim, inzwischen wieder verheiratet und bald Vater zweier Kinder, in die Vereinigten Staaten aus. Seither lebt er in New York, beruflich erfolgreich als Wirtschaftsprüfer und ehrenamtlich tätig in jüdischen Organisationen wie dem US Holocaust Council und der World Federation of Bergen Belsen Survivors.[7]

Der Prozeß Wollheim gegen I. G. Farben begann am 16. Januar 1952. Ab 20. November wurden die Zeugen vernommen. 18 Zeugen hatte die klagende Partei aufgeboten, um ihre Behauptungen zu beweisen, daß Unterbringung und Verpflegung der Zwangsarbeiter äußerst dürftig gewesen waren, daß die primitivsten Arbeitsschutzvorrichtungen gefehlt hatten, daß Arbeitstempo und -intensität in erster Linie von den Leuten der I. G. Farben (und nicht von der SS) bestimmt waren, daß sich diese Leute durch besondere Brutalität hervorgetan hatten, daß die wöchentliche Arbeitszeit im Durchschnitt 72 Stunden betragen hatte und daß dem Kläger in der ganzen Zeit kein Lohn gezahlt worden war. Die Gegenseite bot ebenfalls eine stattliche Anzahl von Zeugen auf, um ihren Standpunkt zu beweisen: Für die äußeren Lebensumstände der Häftlinge – Verhaftung, Unterkunft, Verpflegung, Behandlung – in Auschwitz-Monowitz sei ausschließlich die SS zuständig gewesen. Zwar hätten sich die Häftlinge während der Arbeitszeit in der Gewalt der I. G. Farben befunden, aber wenn das nicht der Fall gewesen wäre, wären sie mit großer Wahrscheinlichkeit dem nationalsozialistischen Vernichtungsprogramm zum Opfer gefallen. »Insofern habe es der Kläger der Beklagten zu verdanken, daß er noch lebe.« Außerdem habe die Firma I. G. Farben, gestützt auf eine besonders große soziale Tradition und die Erfahrung im Umgang mit Betriebsangehörigen, alles ihr mögliche getan, um das Los der Häftlinge zu erleichtern. In diesem Zusammenhang wurde vor allem die zusätzlich zu der von der SS verantworteten Verpflegung gereichte »Buna-Suppe« ins Treffen geführt, die nach Bekundung ehemaliger leitender I. G. Farben-Angestellter eine nahrhafte Köstlichkeit gewesen sein soll, nach Aussage ihrer Empfänger hatte es jedoch trotz des Hungers Überwindung gekostet, sie zu essen. (»Wenn man den Deckel von dem Buna-Suppenkessel hoch hob, dann stank es.«[8]) Wegen der Kriegsverhältnisse und der Dominanz der SS, auch weil es gefährlich gewesen sei, in jenen Jahren Juden behilflich zu sein, habe die I. G. Farben AG nicht mehr für die Zwangsarbeit leistenden Häftlinge tun können. Im übrigen hätten lediglich sachliche und kriegsbedingte Interessen für die Firma eine Rolle gespielt, nämlich die rasche Durchführung des Baues der Buna-Fabrik und der baldige Produktionsbeginn in Monowitz.[9]

Mitte Februar 1953 war die Beweisaufnahme abgeschlossen und Rechtsanwalt Ormond konnte von der Feststellungsklage zur Leistungsklage übergehen. 10000,– DM Schmerzensgeld (nebst 4 Prozent Zinsen ab 1. Juli 1951) waren gefordert als Ersatz für zwanzig Monate Zwangsarbeit. Der Rechnung zugrunde gelegt war der damalige Stundenlohn von 1,40 RM für Schweißer als hochqualifizierte Facharbeiter. In der Klageschrift hatte Ormond ausführlich die Ergebnisse der Beweiserhebung gewürdigt und nach grundsätzlichen Darlegungen der zivilrechtlichen Situation den niedrig bemessenen Betrag von 10000,– DM begründet: »Ein solcher Betrag scheint mir an der nach unten äußersten Grenze dessen zu liegen, was unter Berücksichtigung der Gesamtumstände des Falles billigerweise der Beklagten zugemutet werden kann.« Und abschließend: »Die Beklagte ist es dem Kläger aus moralischen, menschlichen und rechtlichen Gründen schuldig, ihm einen, wenn auch geringen Ausgleich durch diese Zahlung für das zu leisten, was sie ihm und seinen Leidensgenossen angetan hat. Die Beklagte ist es aber auch ihrer Stellung und ihrer Bedeutung im Wirtschaftsleben des deutschen Volkes in Vergangenheit, Gegenwart und Zukunft schuldig, daß sie mit dieser Zahlung ein Unrecht aus der Welt zu schaffen sucht, das sie begangen hat, und daß sie damit den Willen dokumentiert, ein Kapitel abzuschließen, das kein Ruhmesblatt in der Geschichte der I. G. Farbenindustrie darstellt.«[10]

Zweifellos störte sich die Gegenseite, vertreten durch den Frankfurter Rechtsanwalt und Vorsitzenden der hessischen Anwaltskammer Dr. Flesch, der von seinen Kollegen Dr. Seidl (München) und Dr. Dix (Köln) unterstützt war, am Pathos des Klägers, aber gefährlicher war doch die Aussicht, daß zahlreiche Leidensgenossen Wollheims seinem Beispiel folgen würden, wenn er Recht bekäme. Die meisten Zeugen des Klägers hatten entsprechende Absichten auch schon zu Protokoll gegeben, und dank der Publizität des Falles meldeten sich sowohl bei den Anwälten der I. G. Farben wie in der Kanzlei Ormond immer mehr ehemalige Buna-Häftlinge mit ihren Ansprüchen, im Herbst 1952 waren es über elfhundert. Die Anwälte der I. G. Farben kämpften also weniger gegen die drohenden 10000 DM Schmerzensgeld für Wollheim als gegen eine Flut von Nachfolgeprozessen. Daß beide Parteien ihre Argumente auch in die Öffentlichkeit trugen, war nichts weniger als selbstverständlich. So war ein Zeitungsartikel im März 1953 inspiriert, in dem versucht wurde, die Klage Wollheims als im Auftrag zweifelhafter Hintermänner in sinistrer Absicht angestrengt und generell als unzulässig zu diskreditieren: »Zu einem Zeitpunkt, in dem die umstrittene Entflechtung der IG Farbenindustrie durch die Alliierten ein Ende findet, läuft vor dem Frankfurter Landgericht ein Zivilprozeß gegen die IG Farben, dessen Zielsetzung und Begründung rechtlich nicht weniger zweifelhaft sind. Läßt schon der Termin, zu dem die Klage zur Verhandlung kam, gewisse Rückschlüsse auf Nebenabsichten der hinter dem Kläger stehenden Kreise zu, so macht die Klage selbst offensichtlich, daß es sich hierbei um einen Musterprozeß handeln soll, der – wenn er vom Kläger gewonnen werden sollte – zu unabsehbaren Folgen für weite Kreise der deutschen Industrie führen muß.«[11]

Die journalistischen Hilfstruppen der Klägerseite waren ebenfalls rührig. Eher kontraproduktiv mutete die Berichterstattung in der betont antifaschistischen Zeitung »Die Tat« an, die im Dezember 1952 die große politische Bedeutung des Prozesses konstatierte: Die Herren von I. G. Farben seien alle rehabilitiert, hätten ebenso wie unter Hitler hohe Ämter in

Wirtschaft und Politik und arbeiteten daran, »mit ausländischer Unterstützung die alte Machtposition der IG-Farben wieder herzustellen«. Ob das Halten von Sklaven in Deutschland erlaubt sei – darin bestünde die Kardinalfrage des Prozesses, und für »Die Tat« stand auch schon fest, daß nicht die SS die I. G. Farben kommandiert habe, sondern umgekehrt. Ihr Aufsichtsratsvorsitzender habe Befehle an die SS gegeben, das sei einwandfrei nachgewiesen.[12] Ungleich differenzierter, wenngleich mit viel Sympathie für den Kläger, schrieb die »Neue Zeitung« – immerhin ein mit amerikanischem Geld finanziertes publizistisches Unternehmen – über den Prozeß, und die Berichterstattung stand durchaus im Gegensatz zur Vermutung der »Tat«, daß die amerikanischen Kapitalisten mit den I. G.-Farben-Bossen in der Hoffnung auf neue Kriegsgewinne unter einer Decke steckten. Man könne sich schwer vorstellen, hieß es in der »Neuen Zeitung«, mit welchen Argumenten die I. G. Farben bei den der Klage vorausgehenden Verhandlungen ihre Entschädigungspflicht ablehnte. »Aber sie wurden produziert: Man habe ja an die SS Zahlungen für die bei den Bauarbeiten eingesetzten Häftlinge geleistet.«[13]

Von November 1952 bis Februar 1953 hörte das Gericht insgesamt 23 Zeugen – 14 waren vom Kläger, 9 von der Beklagten benannt worden –, unter ihnen waren zwölf ehemalige Häftlinge und zwei englische Kriegsgefangene, die im Buna-Werk gearbeitet hatten. Einer der beiden Briten, Charles Josef Coward, war Lagersprecher und Beauftragter des Roten Kreuzes gewesen und hatte sich einmal, als jüdischer Häftling verkleidet, ins Lager der jüdischen Häftlinge eingeschlichen, um sich ein Bild über ihre Situation machen zu können. Coward hatte seine Eindrücke an das Rote Kreuz nach Genf berichtet.[14]

Unter den von den I. G. Farben benannten Zeugen waren drei leitende Angestellte (die Chefs der Hauptabteilungen Bauleitung, Kaufmännische Leitung und Fabrikation) aus Auschwitz-Monowitz, vier weitere gehörten dem mittleren Management an, zwei waren Meister. Wie es später im Urteil hieß, hatte das Gericht im Einverständnis der Parteien entgegen sonst üblichem Brauch »die Zeugen auch über Dinge reden lassen, die vielleicht für die Entscheidung nicht unbedingt wesentlich waren«, die Kammer hatte, wie es der Prozeßbevollmächtigte der I. G. Farben ausdrückte, »die Beweisaufnahme ›überquellen‹ lassen«. Mit nur leichter Übertreibung könne gesagt werden, »daß in den wesentlichen Fragen die Zeugen des Klägers das Gegenteil von dem bekundet haben, was die Zeugen der Beklagten aussagten«, hieß es im Urteil: »Die jüdischen Zeugen schildern die Jahre in Monowitz als die Zeit einer phantastischen, ungeheuerlichen und fast unglaublichen Not und Qual; die Zeugen der Beklagten sind dagegen bemüht, das Schicksal der Häftlinge in jener Zeit als nicht besonders schlimm oder jedenfalls als nicht wesentlich schlimmer darzustellen, als dasjenige etwa eines freien deutschen Arbeiters während der Kriegsjahre im Ruhrgebiet auch.«[15]

Benedikt Kautsky, Autor eines Buches über Erfahrungen in Buchenwald und Auschwitz (Teufel und Verdammte, Zürich 1946), war als »Nichtarier« und Träger eines in der Arbeiterbewegung prominenten Namens ins KZ geraten. (Sein Vater hatte 1891 das Erfurter Programm der SPD entworfen und war 1918/19 Unterstaatssekretär im Auswärtigen Amt gewesen.) Am 30. Januar 1953 wurde er, jetzt Privatdozent und Leiter einer Gewerkschaftsschule in Graz, vormals Leichenwäscher in Auschwitz und Zwangsarbeiter im Buna-Werk, in Frankfurt als Zeuge vernommen. Als Vorarbeiter und Kommandoschreiber beim Kabelkommando hatte er genügend Überblick über Arbeitsbedingungen und Behandlung der Häftlinge gewonnen. Ab Frühjahr 1943 seien die Zustände etwas besser geworden. Die Mißhandlungen durch SS und Capos hätten deutlich nachgelassen, aber die Mißhandlungen durch die Meister der I. G. Farben hätten nie aufgehört. »Zum Schluß war es so, daß die Häftlinge bei der SS Schutz vor den Zivilisten gesucht haben.« Er wolle nicht behaupten, daß die I. G.-Arbeiter schlechthin Schläger waren, aber es habe »eine Reihe von Meistern, Zivilarbeitern und auch Ingenieuren gegeben, die sich den Häftlingen gegenüber mehr als merkwürdig benommen haben«. Kautsky erläuterte das auch an Beispielen. So gab es einmal einen Zusammenstoß mit einem Werkschutzmann, der Kautsky und seinem Arbeitskommando den Zutritt zum Bunker während eines Fliegeralarms verwehrte. Im Zuge der Auseinandersetzung, bei der auch ein Ingenieur beteiligt war, forderte ein Zivilist dazu auf, den aufsässigen Häftlingsvorarbeiter doch einfach über den Haufen zu schießen. Immerhin wurde Kautsky Strafarbeit an sechs Sonntagen zudiktiert. Er gab das Erlebnis in Frankfurt zu Protokoll, um zu beweisen, daß sich die Leute der I. G. Farben auf dem Werksgelände durchaus als Herren gefühlt hätten.[16] Diese wiederum bemühten sich sehr, im Zeugenstand des Wollheim-Prozesses den Eindruck zu erwecken, als habe die Verfügungsgewalt über die Häftlinge ausschließlich bei der SS gelegen, während das I. G.-Farbenpersonal alles mögliche unternommen habe, um das Los der Zwangsarbeiter zu erleichtern. Trotz der teilweise schlechten Arbeitsleistung, die die Firma wegen des Termindrucks in Schwierigkeiten gebracht habe, sei in den Sitzungen des Managements immer wieder die Frage aufgeworfen worden: »Wie können wir den Leuten helfen?« In Werksleiter- und Ingenieurbesprechungen und Betriebsversammlungen sei darauf hingewiesen worden, daß die Häftlinge menschlich zu behandeln seien. Der Betriebsführer habe wiederholt verboten, daß Häftlinge mißhandelt würden, erklärte der Diplomvolkswirt Rolf Brüstle, der Direktionsassistent in Auschwitz gewesen war, im Frankfurter Zeugenstand.[17]

Im Mai 1953 begründete Henry Ormond in ausführlichem Plädoyer vor dem Landgericht Frankfurt die Klage Norbert Wollheims auf Leistung von Schadensersatz wegen mißbräuchlicher Verwendung seiner Arbeitskraft in der Zeit vom 15. März 1943 bis zum 18. Januar 1945. Ormond bewies – in Entgegnung auf die in der Öffentlichkeit vorgebrachten Argumente der Gegenseite –, daß das Begehren des Klägers ausschließlich im bürgerlichen Gesetzbuch seine rechtliche Stütze hatte und weder auf Besatzungs- noch sonstigem Sonderrecht aufgebaut war. »Dieser Prozeß, den zu führen ich die Ehre habe, für einen Mann, der 20 Monate Frondienst für die IG Farben zu leisten hatte, dessen Frau und Kind in den Gaskammern von Auschwitz ums Leben gekommen sind, wird von einem deutschen Zivilgericht, nach deutschem bürgerlichem Recht und nach den Verfahrensnormen der deutschen Zivilprozeßordnung geführt.« Und weiter erklärte Henry Ormond am 11. Mai 1953: »Alle Versuche der Beklagten, der Öffentlichkeit einzureden, hier handele es sich um einen auf dem Sonderrecht der Wiedergutmachung aufgebauten Anspruch, müssen deshalb als verfehlt und unrichtig zurückgewiesen werden.«[18]

Vier Wochen später, am 10. Juni 1953, verkündete Landgerichtsdirektor Dr. Kunkel das Urteil der dritten Zivilkammer des Landgerichts Frankfurt am Main: 10 000,– DM Schadensersatz und Schmerzensgeld nebst vier Prozent Zinsen seit dem 1. Juli 1951 für Norbert Wollheim. Das Gericht hatte die Tatsache der Sklavenarbeit als gesundheitsverletzenden Eingriff in das Leben des Klägers gewertet; dadurch, daß der I. G.-Farben-Konzern nicht alles getan habe, was er zugunsten der Häftlinge hätte tun können oder sollen, habe er seine Fürsorgepflicht mindestens fahrlässig verletzt, also schuldhaft gehandelt.

Bemerkenswert waren auch Feststellungen in der Urteilsbegründung über die Zeugen der I. G. Farben, die überwiegend keinen guten Eindruck gemacht hatten: »Diese Zeugen waren es, die versuchten, alles abzustreiten, sich mit Nichtwissen oder Unzuständigkeit zu entschuldigen oder abwegige theoretische Ausführungen zu machen oder sich angesichts des Unglücks und Todes von vielen Tausenden von Menschen, ihrer Mitarbeiter, auf häßliche Ausflüchte zurückzuziehen oder sogar unverständliche, jedenfalls unmenschliche und auch sachlich unrichtige Berechnungen anzustellen... Mit dem Nichtwissen der Beklagten verhalte es sich im übrigen wie es wolle: Aus den erwähnten Aussagen der Zeugen der Beklagten folgert die Kammer in jedem Fall eine entsetzliche Gleichgültigkeit der Beklagten und ihrer Leute gegenüber dem Kläger und den gefangenen Juden, eine Gleichgültigkeit, die nur dann verständlich ist, wenn man mit dem Kläger unterstellt, die Beklagte und ihre Leute hätten damals den Kläger und die jüdischen Häftlinge tatsächlich nicht für vollwertige Menschen gehalten, denen gegenüber eine Fürsorgepflicht bestand.«[19]

Zugunsten der Beklagten hatte das Gericht aber auch die allgemeinen Umstände der Jahre 1942 bis 1945 gewürdigt; die Kammer habe bedacht, hieß es im Urteil, daß in diesen Jahren auch die deutsche Zivilbevölkerung Not gelitten habe, daß die Buna-Fabrik in Auschwitz-Monowitz außerhalb der alten Reichsgrenzen in größter Eile errichtet werden mußte, daß Krieg herrschte, auch daß die große Mehrzahl der Angestellten von I. G. Farben oder ihrer Subunternehmer aus durchaus anständigen Menschen bestand, aber »daß es natürlich ist, daß während des Krieges zwar tüchtige, aber nicht unbedingt auch die moralisch besten Männer aus der großen Belegschaft der Beklagten nach Monowitz, also fern der Front und in eine einigermaßen ›koloniale‹ Umgebung geschickt wurden«, schließlich, daß in Auschwitz die soziale Tradition der Beklagten sich nicht so wirksam gezeigt haben mochte wie in Ludwigshafen oder Hoechst und daß auch unter den Häftlingen eine erhebliche Korruption geherrscht habe.

Das Gericht ließ dahingestellt, ob zwischen dem Kläger (und seinen Kameraden) und der Firma I. G. Farben bzw. deren Subunternehmern ein arbeitsrechtliches Vertragsverhältnis bestanden habe, ob Wollheim zur Gefolgschaft im Sinne des Arbeitsordnungsgesetzes von 1933 gehörte oder nicht; für seinen Anspruch galt dem Gericht als maßgeblich, daß er in jedem Fall ein Mensch war, »der der Fürsorgepflicht, der Obhut der Beklagten anvertraut oder übergeben worden war«[20].

Das Urteil war eine Sensation. Daß die Anwälte der I. G. Farben ankündigten, Berufung einzulegen, überraschte niemanden, auch die Reaktionen in der interessierten Öffentlichkeit waren kaum erstaunlich. Der Prozeß war nicht nur ein Kristallisationspunkt moralischen und emotionalen Engagements für viele, sondern auch und in erster Linie ein politisches Problem. Die »New York Times« nannte das Urteil bahnbrechend, Kurt R. Grossmann schrieb in der deutsch-jüdischen New Yorker Wochenzeitung »Aufbau«, der Spruch des Frankfurter Landgerichts werde seinen Eindruck in der zivilisierten Welt nicht verfehlen, und in der »Stuttgarter Zeitung« empfahl Otto Küster das Urteil als Lehrstück, das es verdiene, im Wortlaut zum Gegenstand elementaren Rechtsunterrichts in den Schulen gemacht zu werden.[21] In den »Münchner Jüdischen Nachrichten« hieß es, das Urteil habe »alle rechtlich denkenden Menschen in Deutschland mit Genugtuung erfüllt« und es habe »die Unabhängigkeit des deutschen Richterstandes unter Beweis gestellt«[22].

Dagegen führten die Kommentare der an der Industrie orientierten Blätter Argumente ins Treffen, die auf böse ökonomische und kaum zu verkraftende Folgen des Prozesses hinausliefen. In der »Wirtschaftszei-tung« wurden Parallelen zu den Reparationslasten gezogen, unter denen die Weimarer Republik zusammengebrochen war, in die Warnung mün-dend, die Politiker sollten sich »beizeiten überlegen, wieviel der neuen Generation an Lasten für die wirklichen und vermeintlichen Verfehlun-gen der alten Generation noch aufgehalst werden könne«. Der finan-zielle Druck der verschiedenen Wiedergutmachungsprogramme würde ganz unerträglich, wenn die Rechtsprechung durch Fälle wie den Woll-heim-Prozeß den »politisch unvermeidlichen gesetzgeberischen Ent-schädigungsmaßnahmen noch weitere Schadensersatzpflichten aufgrund des Bürgerlichen Gesetzbuches hinzufügte«.

Zur Abschreckung rechnete die »Wirtschaftszeitung« hoch, was passie-ren würde, wenn das Wollheim-Urteil Rechtskraft erhielte und zum Prä-zedenzfall würde. »Vier bis fünf Millionen Kriegsgefangene, Internierte, KZ-Häftlinge und andere Zwangsarbeiter« sollten nach dieser Rech-nung ein Schadensersatzvolumen von 60 bis 80 Milliarden Mark verkör-pern. (Der aufrechnende Vergleich mit deutschen Kriegsgefangenen, »die etwa in der ersten Zeit der russischen Kriegsgefangenschaft die glei-che Hölle wie die von Auschwitz durchzumachen hatten«, durfte in einer solchen Angelegenheit wohl nicht fehlen.) Die Schlußfolgerung lautete, soweit die Demokratie überhaupt wiedergutmachen könne, was die Diktatur angerichtet habe, sei der Staat, nicht aber die Privatindu-strie, die richtige Adresse für Schadensersatzansprüche. Dafür gebe es die Entschädigungsgesetze, und alle darüber hinausgehenden Versuche, »mit vagen Theorien das bürgerliche Recht zu überfordern«, wurden entschieden mißbilligt.[23]

Auch das »Handelsblatt« hielt den Richterspruch für ein Fehlurteil. Es handele sich, da mit der Klage die Diffamierung der I. G. Farben beab-sichtigt gewesen sei, »um einen neuen Kollektivschuldprozeß«. Weder dem Wiedergutmachungsgedanken noch dem Rechtsdenken überhaupt sei ein Dienst erwiesen worden, und die »Art der Kollektivierung und Personifikation des Kollektivs«, wie sie in dem Prozeß und der Entschei-dung zutage getreten sei, unterscheide sich nicht vom »Geist des Sy-stems, das hinter uns liegt und doch immer noch wirksam ist«[24].

Die Urteilsschelte im Wochenblatt »Die Zeit« war differenzierter. Es sei für jedermann, der den Prozeßgegenstand unvoreingenommen be-trachte, zu erkennen, daß bei der Größe und dem Umfang des Un-rechts, das im Kriege auf allen Seiten vorgekommen sei, die Grenzen, die dem Recht und den Gerichten gesetzt seien, durchbrochen würden, wenn man auf dem in Frankfurt beschrittenen Weg fortfahre. Wieder-gutmachungsansprüche, die solcherart auf allgemeine Normen – also das BGB – gestützt würden, müßten rein quantitativ die staatliche und gesellschaftliche Ordnung aus den Angeln heben. Das hätten auch die Alliierten erkannt, die von den Deutschen lediglich eine Wiedergutmachungsgesetzgebung verlangt hätten. Denn nur in juristisch festgesetzten Grenzen könne die Wiedergutmachung für Vermögensschäden durchgeführt werden. Es sei daher zu bedauern, »daß ein deutsches Gericht sich offenbar aus dem Schuldbewußtseinskomplex, der in dem entsetzlichen Geschehen in Auschwitz (oder in den Konzentrationslagern überhaupt) seinen Grund findet, nicht herauszulösen vermochte«.[25]

Wie zur Bestätigung der schlimmen Ahnung der industriefreundlichen Presse schien im Juni 1953, wenige Wochen nach dem Wollheim-Urteil, eine neue Prozeßfront eröffnet. Offenbar ermuntert durch den Erfolg in Frankfurt, verklagte ein amerikanischer Sergeant vor dem amerikanischen Militärgericht in Mannheim die I. G. Farbenindustrie in Ludwigshafen auf 500000,– DM Schadensersatz und 50000,– DM Schmerzensgeld für nichtbezahlten Lohn als Zwangsarbeiter in Auschwitz. An der Tatsache, daß der Kläger als Vierzehnjähriger nach Auschwitz deportiert worden war, wo er alle Familienangehörigen verlor, war nicht zu zweifeln, um so zweifelhafter waren jedoch die juristischen Konstruktionen, mit denen sein Anwalt die Sache verfocht. Das US-Militärgericht in Mannheim war nicht die richtige Instanz, und die Annahme, daß die SS und I. G. Farben eine einheitliche Organisation gebildet hätten, war ebenso grotesk wie naiv. Der Sache Wollheims hat der dubiose Versuch des in Schlesien geborenen Sergeanten Rudolf Wachsmann, mit amerikanischen Methoden eine Entschädigung zu erstreiten, geschadet, auch wenn der Vorsitzende des Zentralrats der Juden in Deutschland, H. G. van Dam, sich energisch von solchen Bestrebungen distanzierte.[26] Die Mannheimer Klage blieb ein Einzelfall und bildete keineswegs den Auftakt einer organisierten Prozeßlawine, wie geargwöhnt wurde, und auch die Meldungen, die I. G. Farben bereiteten den Konkurs-Antrag vor, um den Schadensersatzansprüchen zu entgehen, entbehrten der Grundlage.

Wegen der möglichen materiellen Konsequenzen des Falles hatte die Bundesregierung mit Vertretern der Industrie schon vor dem Urteil Kontakt aufgenommen. Ende Mai 1953 trafen sich im Bundesministerium der Finanzen Vertreter des Bundeskanzleramts und der Ressorts Justiz, Arbeit, Inneres und Finanzen mit Beauftragten der Firmen Krupp, I. G. Farben, Mannesmann, Eisen- und Stahlwerke sowie des Bundesverbands der Deutschen Industrie zu einer Besprechung. Die Konferenz auf der Ministerialrats- und Justitiarsebene sollte klären helfen, ob der Wollheim-Prozeß Konsequenzen für die Entschädigungsgesetzgebung haben könnte. Der Vertreter des Finanzministeriums, der den Vorsitz führte, bat die Herren von der Industrie um ihre Einschätzung der Situation. Rechtsanwalt Walter Schmidt, einer der von den Alliierten eingesetzten Liquidatoren des I. G. Farben-Konzerns, skizzierte den Standpunkt der I. G. Farben, wobei er ausführte, die Wahl von Auschwitz als Standort des Buna-Werks habe mit der Nähe des Konzentrationslagers nichts zu tun gehabt. Luftschutzgründe seien ausschlaggebend gewesen; auch und insbesondere die Beschaffung von Arbeitskräften habe bei der Standortwahl gar keine Rolle gespielt. Die Industrie habe keinerlei Einfluß auf die Gestellung von Arbeitskräften gehabt, und die Verletzung der Aufsichtspflicht könne man der Firma ebensowenig zum Vorwurf machen. Aus alledem folgerte er, daß eine Haftung der I. G. Farbenindustrie »aus unerlaubter Handlung für die vom Kläger geltend gemachten Ansprüche wegen Freiheitsentziehung, Körperverletzung und Zahlung des Arbeitslohns nicht gegeben sei«[27]. Und die Frage nach der Haftung für den Arbeitslohn aus ungerechtfertigter Bereicherung beantwortete er mit bemerkenswerten juristischen Umschreibungen des Sachverhalts: »Die Arbeiter hätten unmittelbar von der I. G. Farbenindustrie keinen Lohn erhalten. Die Zahlung sei vielmehr in Pauschalbeträgen an das Reichssicherheitshauptamt in Berlin erfolgt. Geringe Beträge seien von der SS den Häftlingen gegeben worden. Mit den Häftlingen seien in der Regel keine Einzelverträge abgeschlossen worden.«

Sicherlich lag dem, der dies protokollieren ließ, Ironie völlig fern, ebenso wie dem Vertreter der Mannesmann A. G., der meinte, die Entlohnung der Zwangsarbeiter sei zwar geringer gewesen als bei freien Arbeitskräften, der Lohn sei aber den Leistungen angemessen gewesen. Daß die Arbeitsleistungen der Häftlinge in jeder Hinsicht gering gewesen waren, hatte der I. G. Farben-Anwalt auch schon bekundet. Assessor Büll stellte im Namen der Firma Krupp fest, »daß die gesamte Industrie nur Werkzeug des Staates gewesen sei«, und seine Kollegen von I. G. Farben und Mannesmann kamen zum Fazit, »daß das Unrecht, das den Arbeitskräften zugefügt worden sei, vom Staat, nicht aber von einzelnen Firmen gesetzt worden sei. Man könne daher einen unmittelbaren Anspruch der Geschädigten aus unerlaubter Handlung gegen das Reich oder den Bund, jedenfalls aber einen Regreßanspruch der Industrie im Falle ihrer Haftung bejahen.« Da die Zwangsarbeit durch den Staat, nicht aber durch die Unternehmer veranlaßt worden sei, habe nur das Deutsche Reich eine unerlaubte Handlung vorgenommen und die Bundesrepublik sei als Rechtsnachfolger letzten Endes allein haftpflichtig. Dem Beamten des Bundesfinanzministeriums blieb bei diesem Argumentationsstand nicht viel mehr übrig, als die Aufforderung an die Herren von der Industrie, »die tatsächlichen Verhältnisse aufzuklären« und das Ministerium über den Fortgang des Musterprozesses zu unterrichten. Der Vertreter des Bundesverbands der Deutschen Industrie machte sich auch erbötig, Erlasse vorzulegen, aus denen hervorgehe, »daß sich die Industrie hinsichtlich der Beschäftigung der Zwangsarbeiter in einem Notstand befunden habe«[28].

Auf der Argumentation, die Errichtung des Buna-Werks in Monowitz zur Erzeugung von künstlichem Kautschuk sei mit Einschluß aller Begleiterscheinungen ausschließlich das Ergebnis staatlicher Wirtschaftslenkung gewesen, waren auch der Berufungsantrag und seine Begründung gegen das Urteil vom Juni 1953 aufgebaut.[29] Anfang März 1955 begann vor dem 5. Zivilsenat des Oberlandesgerichts Frankfurt der Prozeß in zweiter Instanz, nachdem zwei Gütetermine im Juli und im Oktober 1954 zu keinem Vergleich geführt hatten. Dabei schien die Einigung durch einen Vergleich im Herbst 1954 schon zum Greifen nahe, denn einmal bestand an der grundsätzlichen Vergleichsbereitschaft kein Zweifel – die Anwälte von I. G. Farben verhandelten längst auch mit Vertretern jüdischer Organisationen –, während zum andern auch schon über die Dimensionen der Entschädigungszahlungen für die weiteren Anspruchsberechtigten gesprochen wurde. (Übrigens hatte auch Ormonds Kontrahent Dr. Schmidt, der die Interessen der I. G. Farben vertrat, als in »Mischehe« lebender Vater von vier Kindern bittere Erfahrungen in der NS-Zeit machen müssen.) Wenn die in Liquidation stehende Firma auch der Meinung sei, daß keine Schadensersatzpflicht bestehe, da ihr nichts anderes übriggeblieben sei, als KZ-Häftlinge zu beschäftigen, so wolle sie doch der öffentlichen Meinung und dem Urteil erster Instanz Rechnung tragen. Man sei aber zuversichtlich, daß der Prozeß in allen Instanzen gewonnen würde, dann wolle man »aus moralischen Gründen einen gewissen Betrag für die ehemaligen Zwangsarbeiter zur Verfügung stellen«[30].

Der größte Unsicherheitsfaktor war – neben der Frage, wann die Ansprüche verjährt sein würden – das Problem, wie viele Kollegen Norbert Wollheims sich noch melden würden. Die Anwälte der I. G. Farben meinten, die Zahl ließe sich überhaupt nicht abschätzen, Ormond legte hingegen dar, daß kaum mehr als etwa 4000 berechtigte Interessenten auftreten würden. Er stützte sich darauf, daß bis Herbst 1954 trotz der großen Publizität des Urteils erster Instanz sich nur 2200 Personen gemeldet hatten, und da die meisten in sehr dürftigen wirtschaftlichen Umständen lebten, könne man davon ausgehen, daß sich damit die Mehrzahl aller Anspruchsberechtigten bereits habe registrieren lassen.

Auch über Details wurde bei dem Gütetermin im Oktober 1954 schon geredet, wie man die Anträge prüfen könne, um die seriösen Ansprüche von den dubiosen zu scheiden, wie verfahren werden solle gegen einzelne, die sich nicht auf der Basis eines zu schließenden Vergleichs einigen wollten, sondern auf überhöhten Forderungen bestehen würden. Ormond gab zu Protokoll, daß kaum einer der Berechtigten in der Lage sei, einen kostspieligen Prozeß um eine höhere Abfindung zu finanzieren, daß kaum ein Anwalt sich finden würde, in derartigen Fällen auf Vorschuß zu arbeiten, und man könne mit fast absoluter Sicherheit damit rechnen, daß 99 Prozent der Berechtigten eine sofortige Entschädigungszahlung einem langwierigen Rechtsstreit mit ungewissem Ausgang vorziehen würden. Allerdings, meinte Ormond, müsse die Entschädigungszahlung namhaft sein. Das war auch die Ansicht von Dr. Schmidt, und man unterhielt sich über Summen. Ormond hielt 500,– DM für jeden im Buna-Werk Monowitz verbrachten Arbeitsmonat für angemessen. Für seine Akten hielt Ormond folgendes fest: »Das Gericht und die Anwesenden gelangten dann zu einer Summe von DM 40 Millionen bei etwa 4000 Berechtigten. Es war offensichtlich, daß die Herren der Gegenseite über den Betrag durchaus nicht erstaunt waren, sondern hiermit gerechnet hatten.«[31]

Den Vergleichsentwurf, den Ormond skizziert hatte, hielten der Vorsitzende, Senatspräsident Dr. Müller, wie die Herren von I. G. Farben für diskutabel. Strittig waren vor allem Details wie die Ausschlußfrist und das Rücktrittsrecht vom Vergleich. Man hätte sich also wohl bald einigen können. Aber offensichtlich ging es auch um das Prestige. Denn als der Vorsitzende darum bat, zum Verhandlungstermin zweiter Instanz den Umfang der Schriftsätze möglichst zu beschränken und auch von Plädoyers abzusehen, da alles Wesentliche ja bereits gesagt sei, erlebte er eine arge Überraschung; die Herren der I. G. Farben erklärten nämlich, darauf könnten sie sich unter keinen Umständen einlassen. Man sei es schon der Öffentlichkeit schuldig, den Standpunkt ausführlich klarzustellen. Mit einiger Bestürzung vernahm der Vorsitzende, daß die Materie aufgeteilt werden sollte und nicht weniger als vier Anwälte plädieren würden, nämlich Dr. Wedesweiler als Prozeßbevollmächtigter und Professor Benvenuto Samson aus Frankfurt, Dr. Alfred Seidl aus München und Dr. Hellmuth Dix aus Köln.

Die beim Gütetermin anwesenden Richter bemühten sich, wie Ormond sich notierte, »verzweifelt, die Herren der I. G. von diesem Vorhaben abzubringen, wobei sie betonten, daß in einem derartigen Fall das Gericht sich von dem, was mündlich noch vorgebracht werde, kaum überzeugen oder gar umstimmen lasse. Man habe vielleicht angenommen, daß Rechtsanwalt Ormond, wie er es in erster Instanz getan habe, ein großes Plädoyer halten werde, habe es aber bestimmt nicht von der I. G. erwartet.« Während die Vertreter des Industriekonzerns erklärten, es sei ihnen zu riskant, auch nur die geringste Chance auszulassen, um sich Gehör zu verschaffen, gab Ormond seiner Erwartung Ausdruck, daß er dann die Möglichkeit habe, so lange zu plädieren wie alle Anwälte der Gegenseite zusammen.

Am 1. März 1955 standen sich die beiden Parteien also wieder vor Gericht gegenüber. Ormond, der beim Oberlandesgericht nicht zugelassen war, hatte aus formalen Gründen einen Kollegen, Ernst Müller, beiziehen müssen, der als offizieller Prozeßbevollmächtigter agierte. Außerdem standen ihm zwei renommierte auswärtige Kollegen, Dr. Werner aus Düsseldorf und Otto Küster aus Stuttgart, zur Seite. Die Gegenseite hatte außer dem Aufgebot an prominenten Anwälten – Dr. Wedesweiler, Dr. Seidl, Professor Samson und (anstelle von Dr. Dix) Dr. Kranzbühler aus Düsseldorf – auch außergerichtlich mobil gemacht und für publizistische Schützenhilfe gesorgt.

Nicht nur, daß in einigen Zeitungen kolportiert wurde, die Klage von Wollheim basiere auf dem Nürnberger Urteil des US-Militärgerichts von 1948 gegen 23 leitende Angestellte der I. G. Farben[32] – das war juristisch und tatsächlich falsch, aber wirkungsvoll –, am Gerichtstag war ein Artikel in der »Frankfurter Allgemeinen« erschienen, der in düsteren Farben die Folgen ausmalte, wenn der Musterprozeß zugunsten Wollheims und der hinter ihm stehenden Zwangsarbeiter ausgehen würde: »Es handelt sich bei dieser Klage um einen Musterprozeß, in dem eine Wiedergutmachungspflicht in einem Zivilprozeß festgestellt werden soll. Dieser Fall kann für die Bundesrepublik von weitreichender Bedeutung werden. Würde Wollheim in letzter Instanz Recht bekommen, dann wäre zu erwarten, daß alle Menschen, die im Dritten Reich in derselben Lage wie er gewesen waren, Zivilprozesse gegen die damaligen Arbeitgeber anstrengen würden. Allein 700 Firmen beschäftigten während des Krieges Konzentrationslagerhäftlinge. Vielleicht würde dann sogar der Fall eintreten, daß die Streitfälle nicht nur auf die Insassen von Konzentrationslagern beschränkt blieben, sondern sämtliche zwangsverpflichteten Arbeiter die Möglichkeit für eine Klage sähen. Das aber würde bedeuten, daß eine Lawine von Schadensersatzforderungen, die hoch in die Milliarden gehen würde, nicht nur auf die beklagten Firmen, sondern auf die Bundesrepublik zukommen würde. Die IG Farbenindustrie AG i. L. hat die Bundesregierung bereits darauf hingewiesen, daß ihr der Kläger Wollheim im Rahmen des staatlichen Arbeitseinsatzes als Zwangsarbeiter und im Rahmen der sogenannten ›Endlösung der Judenfrage‹ zugewiesen wurde. Daher trage die Verantwortung für die ihm zugefügte Freiheitsberaubung nebst allen Folgen ausschließlich das frühere Dritte Reich, für das nunmehr der Bund als Rechtsnachfolger eintreten müsse.«[33]

Dieser Artikel bildete den Ausgangspunkt des Plädoyers von Rechtsanwalt Ormond. Im Gegensatz zu den für die Position der I. G. Farben

Plädierenden, die mit möglichst allgemeinen Aspekten, weitreichenden Folgen und unabsehbaren Dimensionen operierten, bemühte sich Ormond, den Fall Wollheim juristisch und tatsächlich zu begrenzen. Es gehe nicht um die Beschäftigung von Zwangsarbeitern an sich und nicht um deren Beschäftigung durch die deutsche Industrie schlechthin. Er betreffe vielmehr ausschließlich »den Anspruch eines ehemaligen KZ-Häftlings, der, nur weil er Jude war, ins KZ kam, gegen einen ganz speziellen Arbeitgeber, den IG-Farbenkonzern«. Dieser Prozeß, sagte Ormond, gehe »ausschließlich die IG und die von ihr im Werk Buna IV in Auschwitz beschäftigen KZ-Sklaven an«.

Ormonds Argumentation verfolgte im wesentlichen drei Ziele. Außer dem Bestreben nach Begrenzung des Falles auf die jüdischen Zwangsarbeiter beim Buna-Werk legte er dar, daß Wollheims Klage sich nicht auf das Nürnberger Urteil oder sonstwie auf Besatzungsrecht oder Besatzungsfolgen stütze. Es gehöre inzwischen zum guten Ton in Deutschland, »sich von den Urteilen, die in Nürnberg gefällt wurden, zu distanzieren und sie in Bausch und Bogen zu verdammen. Der Kläger hat das nicht nötig. Denn seine Klage, die ich von Anfang an vertreten habe, ist weiß Gott nicht auf dem Nürnberger Prozeß aufgebaut.« Und einmal mehr bewies Ormond, daß die Klage ausschließlich auf dem Bürgerlichen Gesetzbuch basiere, daß der Anspruch des Klägers gar nichts mit Besatzungsrecht zu tun habe, daß er es auch nicht als seine Aufgabe betrachte, die schuldigen Männer des I.G. Farben-Konzerns strafrechtlich zur Verantwortung zu ziehen, daß dieser Prozeß auch nichts zu tun habe mit Ansprüchen nach dem Bundesentschädigungsgesetz oder mit sonstiger Wiedergutmachungsgesetzgebung, daß sich die Klage nicht gegen die Bundesrepublik oder ein deutsches Land richte; es sei nicht die Schuld des Klägers, »wenn durch die Streitverkündung der IG an den Bundesjustizminister, an den Bundeswirtschaftsminister und an den Bundesfinanzminister die Deutsche Bundesrepublik nach dem Willen der Beklagten in den Prozeß nach nahezu 3½jähriger Prozeßdauer hineingezogen wird«.

Schließlich verwahrte sich Ormond gegen den Versuch der Beklagten, Haftung und Verantwortlichkeit auf die Allgemeinheit abzuwälzen, wie es auch im Versuch zum Ausdruck gekommen war, im Hinblick auf diesen Prozeß den Artikel 9 des Bundesentschädigungsgesetzes ändern zu lassen. (In der Sitzung vom 3. Dezember 1954 war beim zuständigen Ausschuß des Bundestags die Aufnahme einer Bestimmung beantragt worden, wonach für alle Ansprüche auf Schadensersatz für von Industriefirmen beschäftigte Zwangsarbeiter ausschließlich der Staat haften sollte, die Haftung des jeweiligen Unternehmens sollte ausdrücklich und gesetzlich ausgeschlossen werden.)

Die dritte Position, die von Ormond und seinen Kollegen vor Gericht vertreten wurde, zielte auf den Nachweis, daß die I. G. Farben als Arbeitgeber der Häftlinge nicht das willenlose und ohnmächtige Werkzeug des NS-Staats gewesen, sondern in eigener Verantwortung für die Behandlung der Zwangsarbeiter gestanden hatte. Ormond begnügte sich mit eher prozeduralen Hinweisen auf die Zeugenvernehmungen in der ersten Instanz, ihm kam es vor allem darauf an, eine erneute Erhebung von Zeugenaussagen zu vermeiden, weil das nur den Prozeß verlängert hätte, ohne neue Beweise zu erbringen. Mit einer Blütenlese aus Aussagen der Zeugen der Gegenpartei illustrierte er seine These, daß man dadurch der Wahrheit schwerlich näherkomme. Man habe die KZ-Häftlinge zu »wertvollen Arbeitskräften für das Werk machen, bei ihnen Freude an der Arbeit und am Erfolg« wecken wollen, oder: »nicht Zwang und Druck waren die Grundlagen des Arbeitssystems im Werk Auschwitz der IG, sondern Belohnung für gute Leistungen und Erzeugung von Lust und Liebe zur Arbeit«, und ein Diplom-Ingenieur hatte das Lager gar »praktisch ein Erholungslager« genannt, das »durchaus gern aufgesucht worden« sei. Nach Auskunft des Niederländischen Generalkonsuls in Frankfurt seien dagegen von 1300 niederländischen jüdischen Staatsangehörigen, die von Auschwitz nach Buna-Monowitz überstellt wurden, nur noch 60 lebend zurückgekommen, fügte Ormond hinzu.[34]

Die Verantwortlichkeit der Firma I. G. Farben für die bei ihr beschäftigten Zwangsarbeiter stand im Mittelpunkt des Plädoyers von Otto Küster, der im Anschluß an Ormond diesen Teil der Argumentation auf eindrucksvolle Weise vertrat. Rechtsanwalt Küster war der wohl bedeutendste Spezialist für das Wiedergutmachungsrecht. Er war 1933 als Richter entlassen worden; 1945 bis 1954 war er, neben seiner Tätigkeit als Anwalt, Staatsbeauftragter für die Wiedergutmachung und Leiter der Abteilung Gesetzgebung im Stuttgarter Justizministerium. 1952 war Küster stellvertretender Chef der deutschen Delegation, die das Wiedergutmachungsabkommen mit Israel vorbereitete. Küster hat sich auch theoretisch und philosophisch mit dem Problem der Wiedergutmachung auseinandergesetzt.[35] Sein Vortrag im Wollheim-Prozeß wurde als ›Plädoyer zum Minimum der Menschlichkeit‹ berühmt.

Über die materielle Begründung der Klage hinaus – das war im wesentlichen Gegenstand des Plädoyers von Henry Ormond gewesen, und in den Schriftsätzen des Düsseldorfer Anwalts Alfred Werner, der als Kommentator des Schuldrechts einen Namen hatte, untermauert worden – zeigte Küster die metaphysische Dimension dessen, was geschehen war, um daraus rechtliche Forderungen abzuleiten. Er unterstellte zu diesem Zweck, daß der Beklagten keine vorsätzliche Beteiligung an den begangenen Verbrechen zur Last falle und daß der Kläger als Person weder mißhandelt worden sei noch gezwungen, sich durch die Zwangsarbeit selbst zu mißhandeln, daß er nicht am Leben bedroht war und keine dauernden Gesundheitsschäden erlitten habe. Küster entwickelte drei Thesen, die den Anspruch Wollheims und seiner Leidensgenossen auf Entschädigung aus geltendem zivilem Recht herleiteten. Es war eine Art juristisches Kolleg, und so wollte Küster es auch verstanden wissen, als er auf den Fortschritt der deutschen Justiz durch diesen Prozeß hoffte. Aber nicht künftiges, sondern gegenwärtiges Recht sei, was er der Beklagten wohlformuliert entgegenhielt:

»1. Wer, zum Widerstand nicht berufen, ein Geschäft des Unrechtsstaats führen muß, wer insbesondere hinnehmen muß, daß ihm geängstigte Menschen zugetrieben werden, damit er ihre angstgepeitschten Kräfte bewirtschafte, der schuldet diesen Mitmenschen, will er nicht als willfähriger Gehilfe der Unmenschlichkeit gelten, als rechtliches Minimum die Erzeugung von Menschlichkeit – in Taten, wo noch dazu Raum ist, in Worten, wo Handeln nicht mehr möglich ist, stumm, wo auch das Wort verwehrt ist. Er schuldet diese Erzeigung von Menschlichkeit nicht moralisch, sondern rechtlich. Er schuldet sie, im Sinne der Schulbegriffe, ex facto: aus der Tatsache, daß es ihn traf, da mitzumachen.

2. Wer die Macht über eine Gruppe, in der die Kollektivangst haust, dazu benützt, diesem oder jenem Übles zu tun, hat sich gegen jeden Angehörigen der Gruppe vergangen, weil jeder damit rechnen muß, der nächste zu sein.

3. Das Ausstehenlassen von Angst als solches ist im Sinne des Gesetzes Verletzung der Gesundheit. Es ist überflüssig, daneben noch nach sinnfälligen Auswirkungen im Organismus zu fragen.«

Nach ausführlichen und scharfsinnigen Beweisen seiner Thesen fand Küster eindrucksvolle Worte des Bedauerns über die öffentliche Zurückweisung der Mitverantwortung durch den I. G. Farben-Konzern, der der Stolz der Deutschen gewesen sei, »geziert mit dem Doppelruhm der Wissenschaft und der sozialen Leistung«, und er schloß sein Plädoyer: »Es wäre viel daran gelegen, daß gerade die Beklagte eingesehen hätte, was ja das deutsche Volk als Ganzes in der Wiedergutmachungsgesetzgebung auch einzusehen sich entschlossen hat: man ist ganz gewiß ohne viel eigene Bosheit da hineingeraten, ohne mehr Bosheit, als den Menschenherzen durchschnittlich und von Natur eben innewohnt – aber dieses Gefühl eigener Harmlosigkeit ändert doch nichts daran, daß das entsetzlichste Unrecht im deutschen Namen begangen wurde, und ändert im Fall dieser Beklagten nichts daran, daß ein Werk der IG den Namen des Ortes trug, der – es sei denn, die bisherige Geschichte habe ein Ende – in die Jahrhunderte hinaus als der Ort der irdischen Hölle bekannt bleiben wird. Sie hat sich nicht ermannen können, daraus die Konsequenz zu ziehen, die Konsequenz, mit der unter Menschen Unrecht gesühnt wird. So war es meine Aufgabe, unter absichtlicher Isolierung einer Position einen ergänzenden Nachweis dafür zu führen, daß zunächst einmal der heute verhandelte Klageanspruch begründet ist: daß nach einer Grundvorschrift unseres alltäglichen Bürgerlichen Gesetzbuches für einen bis auf unsere Tage ganz und gar außeralltäglichen Schaden Entschädigung geschuldet wird, und zwar diesem Kläger von dieser Beklagten.«[36]

Für die Gegenseite hatte Dr. Wedesweiler vor den Milliardenansprüchen gewarnt, die entstünden, wenn man auf das Bürgerliche Gesetzbuch (und nicht ausschließlich auf die Wiedergutmachungsgesetzgebung) gestützte Forderungen zulasse, Dr. Seidl (München) verwies auf den geringen Einfluß der I. G. Farben beim Arbeitseinsatz, Professor Samson forderte die Abweisung der Klage und bestritt, daß I. G. Farben eine Gesundheitsschädigung des Klägers verursacht habe, und Dr. Kranzbühler legte in rechtsphilosophischen Ausführungen dar, daß für den Konzern eine Rechtspflicht bestanden habe, KZ-Häftlinge zu beschäftigen. Genau dies hatte Dr. Werner als Vertreter des Klägers in seinem Plädoyer gegen den Konzern verneint: Während andere Firmen sich erfolgreich gegen die Verwendung von Häftlingen als Sklaven gewehrt hätten, habe I. G. Farben diese Arbeitskräfte gern gemietet.

Mit den insgesamt sieben Plädoyers hatte am 1. März 1955 der Wollheim-Prozeß seinen Höhepunkt erreicht. Das Gericht kündigte eine Entscheidung für den 15. März an; sie bestand dann in einem Beweisbeschluß, wonach u. a. zwei Sachverständige, die vom Deutschen Industrie- und Handelstag in Bonn zu benennen waren, über zwei Komplexe befragt werden sollten: Zum einen, ob und in welchem Umfang es einer Firma von der Größe und Bedeutung der I. G. Farben möglich war, arbeitsrechtliche Verpflichtungen bezüglich Ernährung, Bekleidung und Arbeitsschutz zu erfüllen, zum anderen, ob und in welcher Weise und mit welcher Erfolgsaussicht der Zuweisung von Häftlingen widersprochen, ob die Beschäftigung von Zwangsarbeitern verweigert werden konnte.[37]

Daraufhin wurden wieder Schriftsätze gewechselt, Beweise erhoben und bezweifelt, bis im Oktober das Gericht die vergleichsweise Regelung des Streits nahelegte. Die Schwierigkeit der Sachfragen, die erheblichen Kosten, die unabsehbare Dauer des Verfahrens und berechtigte Zweifel, ob sich trotz aller Beweise und Zeugen ein eindeutiges Bild der Verhältnisse und Vorgänge erzielen lasse – aus diesen Gründen sei ein Vergleich allen Beteiligten anzuraten, denn auch eine Entscheidung, die sich schließlich auf Gesichtspunkte formal-rechtlicher Art stützen müsse, würde »als Lösung der aufgeworfenen Lebensfragen keine allgemeine Billigung finden können«. Der Senat neigte deshalb der Auffassung zu, »daß im besonderen die Beklagte sich nichts vergibt, wenn sie im Rahmen ihrer Leistungsfähigkeit ohne Rücksicht auf die von ihr verteidigte Rechtsauffassung materielle Opfer größeren Umfangs erbringt, um an der Wiedergutmachung eines vor ihren Augen geschehenen offensichtlichen Unrechts mitzuhelfen«. Andererseits empfahl der Senat dem Kläger, nicht »in seinen vergleichsweise erhobenen Forderungen an die Grenze dessen heranzugehen, was ihm nach seiner Auffassung dem Rechte nach zuzustehen scheint«[38].

Nicht ganz innerhalb der vom Gericht gesetzten Frist, aber zu Beginn des Jahres 1956 kamen die Vergleichsverhandlungen in Gang. Aber längst wurde nicht nur in der Arena der Juristen in Sachen Wollheim contra I. G. Farben gefochten. Es gab auch genügend politisches Interesse an einer außergerichtlichen Lösung des Problems.

Anläßlich der ersten Lesung des Bundesentschädigungsgesetzes im Dezember 1955 ließ der Vorsitzende des Ausschusses für Fragen der Wiedergutmachung, der Abgeordnete Otto Heinrich Greve (SPD), die Öffentlichkeit einen Blick hinter die Kulissen tun. Er berichtete, daß unter dem Datum des 27. Juli 1955 einer Reihe von Dienststellen der Bundesrepublik, unter ihnen dem Bundesfinanzministerium und den Länderfinanzministerien, ein Memorandum zugegangen war, in dem die Konsequenzen des Wollheim-Prozesses für die öffentlichen Haushalte und für die Wirtschaft der Bundesrepublik in düsteren Farben geschildert waren. Aus Industriekreisen seien gleichzeitig persönliche Vorstellungen beim Finanzminister und anderen Spitzenpolitikern, wohl auch beim Bundeskanzler selbst, erhoben worden. Zweck aller dieser Interventionen sei es gewesen, eine gesetzliche Regelung zu erreichen, die verhinderte, daß der Prozeß Wollheim gegen I. G. Farben auf dem ordentlichen Rechtsweg erledigt werden könne.

Unter lebhaftem Beifall und Zurufen aus den Reihen der Abgeordneten gab Greve Kostproben aus dem ominösen Schriftstück zum besten. (Das Dokument enthielt keinen Hinweis auf den Absender, ins Bundesfinanzministerium war es »durch einen leitenden Herrn aus dem Bereich der Hoechster Farbenwerke« gekommen.) Der Wollheim-Prozeß, so wurde argumentiert, sei auch deshalb gefährlich, weil er es den Kommunisten ermögliche, aus ihrer politischen Verfolgung Kapital zu schlagen; auf die erschreckende Devisenlage wurde verwiesen, die einträte, wenn die Industrie im großen Stil Entschädigungszahlungen an ausländische Antragsteller leisten müsse; mit einem radikalen Rückgang der Steuereinnahmen wurde gedroht (weil die Wirtschaft große steuerliche Rückstellungen vornehmen müsse), und der Bundesregierung wurde nahegelegt, rasch zu handeln, ehe möglicherweise eine oberstgerichtliche Entscheidung im Sinne des Frankfurter Urteils es politisch und verfassungsrechtlich erschweren würde, die Entschädigungsansprüche mit Mitteln der Legislative zu verhindern. Es herrsche bereits Unmut in den Kreisen der Vertriebenen und Kriegsopfer, daß durch die Entschädigungsgesetze die Verfolgten bessergestellt seien als sie. »Wenn darüber hinaus«, zitierte Greve aus dem Memorandum, »der Gruppe der Verfolgten es noch gelänge, Schmerzensgeldanspruch von mindestens DM 10 000 zu verwirklichen, so wäre eine feindselige Reaktion der anderen Geschädigtengruppen mit all ihren unerwünschten innen- und außenpolitischen Konsequenzen vorauszusehen.«[39]

Die »erhebliche Sorge«, die der Bundesverband der Deutschen Industrie wegen der Entschädigungsprobleme empfand, wurde auch an höchster Stelle artikuliert, allerdings mit offenem Visier. Gustav Stein, der stellvertretende Hauptgeschäftsführer des BDI, schrieb im März 1956 an den Staatssekretär im Bundeskanzleramt, daß der bevorstehende Vergleich zwischen Wollheim und I. G. Farben in Industriekreisen als »ein gefährliches Präjudiz für die gesamte übrige Wirtschaft«, die KZ-Häftlinge und Zwangsarbeiter beschäftigt habe, empfunden werde. Er selbst teile diese Befürchtungen in vollem Umfang, ließ Stein den Staatssekretär Globke wissen, und fuhr fort: »Der Abschluß des Vergleichs der I. G. Farben i. L. mit den Verfolgten-Organisationen wird, wie Sie wahrscheinlich wissen werden, aus außenpolitischen Gründen gefördert. Ohne ihn müßte damit gerechnet werden, daß wegen des Falles Wollheim eine umfangreiche Beweisaufnahme erfolgt, im Rahmen derer auch eine Reihe angesehener amerikanischer Staatsbürger, die früher im KZ gesessen haben, als Zeugen vernommen werden müßten. Es wird befürchtet, daß eine solche Zeugenvernehmung, die in den USA stattfinden würde, unserem dortigen Ansehen abträglich sein und außerdem unsere Bemühungen um die Rückgabe des deutschen Eigentums gefährden könnte. Herr Botschafter Krekeler soll sich deshalb sehr für den Vergleichsabschluß einsetzen und beabsichtigen, Sie in dieser Angelegenheit noch einmal anzusprechen. Offenbar wird von den Kreisen, die einen Vergleich seitens der I. G. Farben i. L. befürworten, übersehen, daß damit das Problem, um das es hier geht, nicht aus der Welt geschafft wird. Statt des Wollheim-Prozesses würde dann anschließend natürlich in einem weiteren Musterprozeß gegen eine andere Firma – an erster Stelle kommt hier wohl Krupp in Frage – vorgegangen werden. Dann würde wiederum das gleiche Problem einer Beweisaufnahme in den USA auftreten. Wir würden deshalb also möglicherweise im Falle der I. G. Farbenindustrie i. L. aus politischen Rücksichten ein Opfer bringen, das uns nicht nachhaltig nützt, sondern nur die Auseinanderset-

zung über die Rechtsfrage – abgesehen von dem Präjudiz, was damit geschaffen wird – hinausschiebt.«[40]

Die Vergleichsverhandlungen schleppten sich unterdessen dahin. Neben
der Kanzlei Ormond und ihrem Mandanten Wollheim, der keineswegs
nur als Stichwortgeber und Aufhänger des Falles diente, sondern in in-
tensiver Korrespondenz von New York aus erheblichen Anteil nahm,
spielten jüdische Organisationen eine wichtige Rolle. Sosehr sie sich,
solange die Sache aussichtslos schien, in Zurückhaltung geübt hatten, so
beherrschten die Funktionäre der Claims Conference, der United Restitution Organization (URO) und der Jewish Restitution Successor Organization (JRSO) jetzt die Szene. Wenn Norbert Wollheim zu Beginn seines Prozesses die Publizitätssucht einiger Vertreter des Zentralrats der
Juden in Deutschland beklagt und sich über die der Sache nicht immer
dienliche Geschäftigkeit etlicher Funktionäre der Claims Conference
und anderer Organisationen geärgert hatte, so waren die Vergleichsverhandlungen schließlich doch nicht ohne sie zu führen.

Rechtsanwalt Ormond und sein Mandant Wollheim waren in diesem
Punkt aber sehr verschiedener Meinung. Ormond hatte, seit die Gegenpartei Berufung eingelegt hatte, immer den Vergleich im Auge. Ende
November 1954 schrieb er an Wollheim, er sei sich durchaus im klaren,
daß auch er, wie Wollheim, noch unerfreuliche Erfahrungen mit der
Eitelkeit prominenter jüdischer Organisationsvertreter machen werde,
das dürfe aber nicht daran hindern, das Ziel unverrückbar im Auge zu
behalten, »unter allen Umständen einen sicheren und annehmbaren
Vergleich im gegenwärtigen Zeitpunkt einem ungewissen Prozeßaus-
gang in der Zukunft vorzuziehen. Unausbleiblich wird sein, daß, nachdem wir die Kastanien aus dem Feuer geholt haben, die Organisationen
sich mehr und mehr in den Vordergrund schieben und den Erfolg ihrem
Konto gutzubringen wünschen.« Aber, fragte Ormond, könne man es
»mit gutem Gewissen verantworten, einen Vergleich, der summenmäßig
irgendwo zwischen 20 und 60 Millionen liegt – wahrscheinlich zwischen
30 und 40 –, aufs Spiel zu setzen, nur weil uns die Aktivität der Verbände
und irgendwelche Vergleichsbestimmungen nebensächlicher Art nicht
passen«[41]?

Wollheim, ganz unzufrieden mit den bisherigen Vergleichsvorschlägen,
aber auch mit der Verhandlungtaktik der jüdischen Organisationen,
antwortete empört, er werde sich die Entmündigung durch Funktionäre
nicht gefallen lassen. Wollheim wollte, auch aus moralischen Gründen,
lieber weiterkämpfen als einem zu billigen Vergleich zustimmen, nur
dies sei die Haltung, »mit der ich vor meinem Gewissen, meinen früheren Leidensgenossen und last not least denen glaube bestehen zu
können, die wir in Auschwitz haben zurücklassen müssen«. Wollheim

machte seine weiteren Entschlüsse von einer Unterhaltung mit Nahum Goldmann abhängig, bei der er dem Präsidenten des World Jewish Congress und der Claims Conference auseinandersetzen wolle, daß er sich nicht »von seinen boys in Deutschland entmündigen« lassen und daß er mit den bisherigen Verhandlungen zwischen seinen Emissären und der I. G. »weder formell noch inhaltlich einverstanden« sein könne.[42]

Das Gespräch mit Nahum Goldmann und eine Unterhaltung mit dem New Yorker Sekretär der Claims Conference, Saul Kagan, beruhigten Wollheim. Einerseits hatte Goldmann sowohl das Büro in New York wie die Vertretung in Frankfurt ermahnt, nur im Einverständnis mit Wollheim und Ormond zu agieren, andererseits teilte man in New York die Bestürzung Wollheims über die Verhandlungsführung der Vertreter der Claims Conference, von denen einer das Gespräch mit der I. G. Farben mit der Bemerkung eingeleitet habe, »daß man auf den düsteren und schrecklichen Hintergrund des Gesprächsthemas nicht eingehen wolle«.[43]

Saul Kagan konnte Wollheim das Gefühl vermitteln, daß man in der New Yorker Zentrale der Claims Conference genauso dachte wie er und die Auffassung teilte, die Emissäre in der Bundesrepublik hätten »in ihrem Auftreten erheblich den geschichtlichen und moralischen Hintergrund vergessen, der die Basis der gesamten prozessualen Auseinandersetzung mit der I. G. bildet«.[44]

Ungeachtet des Verdrusses, den Wollheim empfand, wäre man aber ohne die Hilfe der Claims Conference und der URO kaum so weit gekommen. Nicht nur die finanzielle Unterstützung, die für die Prozeßführung in zweiter Instanz geleistet wurde – sie war nicht üppig und schloß vor allem nicht die Honorierung Ormonds ein, ermöglichte aber die Beiziehung der Rechtsanwälte Küster und Werner –, machte die Beteiligung der einschlägigen jüdischen Spitzenorganisationen unverzichtbar, denn der I. G. Farben-Konzern bestand auf der Garantie der Einmaligkeit einer Entschädigungszahlung, und eine solche Garantie konnte nur von einer mit höchster Autorität legitimierten jüdischen Organisation gegeben werden.

Wichtigster Verhandlungspartner der I. G. Farben war deshalb, als es um Einzelheiten des Vergleichs ging, der Vertreter der Claims Conference. Es war ein Glücksfall, daß der Leiter des Bonner Verbindungsbüros, Dr. Herbert Schönfeldt, mit dem maßgeblichen Mann bei I. G. Farben, dem Liquidator Dr. Walter Schmidt, auf gutem Fuße stand. Schönfeldt war, ehe er emigrieren mußte, als Jurist in Berlin im Staatsdienst gewesen, nach dem Krieg, nunmehr US-Bürger, war er Anklagevertreter bei den Nürnberger Prozessen, dann leitete er das Stuttgarter Büro der JRSO. Aber nicht nur das gute Verhältnis zwischen Schönfeldt und

Schmidt, das auf die Berliner Zeit zurückging, förderte die Sache. Bei aller Loyalität gegenüber den Interessen der I. G. Farben und deren Aktionären war Schmidt, da von der Notwendigkeit der Entschädigungszahlungen überzeugt, grundsätzlich dazu bereit. Es ging ihm außer um die Begrenzung der Summe vor allem um das Prestige des Unternehmens. Schönfeldt erlebte das gute Ende der Verhandlungen nicht mehr, an seine Stelle trat Ernst Katzenstein. Beteiligt auf jüdischer Seite waren auch Kurt May, der Chef des Frankfurter URO-Büros, und Benjamin Ferencz, der in Frankfurt die Aktivitäten von JRSO, URO und der Claims Conference koordinierte. Als Vermittler war außer Nahum Goldmann, der in New York als guter Geist wirkte, auch der prominente deutsch-amerikanische Bankier Eric Warburg einmal tätig.[45]

Im Februar 1957 wurde in Frankfurt das Abkommen unterzeichnet, das eine Gesamtsumme von 30 Millionen DM als Entschädigung für die Zwangsarbeit in Auschwitz vorsah. 27 Millionen wurden, als das Abkommen in Kraft trat, an die Claims Conference im Jahre 1958 ausgezahlt, 3 Millionen blieben für nichtjüdische Zwangsarbeiter reserviert. Zu den Bedingungen der Vereinbarung gehörte, daß keine weiteren Ansprüche an die I. G. Farben gestellt würden. Ein eigenes Bundesgesetz war nötig, das alle früheren Zwangsarbeiter aufrief, ihre Forderungen gegen die I. G. Farben bis zum 31. Dezember 1957 geltend zu machen, nach diesem Termin waren sie verfallen.[46]

Viele Schwierigkeiten standen auch dann noch der Befriedigung der einzelnen Ansprüche im Weg. Die Klage nichtjüdischer Polen gegen die I. G. Farben führte im Oktober 1961 zu einer Rückforderung des Konzerns an die Adresse der Claims Conference, da die zurückgestellten 3 Millionen nicht ausreichten. Nach längerem Verhandeln zahlte die Claims Conference 750 000 DM an die I. G. Farben zurück.

Das größte Problem bildete die Prüfung der Anträge auf Entschädigung. Zur Bearbeitung der gesamten Materie – von der Entgegennahme der Forderungen bis zur Auszahlung der Entschädigung – gründete die Claims Conference eine eigene Organisation, die »Kompensations-Treuhandgesellschaft m. b. h.«. An insgesamt 5855 jüdische Berechtigte in 42 Ländern verteilte diese Agentur dann das Geld. Die Quoten betrugen 5000,– DM für jeden Zwangsarbeiter, der länger als sechs Monate im Buna-Werk gearbeitet hatte, die Hälfte dieser Summe erhielten alle, die weniger als sechs Monate dort arbeiteten. Das Geld wurde in zwei Raten überwiesen, zwischen denen Jahre lagen: Die Prüfung der Ansprüche dauerte deshalb so lange, weil die Schlußzahlung erst geleistet werden konnte, als die Zahl der Berechtigten endgültig feststand. Aus einem Härtefonds – der sich aus den Zinsen speiste – wurden auch besonders bedürftige Hinterbliebene bedacht, insgesamt waren es etwa

1800 Personen, die zusammen 3,5 Millionen erhielten, fast die Hälfte davon lebte in Israel, viele Empfänger lebten in Ungarn, der Tschechoslowakei und in Frankreich.

Trotz aller Querelen, die bei der Verteilung der bescheidenen Summen an die ehemaligen Zwangsarbeiter nicht ausbleiben konnten, war das Ergebnis des Prozesses Norbert Wollheim contra I. G. Farben ein großer Erfolg in moralischer und juristischer Hinsicht, der allen Beteiligten zur Ehre gereichte: Der Erfolg bestand zum einen darin, daß die Entschädigungspflicht grundsätzlich festgestellt und eine Summe gezahlt wurde. Zum anderen hatte ein deutsches Gericht die Mitverantwortung der Firma konstatiert, die die Arbeitskraft der Häftlinge ausgebeutet hatte. Schließlich hob die Entschädigungsbereitschaft des in Liquidation befindlichen I. G. Farben-Konzerns nicht nur das Renommee der Firma; die positive Wirkung im Ausland, vor allem in den Vereinigten Staaten, reichte weit über den eigentlichen Gegenstand der Auseinandersetzung hinaus. Am wenigsten Ruhm blieb freilich für die beiden Männer, die das Ganze in Bewegung gebracht und die auch in wenig aussichtsreichen Phasen des Kampfes die Sache unbeirrt verfolgt hatten, übrig, für Norbert Wollheim und seinen Anwalt Henry Ormond.

9. Reform des öffentlichen Dienstes?
Deutsche Opposition gegen alliierte Initiativen

Die Weimarer Reichsverfassung hatte den deutschen Beamten, in Honorierung ihrer Loyalität gegenüber der Systemveränderung von 1918/1919, mit der Formel der Unverletzlichkeit der »wohlerworbenen Rechte«[1] Status und Besitzstand garantiert. Diese fast diskussionslos gewährte Garantie, die in anderen modernen demokratischen Verfassungen unbekannt war, verhinderte radikale strukturelle Änderungen in der Weimarer Zeit. Im Gegensatz zur Situation von 1919 stand die Kontinuität des öffentlichen Dienstes nach 1945 aus vielen Gründen in Frage. Das ehemals hohe Ansehen der deutschen Beamten (auch im Ausland) hatte stark gelitten, nicht zuletzt durch die Anpassung und Loyalität vieler Beamter gegenüber dem NS-Regime. Nach dessen Zusammenbruch stellten sich daher zwei Grundprobleme. Das erste war personalpolitischer Art, es kam darauf an, politisch unerwünschte und untragbar gewordene Beamte aus ihren Positionen zu entfernen. Das zweite Problem war struktureller Art, es ging darum, Mängel im System zu beseitigen oder gar im Zuge einer durchgreifenden Reform ein neues System zu schaffen. Zur Erkennung des personalpolitischen Problems bedurfte es keiner besonderen Anstrengung: das Entnazifizierungsgebot der Alliierten korrespondierte mit den Wünschen der deutschen Öffentlichkeit nach einem Elitenaustausch in der staatlichen Verwaltung. Der Wegfall deutscher Zentralbehörden nahm einen Teil der Problemlösung auch gleich vorweg.

Die Personalpolitik – Entnazifizierung, Wiederanstellung, Rekrutierung der Beamten – muß im folgenden ausgespart bleiben[2]; dieser Aufsatz konzentriert sich auf die Bemühungen, einen normativen Rahmen des öffentlichen Dienstes für die Bundesrepublik zu schaffen: auf die Anstrengungen zu einer Reform und ihre Abwehr[3].

Gegenüber dem Strukturproblem, dessen Lösung die Schaffung eines neuen normativen Rahmens für den öffentlichen Dienst mit erheblichen staatsrechtlichen und sozialen Konsequenzen bedeutet hätte, bestanden auf deutscher Seite gewisse Erkenntnisschwierigkeiten. Einer breiten Öffentlichkeit, die eine verständliche emotionale Kritik am deutschen Beamtentum in den ersten Nachkriegsjahren artikulierte, standen die ebenso emotional motivierten Verteidiger der »wohlerworbenen Rechte«

des Berufsbeamtentums gegenüber, die jeden Reformansatz als Angriff auf tradierte Ordnungen und Karrieremuster betrachteten und entsprechend gereizt reagierten.

Der Rahmen des bis zum Ende des Zweiten Weltkriegs geltenden Beamtenrechts war durch das Reichsbeamtengesetz vom 26. Januar 1937 kodifiziert. Das Gesetz war eine Mischung aus alten Elementen – den Reichsgesetzen von 1873 bzw. 1907, die auch unter der Weimarer Reichsverfassung im wesentlichen in Kraft geblieben waren –, aus Reformansätzen der Weimarer Zeit und aus nationalsozialistischer Ideologie. Während die früheren Reichsgesetze aber nur auf die Reichsbediensteten Anwendung gefunden hatten, galt das Gesetz von 1937 für alle Beamten im Reichs-, Länder- und Kommunaldienst. In den Ländern der britischen und der französischen Besatzungszone bildete das Beamtengesetz von 1937 (mit Ausnahme der automatisch suspendierten nationalsozialistischen Zutaten) noch bis 1949 unverändert die Rechtsgrundlage des öffentlichen Dienstes.

Die wichtigsten Eigentümlichkeiten des deutschen Beamtenrechts, die das System des öffentlichen Dienstes von anderen europäischen Staaten wesentlich unterschieden, waren:
- das Juristenmonopol für die höheren Stellen des Verwaltungsdienstes,
- die mehrjährige systematische praktische Ausbildung innerhalb der Verwaltung vor der Schlußprüfung,
- die Regelung der Pensionsrechte (Alimentationsprinzip), ihre relative Höhe und der völlige Wegfall bei freiwilligem Ausscheiden,
- die fehlende politische Neutralität (Kandidatur für ein politisches Amt ohne vorherige Aufgabe der Beamtenstelle),
- die fehlende Kontrolle des öffentlichen Dienstes durch unabhängige Kommissionen,
- die Unterscheidung von Beamten (lebenslängliches öffentlich-rechtliches Dienst- und Treueverhältnis) und Angestellten (privatrechtlicher Anstellungsvertrag).

Die institutionellen Eigenarten des deutschen Berufsbeamtentums beruhen auf drei Grundvoraussetzungen. Der Beamte steht in einem öffentlich-rechtlichen Dienst- und Treueverhältnis zu seinem Dienstherrn: er verwaltet ein Amt. Er ist außerdem als »Träger eines Staatsorgans« definiert, d. h. er ist integraler Bestandteil der »Staatspersönlichkeit«, und er ist drittens »Repräsentant der Staatsidee«, d. h. er ist auf metaphysische Weise mit dem Staat, dem er dient und den er verkörpert, verbunden. So charakterisiert, unterscheidet sich der deutsche Berufsbeamte nicht nur wesentlich vom französischen »fonctionnaire«, sondern auch von den angelsächsischen »civil servants«. Diese Begriffsbestimmung des Berufsbeamtentums folgt einer Studie des Juristen Carl Heyland[4], der, gestützt auf die maßgebenden Autoritäten des Staatsrechts, die Frage untersuchte, ob das Berufsbeamtentum im modernen Parteienstaat beizubehalten und ob – bei Bejahung der Frage – das Berufsbeamtentum parteipolitisch zu neutralisieren sei. Der größte Teil des Manuskripts war bereits Ende 1946 fertiggestellt (und dem damaligen Nestor des deutschen Staatsrechts, Gerhard Anschütz, zum 80. Geburtstag gewidmet worden). Das Buch wurde zu einer Zeit verfaßt, als die Aufregung um Fortbestand oder Beseitigung des Berufsbeamtentums – so die vereinfachte Formel für die Reformbestrebungen im öffentlichen Dienst der Nachkriegsjahre – noch nicht richtig begonnen hatte. Zum Zeitpunkt seines Erscheinens – Anfang 1949 – erreichte die Diskussion um das Berufsbeamtentum gerade ihren Höhepunkt. Die leidenschaftslose Argumentation Heylands macht deutlich, wie die Grundwerte des deutschen Beamtentums staatsrechtlich und philosophisch als gesichert galten und als zeitlos gültig empfunden wurden: »Das Aufgehen in der über den Parteien stehenden Staatsidee hat dem deutschen Beamten auch die Kraft verliehen, unter *jedem* in Deutschland herrschenden politischen System, in der absoluten und der konstitutionellen Monarchie, in der demokratisch-parlamentarischen Republik ebenso wie im nationalsozialistischen Führerstaat, in vorbildlicher Pflichttreue und Selbstlosigkeit zu dienen. Das galt im nationalsozialistischen Staat selbst noch zu einer Zeit, als nach dem bekannten Führerwort, ›daß die Partei dem Staat befiehlt‹, der deutsche Beamte immer mehr entrechtet und geknechtet und ihm nicht mehr die ›Menschenführung‹, sondern nur noch die ›Sachgestaltung‹ innerhalb der Verwaltung überlassen wurde.«[5] Diese Position, die noch ganz der Tradition des Wertrelativismus der Weimarer Reichsverfassung folgte, wurde sicherlich von einem großen Teil der Deutschen nicht mehr geteilt, bestimmt wurde sie von den Besatzungsmächten kaum begriffen. Die in den Besonderheiten deutschen Staatsrechtsdenkens wurzelnde Argumentation widersprach den Überzeugungen der Alliierten geradezu vollständig. Für sie galt das Beamtensystem als Teil des nationalsozialistischen Herrschaftsapparats, daraus ergab sich für sie mit zwingender Logik die Notwendigkeit gründlicher Reformen. Die alliierten Reformkonzepte – deutsche Ansätze waren nicht zu bemerken – orientierten sich jeweils an den heimischen Gegebenheiten. Am stärksten engagierten sich, mit allerdings unterschiedlichen Methoden und Zielsetzungen, die amerikanische und die sowjetische Besatzungsmacht.

In der sowjetischen Besatzungszone war schon am 17. September 1945 durch SMAD-Befehl Nr. 66 das Deutsche Beamtengesetz von 1937 aufgehoben und damit das Berufsbeamtentum als Strukturprinzip des öffentlichen Dienstes beseitigt worden. Die »Mitarbeiter des Staatsapparats« der SBZ und dann der DDR waren bzw. sind durch Wahl, Berufung oder Arbeitsvertrag eingesetzte Angestellte oder Arbeiter im öffentlichen Dienst. Ihre Versorgung obliegt der Sozialversicherung, eine besondere (zusätzliche) Altersversorgung gibt es für bestimmte Berufsgruppen (Post, Eisenbahn, Lehrer, technische Intelligenz). Die revolutionäre Umstrukturierung des öffentlichen Dienstes in der sowjetischen Besatzungszone diente ebenso wie die übrigen Eingriffe – Justizreform, Bodenreform, Schulreform, Industriereform – instrumental der Veränderung des gesamten Gesellschafts- und Wirtschaftssystems.

In den Westzonen war – aus anderen Gründen – vor allem Amerika an Veränderungen des deutschen öffentlichen Dienstes interessiert. Die Amerikaner empfanden das tradierte deutsche System als undemokratisch, es erschien ihnen einerseits – im Rückblick – als mitschuldig am Untergang der Weimarer Republik und dann am NS-Staat auf allen Ebenen maßgeblich beteiligt, andererseits – im Blick auf die Zukunft – sahen die Amerikaner im deutschen System einen Hemmschuh beim demokratischen Neuaufbau.

Die wesentlichen Einwände, die von amerikanischer Seite bis zum Ende der Besatzungszeit immer wieder formuliert wurden, richteten sich gegen die Verletzung des Prinzips der Gewaltentrennung, gegen die Nichteinhaltung des Gleichheitsgrundsatzes und gegen die mangelnde Öffentlichkeit im System des deutschen öffentlichen Dienstes. Im einzelnen gehörten in amerikanischer Sicht folgende Punkte zum Katalog der Unzulänglichkeiten:

1. Das Selbstverständnis der Beamten, die sich nicht als hilfreiche Diener des Volkes betrachteten, sondern als autoritäre Vollstrecker obrigkeitlicher Herrschaft: Die Loyalität der deutschen Beamten sei ausschließlich nach oben gerichtet.

2. Die Geheimhaltungspflicht (Amtsverschwiegenheit) verhindere die Kenntnis über die Tätigkeit der Verwaltung in der Öffentlichkeit. Mit Hilfe eines eigenen Gesetzes (Beamtenbeleidigung) könnten die Beamten überdies jeden Bürger wegen Kritik an ihrer Tätigkeit verfolgen lassen.

3. Die Anstellung auf Lebenszeit führe zur übertriebenen Sicherheit der Karrierebeamten und ermögliche dadurch die willkürliche Behandlung der Öffentlichkeit.

4. Der Klassenunterschied im öffentlichen Dienst, bei dem alle Begünstigungen und Privilegien den Beamten zufielen, mache diese zu einer Kaste, während Angestellte und Arbeiter bei oft gleicher Tätigkeit mit geringeren Rechten und weniger Sicherheit ausgestattet seien.

5. Das System führe zur Isolierung der Beamten von der Öffentlichkeit

einerseits und zur Antipathie der Öffentlichkeit gegenüber den Beamten andererseits.

6. Die Rekrutierung der Beamten aufgrund sozialer Klassenmerkmale und akademischer Kriterien anstelle der Prinzipien von Wettbewerb und Leistung sei bei der Anstellung in Regierungspositionen vorherrschend. Dabei sei gleichzeitig eine Diskriminierung nach Geschlecht, Rasse, Religion und politischer Überzeugung zu beobachten.

7. Die politische Betätigung der Beamten in Parteien und Parlamenten mache die Gewaltenteilung zwischen Exekutive und Legislative unmöglich.[6]

Amerikanischer Reformeifer gegen deutsches Beharrungsvermögen: Das Beispiel Bayern

In den drei Ländern ihrer Zone – Württemberg-Baden, Bayern und Hessen (Bremen hatte noch nicht den Status eines Landes) – initiierte die amerikanische Militärregierung schon 1946 Gesetzgebungsakte, die eine strukturelle Reform des Beamtentums ermöglichen sollten. Die Beamtengesetze der drei Länder wurden im Oktober und November 1946, unmittelbar vor den ersten Landtagswahlen, von den Ministerpräsidenten erlassen[7]. Sie entsprachen in ihrem Wortlaut knapp den Minimalforderungen der Militärregierung. Die wesentliche institutionelle Neuerung bestand in der Errichtung von Landespersonalämtern in Bayern und Hessen bzw. der Landesbeamtenstelle in Württemberg-Baden. Die Ämter in München und Stuttgart waren Kollegialbehörden mit 7 bzw. 5 Mitgliedern, das hessische Landespersonalamt hatte einen Direktor an der Spitze, 13 Vertreter öffentlicher Interessen fungierten als Personalkommission. Aufgabe der Ämter in Bayern und Württemberg-Baden war die Lenkung der gesamten Stellenbesetzung, die Veranstaltung einheitlicher Prüfungen mit Wettbewerbscharakter und die Bestätigung der Gehaltsanweisungen. Das hessische Amt hatte geringere Befugnisse. Die Personalämter waren eine absolute Neuerung im deutschen Staatsrecht, gedacht als völlig unabhängige Instanzen, die, ähnlich wie Gerichte, nur dem Gesetz unterworfen, eine einheitliche und gerechte Personalpolitik gewährleisten sollten.[8]

Die Praxis bot den amerikanischen Initiatoren freilich keinen Anlaß zur Euphorie. Nach einem Bericht der zuständigen Dienststelle in der amerikanischen Militärregierung für Bayern stellten sich die Fortschritte bei der Reform des öffentlichen Dienstes in Bayern wie folgt dar: Gegenüber der amerikanischen Kritik am bayerischen Beamtengesetz war immer wieder versichert worden, die Ausführungsbestimmungen würden das Fehlende – namentlich die Gleichstellung von Beamten und Angestellten

– noch bringen. Vom Dezember 1946 bis September 1947 versuchte die Militärregierung immer wieder, durch Empfehlungen und Ratschläge das Personalamt zu den entsprechenden Änderungen zu veranlassen. Im Frühjahr 1947 hatte der Gewerkschaftsvertreter im Personalamt wegen des hinhaltenden Widerstands dieser Behörde gegen die Reformbemühungen resigniert und war zurückgetreten.[9] Am 19. September 1947 verlangte die zuständige Abteilung (Civil Administration Division) der Militärregierung die Entfernung des Generalsekretärs des Personalamts »wegen Widerspenstigkeit«. Der Chef der Militärregierung konsultierte vor dieser Forderung aber noch eine andere Abteilung, die zu dem Schluß kam, der Generalsekretär sei nur dem Personalamt selbst verantwortlich, also müßten alle Mitglieder abberufen werden. Da dies als zu heftige Reaktion in der Verantwortung einer Landesmilitärregierung empfunden wurde, ging die Angelegenheit im November 1947 zur Entscheidung zur zentralen amerikanischen Militärregierung (OMGUS), zu General Clay, der den Schritt aber nicht autorisierte.[10] Das Jahr 1948 über versuchte es die Civil Administration Division der Militärregierung für Bayern wieder mit Überredungskunst. Im Februar 1949 erhielt der bayerische Ministerpräsident einen strengen Brief vom Chef der Militärregierung, Van Wagoner, in dem die Mißstände und Verstöße der bayerischen Bürokratie gegen Wortlaut und Sinn des Beamtengesetzes aufgelistet waren.

Van Wagoner schrieb einleitend: »Es ist nichts getan worden, um diejenigen Maßnahmen durchzuführen, die im Sinne einer demokratischen Auslegung dieses Gesetzes unerläßlich sind. Es sollte damit aufgehört werden, ständige hauptamtliche Stellen mit Angestellten anstatt mit Beamten zu besetzen. Das Landespersonalamt sollte ein Einstufungssystem ausarbeiten; es sollte das jetzige Prüfungsverfahren überholen, um es von undemokratischen, kastenähnlichen Merkmalen zu befreien; es sollte mit seinen geheimen Sitzungen aufhören; es sollte dafür sorgen, daß offene Stellen durch Ausschreibung der Öffentlichkeit bekanntgemacht werden; es sollte außerdem in der Lage und gewillt sein, statistische Unterlagen über den bayerischen Staatsdienst zur Verfügung zu stellen. Die unterschiedliche Behandlung auf Grund formaler Schulbildung, Alter, Geschlecht, Rasse und Herkunft sollte fortfallen. Das gleiche gilt für die Bevorzugung von Personen zweifelhafter politischer Vergangenheit zum Nachteil von Bewerbern, die eine einwandfreie demokratische Haltung bewiesen haben.«[11]

Auf insgesamt sieben Seiten ging die Militärregierung dann ins einzelne und nannte als Hauptpunkte der Kritik das Fortbestehen der Beamten-Hierarchie innerhalb des öffentlichen Dienstes, die Aufrechterhaltung der »kastenmäßigen Unterscheidung zwischen Angestellten und Beamten«, die Überbewertung von formaler Schulbildung gegenüber Prüfungen und Berufserfahrung, das Fehlen eines Einstufungssystems, die Beibehaltung des Juristenmonopols im höheren Dienst, die Reservierung offener Stellen für noch nicht entnazifizierte Beamte zuungunsten von Angestellten, die Benachteiligung älterer Angestellter bei der Übernahme ins Beamtenverhältnis, die Diskriminierung bestimmter Gruppen von Bewerbern (Nichtbayern, Frauen u. a.). Besonders kritikwürdig erschien der Militärregierung die Praxis des Landespersonalamts: »Das Landespersonalamt ist laufend aufgefordert worden, die Richtlinien des Beamtengesetzes in die Tat umzusetzen. Das Landespersonalamt ist deshalb für alle Mißstände, die ich in diesem Brief zur Sprache gebracht habe, verantwortlich zu machen.«[12]

Der Brief schloß mit der Empfehlung, als Teillösung zumindest das Landespersonalamt sowie andere Schlüsselstellungen neu zu besetzen. Beigegeben war dem Brief ein umfangreicher Anhang, in dem sieben exemplarische Einzelfälle in extenso dargelegt waren. Der prominenteste Fall war der des früheren Leipziger Universitätsprofessors und sächsischen Innenministers Willibalt Apelt. Er war 1933 aus politischen Gründen entlassen worden und hatte bis 1945 in Bayern als Privatgelehrter gelebt (in dieser Zeit hatte er seine berühmte Geschichte der Weimarer Verfassung geschrieben). 1946 erhielt Apelt einen Lehrstuhl an der Münchner Universität, die Beamteneigenschaft war ihm aber u. a. deshalb verweigert worden, weil er zu alt sei – ein glatter Verstoß gegen Artikel 7 des bayerischen Beamtengesetzes von 1946. Die Militärregierung hatte den Wortlaut des Briefes an Ministerpräsident Ehard der Presse zur Verfügung gestellt, die darüber berichtete oder auch Auszüge publizierte.[13]

Mitte Februar 1949 wandten sich der stellvertretende Militärgouverneur für Bayern, Clarence M. Bolds, und der Leiter der Governmental Structures Branch, John P. Bradford, auch über den Bayerischen Rundfunk an die Öffentlichkeit: Die Durchführung des Beamtengesetzes vom Oktober 1946, »das die Beamtenschaft aus einer Klasse, die ihre Autorität vom Staat herleitet, in eine Gruppe qualifizierter und demokratisch denkender Diener umwandeln« soll, werde durch »verschiedene Ausflüchte« umgangen. Dem Landespersonalamt warf Bolds vor, es habe unter Verletzung des Artikels 164 des Beamtengesetzes versäumt, langjährige Angestellte in das Beamtenverhältnis zu übernehmen. Bewerbern sei erklärt worden, sie müßten einen dreijährigen Vorbereitungskurs absolvieren, die Zulassung dazu sei in einigen Fällen wiederum wegen mangelnder Schulbildung verweigert worden. Die Bevorzugung früherer nationalsozialistischer Beamter schließlich sei so verbreitet, daß für die Militärregierung Grund zu ernster Besorgnis bestehe.[14]

Anfang April 1949, als eine Antwort des bayerischen Ministerpräsidenten an die Amerikaner noch immer nicht vorlag, setzte sich die Militärregierung mit dem Ältestenrat des Landtags zusammen; die Amerikaner machten deutlich, daß sie auf den ihnen notwendig erscheinenden Änderungen des Beamtengesetzes bestünden, und zwar ehe die Bundesrepublik ins Leben treten würde. Der Ministerpräsident, der zum Erstaunen der Amerikaner bei dieser Zusammenkunft am 5. April anwesend war (die Militärregierung hatte sich absichtlich an die Legislative gewandt), erklärte, daß er die Überprüfung des Beamtengesetzes, das auch den bayerischen Wünschen in vielem nicht entspreche, auf Ministerebene angeordnet habe. Der Landtag solle daher abwarten und erst einmal die Regierungsvorschläge studieren, anstatt die Sache selbst anzugehen. Zum Verdruß der Amerikaner stimmte der Ältestenrat diesem Vorschlag zu. [15]

Wenig später, am 9. April 1949, war der Presse zu entnehmen, daß Ministerpräsident Ehard den Rücktritt des Generalsekretärs des Landespersonalamts angenommen hatte. [16] Ehard setzte einen eigenen Ausschuß zur Überprüfung des Beamtengesetzes ein, dem der neue und der zurückgetretene Generalsekretär des Personalamts und hohe Beamte verschiedener Ministerien angehörten.

Der neue Generalsekretär des Landespersonalamts wurde zu einer Informationsreise in die Vereinigten Staaten eingeladen, um sich zusammen mit Vertretern anderer deutscher Länder ein Bild über das amerikanische Civil Service System zu machen. Die Reise im Mai 1949 wurde vom Leiter der Civil Service Branch der Militärregierung (OMGUS), Ellsworth Wolfsperger, geleitet. Wolfsperger nahm den bayerischen Vertreter, dessen Teilnahme vom Ministerpräsidenten Ehard erst nach einigem Hin und Her genehmigt worden war, persönlich unter seine Fittiche. Der Bayer hatte sich zunächst »als reaktionärer« als seine übrigen deutschen Kollegen erwiesen, die Amerikaner hatten jedoch den Eindruck, daß er im Laufe der Reise »gute Fortschritte bei der Änderung seines Standpunktes« machte. [17]

Inzwischen war in München ein Entwurf für ein ganz neues Beamtengesetz – also nicht nur die Änderung des bestehenden, wie es die Amerikaner gewünscht hatten – entstanden. Urheber war zum Entsetzen der Militärregierung niemand anders als der kürzlich entlassene bzw. zurückgetretene Generalsekretär des Landespersonalamts, Matthias Metz. Der Entwurf wurde von dem Beamtenausschuß, den der Ministerpräsident eingesetzt hatte, hinter verschlossenen Türen im Mai und Juni 1949 auf Herrenchiemsee beraten. Die Amerikaner hatten dem Ausschuß vorsichtshalber noch einmal ihre Richtlinien übermittelt, griffen aber in die Beratungen selbst nicht ein. Am 20. Juni antwortete der bayerische Ministerpräsident endlich auf den Brief Van Wagoners vom 7. Februar. Ehard versicherte, daß den Prinzipien und Forderungen der Militärregierung beim neuen Gesetzentwurf in jeder Beziehung Rechnung getragen worden sei. Drei Tage später, als die Militärregierung den Entwurf in Händen hielt, stellte sich allerdings das Gegenteil heraus: »Die Prüfung ergab, daß [der Entwurf] ein sehr viel reaktionäreres Gesetz als das bestehende ergeben würde. Während das bestehende Gesetz immerhin eine Reform möglich machte, wenn es sie auch nicht zwingend vorschrieb, so würde der Entwurf den bayerischen Öffentlichen Dienst auf Dauer im Sinne des hergebrachten Karrierebeamtentums festschreiben; mit ein oder zwei geringfügigen Ausnahmen mißachtete der Entwurf die einzelnen Reformgrundsätze, wie sie im Gesetz Nr. 15 für die Bizone festgelegt bzw. von der Militärregierung für Bayern empfohlen worden waren.«[18]

Ein wesentliches Zugeständnis machte der neue bayerische Entwurf immerhin insoweit, als die Wählbarkeit von Beamten ausgeschlossen wurde. Die Amerikaner, die sich in Württemberg-Baden gerade bei diesem Punkt ebenfalls großer Hartnäckigkeit auf deutscher Seite – einem Landtag, der zu 48 % aus Beamten bestand – konfrontiert sahen, waren allerdings sicher, daß der bayerische Ausschuß diese Bestimmungen in der Erwartung, daß der Landtag sie wieder streichen würde, leichten Herzens in den Entwurf hineingeschrieben hatte.

Am 28. Juni 1949 fand eine Besprechung zwischen dem Direktor der Militärregierung und dem bayerischen Ministerpräsidenten statt. Van Wagoner zeigte seine Enttäuschung über die Ergebnisse des Chiemseer Ausschusses und meinte, der Entwurf sei es nicht wert, daß sich die Militärregierung oder der Landtag noch Gedanken darüber machten, und empfahl, ihn zurückzuziehen. Ehard lehnte dies ab; er argumentierte zugunsten des traditionellen Beamtensystems, es sei die Seele einer guten Regierung. Einige Tage vorher, am 23. Juni 1949, hatte Van Wagoner bei der »Army Commanders Conference« seine Erfahrungen in Bayern folgendermaßen resümiert: »No student of the Bavarian situation can seriously believe that it will be possible that any future government or future legislature of Bavaria will voluntarily correct the abuses of the present Beamte system, for the influence of the Beamte is entrenched in the Bavarian political parties. Nor is it possible in the foreseeable future that democratic Bavarian forces will be strong enough to force future governments or legislatures into such action. It therefore follows that Military Government must force the few but essential changes necessary in order to open up the rights of the civil service to the Bavarian citizen. Otherwise it will continue as it has in the past as a reactionary but powerful clique with allegiance only on the state, actively opposing true democratic progress and ever susceptible to totalitarian influences from within and without.«[19]

Zur Forcierung der von den Amerikanern erwünschten Änderungen im Beamtenrecht durch die Besatzungsmacht war aber kaum mehr Zeit und auch kaum noch Gelegenheit. Auf einer Besprechung des bayerischen Beamtenausschusses (am 30. Juni 1949) mit Vertretern der Beamtenorganisationen über den Chiemseer Entwurf wurde Übereinstimmung zwischen dem Ausschuß und den Interessenvertretern konstatiert. Daß die Gewerkschaftsvertreter bei dieser Sitzung die gleichen Punkte wie die Militärregierung beanstandeten, war für die Amerikaner ein schwacher Trost. Bei einer Konferenz, bei der sich die Spezialisten der Civil Administration Divisions der Militärregierungen der Länder der US-Zone am 1. Juli 1949 in Lindau trafen, zeigte sich, daß die Probleme in Bayern in ähnlicher Form auch in Württemberg-Baden, in Hessen und in Bremen existierten. Die CAD-Experten beschlossen, dem inzwischen ernannten amerikanischen Hohen Kommissar, McCloy, ein Papier zu übergeben, das die Desiderata der Beamtenreform enthalten sollte, in der Hoffnung, daß in letzter Minute noch etwas auf höherer Ebene bewirkt werden könne. Eine Woche später trafen sich die amerikanischen Experten in Frankfurt und brachten ihre Forderungen zu Papier. Es sollte über Dr. Litchfield, den Chef der Civil Administration Division von OMGUS, an McCloy weitergereicht werden, »when the opportunity presents itself«. Ende Juli trat Litchfield von seinem Amt zurück: »The opportunity had not yet presented itself«, wie der Chronist der Militärregierung in München melancholisch notierte. [20]

Reformansätze in der Bizone

Die Länder der US-Zone waren aber nur Nebenschauplätze; die Hauptarena, in der um die künftige Gestalt des deutschen öffentlichen Dienstes gerungen wurde, war die Bizone. Gemeinsam mit den Engländern versuchten die Amerikaner nach dem Zusammenschluß ihrer Zonen ab 1947 die Reform des deutschen Beamtensystems auf dem Wege deutscher Gesetzgebung nach alliierten Richtlinien durchzusetzen, und zwar organisatorisch durch die Errichtung einer eigenen Verwaltung für Personalwesen, die nach dem angelsächsischen Vorbild der Civil Service Commission als unabhängige Behörde das gesamte Personalwesen des Vereinigten Wirtschaftsgebiets lenken sollte, und legislativ durch ein Gesetz über die Personalordnung.

Ende 1946 waren Richtlinien des amerikanisch-britischen »Bipartite Civil Service Committee« ausgearbeitet worden, die Anfang Januar 1947 dem »Vorläufigen Ausschuß zur Gründung eines Verwaltungsrats für das Personalwesen der gemeinsamen Verwaltungen des amerikanischen und britischen Besatzungsgebietes« übergeben wurden. [21] Die Aufforderung zur gesetzlichen Fixierung der Anstellungsbedingungen der Bediensteten des Vereinigten Wirtschaftsgebiets wurde im Oktober 1947 wiederholt. Zugleich wurden auch die alliierten Grundsätze, die mit den Richtlinien vom Dezember 1946 übereinstimmten, vom Bipartite Control Office (BICO) noch einmal der gesetzgebenden Körperschaft der Bizone, dem Wirtschaftsrat, bekanntgegeben. Sie hatten folgenden Wortlaut:

»1. Die Anstellung und Beförderung der Beamten soll nach der entsprechenden Eignung und Fähigkeit der Bewerber, die durch unparteiische Bewertung zu bestimmen sind, vorgenommen werden. Jeder soll ohne Unterschied bzgl. Glauben, gesellschaftlicher Stellung, Rasse, Geschlecht oder politischer Einstellung zum Dienst zugelassen werden können. Es sollen Methoden entwickelt werden, um Ausbildungsprogramme auf unparteiischer Grundlage zu sichern.

2. Die Posten innerhalb des Dienstbereiches müssen entsprechend ihren Aufgaben und Verantwortlichkeiten klassifiziert werden. Innerhalb einer solchen Klassifizierung müssen Gehaltsstufungen vorgenommen werden, die für jeden Posten sowohl den Umfang der und die Verantwortung für die durchgeführten Aufgaben als auch den Wert der Leistung widerspiegeln.

3. Der Beamte soll das Recht haben, Berufung einzulegen gegen disziplinarische Entscheidungen, die ihn seiner Meinung nach ungerechterweise treffen. Der Beamte muß die Berechtigung haben, sich nach seinem freien Willen Beamtenvereinigungen anschließen zu können. Dies soll jedoch nicht die Berechtigung der Regierung einschränken, die aktive Teilnahme des Beamten an der Parteipolitik begrenzen zu können, oder das Recht des Beamten auf Schutz gegen irgendwelche politisch bedingte Beeinträchtigung seiner Position einschränken.

4. Jeder Pensionierungsplan soll für alle Beamten auf den gleichen Grundprinzipien aufgebaut sein.

5. Ein Personalamt soll errichtet werden, welches für die Durchführung der erwähnten Grundsätze hinsichtlich des Personalprogramms verantwortlich ist. Dieses Amt soll der Öffentlichkeit zu Informationszwecken zugänglich sein.«[22]

Zwei Wochen später, am 13. November 1947, teilte BICO über den Generalsekretär des Exekutivrats dem Präsidenten des Wirtschaftsrats mit, welche Maßnahmen im einzelnen, und zwar nunmehr durch »energische Inangriffnahme«, erwartet wurden, nämlich die Festlegung der Ziele des Personalprogramms, die Bestimmung der Kompetenzen des Personalamts und die Gesetzgebung über eine ständige Personalordnung. Als Sofort-Maßnahme wurde eine Interimsgesetzgebung für Personalfragen verlangt.[23] Der letztgenannten Verpflichtung entledigte sich der Wirtschaftsrat durch die Verabschiedung des »Übergangsgesetzes über die Rechtsstellung der Verwaltungsangehörigen der Verwaltung des Vereinigten Wirtschaftsgebiets« am 22. April 1948.[24] Die Militärregierungen stimmten am 15. Juni dem Gesetz aber nur unter Vorbehalten zu, die erneute Beratungen erforderlich machten. Am 18. Juni beschloß der Wirtschaftsrat die verlangten Änderungen zum »Übergangsgesetz über die Rechtsstellung der Verwaltungsangehörigen der Verwaltung des Vereinigten Wirtschaftsgebietes«, am 23. Juni 1948 trat es, zugleich mit dem Gesetz über das Personalamt, in Kraft.[25]

Im Gegensatz zu den Militärregierungen, die das Übergangsgesetz als Zwischenlösung toleriert hatten, darin aber keineswegs ihre Absichten im ganzen verwirklicht sahen, waren die deutschen Stellen mit ihrer Leistung soweit zufrieden, daß sie keine Notwendigkeit zu einer endgültigen Kodifizierung des Beamtenrechts mehr sahen. Das Übergangsgesetz hatte immerhin einigen Grundforderungen der Alliierten Rechnung getragen (Begründung des Dienstverhältnisses durch Dienstvertrag, Sicherung des Einflusses des Personalamts, Ausschreibung freier Stellen) und wenigstens in terminologischer Hinsicht die Unterscheidung der »Verwaltungsangehörigen« in Beamte, Angestellte und Arbeiter vermieden. Zur Durchsetzung der substantiellen Forderungen der Militärregierungen bedurfte es aber nach alliierter Ansicht einer endgültigen Regelung, die Modellcharakter sowohl für die Länder als auch für den öffentlichen Dienst des künftigen Rechtsnachfolgers der Bizone überhaupt haben sollte. Mitte August 1948 stellte BICO einen Termin: Der Gesetzentwurf sollte durch den Vorsitzenden des Verwaltungsrats spätestens am 1. Oktober 1948 dem Wirtschaftsrat vorgelegt werden.[26]

Inzwischen war den Deutschen auch ein amerikanisches Mustergesetz übergeben worden, an dem sie sich orientieren sollten.[27] Der erste Entwurf, den im Herbst 1948 ein Arbeitsausschuß aus Vertretern des Personalamts der Bizone, des Länderrats und der Personalämter der Länder der US-Zone ausarbeitete, galt als der fortschrittlichste, »der je nach 1945 von einer deutschen Dienststelle erarbeitet« worden war.[28] Zugrunde gelegen hatten neben der Weimarer Reichsverfassung und dem württembergischen Beamtengesetz von 1929 das württemberg-badische Beamtengesetz von 1946 sowie die allgemeinen Richtlinien der Alliierten. Mit einer Ausnahme, den Bestimmungen zum passiven Wahlrecht der Beamten, hätte dieser Entwurf so ziemlich allen Erwartungen der Amerikaner und Engländer entsprochen. Aber schon die endgültige Fassung der Kommission vom 15. September 1948 war wieder den traditionellen deutschen Vorstellungen angepaßt worden, nicht zuletzt unter dem Einfluß der CDU-Mitglieder des Ausschusses.[29]

Spätestens ab September 1948 wurden auf deutscher Seite im Hinblick auf das Zusammentreten des Parlamentarischen Rats alle möglichen Verzögerungstaktiken angewendet, um die Verabschiedung des Personalgesetzes so lange zu verschieben, bis die neue staatliche Ordnung den Deutschen freie Hand geben würde. Am 13. September 1948 bat sogar der Leiter des Personalamts, Kurt Oppler, um Fristverlängerung für das Gesetz. Oppler, der auf deutscher Seite die progressiven Tendenzen vertrat und entsprechend umstritten war[30], verband die Bitte um Fristverlängerung mit dem Vorschlag, auf das Gesetz überhaupt zu verzichten, da das Übergangsgesetz vom Juni 1948 ausreiche. BICO verlängerte den Termin bis zum 1. November 1948, ohne auf den weitergehenden Vorschlag einzugehen. Der Entwurf des Personalamtsausschusses (es war inzwischen die 8. Fassung) wurde Anfang Oktober dem Verwaltungsrat der Bizone übergeben.

Während er sowohl von der Militärregierung als auch von der deutschen Öffentlichkeit positiv aufgenommen wurde, stieß er bei allen Beamtenorganisationen auf Kritik. Am 8. November lag der Entwurf, nachdem er wiederum umgearbeitet worden war, als Gesetzesvorlage dem Wirtschaftsrat vor[31], der ihn am 9. November in erster Lesung behandelte und dann seinem Ausschuß für Arbeit sowie dem Rechtsausschuß überwies. In beiden Gremien wurde er bis Mitte Dezember beraten.[32]

Am 2. Dezember hatte BICO abermals die wesentlichen Gesichtspunkte, die bei der Regelung des Personalverhältnisses unbedingt berücksichtigt werden sollten, bekanntgegeben, und zwar dieses Mal in weniger allgemeiner Form als früher. Begründet wurde die erneute Intervention wie folgt: »Im Laufe längerer Verhandlungen hat sich herausgestellt, daß die von der Militärregierung hierbei verfolgten Absichten mißverstanden worden sind. Es mag daher zweckmäßig sein, diese Absichten noch einmal in einfachen Worten klarzulegen.«[33] Die Grundsätze für die Auswahl, die Bedingungen für den Dienst, Pflichten, politische Tätigkeit und Verwaltung des öffentlichen Dienstes waren u. a. durch folgenden Anforderungskatalog beschrieben: Möglichkeit zum Eintritt in den öffentlichen Dienst für jeden demokratisch gesinnten Bürger, Anstellung und Beförderung lediglich nach Maßgabe der Eignung, kein Juristenmonopol für Stellen des höheren Dienstes, kein Monopol für Berufsbeamte und kein automatischer Karriereanspruch, Durchlässigkeit der einzelnen Stufen des öffentlichen Dienstes nach Befähigung und Bewährung, Zugänglichkeit auch für Außenseiter, Beschwerderecht der Verwaltungsangehörigen.

Besonders betont wurde die Notwendigkeit des Inkompatibilitätsgebots, das die Alliierten bislang eher stillschweigend erwartet hatten, das auf deutscher Seite aber übereinstimmend, von Progressiven wie Traditionalisten, abgelehnt wurde: »Die politische Betätigung des Verwaltungsangehörigen sollte eingeschränkt sein und sollte ihn nicht dem ganzen Volk als aktiven Anwalt der Interessen einer bestimmten Partei oder eines bestimmten politischen Programms erscheinen lassen. Um Gesetzgebung und Verwaltung voneinander getrennt zu halten, muß ein Verwaltungsangehöriger, der in seine gesetzgebende Körperschaft gewählt worden ist, seine Stellung aufgeben, bevor er eine solche Wahl annimmt.«[34]

Schließlich wurde auch das Personalamt als notwendiges Organ »zur Kontrolle und Sicherung der einheitlichen Anwendung der oben angeführten Grundsätze« noch einmal erwähnt. Wie ernst es der immer ungeduldiger werdenden Militärregierung mit ihren Postulaten war, geht daraus hervor, daß der Brief, der die Grundsätze enthielt, der Presse zur Verfügung gestellt wurde. Aber auch die Schlußbemerkungen waren deutlich genug: »Die Einführung dieser Prinzipien des öffentlichen Dienstes in die wirkliche Praxis muß unbedingt ein beständiges und fortdauerndes Verfahren sein, da einige von diesen auf den Widerstand derer stoßen werden, die nach dem alten System ausgebildet worden sind. Wenn diese Reformen in der Praxis wirksam werden sollen, müssen sie in jeder Hinsicht unterstützt werden. Diese Grundsätze sollten daher so ausdrücklich wie möglich in der Gesetzgebung niedergelegt werden.«[35]

Am gleichen Tag, an dem BICO den Brief an die zuständigen deutschen Stellen abschickte, am 2. Dezember 1948, stellten CDU/CSU, FDP, Zentrum und Deutsche Partei im Wirtschaftsrat den Antrag, zur weiteren Beratung – d. h. Verzögerung – des Gesetzentwurfs einen Ausschuß für Beamtenrecht zu bilden. Gegen den Widerstand der Sozialdemokraten wurde der Ausschuß am 14. Dezember 1948 eingesetzt.[36] In sechs Sitzungen beschäftigte sich das neue Gremium vom 5. Januar bis 9. Februar 1949 mit der Materie; am 27. Februar sollte die zweite und die dritte Lesung im Plenum des Wirtschaftsrats stattfinden. Sie erübrigte sich, weil Amerikaner und Briten mittlerweile endgültig die Geduld verloren hatten. Am 15. Februar 1949 wurde der Erlaß des »Militärregierungsgesetzes Nr. 15 (Verwaltungsangehörige des Vereinigten Wirtschaftsgebiets)« bekanntgegeben.

Dem Erlaß des Gesetzes Nr. 15 waren zahlreiche Warnungen vorangegangen, insbesondere war die Materie immer wieder Gegenstand der regelmäßigen Besprechungen der Militärgouverneure mit Vertretern des Wirtschaftsrats und des Verwaltungsrats gewesen. Am 17. Januar 1949 machte Oberdirektor Pünder den Abgeordneten des Wirtschaftsrats Holzapfel darauf aufmerksam, daß Clay auch in einer Pressekonferenz »klar und deutlich« bemerkt habe, »daß die Militärregierungen dabei seien, ein entsprechendes Gesetz auszuarbeiten. Er wolle aber nicht glauben, daß die deutschen Stellen durch ihre Haltung die Inkraftsetzung eines solchen Gesetzes durch die Militärregierungen erzwingen würden.«

Pünder fuhr fort: »Dies scheint mir leider deutlich genug zu sein! Wie ernst diese offizielle Erklärung des amerikanischen Militärgouverneurs ist, zeigt der Umstand, daß der amerikanische Entwurf eines solchen Beamtengesetzes bereits vorliegt. Er ist vom 5. d. M. datiert und ist auf einem besonderen Wege in meine Hände gelangt, so daß ich ihn Ihnen dieser Tage zeigen kann. Danach können wir die Angelegenheit m. E. nicht ernst genug nehmen und dürfen nicht den Kopf in den Sand stecken.«[37]

Das oktroyierte Mustergesetz vom Februar 1949

Das alliierte Gesetz übernahm, inhaltlich wie in den Formulierungen, den größten Teil des deutschen Entwurfs in der letzten Fassung des Beamtenrechtsausschusses des Wirtschaftsrats.[38] Übereinstimmend im deutschen Entwurf und im alliierten Gesetz waren folgende Neuerungen: Stärkung der Selbstverantwortlichkeit der Beamten durch Lockerung der ausschließlichen Bindung an Vorschriften, Verbesserung der Aufstiegsmöglichkeiten durch Öffnung der Laufbahngruppen und Betonung des Leistungsprinzips (Ausschlag eher durch Befähigung und Prüfung als durch Vorbildung), absolute Gleichstellung von Mann und Frau, keine Aussageverweigerung durch Beamte vor Gerichten, Auskunftsanspruch der Presse gegenüber der Bürokratie, kein Anspruch auf Lebensstellung (Möglichkeit der Entlassung bei Unfähigkeit), generelle Ausschreibung freier Stellen und Prüfungen, Zugänglichkeit des öffentlichen Dienstes für nicht speziell vorgebildete Außenseiter nach bestimmten Quoten, Einschränkung des Juristenmonopols im höheren Dienst.

In vier entscheidenden Punkten war das Militärregierungsgesetz auf geradezu revolutionäre Weise inhaltlich gegenüber dem deutschen Entwurf erweitert worden:

1. Das Postulat der Aufhebung des Dualismus zwischen öffentlich-rechtlichem Treueverhältnis (Beamte) und privatrechtlichem Arbeitsvertrag (Angestellte und Arbeiter) war durch die Beseitigung der Kategorie der Angestellten verwirklicht worden. Es wurde nur noch unterschieden zwischen Beamten und Arbeitern; anstelle des Planstellen-Systems und des Funktionsvorbehalts trat die Unterscheidung zwischen Beamten auf Dauer und Beamten auf Kündigung. Schwierigkeiten ergaben sich in der Praxis aus der Abgrenzung von Arbeiter- und Beamtenstellen, die notwendig war, um die vorhandenen Angestellten der bizonalen Verwaltungen in Beamte zu verwandeln. Aus prinzipiellen und finanziellen Gründen wurde die Überführung der Angestellten in den Beamtenstatus zwischen März und September 1949, dem Zeitraum, in dem das Gesetz angewendet werden mußte, auf deutscher Seite sehr zögerlich behandelt.

2. Besonders umstritten war das rigide alliierte Inkompatibilitätsgebot, das den Grundsatz der Gewaltenteilung durchsetzen und die Beamtenschaft politisch neutralisieren sollte. Nach dem Gesetz Nr. 15 sollte ursprünglich jeder Beamte, der für eine gesetzgebende Körperschaft kandidieren wollte, vorher sein Amt niederlegen. Es gelang, diese Bestimmung dahin abzuändern, daß sie für Gemeindevertretungen nicht angewendet wurde, unter der Voraussetzung, daß das entsprechende Parlament kein Aufsichtsrecht über die dienstliche Tätigkeit des Beamten hatte. Für den Parlamentarischen Rat, der nicht als gesetzgebende Körperschaft definiert war, sowie für den 1. Deutschen Bundestag galten die Bestimmungen nicht. Sie galten aber für den Wirtschaftsrat und für die Landtage (in den Ländern wurde das Inkompatibilitätsgebot aber einfach ignoriert).

3. Die Disziplinargerichtsbarkeit wurde – jedenfalls als Prinzip – abgeschafft, für Dienststrafmaßnahmen sollte die jeweils oberste Dienstbehörde zuständig sein, dem Beamten stand aber ein Beschwerderecht zu; über die Beschwerde sollte beim Personalamt entschieden werden.

4. Die Kompetenzen des Personalamts waren durch das Gesetz Nr. 15 erheblich erweitert worden. Das Personalamt war nun zuständig für alle Grundsatzfragen des Dienstrechts und die Personalpolitik, es sollte sowohl als Mittler zwischen den individuellen Interessen der Bediensteten und dem Verwaltungsapparat der Bizone fungieren, andererseits als Vermittlungsinstanz zwischen Öffentlichkeit und Bürokratie. Das Personalamt hatte die Einhaltung der gesetzlichen Vorschriften, insbesondere des Gleichheitsgrundsatzes, bei der Rekrutierung für den öffentlichen Dienst zu kontrollieren, ihm oblagen die Ausführungsbestimmungen zum Gesetz, es sollte fachliche und Eignungsprüfungen durchführen und das für die Stellenausschreibung und -besetzung nötige Klassifizierungssystem der Stellen ausarbeiten. Schließlich war das Personalamt auch für die Überleitung der Angestellten in Beamte zuständig und mußte die neuen Beamtenkategorien (auf Kündigung oder auf Dauer) und die Stellen der Arbeiter definieren.

Die deutschen Reaktionen auf den Gesetzesoktroi reichten von schadenfroher Zustimmung bis zu erbitterter Ablehnung. In Pressekommentaren wurde immer wieder, auch bei grundsätzlicher Zustimmung zu den Reformzielen, das Verfahren der Alliierten als undemokratisch und daher letztlich für die Sache als abträglich bezeichnet. In der Wochenzeitung »Die Zeit« wurden Parallelen zum Erlaß des »Gesetzes zur Wiederherstellung des Berufsbeamtentums« von 1933 gezogen[39], in der Süddeutschen Zeitung erinnerte Werner Friedmann an andere Gesetze, die auf ähnliche Weise verordnet worden waren (Wiedergutmachung, Schulreform, ärztliche Niederlassungsordnung, Gewerbefreiheit, Jagdgesetz); er stellte daran anknüpfend fest, daß es zwei Arten gebe, Gesetze zu machen, eine parlamentarische und eine militärische. Wähle man die letztere, bei der nur eine Druckerei benötigt werde, sei es untunlich, gleichzeitig von Demokratie zu sprechen.[40]

Andere deutsche Medien zeigten sich aber vom Inhalt des Reformgesetzes so angetan, daß sie an der Methode nichts auszusetzen hatten.[41] Die Wochenzeitung »Christ und Welt« kam nach eingehender Betrachtung von Geist und Inhalt des Reformgesetzes zu dem Schluß, daß kein Grund zur Aufregung bestünde, da das Gesetz im großen und ganzen das sei, »was ein gutes Gesetz sein soll: ein sauber geschliffener ehrlicher Spiegel der Wirklichkeit«.[42]

Der Präsident des Wirtschaftsrats hatte zum Gesetz Nr. 15 eine Erklärung abgegeben, die in erster Linie darauf bedacht war, das Ansehen des Parlaments zu retten und die vorhandene Zustimmung in der Öffentlichkeit zum Gesetzesinhalt zu kanalisieren. Er ließ über seine Pressestelle nämlich mitteilen, daß das alliierte Gesetz zu etwa 90 % im Wirtschaftsrat entstanden sei (»In den vielleicht restlichen 10 % allerdings befinden sich Artikel, die mit der deutschen staatsrechtlichen und disziplinarrechtlichen Auffassung nicht übereinstimmen«).[43] Weniger abgewogen äußerten sich andere deutsche Politiker, etwa Thomas Dehler, der Landesvorsitzende der bayerischen FDP, der sagte, »daß es für ihn erschütternd sei, daß es die Militärregierung jetzt noch für notwendig gehalten habe, eine solch heikle Angelegenheit selbst zu regeln. Ob das Gesetz gut oder schlecht sei, berühre ihn dabei nicht.«[44]

Am heftigsten reagierte die CDU/CSU-Fraktion des Wirtschaftsrats. In ihrer Stellungnahme zum Beamtengesetz, die am 17. Februar 1949 verbreitet wurde, erklärte sie: »Zweimal 24 Stunden bevor das vom Wirtschaftsrat seit geraumer Zeit beratene Beamtengesetz von der Vollversammlung verabschiedet werden sollte, ist die Militärregierung den deutschen demokratischen Instanzen durch den Erlaß eines militärisch befohlenen Beamtengesetzes in den Arm gefallen. Wir bedauern feststellen zu müssen, daß die Militärregierung dem demokratischen Gedanken in Deutschland damit einen schlechten Dienst erwiesen hat.« Die Verzögerungstaktik nachträglich motivierend, heißt es weiter: ». . . Gewiß sind die gegenwärtig geltenden Gesetze reformbedürftig; sie stammen zum Teil noch aus der Zeit des halbabsoluten Regimes vor dem ersten Weltkrieg und sind durch die Praxis der Nazizeit keineswegs verbessert worden. Wir waren jedoch der Auffassung und haben dies auch die Militärregierung wissen lassen, daß dem Wirtschaftsrat angesichts seiner notwendigerweise kurzen Lebensdauer und der grundsätzlichen Beschränkung seines Arbeitsbereiches auf wirtschaftliche Fragen eine eigene Gesetzgebung in dieser wichtigen Frage nicht anstehe. Rechte und Pflichten der eigenen Angestellten und Beamten des Wirtschaftsrates könnten vorübergehend noch nach den alten Gesetzen bemessen werden. Die große Reform ist jedoch eine Aufgabe des Deutschen Bundes und seines Grundgesetzes. Ohne Kenntnis dessen, was schließlich das Ergebnis der Bonner Verfassungsberatungen sein wird, läßt sich die Beamtengesetzgebung überhaupt nicht abschließen. Zunächst muß noch der Charakter des neuen Staates festgestellt werden, bevor man über die Rechte und Pflichten seiner Bediensteten Endgültiges aussagen kann.«[45]

Merkwürdig war dagegen die Haltung der SPD. Die sozialdemokratische Fraktion des Wirtschaftsrats bedauerte in einer Stellungnahme, die am 18. Februar 1949 veröffentlicht wurde, »daß durch die Verzögerung der Beratungen, für die ausschließlich die Mehrheit des Wirtschaftsrates verantwortlich ist, der Militärregierung Veranlassung gegeben wurde, ein eigenes Gesetz zu verkünden. Dadurch ist die Fraktion um die Möglichkeit gebracht worden, ihren von den Auffassungen der Mehrheit abweichenden Standpunkt vor der Öffentlichkeit zu vertreten.«[46] Hatte die Fraktion die Verantwortung ganz den bürgerlichen Parteien überlassen, um ihre eigene Haltung in der Sache in um so strahlenderem Licht erscheinen zu lassen, und auf jede Kritik an den Besatzungsmächten verzichtet, so konstatierte der »SPD-Pressedienst« in Hannover am gleichen Tag: »Die heranwachsende und doch recht schwächliche deutsche Demokratie hat von den Generalen Clay und Robertson eine schallende Ohrfeige bezogen. Ungeduld – keine gute pädagogische Eigenschaft übrigens – hatte die Lehrer ob der Langsamkeit des Schülers ergriffen. Ein Gesetz für rund 780 000 Beamte der direkten bizonalen Verwaltung, der Eisenbahn, der Post, der Binnen- und der Seeschiffahrt wird nach einem Dekret der Militärregierungen in knapp vier Wochen in Kraft treten. Mit seiner Behauptung, es werde dem überwiegenden Teil der Bevölkerung zusagen, hat General Clay sogar wahrscheinlich recht. Die Verzögerung, die die Generale zu ihrem drastischen Vorgehen veranlaßt hat, war in der Tat fast herausfordernd. Sie war begründet in der Abneigung bestimmter Kreise, sich von altgewohnten, liebgewordenen Vorstellungen von den notwendigen Vorzugs-Attributen eines Beamten zu lösen. Die Züchtigung hat sich der Schüler also in gewissem Maße selbst zuzuschreiben. Daß sie unbedingt notwendig war, ist damit keinesweg erwiesen, denn der Schaden ist viel größer, als in dem kleinen Augenblicksschmerz spürbar wird.«[47]

Zwiespältig waren auch die Reaktionen der Gewerkschaften. Der Vorstand der Fachgruppe der Beamten der Zonen- und Länderverwaltungen in der Beamtengewerkschaft der britischen Zone bezeichnete das Gesetz

»als im allgemeinen für die bisherigen Beamten tragbar«, bedauerte aber den »Ausschluß der Beamten aus dem aktiven politischen Leben«[48]. Der Vorsitzende der bizonalen ÖTV, Kummernuß, kündigte den »schärfsten Widerstand der Gewerkschaften gegen das Beamtengesetz der Alliierten an, soweit es die politische Tätigkeit der Beamten einschränkt«[49]; ähnlich drückte sich ein Sprecher der Gewerkschaft der Eisenbahner Deutschlands in einer Pressekonferenz am 7. März aus: »Wenn auch das Militärregierungsgesetz nur in wenigen Punkten von dem deutschen Entwurf abweiche, so seien diese Abweichungen um so einschneidender. Die Eisenbahnergewerkschafter müßten schärfstens Einspruch erheben gegen die Ausschaltung der Beamten vom politischen Leben.«[50]

Den Inhalt des alliierten Reformgesetzes, das das Berufsbeamtentum zwar nicht beseitigt, die Gesamtstruktur des öffentlichen Dienstes in Deutschland aber wesentlich verändert hätte, erklärte die Alliierte Hohe Kommission – Amerikaner, Briten und nun auch Franzosen gemeinsam – ab Sommer 1949 für die endgültige Regelung der Materie in der Bundesrepublik als verbindlich. Wie die Reaktionen der deutschen Öffentlichkeit zeigten, waren die psychologischen Voraussetzungen für die Durchsetzung des Beamtenreformkonzepts nach dem Gesetzesoktroi freilich denkbar schlecht geworden. Entscheidend war aber auch, daß die Alliierten der Tätigkeit des Parlamentarischen Rats, die im Frühjahr 1949 bis auf einige Grundsatzfragen weitgehend abgeschlossen war, bei der verfassungsmäßigen Regelung der Normen des öffentlichen Dienstes zuwenig Aufmerksamkeit geschenkt hatten. Im Vordergrund der Auseinandersetzungen standen im Frühjahr 1949 politische Grundprobleme wie die Zweite Kammer, die Finanzverfassung, die Aufteilung der Gesetzgebungskompetenzen zwischen Bund und Ländern.[51] Im Lärm um das Militärregierungsgesetz Nr. 15 blieb die Tatsache ziemlich unbemerkt, daß die Beamtenfragen im Grundgesetz unter den Augen der Militärregierungen längst im traditionellen Sinne entschieden waren. Die Alliierten versuchten zwar noch bis zum Frühjahr 1952 ihr Reformkonzept durchzusetzen; den entscheidenden Terrainverlust hatten sie mit der Genehmigung des Grundgesetzes aber im Frühjahr 1949 bereits erlitten; dazu kam, daß sich das Militärregierungsgesetz Nr. 15 je länger desto mehr als untaugliches Instrument gegenüber den Deutschen erwies, die sich immer selbstbewußter auf die höhere Qualität der entsprechenden Grundgesetzartikel berufen konnten.

Der Parlamentarische Rat und die »hergebrachten Grundsätze«

Befürchtungen, daß der Parlamentarische Rat reformatorischen Gelüsten zum Erfolg verhelfen würde, hatten von vornherein der Grundlage entbehrt. Schon die Zusammensetzung der Konstituante, die sich im September 1948 in Bonn versammelte, mit einem Anteil von 61 % Berufsbeamten, Richtern und Professoren[52], kam fast einer Garantie gleich, daß nichts Grundstürzendes passieren würde. Die Bürokratien der Länder, Zonen und des Vereinigten Wirtschaftsgebiets hatten sich durch gegenreformatorischen Eifer in Sachen Beamtenrecht bereits profiliert und viel Mühe auf die Hemmung und Hinderung der Reformbestrebungen der Besatzungsmächte verwendet; die bürgerlichen Parteien im Parlamentarischen Rat schließlich waren dankbare Empfänger der zahlreichen Eingaben der Standesorganisationen, die für das Hergebrachte stritten. Rückblickend konstatierte der Deutsche Beamtenbund zehn Jahre später voll Stolz: »In weit über 100 Eingaben, Vorschlägen und Rücksprachen beim Parlamentarischen Rat hat die Gewerkschaft Deutscher Beamtenbund, vom Beginn der Beratungen in Bonn angefangen bis in die letzten Sitzungen, maßgebend an der Gestaltung und auch der Formulierung der Bestimmungen über das Berufsbeamtentum mitgearbeitet.«[53]

Der Stolz des Beamtenbundes war berechtigt. Zusammen mit anderen Interessen- und Standesorganisationen wie dem »Verband der Beamten und Angestellten der öffentlichen Verwaltungen aus den Ostgebieten und dem Sudetenland (Verbaost)«, dem »Beamtenschutzbund« oder dem »Zentralschutzbund der Beamten« bildeten die Beamtenverbände nicht nur »die pressure groups par excellence in Bonn«[54], sie waren auch höchst erfolgreich.

Der Deutsche Beamtenbund adressierte an den Parlamentarischen Rat in einer Eingabe vom 29. Oktober 1948[55] drei grundsätzliche Forderungen. Er verlangte erstens die institutionelle Garantie des Berufsbeamtentums (»Für den Neuaufbau einer demokratischen Verwaltung ist die verfassungsmäßige Verankerung des Berufsbeamtentums, das sich allezeit als sicherste Stütze des Staates erwiesen hat, unentbehrlich«), zweitens eine grundgesetzliche Sperre gegen alle Bestrebungen, die Unterschiede zwischen Beamten und anderen Bediensteten der öffentlichen Verwaltungen aufzuheben (Funktionsvorbehalt), drittens die Vorranggesetzgebung des Bundes über Grundsätze der Gestaltung des Beamtenrechts. Gestützt auf das Rechtsstaatsprinzip verlangten die Interessenverbände außer den generellen (weitgehend am Individualinteresse der Beamten orientierten) Status-Sicherungen auch die Bestätigung der Rechte von Angehörigen des öffentlichen Dienstes, die durch »Kriegsfolgen« (im Zuge der Entnazifizierungs- und Entmilitarisierungsgesetzgebung der Alliierten, durch

Flucht oder Verlust des Dienstherrn) Beschäftigung oder Versorgung verloren hatten, sowie die Sicherung der Rechte der Beamten zonaler und bizonaler Dienststellen. Dank der Unterstützung der bürgerlichen Parteien, deren Anträge manchmal wörtlich mit den Eingaben der Beamtenlobby übereinstimmten, wurden die Wünsche weitgehend erfüllt.

Wie stark die Unterstützung der Forderungen des Deutschen Beamtenbundes durch maßgebende Politiker war, geht auch daraus hervor, daß Oberdirektor Pünder bei der öffentlichen Kundgebung des Beamtenbundes anläßlich der Vereinigung der vier Landesverbände in der britischen Zone in Köln am 30. Januar 1949 das Hauptreferat hielt. Eingeladen dazu hatte ihn Hans Schäfer vom Landesverband Nordrhein-Westfalen. In dem Brief an Pünder hieß es u. a.: »Wir haben mit Besorgnis aus Rundfunk und Presse die Nachricht vernommen, daß der Direktor für Zivilverwaltung bei der US-Militärregierung, Dr. Edward H. Litzfield [richtig: Litchfield], mit Beschleunigung eine Reform des Beamtenwesens fordert. Nach den Meldungen hat der Amerikaner gefordert, den Begriff des Beamtentums als einer privilegierten Klasse (warum sagt er dann nicht gleich ›Kaste‹?) abzuschaffen, den Unterschied zwischen Angestellten und Beamten aufzuheben und dergl. mehr. Ähnliche bedenkliche Äußerungen aus dem Munde eines anderen Amerikaners fanden sich neulich in einem Artikel des Münchener Merkur. Das Berufsbeamtentum steht offenbar nicht nur im Blickfeld vieler Neider, sondern vor der kritischsten Situation seit vielen Jahrzehnten. Vor zwei Wochen hat der Parlamentarische Rat bei der 2. Lesung des Grundgesetzes im Hauptausschuß noch beschlossen, daß das Berufsbeamtentum auf Grund eines öffentlich-rechtlichen Dienst- und Treueverhältnisses begründet wird und die *hergebrachten* Grundsätze des Beamtenrechts *maßgebend* sein sollen. Um so bedenklicher sind daher die Bestrebungen, nun auf der Frankfurter Ebene Beschlüsse zu fassen, die die oben genannte Bestimmung des Grundgesetzes praktisch illusorisch machen würden... Wir haben oft den Eindruck, daß Vertreter gewisser Parteien sich die amerikanische Auffassung vom deutschen Berufsbeamtentum gern zu eigen machen. Im Interesse der sachlichen Aufklärung wäre es für uns von unschätzbarem Wert, wenn Sie, hochverehrter Herr Oberdirektor, Ihre sachverständigen Ausführungen dazu machen würden. Ihre Stimme, dessen sind wir gewiß, kann man im In- und Ausland zu diesem Punkte nicht überhören.«

Pünder hatte darauf geantwortet: »Ich will die Gelegenheit des 1. Bundestages in Köln gerne benutzen und Ihrer Bitte um Übernahme des Hauptreferats entsprechen, würde Sie allerdings bitten, mir möglichst umgehend das notwendige Material zur Vorbereitung des Referats zu übersenden.«[56]

In einem Falle, dem Verlangen nach Vorranggesetzgebung des Bundes in

Fragen des Beamtenrechts, hatte auch die SPD die Forderungen gegen
bürgerliche Föderalisten vorbehaltlos unterstützt. Den anderen Forderungen hatten die Sozialdemokraten mindestens anfänglich entgegenzu-
wirken versucht. Namentlich bei den Spezialinteressen dienenden Anträgen zur Sicherung der Rechte der »verdrängten« Beamten bzw. der Übernahme der Beamten der zonalen und bizonalen Bürokratien durch die
Bundesverwaltung hatte die SPD teils aus politischen, teils aus finanziellen Gründen Widerstand geleistet. Mit den Artikeln 131 und 132 des
Grundgesetzes konnten die Beamten aber schließlich recht zufrieden
sein. Die ursprünglich drohende Aufhebung der Rechte der beiden Be-
amtengruppen war abgewendet worden; wenn auch keine verfassungsmäßige Garantie des Besitzstandes der verdrängten Beamten und der zonalen und bizonalen Verwaltungsangehörigen erreicht war, so gab es doch
die prinzipielle Festschreibung ihrer Ansprüche, die in der Praxis dann
auch befriedigt wurden.[57]

Im Grundsätzlichen war der Sieg der Beamteninteressen ohnehin nahezu
vollkommen. Der Artikel 33 des Grundgesetzes verpflichtete den künftigen Gesetzgeber auf die Essentialien des traditionellen Beamtenrechts,
die Schranken zwischen Angestellten und Beamten blieben geschlossen
(Art. 33, 4: »Die Ausübung hoheitsrechtlicher Befugnisse ist als ständige
Aufgabe in der Regel Angehörigen des öffentlichen Dienstes zu übertragen, die in einem öffentlich-rechtlichen Dienst- und Treueverhältnis stehen«) und die hergebrachten Grundsätze des Beamtenrechts blieben verbindliche Richtschnur für die Zukunft (Art. 33, 5: »Das Recht des öffentlichen Dienstes ist unter Berücksichtigung der hergebrachten Grundsätze
des Berufsbeamtentums zu regeln«). Im Grundgesetzartikel 75 war außerdem die Vorranggesetzgebung des Bundes verankert worden.[58]

Die Formulierungen der Verfassung und die Notwendigkeit, innerhalb
kurzer Zeit die rechtlichen Grundlagen eines öffentlichen Dienstes in der
Bundesrepublik herzustellen, führten ungeachtet der alliierten An-
nahme, daß das von ihnen im Frühjahr 1949 in der Bizone oktroyierte
Gesetz als Muster dienen würde, zurück zum Beamtengesetz von 1937.
Die Weichen dazu wurden unmittelbar nach der Verabschiedung des
Grundgesetzes, im Sommer 1949, ehe noch die Bundesrepublik formell
ins Leben trat, gestellt.

Der Sieg der Tradition

Der von den Ministerpräsidenten der elf westdeutschen Länder bestellte
Juristische Ausschuß, zusammengesetzt aus je einem Ländervertreter
und in den Sachverständigengruppen unterstützt von Mitgliedern des
Parlamentarischen Rats und Vertretern zonaler und bizonaler Behörden,

hatte u. a. die Aufgabe, Entwürfe für Gesetze vorzubereiten, die zum Tätigwerden der Bundesorgane unmittelbar erforderlich waren oder die aus sonstigen Gründen so vordringlich erschienen, daß keine Zeit verlorengehen sollte, bis die Bundesregierung selbst aktionsfähig war. Der Ausschuß tagte, unter dem Vorsitz des Staatspräsidenten von Württemberg-Hohenzollern, Gebhard Müller, zweimal, am 1. und am 27. Juli 1949. In der Zwischenzeit konferierten die einzelnen Sachverständigengruppen.

Unter der Rubrik »Sofort-Gesetze« machte der Juristische Ausschuß den Vorschlag, den Wortlaut des alten deutschen Beamtengesetzes »für den Verwaltungsgebrauch« neu herauszugeben. Die Begründung dazu lautete: »Der Ausschuß ist übereinstimmend der Ansicht, daß für die Bundesbeamten das Deutsche Beamtengesetz von 1937 fortgilt. Da dieses Gesetz jedoch in vielen Punkten überholt und in anderen Teilen durch die Gesetzgebung der Besatzungsmächte geändert ist, empfiehlt der Ausschuß, das Gesetz in dem zur Zeit geltenden Wortlaut zusammenzustellen und neu bekanntzumachen.«[59] Mit den Änderungen durch die alliierte Gesetzgebung waren natürlich nicht das Gesetz Nr. 15 oder andere Reformansätze gemeint – die propagierte erneute Bekanntmachung des Gesetzes von 1937 war ja ein glatter Widerspruch dazu –, sondern die automatische Suspendierung nationalsozialistischer Ideologie in Inhalt und Terminologie durch die Kontrollratsgesetzgebung von 1945. Beabsichtigt war also lediglich die »Entnazifizierung« des Gesetzestextes.

Als dringlich erachtete der Juristische Ausschuß außerdem ein Gesetz über beamtenrechtliche Fragen gemäß Artikel 131 des Grundgesetzes, und zwar wegen der sozialen Lage des betroffenen Personenkreises und den »daraus entstehenden politischen Auswirkungen«. Nach Artikel 131 hatten Personen, »die am 8. Mai 1945 im öffentlichen Dienst standen, aus anderen als beamten- oder tarifrechtlichen Gründen ausgeschieden sind und bisher nicht oder nicht ihrer früheren Stellung entsprechend verwendet« bzw. versorgt waren, Anspruch auf bundesgesetzliche Regelung ihrer Rechtsverhältnisse. Es waren drei Gruppen öffentlich Bediensteter, deren Schicksal geregelt werden mußte:

1. Personen, die ihren Dienstherrn verloren hatten (Angehörige nicht mehr bestehender Behörden, die ihren Sitz im Bundesgebiet hatten, und verdrängte Beamte);
2. Personen, die ihre Versorgungsansprüche nicht mehr gegenüber der bis zum Zusammenbruch zahlenden Stelle geltend machen konnten (Heimatvertriebene);
3. Personen, die im Zuge der Entnazifizierung aus dem öffentlichen Dienst ausgeschieden waren.[60]

Parallel zum Juristischen Ausschuß beschäftigte sich der Organisationsausschuß der Ministerpräsidentenkonferenz mit Empfehlungen zum Verwaltungsaufbau der Bundesrepublik. Einstimmig verwarf dieses Gremium (unter dem Vorsitz des sozialdemokratischen hessischen Ministerpräsidenten Stock) die Übernahme des bizonalen Personalamts in das
Organisationsgefüge der Bundesrepublik und empfahl die Auflösung der
rundum unbeliebten Institution: »In einem parlamentarisch regierten
Staatswesen, in dem die Minister gegenüber der Volksvertretung die volle
und uneingeschränkte Verantwortung auch für die personellen Verhältnisse ihres Ressorts zu tragen haben, ist für ein Personalamt dieser Art
kein Raum.«[61]

Die erste Bundesregierung beeilte sich, den Empfehlungen des Juristischen Ausschusses zu folgen. Obwohl die Alliierten Hohen Kommissare,
die an die Stelle der Militärgouverneure getreten waren, am 12. September entschieden hatten, das Gesetz Nr. 15 sei auch auf die Bundesbeamten anzuwenden, und dies der Bundesregierung am 28. September
mitgeteilt hatten[62], wurde Anfang Oktober der Entwurf eines Beamtengesetzes im Kabinett beraten und am 11. November dem Bundestag vorgelegt. Die Bundesregierung hatte ihre Absicht, ein neues Beamtengesetz
zu schaffen, damit begründet, daß es nötig sei, einen »von unkontrollierbaren Hemmnissen freien Aufbau der Bundesverwaltung zu ermöglichen,
und um überhaupt mit der Bundesarbeit richtig in Gang kommen zu können«.[63] Den Einwendungen der Hohen Kommissare versuchte die Bundesregierung durch die Erklärung zu begegnen, daß in dem vorläufigen
Gesetz nur die wichtigsten und grundsätzlichen Fragen geregelt werden
sollten, und zwar durch Beibehaltung der »bewährten Grundsätze« des
früheren deutschen Beamtengesetzes in Verbindung mit »guten Gedanken
des alliierten Gesetzes Nr. 15«.[64] Angesichts des Gesetzentwurfs[65] war das
eine kühne Behauptung, denn außer den einleitenden Bestimmungen,
»daß bei der Auswahl der Bewerber für den Dienst des Bundes... alle
Schichten der Bevölkerung ohne Rücksicht auf Geschlecht, Rasse, Glaubensbekenntnis und politische Überzeugung« zu berücksichtigen seien
und daß auch Bewerber, die »die für die vorgesehene Verwendung erforderliche Eignung durch Lebens- und Berufserfahrung außerhalb des
öffentlichen Dienstes erworben haben«, in Frage kommen sollten, war von
den Intentionen der Alliierten nichts übriggeblieben. Im Gegenteil, das
Gesetz, dessen Kern die Wiedereinführung des Beamtengesetzes von 1937
in »sinngemäßer Anwendung« bildete, sah wieder die Aufteilung in Angestellte und Beamte vor, verzichtete auf ein Personalamt und verlor kein
Wort über die Wählbarkeit von Beamten.

Bei der ersten Lesung im Bundestag hatte Innenminister Heinemann in
der Begründung des Entwurfs den Nachweis zu erbringen versucht, daß

das Militärregierungsgesetz Nr. 15, da es lediglich von den Amerikanern und Briten, also nur für zwei Zonen, erlassen worden sei, in der Bundesrepublik keine Geltung mehr habe. Der Brief der Hohen Kommissare vom 28. September an die Bundesregierung, in dem die Anwendung des Gesetzes Nr. 15 weiterhin verlangt wurde, sei eine Empfehlung, aber kein rechtssetzender Akt gewesen.[66]

Diese Meinung des Bundesinnenministers widersprach völlig den Absichten der Hohen Kommissare, die drei Wochen zuvor in aller Öffentlichkeit bekräftigt worden waren. Die Alliierten hatten den Gesetzentwurf »die erste Kraftprobe zwischen den Besatzungsmächten und der deutschen Regierung« genannt. Der amerikanische Hochkommissar McCloy »äußerte... sein Erstaunen darüber, daß ein Sprecher der Bundesregierung das Beamtengesetz der Militärregierung als ›außer Kraft‹ bezeichnet« habe. Als ernste Warnung war auch die Ankündigung alliierter Dienststellen in Frankfurt zu verstehen, »die Hohen Kommissare würden das deutsche Beamtengesetz als einen Prüfstein für den ehrlichen Willen der Bundesregierung betrachten, ein wirklich volksnahes Regime zu schaffen, oder aber die alte Herrschaft der Beamtenfunktionäre wiederherzustellen. Bei Betrachtung des Kabinettsentwurfs müßte man zu der Ansicht kommen, daß lediglich das alte faschistische Beamtengesetz von 1937 demokratisch ›auffrisiert‹ worden sei. Sämtliche Fortschritte des alliierten Gesetzes Nr. 15 habe man in der Versenkung verschwinden lassen. Die Behauptung der Adenauer-Regierung, man habe in dem neuen Entwurf bewährte deutsche Grundsätze mit bewährten Ansichten der Alliierten vereinigt, sei irreführend.«[67]

Trotz heftiger Gegenwehr der SPD-Fraktion, die verfassungsrechtlich mit der Weitergeltung des Militärregierungsgesetzes Nr. 15 argumentierte, wurde das Gesetz am 2. März 1950 ohne wesentliche Änderungen verabschiedet.[68] Damit war das im Januar 1937 kodifizierte alte Beamtenrecht wieder in Kraft gesetzt, freilich mit einer bis zum 31. Dezember 1950 befristeten Geltungsdauer und ohne den Segen der Alliierten Hohen Kommissare.

Als außerparlamentarische Hilfstruppen hatten die Gewerkschaften, die, je weiter die Zeit voranschritt und die Verhältnisse sich stabilisierten, desto mehr Gutes am alliierten Wunsch zur Reform des öffentlichen Dienstes entdeckten, die SPD unterstützt. Im Oktober 1949 hatte der ÖTV-Vorstand gegen die Absichten der Bundesregierung protestiert: »Ist das Gesetz Nr. 15 auch nicht von deutschen Stellen in Kraft gesetzt worden, so ist für eine objektive Beurteilung immerhin die Tatsache beachtlich, daß die von deutschen Stellen zum Zwecke einer Reform der Rechtsverhältnisse des Personals der öffentlichen Verwaltungen geleisteten Arbeiten, an denen die Gewerkschaften über das Personalamt mit beteiligt waren, zu einem großen Teil übernommen wurden. Wenn wir auch ganz klar zum Ausdruck bringen möchten, daß dieses Gesetz keinesfalls in all seinen Teilen unseren gewerkschaftlichen Anforderungen entspricht, so sind wir doch der festen Überzeugung, die Anwendung auf die Angehörigen der Bundesverwaltung bis zur endgültigen Neuordnung der Rechtsverhältnisse ist trotz dieser Mängel immerhin zeit- und wirklichkeitsnaher und wird von allen fortschrittlich eingestellten deutschen Menschen weit mehr verstanden werden, als die von der Regierung angestrebte Ordnung, die auf einer heute nicht mehr zeitgemäßen Basis fundiert ist.

Der Gründungskongreß des Deutschen Gewerkschaftsbundes in München hat sich auf Antrag der für den öffentlichen Dienst zuständigen Gewerkschaften einstimmig für die Beibehaltung eines fortschrittlichen, volksnahen Berufsbeamtentums ausgesprochen. Dieses positive Bekenntnis der gewerkschaftlich zusammengeschlossenen schaffenden deutschen Menschen zum Berufsbeamtentum und den hergebrachten Grundsätzen verpflichtet uns, besonders nachdrücklich und eindringlich zum Ausdruck zu bringen, die beabsichtigte Wiederinkraftsetzung des Deutschen Beamtengesetzes ist kein mutiger Schritt vorwärts, es ist eine Konzession an den Einfluß solcher Kräfte, die aus Bequemlichkeit oder Energielosigkeit den Weg aus der Vergangenheit nicht in die Gegenwart und noch weniger aber in die Zukunft zu finden vermögen.«[69] Die Proteste, die vor allem das Fehlen des Leistungsprinzips und das Fehlen eines Personalamts (das ja auch als Instrument gewerkschaftlicher Mitsprache in der Personalpolitik gedient hatte) in den Vordergrund rückten, wiederholten sich bis zur Verabschiedung des Gesetzes immer wieder.[70]

Umgekehrt unterstützte der Deutsche Beamtenbund lebhaft die Regierungsparteien bei der Wiederinkraftsetzung des alten Beamtenrechts. Der Streit der von Anfang an heftig verfeindeten Interessenverbände wurde nicht nur in der Verbandspublizistik, sondern auch in Versammlungen, durch Flugblätter und in den Medien mit Erbitterung geführt. Der Öffentlichkeit gegenüber fühlten sich Gewerkschaften wie Beamtenbund überdies verpflichtet, die Rettung des zu keiner Zeit grundsätzlich gefährdeten Berufsbeamtentums jeweils für sich zu reklamieren. Die Gewerkschaften mußten in ihrer Mitgliederwerbung – einem der pragmatischen Anlässe des Streits – die Balance halten zwischen einer postulierten Fortschrittlichkeit, die auch als Hörigkeit gegenüber den Besatzungsmächten gewertet werden konnte, und der Betonung des Bewährten, die notwendig war, um nicht die beamteten Mitglieder an die Konkurrenz des DBB zu verlieren. Der Deutsche Beamtenbund, von den Gewerkschaften als reaktionär apostrophiert, hatte es leichter; er fand zwar schon dadurch Zulauf, daß er sich als Retter und Bewahrer der Tradition pries, zusätzlich sah er sich selbst mindestens rückblickend aber ebenfalls »an der Spitze der Reformer«[71].

Mitte April 1950 teilte die Alliierte Hohe Kommission, der das »Gesetz zur vorläufigen Regelung der Rechtsverhältnisse der im Dienst des Bundes stehenden Personen« (Bundespersonalgesetz) am 29. März zugeleitet worden war, der Bundesregierung den Beschluß mit, das Gesetz »vorläufig nicht zu genehmigen«[72]. Der Hohen Kommission, insbesondere den Vertretern Amerikas und Frankreichs[73], mißfiel generell der Rekurs auf den Gesetzestext von 1937 und auf dessen Durchführungsverordnungen sowie im Detail die Nichtbeachtung von Prinzipien für den öffentlichen Dienst, die sie im Januar 1950 der Bundesregierung zur Kenntnis gebracht hatte. Die sechs Grundsätze – es waren die alten Forderungen der frühen Besatzungszeit – wurden der Deutlichkeit halber noch einmal wiederholt: 1. allgemeine Zugänglichkeit zum öffentlichen Dienst, 2. Leistungsprinzip und Freiheit der Bediensteten von Diskriminierung, 3. Einschränkung der aktiven politischen Tätigkeit der Beamten, 4. Verneinung von Privilegien und Schutz der Beamten gegen Willkür durch eine eigene Behörde (Personalamt), 5. Ablehnung des Juristenmonopols, 6. keine Verletzung der Rechte der Länder durch Bundesgesetzgebung.

Diese Prinzipien wünschten die Alliierten nicht nur in einer vorläufigen, sondern erst recht natürlich in der sie ersetzenden endgültigen gesetzlichen Regelung verwirklicht zu sehen. Erinnert wurde von den Hohen Kommissaren auch noch einmal an das Petersberger Protokoll vom 22. November 1949, in dem die Bundesregierung zugesichert hatte, »daß sie beabsichtige, die Grundsätze der Freiheit, Duldsamkeit und Menschlichkeit zu beachten«, und sich verpflichtet hatte, »bestrebt zu sein, den Aufbau der Regierung zu liberalisieren und autoritäre Tendenzen auszuschalten«[74]. Auf deutscher Seite konnte man aber keinen Zusammenhang zwischen dieser Erinnerung und dem in Rede stehenden Gesetz erkennen. Dementsprechend fiel auch die gutachtliche Äußerung des Bundesjustizministers zu der alliierten Beanstandung aus. Zunächst wurde in dem Gutachten festgestellt, daß das alliierte Veto einer Rechtsgrundlage im Besatzungsstatut entbehre. Grundsätzlich war das Justizministerium darüber hinaus der Meinung, daß der Bundeskanzler im Petersberger Abkommen sich nicht verpflichtet habe, »hinsichtlich des öffentlichen Dienstes die deutsche Gesetzgebung an ein spezielles, den deutschen Vorstellungen fremdes Schema zu binden. Er konnte dies um so weniger tun, als das Grundgesetz in Artikel 33, Absatz 5 ausdrücklich bestimmt, das Recht des öffentlichen Dienstes sei unter Berücksichtigung der hergebrachten Grundsätze des Berufsbeamtentums zu regeln. Damit war für die Gesetzgebung die der Natur der Sache entsprechende

Verpflichtung verfassungsmäßig festgelegt, die demokratischen Formen des öffentlichen Dienstes eigenständig unter Berücksichtigung der deutschen Eigenart zu entwickeln und nicht unselbständig ein fremdes Vorbild zu kopieren.«[75]
Nach dem selbstbewußten Hinweis, daß sich die Alliierten durch die Genehmigung des Grundgesetzes die Hände selbst gebunden und kein Recht zu Eingriffen in der fraglichen Materie mehr hätten, versuchte das Justizministerium auch noch den Nachweis zu erbringen, daß die sechs grundsätzlichen Forderungen im Bundespersonalgesetz durchaus erfüllt seien. In den Verhandlungen mit der Hohen Kommission sagte der Bundeskanzler aber trotzdem zu, in den Durchführungsbestimmungen zum Bundespersonalgesetz auf die alliierten Wünsche einzugehen.[76] Daraufhin nahmen die Alliierten Mitte Mai 1950 ihr Veto zurück, außerdem setzten sie das Militärregierungsgesetz Nr. 15 bis zum 31. Dezember 1950 außer Kraft.[77]
Nach dem Inkrafttreten des vorläufigen Bundespersonalgesetzes am 17. Mai 1950 waren die Vorarbeiten für ein endgültiges Beamtengesetz der Bundesrepublik fortgesetzt worden, sie gerieten aber trotz der Versprechungen gegenüber den Alliierten bald ins Stocken. Im November 1950 stand fest, daß der Termin – Ende 1950 – nicht gehalten werden konnte. Die Hohen Kommissare vermuteten, sicher nicht zu Unrecht, daß auf deutscher Seite auf Zeitgewinn spekuliert wurde. Anfang Dezember beschloß der Bundestag, die Geltung des vorläufigen Personalgesetzes bis zum 30. Juni 1951 zu verlängern. Die SPD unterstellte den Regierungsparteien bei dieser Debatte[78], sie verzögerten die Vorlage eines endgültigen Beamtengesetzes in der Hoffnung, das Vetorecht der Alliierten werde im Zuge der Revision des Besatzungsstatuts hinfällig, die Bundesregierung werde dann freie Bahn für die Fortschreibung des alten Beamtenrechts haben.
Die Alliierten wiesen den Kanzler in der Folgezeit noch mehrmals auf seine Versprechungen hin, sowohl ihre Grundsätze bei der endgültigen Regelung zu beachten als auch den entsprechenden Gesetzentwurf in absehbarer Zeit vorzulegen. Die Zweifler sollten aber recht behalten. Die endgültige Regelung wurde noch mehrmals verschoben, die Alliierten suspendierten – unter gleichzeitiger Wiederholung ihrer Ermahnungen – ihr Gesetz Nr. 15 ebenfalls mehrmals, schließlich bis zum 31. Dezember 1952. Die Außerkraftsetzung des bizonalen Mustergesetzes hatte aber längst nur noch formale Bedeutung. Seit der Konstituierung der Bundesrepublik war es ja niemals angewendet worden. Die Alliierten verloren allmählich aber auch die Lust, auf eine Reform des deutschen öffentlichen Dienstes hinzuwirken, und beschlossen im Februar 1952, den Kampf aufzugeben. Zeitläufte und politische Entwicklung –

der Koreakrieg und die Gründung der NATO wohl am nachhaltigsten – hatten auch das Verhältnis der Alliierten zur Bundesrepublik geändert. Zur Resignation gegenüber der deutschen Beharrlichkeit fügte sich die außen- und sicherheitspolitische Notwendigkeit, Westdeutschland in das atlantische Bündnissystem zu integrieren. Der letzte »Bericht über Deutschland« des amerikanischen Hohen Kommissars McCloy würdigte diese Tatsache, als er mit einem lakonischen Satz das Ende der Reformbestrebungen feststellte: »Im Hinblick auf die bevorstehende Fertigstellung des Deutschlandvertrages entschloß sich die Alliierte Hochkommission im Februar 1952, keine weiteren Maßnahmen auf dem Gebiete des Beamtenwesens zu treffen.«[79]

Wie vergeblich diese jahrelangen Anstrengungen gewesen waren, geht nicht nur aus dem Wortlaut des Bundesbeamtengesetzes von 1953 hervor. Walter Strauß, als Leiter des Rechtsamts der Bizone und Staatssekretär des Bundesjustizministeriums von 1949–1964 damals auf vielen Ebenen maßgeblich mithandelnd, stellte rückblickend fest: »Gewiß haben wir in den schwierigen Anfangszeiten des erneuerten Staates nicht analysiert und diskutiert, was unter den ›hergebrachten Grundsätzen des Berufsbeamtentums‹ des Art. 33 Abs. 5 des Grundgesetzes zu verstehen ist. Das bezieht sich zwar auf die Regelung des Rechts des Öffentlichen Dienstes, gilt aber in gleicher Weise für die Handhabung der Personalpolitik. Unsere Praxis hat aber ihnen entsprochen.«[80]

Die Antithese Restauration oder Neuordnung, die als Interpretationskonzept zur Gründungsgeschichte der Bundesrepublik nicht nur von Historikern gerne benützt wurde und immer noch angewendet wird, hat sich in der Mehrzahl der bislang untersuchten gesellschaftlichen Bereiche als wenig fruchtbar erwiesen. Nur zu oft diente die Restaurationsthese der Stützung nachträglich formulierter politischer Postulate, die an der Realität der Gründerjahre der Bundesrepublik vorbeisahen. Trotz der gebotenen Skepsis gegenüber global vermuteter unbedingter Restaurationsabsicht im ersten Jahrzehnt nach 1945 – auf deutscher wie auf westalliierter Seite – gibt es verpaßte Chancen der Neuordnung. Vielleicht der wichtigste Bereich, in dem die Weichen in zäher und beharrlicher Arbeit in die Richtung des Hergebrachten zurückgestellt wurden, war das System des öffentlichen Dienstes. In der Beamtenfrage wurden alle Anstrengungen unternommen, um Reformen, die von den Besatzungsmächten initiiert waren – und deren Konzept auf deutscher Seite in den siebziger Jahren als einleuchtend erkannt und nachempfunden wurde –, zu verhindern und rückgängig zu machen.

10. Lernziel Demokratie.
Reformversuche im Bildungswesen

Wenn die deutsche Schule besser, das heißt: demokratischer, gewesen
wäre, dann hätte Hitler keine Anhänger gefunden, wäre nicht zur Macht
gekommen, dann wären Deutschland und der Welt die Schrecken des
Nationalsozialismus und des Zweiten Weltkriegs erspart geblieben. So
dachten nach dem Zusammenbruch des nationalsozialistischen Regimes
viele, die eine gründliche Reform des gesamten deutschen Bildungswesens forderten. Sicherlich überschätzten im nachhinein die engagierten
Reformer die Möglichkeiten der Schule und der Lehrer, vielleicht auch
auf der unbewußten Suche nach Schuldigen. Genauso hatte Wilhelm II.,
der letzte deutsche Kaiser, der wahrlich kein Demokrat gewesen war, voll
Schmerz bei einer Reichsschulkonferenz erklärt: »Hätte die Schule ihre
Pflicht getan, dann gäbe es keine Sozialdemokratie.« Das war 1890 gewesen.
Unbestreitbar war im Jahre 1945 aber, daß das deutsche Schul- und Bil-
dungssystem materiell und ideell an einem Tiefpunkt angelangt war. Im
August 1945 veranstaltete die Hamburger Oberschulbehörde eine Pädagogische Woche. Prominenter Redner war Adolf Grimme, Sozialdemokrat, preußischer Kultusminister vor der Hitlerzeit, Widerstandskämpfer
und Verfolgter des Naziregimes: »Es ist heute das erste Mal seit beinah
einem halben Menschenalter, daß ein deutscher Erziehungsminister aus
der Zeit vor dem Verrat am deutschen Geist und vor der satanisch bösen
Vergewaltigung der deutschen Seele Gelegenheit erhalten hat, zur deutschen Lehrerschaft zu sprechen... Ja, und nun heute? Hat da Erziehung
überhaupt noch Sinn? Ist alle diese Arbeit nicht umsonst gewesen? Denn
stehen wir jetzt nicht auch da vor einem Nichts? Kein Zweifel: So wie in
der ganzen Welt des Geistes und nicht anders als im Materiellen liegt auch
im Reich der Pädagogik vor uns ein Trümmerfeld... Alles, was unser
Stolz war, scheint zu Ende. Fast will es manchem sogar scheinen, als stünden wir am Ende der Geschichte des ganzen deutschen Volkes.«[1]
Äußerlich zeigte sich das Trümmerfeld der Pädagogik darin, daß die vier
Besatzungsmächte im Zuge der Eroberung Deutschlands sämtliche Schulen erst einmal geschlossen hatten. In den größeren Städten war der
Schulbetrieb im letzten Kriegswinter ohnehin weitgehend zum Erliegen
gekommen, weil die Lehrer an der Front oder beim Volkssturm waren,

weil die Schulhäuser in Lazarette umfunktioniert waren, weil der Bombenkrieg den Schulbesuch lebensgefährlich machte. Der von den Besatzungsmächten verordnete absolute Stillstand diente mehreren Zwecken. Einmal der Entnazifizierung der Lehrer, dann der Musterung der Lehrmittel und schließlich der mehr oder minder improvisierten Neuordnung der Lehrpläne und Bildungsziele nach demokratischen Inhalten, die aber erst definiert werden mußten.

Die Sowjetische Militäradministration hatte im August 1945 angeordnet, die Schulen am 1. Oktober wieder zu öffnen, obwohl über 70 Prozent der Lehrer als ehemalige Mitglieder der NSDAP vom Dienst suspendiert waren.[2] In der Französischen Zone[3] begann schon Mitte September 1945 der Schulunterricht wieder; in der amerikanischen Zone[4] fing er offiziell am 1. Oktober wieder an, aber nur in den Volksschulen. Wegen des Lehrermangels war Schichtunterricht die Regel, die Schüler kamen nur jeden zweiten Tag, die wenigen Lehrer ohne NS-Vergangenheit mußten dagegen mindestens das doppelte Pensum erledigen. Die Wiedereröffnung der höheren Schulen in der US-Zone zog sich bis zum Ende des ersten Besatzungsjahrs hin. In der britischen Besatzungszone[5] begann der Schulunterricht im November 1945 wieder, unter ähnlich schwierigen Bedingungen wie in den drei anderen Zonen. Im Frühjahr 1946, ein Jahr nach dem Zusammenbruch des NS-Regimes, war die Situation in Niedersachsen noch so katastrophal, daß ein Lehrer bis zu hundert Schüler betreute, ja es gab Schulen mit noch größeren Mißverhältnissen. Der Rekord lag, soweit das Kultusministerium in Hannover Kenntnis hatte, bei 229 Schülern, die sich einen Lehrer teilten.[6]

Wohnungsnot, Hunger und Kälte zwangen die Menschen, auf engstem Raum zusammenzuleben. Die Hausaufgaben mußten im einzig heizbaren Zimmer der Wohnung, das sich meist viele Menschen teilten, gemacht werden. Bei Schuluntersuchungen wurde festgestellt, daß infolge der Unterernährung in manchen Klassen bis zur Hälfte der zehnjährigen Volksschüler an Tuberkulose erkrankt waren.

Die geistigen Schäden, die das nationalsozialistische Regime der deutschen Schule zugefügt hatte, waren aber womöglich noch schlimmer. Mit der Indoktrinierung der Lehrer hatte es begonnen. Die klassischen Bildungsziele waren in den Hintergrund gedrängt worden, Inhalte und Wertvorstellungen wurden ab 1933 von der NS-Ideologie bestimmt und auf die Ziele des NS-Staats abgestellt: Gelehrt wurde die Überlegenheit des deutschen Menschen, Rassenwahn und Führerkult, Gehorsam und blinde Unterwerfung, Militarismus und Nationalismus in extremster Form. Die regimekonformen Lehrer waren oftmals dürftig ausgebildet und erwiesen sich vor allem stark in autoritärer Gesinnung. Weniger tüchtig waren sie bei der Vermittlung des Wissensstoffs, der überdies, am stärksten in den Fächern Deutsch und Geschichte, vielfach zu Zerrbildern verkommen war. [7]

Unbrauchbar waren aber nicht nur so viele Lehrer, sondern auch fast alle Schulbücher. Die Amerikaner machten sich mit großem Elan an die Arbeit, um Abhilfe zu schaffen. Schon im Herbst 1945 hatte die Abteilung für Erziehungswesen der US-Militärregierung fünf Millionen neue Lehrbücher aus dem Boden gestampft. Das war eine bedeutende Leistung, die in erster Linie den Schulanfängern zugute kam. Aber es war auch ein Experiment mit begrenztem Nutzen, denn es hatte im Rückgriff auf Texte der Zeit vor Hitlers Machtantritt bestanden und damit war noch lange nicht der Beginn einer Demokratisierung der Schule zu erreichen. Zum zweifelhaften Ergebnis dieser Schulbuchrevision veröffentlichte die Neue Zeitung im Mai 1946 eine Blütenlese. Zum Beispiel aus dem Balladenbuch für die 11- bis 14jährigen: »Dort klagt der gefangene Admiral: ›O fiel ich doch im Kugelgezisch... Mich aber scharren sie in den Sand und schießen nicht einmal dabei...‹ Es folgt im Abschnitt von Kampf und Heldentaten ›Die Trommel des Ziska‹: ›Erwacht, erwacht, Gott will die Schlacht‹; dann Liliencrons Ballade von der Schlacht bei Kolin; es reiht sich an: ›Der alte Zieten‹: ›Hei, wie den Feind sie bleuten.‹ Alsdann ›Fridericus Rex, unser König und Herr, der rief seine Soldaten allsamt ins Gewehr...‹ Den Schluß bildet: ›Prinz Eugen; der edle Ritter.‹ Das Balladenbuch ist ›zusammengesetzt vom Lehrerverband Berlin‹.«[8]

Über Aufgaben und Ziele der deutschen Schule dachten nicht nur die Offiziere der Militärregierungen und die wieder zu Ehren gekommenen demokratischen Bildungspolitiker der Weimarer Zeit nach, und sie waren auch nicht die ersten. Im Widerstand und im Exil hatten sich seit 1933 Politiker und Intellektuelle aller politischen Richtungen die Köpfe darüber zerbrochen, wie Deutschland nach Hitler verfaßt und organisiert sein müßte, um als demokratisches Gemeinwesen wieder Achtung in der Welt und Lebensqualität für seine Bürger zu gewinnen. Das Bildungswesen spielt in vielen dieser Überlegungen eine Rolle. Die »Deutsche Volksfront«, eine Vereinigung politischer Emigranten bürgerlicher und sozialistischer Couleur in Paris, veröffentlichte 1937 »Richtlinien für ein Schulprogramm«, in denen die deutsche Schule als Instrument des Friedens, als Ort der Toleranz, als Pflanzstätte kultureller Zusammenarbeit aller Völker gesehen wurde: »Die Wiederaufnahme der Reformschulbewegung halten wir für ein wichtiges Mittel zur Entwicklung des Erziehungs- und Unterrichtswesens... *Im Mittelpunkt von Unterricht und Erziehung soll wieder das Kind stehen.* Wir wollen an den Anschauungen und Lehren von Lessing, Herder, Goethe und den übrigen Geistesheroen Deutschlands anknüpfen, sie den Erfordernissen unserer Zeit entsprechend anwenden; damit wahre Menschenwürde und wissenschaftliche Sachlich-

keit der deutschen Schule eine gute Grundlage zu vorbildlicher Entwicklung geben können.«[9]
Die führenden Köpfe der Widerstandsbewegung des 20. Juli 1944, der ehemalige Leipziger Oberbürgermeister Goerdeler und der ehemalige Generalstabschef des deutschen Heeres, Ludwig Beck, hatten Anfang des Jahres 1941 eine Denkschrift verfaßt, die den programmatischen Titel »Das Ziel« trug und die das politische Programm der Gruppe enthielt. Dem Bildungswesen war ziemlich viel Raum gewidmet. Aber neues fand sich nicht in der Denkschrift. Im Gegenteil. Zunächst wurde gründlich gegen die nationalsozialistische Lehrerbildung und gegen den Stand der Volksschullehrer überhaupt polemisiert. In die künftigen Lehrerbildungsanstalten sollten aufgenommen werden: »Junge Männer mit Primareife, auch solche Volksschüler, die in einem zweijährigen Schulungskursus sich das nötige Ergänzungswissen erworben haben, endlich besonders tüchtige, pädagogisch veranlagte Soldaten, die diesen Beruf zu ergreifen wünschen und durch lange Dienstzeit Versorgungsansprüche erlangt haben. Auf Anstand des Charakters ist bei der Annahme besonderer Wert zu legen. Die Ausbildung dieser Lehrkräfte soll sich auf die Grundelemente dessen erstrecken und beschränken, die in der allgemeinen Schule gelehrt und gelernt werden müssen (Schreiben, Lesen, Rechnen, deutsche Sprache, Erdkunde, Geschichte, Wirtschaftskunde, Turnen). Den ganz unsachlichen, auf Eitelkeit und Geltungssucht gegründeten materialistischen Lehrerwünschen ist ein Ende zu machen.«[10]
In diesem Stile ging es militärisch-knapp weiter. Die Bildungsziele des konservativen Goerdelerkreises bestanden im wesentlichen darin, der höheren Schule der Vorhitler-Zeit und den Universitäten den Status und die Inhalte zurückzugeben, die die Nationalsozialisten verändert oder beseitigt hatten. Weniger reaktionär und puritanisch waren die Vorstellungen über die zukünftige Schule in den Grundsatzerklärungen des Kreisauer Kreises formuliert. Der Kreisauer Widerstandskreis, in dessen Mittelpunkt Graf Moltke stand, dem Sozialdemokraten, christliche Sozialisten, Gewerkschafter und Kirchenmänner angehörten, war reformfreudiger und offener als die Goerdelergruppe. Aber auch die Postulate der Kreisauer rochen nach Kernseife und waren preußisch streng: »Die Erziehungsarbeit, die die Schule gemeinsam mit Familie und Kirche zu leisten hat, bestimmt die künftige Stellung des Menschen zu Gott und seine tätige Mitgliedschaft in den lebendigen, natürlichen Gemeinschaften: Familie, Beruf und Volk, Gemeinde, Staat und Kirche. Die Schule soll das Recht des Kindes auf eine ihm gemäße Erziehung verwirklichen. Sie soll seine sittlichen Kräfte wecken und stärken. Tätiges Lernen formt den Charakter für das spätere Leben. Das Kind soll jenes Maß von Wissen und Können erwerben, das dem geforderten Leistungsbild seiner Alters-

stufe entspricht. Die Charaktererziehung bildet einen anständigen Menschen religiöser Grundhaltung, der gute Sitte und Rechtlichkeit, Wahrheit und Aufrichtigkeit, Nächstenliebe und Treue vor seinem Gewissen zur Richtschnur des Handelns zu machen imstande ist. Der so erzogene Mensch wird die Reife besitzen, selbstverantwortliche Entscheidungen zu treffen. Lernen dient der sittlichen Bildung der Persönlichkeit und der Vorbereitung auf das praktische Leben.«[11]

Im übrigen sahen auch die Kreisauer die Bildungsfrage nicht sehr differenziert. Das bewährte Alte sollte schleunigst wieder hergestellt werden, und als selbstverständlich galt ihnen die Zweigleisigkeit des Systems mit akademisch gebildeten Lehrern für Gymnasium, Realgymnasium und Oberschule. Für die Volksschulen würde weniger qualifiziertes Personal ausreichend sein. Die Bildungsmöglichkeiten wären nicht nur durch das hergebrachte System beschränkt, nach den Kreisauer Vorstellungen spielten auch rigorose Postulate der Selbstbeschränkung eine wichtige Rolle:»Wenn wir wirklich wieder Bildung, Können und Charakter in unserem Volke haben wollen, dann müssen wir die Grundforderungen wiederherstellen, die vor 60 Jahren bei sehr viel geringeren Bildungsmöglichkeiten in allen deutschen Schulen, insbesondere in höheren, für selbstverständlich erachtet wurden.«[12]

Das Ideal wäre demnach die Reichsgründerzeit um 1871 gewesen. Fortschrittlicher dachten da die Mitglieder der Gruppe »Das Demokratische Deutschland« in der Schweiz. Protagonisten waren die Sozialdemokraten Wilhelm Hoegner und Otto Braun, der frühere preußische Ministerpräsident, aber auch der ehemalige Reichskanzler Wirth von der katholischen Zentrumspartei. In ihrem Programm zur Erziehungs- und Bildungspolitik lauteten die wichtigsten Punkte: »Neuaufbau des gesamten Erziehungswesens auf der Grundlage der geistigen und sittlichen Werte und Güter der europäischen Kultur unter Ausschluß von Rassenwahn und Nationalhaß. Wiedereinsetzung der Eltern in ihre natürlichen Rechte und Pflichten... kostenlose Ausbildung aller Begabten ohne Rücksicht auf Herkunft und Stand der Eltern.«[13]

Der im letzten Kriegsjahr 1944 in New York gegründete Council for a Democratic Germany war noch rigoroser in seinen Forderungen für den Neuaufbau des Schul- und Erziehungswesens in Deutschland. Das Programm war aus Diskussionen der Mitglieder hervorgegangen, die sich gleichberechtigt aus Kommunisten, linken Sozialisten, Sozialdemokraten und bürgerlichen Liberalen zusammengefunden hatten. Führende Köpfe des Emigrantenkreises waren die Theologen Paul Tillich und Reinhold Niebuhr. Das Programm war als Alternative zur Deutschlandplanung der Alliierten gedacht und wollte an die demokratischen, liberalen und humanistischen Traditionen Europas anknüpfen: »Wie die Erklärung der

Grund- und Menschenrechte einer der ersten Akte der amerikanischen und der französischen Revolution war, so muß das Prinzip der Gleichberechtigung aller Menschen auch an den Anfang einer neuen deutschen Entwicklung und einer neuen deutschen Erziehung gestellt werden und ihre Neuorientierung leiten... Eine neue Erziehung kann nur auf breitester demokratischer Basis erfolgen unter endgültiger Durchbrechung der antidemokratischen Klassenprivilegien... Ein auf Gleichberechtigung aller Volksschichten aufgebautes Schulsystem wird am ehesten den Bildungs- und Wissensdrang im deutschen Volke wiedererwecken, der für die weitere demokratische Bewegung eine Voraussetzung ist...«[14]

Aus der Erfahrung des amerikanischen Exils ergaben sich die Postulate nach Förderung eigener Initiativen, Stärkung der Selbständigkeit der Jugendlichen, nach Schülerzeitungen, nach einer Neuorientierung im internationalen Rahmen und nach der Wiederbelebung von Bildungsmitteln wie Abendschulen und Volkshochschulen, die man zwar aus der Vorhitlerzeit schon kannte, die aber künftig eine größere Bedeutung haben müßten. Die Ansichten der Emigranten waren freilich ebensowenig gefragt wie die der Widerstandskämpfer oder der Demokraten aus der Zeit vor Hitler, die in der »inneren Emigration« bessere Zeiten abgewartet hatten. Auch auf dem Felde der Bildungs- und Schulpolitik waren nur die Pläne und Vorstellungen der Besatzungsmächte von Bedeutung. Im Potsdamer Protokoll vom 2. August 1945 hatten die drei Großmächte erklärt: »Das Erziehungswesen in Deutschland muß so überwacht werden, daß die nazistischen und militaristischen Lehren völlig entfernt werden und eine erfolgreiche Entwicklung der demokratischen Ideen möglich gemacht wird.«[15]

Über den Inhalt und die Beschaffenheit der demokratischen Ideen gingen die Ansichten der Siegermächte bekanntlich weit auseinander. Die angekündigte Überwachung des Erziehungswesens war deshalb eine schwierige Sache. Zuständig war im Prinzip der Alliierte Kontrollrat in Berlin, in dem die vier alliierten Militärgouverneure gemeinsam die Hoheit über Deutschland ausübten. In der Praxis reagierte aber, da kaum jemals Einigkeit im Kontrollrat herrschte, jeder der vier Militärgouverneure in seiner Besatzungszone nach Gutdünken.[16]

Am radikalsten waren die Franzosen. Raymond Schmittlein, der für die Volksbildung in der ganzen Französischen Zone verantwortliche Offizier der Militärregierung, hatte das Bildungs- und Erziehungsziel folgendermaßen umrissen: »Die Schule hat die Aufgabe, die Jugend zu befreien von den Ketten der Disziplin, die ihr Urteil zerstörten, zu befreien von wagnerianischen Alpträumen, die ihre Phantasie vergiften, der Jugend verständlich zu machen, daß ihr der Nationalismus künstlich auferlegt wurde durch romantische Schriftsteller und preußische Militärs und daß

die Philosophie des Übermenschen und die Verherrlichung der Helden-
tugenden geradezu automatisch in die Diktatur und in die Katastrophe
führen mußten.«[17]
Die Schwierigkeit bestand aber darin, diese Philosophie in die Praxis der
Schule umzusetzen. Die Zustände im Herbst 1945 begünstigten solche
Versuche nicht. Außerdem waren die Franzosen, eben selbst noch Be-
setzte, fast ohne Übergang in den Kreis der Sieger und Besatzungsmächte getreten. Sie hatten wenig Zeit gehabt, Konzepte für eine neue
Schule im Rahmen der Besatzungspolitik zu entwickeln. René Cheval,
einer der damals Verantwortlichen, überlieferte die Maximen der Besatzungspolitik: »unvorbereitet wie man in der Französischen Zone war,
konnte man nur an die großen, notwendigerweise vagen Richtlinien des
Kontrollrats erinnern, ohne in ihrer Handhabung sehr strikt zu sein.
Man ließ im allgemeinen gewähren und begnügte sich mit Detailkorrek-
turen. Überdies mißfiel es den Franzosen nicht, sich im Bildungssektor
großzügig zu profilieren, teils um die traditionelle Aufgeschlossenheit
Frankreichs im Kulturbereich zu dokumentieren, teils um von einem
viel energischeren Vorgehen im wirtschaftlichen Sektor abzulenken,
teils weil sie der rigorosen Praxis der Entnazifizierung, wie sie in der be-
nachbarten Amerikanischen Zone angewendet wurde, mit einiger Skepsis gegenüberstanden.«[18]
Die Militärregierung orientierte sich zunächst an den Realitäten. Nationalsozialistische Lehrer wurden entlassen und im ersten Nachkriegs-
schuljahr durch Schulhelfer ersetzt. Das waren entweder politisch unbe-
lastete Pensionäre oder ganz junge Leute, Abiturienten, die in pädagogischen Schnellkursen in vier Monaten ausgebildet wurden. Die im Amt
verbliebenen Lehrer mußten mehrtägige Umschulungskurse besuchen,
in denen auf die Vermittlung der kulturellen Tradition Frankreichs und
der Notwendigkeit der Völkerverständigung besonderer Wert gelegt
wurde. In allen Schulen sollte künftig täglich eine Stunde Französisch
unterrichtet werden; zur Förderung dieses Ziels schickte die Erzie-
hungsabteilung der Militärregierung französische Studenten und Jung-
lehrer an die deutschen Gymnasien. Das war nur der Auftakt. Dem in
französischen Augen arg rückständigen deutschen Schulwesen mußte,
davon war man in der Militärregierung überzeugt, eine gründliche Reform zudiktiert werden. René Cheval charakterisierte die Einstellung
seiner Landsleute und der für die französische Besatzungspolitik Zuständigen: »Wenn Deutschland sich nie richtig zur Demokratie bekannt
hatte, wenn der Bürger so oft der Obrigkeit hilflos ausgeliefert gewesen
war, so war, dachten viele, die Rückständigkeit des deutschen Schulwesens dafür verantwortlich. Auf diesem Gebiet sollte der entscheidende
Eingriff vorgenommen werden, wenn man es mit dem Aufbau der De-

mokratie in Deutschland ernst meinte. Das Allheilmittel bot sich in der Form (und natürlich auch in dem Geist) des französischen Erziehungswesens, das man für so vorbildlich hielt, daß man es en bloc exportieren wollte, ohne die Korrekturen, die die Anpassung an die deutsche Situation erfordert hätte. Ein Beispiel unter vielen: Man legte Wert darauf, das französische Benotungssystem (Zensuren von 1 bis 20) einzuführen, mit der Begründung, eine so breite Skala sei viel gerechter (demokratischer!) als die zu undifferenzierte (undemokratische!) Einstufung von 1 bis 5, mit der die Deutschen bislang ganz gut gefahren waren, ohne zu ahnen, daß sie damit ihre Allergie gegen die Demokratie bekundeten!... Der aufklärerische Eifer der Franzosen wurde nicht, sehr zu ihrer Überraschung, wie die Heilsbotschaft empfangen, die die Erlösung hätte bringen sollen.«[19]

René Cheval, dem Besatzungsoffizier für Bildungswesen, stand auf der deutschen Seite Carlo Schmid gegenüber. Er war damals Chef der Kultusverwaltung des Landes Württemberg-Hohenzollern. In seinen Erinnerungen verteidigte Carlo Schmid mehr als drei Jahrzehnte später den generellen Vorbehalt der deutschen Politiker gegen Reformen: »Mir schien die Herbeiführung eines Umbruchs in Lehrzielen und Lehrmethoden und in der Grundorganisation des Schulwesens nicht Sache eines aus dem Zufall der Aufteilung Deutschlands in verschiedene Besatzungszonen entstandenen Ländchens zu sein. Mit solchen Regelungen, so meinte ich, müsse gewartet werden, bis die ganze Nation imstande sein werde, sich das Bildungswesen zu geben, dessen sie zu bedürfen glaubte. In der Zwischenzeit müsse es genügen, wirkliche Nazis aus dem Schuldienst zu entfernen und aus dem Lehrstoff das zu beseitigen, was verlogene Ideale hervorrufen können.«[20]

Die französischen Reformpläne, die im Herbst 1946 Gestalt angenommen hatten, richteten sich gegen Traditionen und Institutionen, die manchem als unverzichtbar erschienen. So protestierten Vertreter der katholischen Kirche und Konservative vehement gegen die Abschaffung der Konfessionsschulen. Im Bericht eines Oberregierungspräsidenten an die Militärregierung war zu lesen: »Es ist bemerkenswert, daß der Ruf nach der Simultanschule hauptsächlich von den Kreisen kommt, welche den preußisch-berlinerischen Zentralismus und Unitarismus bejahen. Das sind alle marxistischen und ultranationalistischen Kreise; in diesen hatte sich auch der Gedanke des preußischen Militarismus und des arischen Herrenmenschentums vorzüglich verkörpert. Und gerade dies war neben der Feindschaft gegen alles Katholische und Christliche der tiefste und wahrste Grund, warum der Nationalsozialismus unter Bruch des Reichskonkordats die katholische Bekenntnisschule brutal zerschlagen und die Einheitsschule der Bevölkerung aufgezwungen hat. Diesem

Schultyp gegenüber ist die katholische Konfessionsschule gewiß eine Erziehungsanstalt zu einer echten, christlichen Vaterlandsliebe, aber auch einer aufrichtigen Völkerversöhnung in christlichem Geist.«[21]

Andere protestierten gegen die Beseitigung besonderer Formen von Mädchenbildung, die in den Frauenfachschulen und Frauenoberschulen nach altem Brauch betrieben worden war. Die rheinland-pfälzische Staatssekretärin Mathilde Gantenberg verteidigte gegen das französische Bemühen um die Gleichberechtigung der Geschlechter die Eigenart deutscher Mädchenbildung: »Da weite Kreise der Mädchen nicht den verbildenden intellektuellen Weg des Gymnasiums gehen wollen oder können, aber nach ihrer Begabung Anspruch auf eine erweiterte Bildung haben, da auch (auf) diese Mädchen in sozialen, künstlerischen und handwerklichen Berufen und im Beruf der Hausfrau und Mutter Aufgaben warten, die im Hinblick auf die Kultur des Volkes eine vertiefte Bildung verlangen, sei die Frauenoberschule, wie sie vor 1933 bestanden habe, wiederherzustellen.«[22]

Der Hauptstoß der französischen Reformpolitik richtete sich gegen die höheren Schulen. Sie hießen ab Herbst 1946 einheitlich Gymnasium; Unterschiede zwischen Knaben- und Mädchenschulen sollten auch hier nicht mehr gelten. Französisch hatte als Fremdsprache den absoluten Vorrang; das ging auf Kosten des humanistischen Gymnasiums, das bewußt in den Hintergrund gedrängt wurde. Die entscheidende Neuerung war jedoch, daß die ersten drei Klassen des Gymnasiums den Charakter einer Förderstufe haben sollten, um die Hürden des Eintritts begabter Volksschüler zu senken. Um dieses Ziel zu erreichen, verfügten die Franzosen für das im Herbst 1947 beginnende Schuljahr einen Einschulungsstopp in der Sexta der Gymnasien. Gleichzeitig wurde das Zentralabitur in der französischen Besatzungszone eingeführt.

Die deutschen Politiker reagierten auf zweierlei Art. Direkt machten sie ihrem Unmut Luft, wie der Mainzer Bischof Albert Stohr, der an Raymond Schmittlein schrieb, die Bildungspolitik der Franzosen sei mit der Schulreform in der Sowjetzone vergleichbar. Indirekt spielten die deutschen Stellen auf Zeitgewinn und verhinderten so die Reformanstrengungen in der Praxis. Oberst Schmittlein konstatierte im September 1947, in den Ländern der französischen Zone werde auf verschiedene Weise gegen die Reform des Abiturs und gegen die Schulreform überhaupt agitiert, er habe den Eindruck, daß dabei gerne die Gelegenheit ergriffen werde, die französische Besatzungspolitik zu kritisieren.[23] Die Eingriffe richteten sich vor allem gegen organisatorische und institutionelle Strukturen des deutschen Bildungswesens, aber nicht so sehr gegen dessen Inhalte und Ziele. Das unterschied die Schulpolitik der französischen von der der sowjetischen Besatzungsmacht sehr.

In der Ostzone war schon Ende Juli 1945 eine »Deutsche Zentralverwaltung für Volksbildung« errichtet worden, die der Sowjetischen Militäradministration unterstand. Kampagnen für eine demokratische Schulreform begannen wenig später. Deren Ziele wurden im späten Frühjahr 1946 in der Präambel des »Gesetzes zur Demokratisierung der deutschen Schule« festgeschrieben: »Die neue demokratische Schule muß frei sein von allen Elementen des Militarismus, des Imperialismus, der Völkerverhetzung und des Rassenhasses. Sie muß so aufgebaut sein, daß sie allen Jugendlichen, Mädchen und Jungen, Stadt- und Landkindern, ohne Unterschied des Vermögens ihrer Eltern das gleiche Recht auf Bildung und seine Verwirklichung entsprechend ihren Anlagen und Fähigkeiten garantiert.«[24]

Auf einem pädagogischen Kongreß in Berlin warb der Präsident der Zentralverwaltung für Volksbildung für das Demokratisierungskonzept. Er schloß sein umfängliches Referat mit den Worten: »Wir sind stolz auf das Begonnene, wir sind siegesgewiß für das Kommende, wir tragen auch Verleumdung und Mißgunst leicht, weil wir für eine gerechte Sache streiten, weil uns darum ihr Erfolg sicher ist und damit auch der höchste Lohn, den wir uns denken können, das Glück und der Dank unseres freien, friedlichen, zum Wahrer nationaler Größe auferstandenen Volkes.«[25]

Das Pathos und die Beschwörung des Erfolgs waren deutliche Anzeichen dafür, daß die Schulreform in der sowjetischen Besatzungszone nicht unumstritten war. Der Redner, Paul Wandel, hatte ausführlich die Tradition der fortschrittlichen Pädagogen aller demokratischen Länder für das Reformwerk in Anspruch genommen und das neue Schulgesetz als eine sozusagen in jahrhundertelanger Aufklärungsarbeit gereifte Frucht gefeiert, die endlich geerntet werden durfte: Die Grundgedanken des neuen Schulgesetzes und des Neuaufbaues der deutschen Schule seien keine Erfindungen unserer Tage und keine neu ausgedachten Pläne, wie in den anderen wirtschaftlichen und politischen Fragen bestehe die Innovation vor allem in der entschlossenen Durchführung schon lange in Deutschland auf der Tagesordnung stehender und herangereifter demokratischer Entscheidungen. Die neue Schule beruhe in ihren Grundgedanken auf sehr alten Ideen.[26]

Paul Wandel, damals Chef der Verwaltung für Volksbildung der sowjetischen Besatzungszone und anschließend erster Minister für Volksbildung der DDR, war vierzig Jahre alt, in Mannheim geboren, gelernter Maschinentechniker, hatte sich 1923 der KPD angeschlossen und war von 1933 bis 1945 im Exil in der Sowjetunion gewesen, wo er beim Studium am Marx-Engels-Lenin-Institut in Moskau Bildung nachgeholt hatte. Es war daher ganz überzeugend, wenn Wandel erklärte: Demokratisierung der Schule bedeute »Verwirklichung des oft versprochenen, aber nie verwirklichten jahrtausendalten Sehnens des einfachen Volkes nach gleichem Recht auf Bildung für alle Söhne und Töchter unseres Volkes in Stadt und Land«.[27] Gegen den Vorwurf, die Reform bringe wegen ihres politischen Ausgangspunkts eine Politisierung der Schule, setzte er das Argument, daß es bisher nirgends ein Schulsystem gebe, das nicht in seinem Erziehungsziel auf den jeweiligen Staat, auf die jeweils herrschenden gesellschaftlichen Verhältnisse eingestellt sei. Das könne auch künftig nicht anders sein. Das Neue bestehe aber darin, »daß die staatliche und gesellschaftliche Ordnung, auf die wir unsere Erziehung orientieren, sowie die Menschen, die in ihr leben und sie bauen sollen, sich grundlegend politisch und sozial von alledem unterscheiden, was früher in Deutschland war«.[28]

Durch die Schulreform wurde in der Ostzone 1946 die »demokratische Einheitsschule« eingeführt. Deren Kern bildete die achtklassige obligatorische Grundschule, die allen Kindern unabhängig von ihrer Herkunft den gleichen Start zu Bildungschancen garantieren sollte. Die Verzweigung in die beiden Hauptrichtungen Berufsbildung oder Oberschule/ Hochschule war also erst nach acht gemeinsamen Schuljahren vorgesehen. Privatschulen waren abgeschafft, die Trennung von Kirche und Staat wurde auch im Schulbereich strikt vollzogen, und daß es keinen Unterschied in der Erziehung von Jungen und Mädchen geben dürfe, war selbstverständlich. Auf einer gemeinsamen Kundgebung der noch nicht zur SED zusammengeschlossenen KPD und SPD hatte schon im November 1945 Anton Ackermann die Ziele der Schulreform skizziert. Anton Ackermann war Kommunist, er gehörte zur ersten Garnitur deutscher Politiker in der Ostzone. Er propagierte die Chancengleichheit im Bildungswesen, unter Aufrechterhaltung des Leistungsprinzips: »Eine wirkliche Förderung der Begabten scheiterte ja in der Vergangenheit nicht zuletzt daran, daß in den Volksschulen ein viel zu dürftiges Wissen vermittelt wurde, als daß sich die geistigen Fähigkeiten der Schüler hätten voll entfalten können.« Die »Brechung des reaktionären Bildungsprivilegs« werde nicht die Verarmung, »sondern eine schöpferische Bereicherung unseres gesamten Bildungswesens bedeuten«.[29]

Die Leistungsfähigkeit dieser neuen Schule wurde von vielen bezweifelt. Um erstrebtes Bildungsniveau und notwendige Demokratisierung unter einen Hut zu bringen, wurden mannigfache Anstrengungen unternommen. Von rund 40 000 Lehrern und Lehrerinnen auf dem Gebiet der sowjetischen Zone hatten etwa 28 000 der NSDAP angehört. Ihre Entfernung aus dem Beruf wurde rigoros betrieben. Dadurch und durch die Strukturreformen entstand ein plötzlicher Bedarf von etwa 40 000 Lehrern. Sie wurden in Schnellkursen, anfangs von nur wenigen Wochen

Dauer, herangebildet. Ab Anfang 1946 wurde die Ausbildung auf acht Monate ausgedehnt. Die Probleme mit den Neulehrern waren beträchtlich. Das läßt sich sogar den späteren Darstellungen der offiziellen DDR-Geschichte noch entnehmen.[30]

Die Schulreform in der Sowjetischen Besatzungszone war Teil der großen Umstrukturierung, die dort auf allen Gebieten politischen und sozialen Lebens in Gang gesetzt worden war. Die »antifaschistisch-demokratische Umwälzung« vertiefte sehr rasch die Kluft, die sich zwischen den einzelnen Besatzungszonen Deutschlands auftat. Paul Wandel wehrte freilich den Vorwurf ab, die sowjetzonale Reform zerstöre die Einheit des Bildungswesens in Deutschland. Er verwies auf Hessen und Hannover, wo im Sommer 1946 ebenfalls Reformpläne diskutiert wurden, und überhaupt habe es nie eine Einheit der Bildungsziele und des Bildungssystems gegeben.[31]

Die Einheit des deutschen Schulwesens wurde auch auf einer Erziehertagung in Bad Godesberg, die Ende Juli 1946 stattfand[32], beschworen. Es waren allerdings nur Pädagogen aus der britischen Besatzungszone, die unter dem Vorsitz von Adolf Grimme konferierten. Grimme war der wohl prominenteste Schulpolitiker im Nachkriegsdeutschland. Die britische Besatzungsmacht hatte ihn in Hannover zum Leiter der Schulverwaltung ernannt. Dort kristallisierten sich seit Sommer 1945 Reformanstrengungen, die an den fortschrittlichen Konzepten der 20er Jahre anknüpften. Der sogenannte Grimme-Plan, auch als Hannoverscher Schulplan bekannt, wurde im Januar 1946 veröffentlicht. Anton Fingerle, ebenfalls ein demokratischer Bildungspolitiker und nachmals berühmt als jahrzehntelanger Schulreferent in München, charakterisierte den Grimme-Plan als ein Element des pädagogischen Frühlings, der ihm ausgebrochen schien. »Die Grundlegung dieses im ganzen konservativen Planes geht von dem Prinzip der Geistigkeit und des religiösen Empfindens aus; er zielt neben dem Wissen, das keine Überlastung mit Stoffen und Zersplitterung der Kräfte erleiden soll, auf die Entwicklung des gesunden Menschenverstandes, der Denkfähigkeit und der moralischen Kräfte und soll Kenntnis der Wirklichkeit, Anerkennung der Werte und sittliches Handeln verbürgen. Auf die Feststellung der Mitverantwortung der Schule an der vergangenen Fehlentwicklung gründet sich die Forderung der Schule auf Mitarbeit an der Gewinnung des Friedens.«[33]

Grimmes Plan basierte auf der gemeinsamen vierjährigen Grundschule, auf der sich drei Hauptformen aufbauten, die Volks- und Berufsschule für die praktisch-handwerklich Veranlagten, das Gymnasium für die theoretisch-wissenschaftlich Begabten und die Mittel- und Oberschule als Bindeglied für praktisch Veranlagte mit theoretischen Neigungen.

Wichtig war, daß alle drei Wege zum Hochschulstudium führen konnten. Nicht nur das Abitur, sondern auch berufs- oder lebenspraktische Bewährung sollten den Zugang zur Universität ermöglichen. Charakteristisch war auch die Idee eines wöchentlichen Studientags in der Mittelschule und ein »Arbeitstag« in der Volksschule. Damit sollte Realitätsnähe in praktischen Aufgaben außerhalb des Schulgebäudes erfahren werden. Grimmes Reform zielte auf eine gegliederte Einheitsschule. Ab Ostern 1947 wurde in Niedersachsen begonnen, den Plan, oder doch Teile desselben, in die Praxis umzusetzen. Widerstände kamen vor allem aus den Kreisen der Gymnasiallehrer, die die Eigenständigkeit der höheren Schule bedroht sahen und die im Verein mit katholischen Bildungspolitikern Grimme als den »Totengräber des humanistischen Gymnasiums und damit der abendländischen Kultur« schmähten. Der Vorwurf zielte auf die egalisierende Einführung des Englischen als erste Fremdsprache in allen Schulzweigen zu Lasten des Lateins.

Konservative Beharrlichkeit und föderalistische Sonderinteressen bestimmten aber noch mehr als in der britischen Zone die Bildungslandschaft im amerikanischen Besatzungsgebiet. Im Herbst 1952 verfaßte der amerikanische Hohe Kommissar für Deutschland einen Abschlußbericht über die Besatzungspolitik. Der Natur der Sache nach war das Dokument als Erfolgsbilanz angelegt. In Sachen Bildungspolitik klang es freilich eher verhalten: »Die für das Erziehungssystem geforderten wichtigen Reformen betrafen die Schulgeld- und Lehrmittelfreiheit und die Abschaffung des ›zweigleisigen Systems‹ im deutschen Erziehungswesen, das praktisch diejenigen Schüler vom Erwerb eines höheren Bildungsgrades ausschloß, die nach dem vierten Schuljahr nicht in die auf das Universitätsstudium vorbereitende höhere Schule übergetreten waren. Alle Länder der amerikanischen Besatzungszone haben jetzt Gesetze für eine erweiterte Gewährung von Schulgeldfreiheit erlassen; auch die Lehrmittelfreiheit ist allgemein erweitert worden. Die strenge Trennung der Schularten im deutschen Erziehungswesen wird allmählich gelockert, und der Übergang von einem Schultyp zum anderen wurde erleichtert.«[34]

Zumal in Bayern hatte die amerikanische Militärregierung gegen die deutschen Politiker für eine Schulreform gekämpft – mit geringem Erfolg, wie sich am Ende der Besatzungszeit zeigte. Angefangen hatte es mit einer Expertenkommission, die im Sommer 1946 im Auftrag des US-Außenministeriums Deutschland bereiste und anschließend einen Bericht über den Zustand des deutschen Bildungswesens vorlegte.

Das Fazit des Berichts, der im September 1946 dem amerikanischen Militärgouverneur unterbreitet wurde, der ihn dann – in deutscher Sprache – veröffentlichte, lautete folgendermaßen: »Die Entwicklung eines umfassenden Erziehungssystems für alle Kinder und Jugendliche ist von allergrößter Bedeutung. Die Bezeichnungen ›elementar‹ und ›höher‹ in der Erziehung sollten in erster Linie nicht als zwei verschiedene *Arten* oder *Qualitäten* des Unterrichts angesehen werden... sondern als zwei aufeinander folgende Schulabschnitte, wobei die Elementarschule die Klassen 1 bis 6, die höhere Schule die Klassen 7 bis 12 umfaßt. In diesem Sinne sollten die *Berufsschulen* als Teil des höheren Schulwesens gelten. Zunächst sollten alle Kinder die ersten sechs Jahre in der Volksschule gemeinsam verbringen, ohne Unterschied des Geschlechts, der sozialen Herkunft, der Rasse und der fachlichen oder beruflichen Absichten. So werden sie an einem gemeinsamen Schulleben teilnehmen, an gemeinsamen Aufgaben arbeiten und ein echtes Gemeinschaftsgefühl entwickeln.«[35]

Die amerikanische Kommission unter Leitung von George F. Zook war hochrangig besetzt, unter den zehn Experten befanden sich Universitätsprofessoren ebenso wie Gewerkschafter und Vertreter der kirchlichen Bildungsorganisationen. Am deutschen Schulsystem erschien ihnen vieles reformbedürftig: »Der gegenwärtige Lehrplan der höheren Schule scheint mit Fächern überfüllt, die mit akademischer Tradition überlastet und lebensfremd sind und weder den heutigen noch den künftigen Bedürfnissen der Schüler entsprechen.« Die wichtigste Änderung müsse die »grundsätzliche Umgestaltung der sozialwissenschaftlichen Fächer nach Inhalt und Form« enthalten: »Die Schüler müssen die aktiven Träger des Lernvorganges sein. Dann werden die Sozialwissenschaften (Geschichte, Geographie, Staats- und Heimatkunde) vielleicht den Hauptbeitrag zur Entwicklung demokratischen Bürgersinnes leisten.«[36]

Der Zook-Kommission lag auch die praktische Einübung von Demokratie am Herzen. Sie empfahl, das Schulleben so umzugestalten, daß es schließlich in allen seinen Phasen Erfahrungen mit einer demokratischen Lebensgestaltung vermitteln könne: »Gemeinschaftsaufgaben, Klassenausschüsse, Diskussionsgruppen, Schulbeiräte, Schülervereinigungen, Vorhaben im Dienste der Gemeinschaft – alle Formen demokratischen Lebens, die die schulische Gemeinschaft zuläßt, sollten entwickelt werden.«[37]

Die Vorschläge und Anregungen der Amerikaner stießen freilich auf deutsches Unverständnis, und in der Ablehnung der Reformideen herrschte große Einmütigkeit. Daß Kardinal Faulhaber, der Münchner Erzbischof, für Konfessionsschulen und katholische Kindergärten, für das Elternrecht und auch für das humanistische Gymnasium kämpfte, lag nahe. Aber der Kardinal lehnte darüber hinaus, ebenso wie Kultusminister, Ministerialbürokratie und Lehrerschaft, die amerikanischen

Vorschläge in Bausch und Bogen ab. Er begrüße zwar die Absicht, schrieb er im Januar 1948 in einem Brief, die Wiederkehr einer Gewaltherrschaft nach Art des »Hitlertums« durch eine Umgestaltung des Erziehungswesens verhindern zu wollen, jedoch enthalte das zu diesem Zweck von der Militärregierung aufgestellte und zur Durchführung befohlene Schulreformprogramm Anweisungen und Forderungen, die mit diesem politischen Ziel in keinem unmittelbaren oder auch nur mittelbaren Zusammenhang stünden wie die Richtlinien über die Dauer der allgemeinen Schulpflicht oder die Forderung, daß die Grundschulpflicht für alle Schüler ohne Rücksicht auf Begabungsunterschiede von vier auf sechs Jahre ausgedehnt und demgemäß die Zeit für die Bildung der Begabten verkürzt werden müsse. Dem Kirchenmann mißfiel auch die Forderung, daß die Kindergärten aus dem Bereich der freien Wohlfahrtspflege und Caritas herauszunehmen und als »regelrechter Bestandteil des Schulsystems« zu behandeln seien. Ebenso mißbilligte Kardinal Faulhaber die Forderung, Schulgeld- und Lernmittelfreiheit grundsätzlich auf alle Schüler auszudehnen, ohne Rücksicht auf die wirtschaftliche Leistungsfähigkeit der Eltern. Das Postulat, jede Lehrerbildung, auch jene für »Kindergartenschulen«, auf Universitätsebene zu stellen, hielt er so falsch wie die Weisungen, die sich auf die Regelung der Gehaltsverhältnisse der Lehrer bezogen, weil sie ohne Rücksicht auf die künftige »wirtschaftliche und finanzielle Leistungsfähigkeit unseres Landes« entwickelt seien.[38]

Da keinerlei freiwillige Anstrengungen zur Schulreform erkennbar waren, verlangten die Amerikaner von der Bayerischen Regierung die Vorlage eines Bildungsprogramms zum 1. April 1947. In formaler Hinsicht erfüllte der daraufhin verfaßte »Erziehungsplan auf weite Sicht« die Forderung. Inhaltlich war das Schriftstück mit der Unterschrift des Staatsministers Hundhammer freilich eine einzige Verteidigung des Hergebrachten. Institutionelle Reformen wurden als unnötig, ja als gefährlich verworfen: »Ein organisatorischer Umbau des bayerischen Bildungswesens... wäre im gegenwärtigen Zeitpunkt, wenn überhaupt durchführbar, ein sehr gewagtes Unternehmen; er würde zweifellos den weiteren Verfall unseres durch Nazismus und Krieg schon schwer geschädigten Schulwesens statt des drängenden Wiederaufbaues zur Folge haben. Ja noch mehr, er würde den völligen Umsturz und radikalen Bruch mit einer in jahrhundertelangem Wachstum gewordenen Kultur bedeuten, aus der unser Schulwesen hervorgegangen ist und die es an die nachwachsende Generation weiterzugeben hat.«[39]

Und im einzelnen war in der Denkschrift des Bayerischen Kultusministers ausgeführt: »Eine Erweiterung der allgemeinen Schulpflicht nach oben verbietet sich z. Zt. und auf absehbare Zukunft wegen der wirt-

schaftlichen Lage unseres Volkes, die es nicht gestattet, den Eintritt der
Jugendlichen in den Arbeitsprozeß weiter hinauszuschieben. Bayern ist
überwiegend ein Agrarland mit landwirtschaftlichen Kleinbetrieben,
welche die jugendlichen Arbeitskräfte nicht entbehren können. Wohl
aber soll für gelernte Berufe Gelegenheit geschaffen werden, sich nach
Abschluß der Berufsschule durch den freiwilligen Besuch einer Fach-
schule weiterzubilden.«[40]

Gegenüber dem Verlangen der Militärregierung, die höheren Schulen in
ein System der differenzierten Einheits-Schule einzubringen und umzu-
bauen, pries der bayerische Bildungsplan die Tradition als das einzig
Richtige:»Die höhere Schule ist in Bayern niemals eine Standesschule
gewesen. Der Grundsatz der sozialen Gleichberechtigung wurde und
wird in der höheren Schule mit größtem Verantwortungsernst durchgeführt. Sie soll allen wirklich Begabten ohne Unterschied des Standes und
Vermögens der Eltern zugänglich sein, aber auch nur den Begabten. Die
Unterrichtsverwaltung wird neuerlich Maßnahmen treffen, um den Begabten auch aus den sozial und wirtschaftlich weniger begünstigten
Volksschichten den Zugang zu den höher führenden Bildungswegen zu
erweitern und andererseits jene Maßnahmen verschärfen, die geeignet
sind, Unbefähigte von diesen Bildungswegen fernzuhalten.«[41]

Allenfalls zu einigen Modellschulen, in denen die »differenzierte Einheitsschule« erprobt werden könnte, wollte sich die bayerische Kultusverwaltung herbeilassen. Den Amerikanern war dies zuwenig, und sie
wiesen den ganzen Plan zurück. Der 1. Oktober 1947 war, übrigens auch
in den anderen Ländern der US-Zone, der Termin, zu dem bessere Bil-
dungspläne vorzulegen waren. Während Hessen, Württemberg-Baden
und Bremen einigermaßen zufriedenstellend reagierten, präsentierten
die Bayern abermals ein Dokument, das als reaktionär und undemokratisch charakterisiert wurde. Jetzt stellten die Amerikaner aber nicht nur
neue Termine, sie griffen auch mit Befehlen und Verordnungen direkt in
die bayerische Bildungslandschaft ein. Das hatten sie bis dahin peinlich
vermieden. Die Schulreform sollte eine deutsche Angelegenheit sein,
bei der die Militärregierung lediglich die Wege weisen wollte. Zur Begründung der Eingriffe schrieb der Militärgouverneur in seinem Bericht
nach Washington:»Der Widerwille der bayerischen Regierung, von sich
aus die Durchführung dieser Reform in die Hand zu nehmen, hat es notwendig gemacht, daß diese Termine von der Militärregierung gesetzt
wurden. Die Hauptgründe für die Opposition der bayerischen Behörden
lagen in ihrer Gegnerschaft gegen kostenlose Schulbildung, gegen die
geplante Änderung bezüglich der Vorschriften für den Religionsunter-
richt und gegen das System der neuen sechsjährigen Grundschule.«[42]

Im einzelnen verfügte die Militärregierung Schulgeld- und Lernmittelfreiheit ab 1. September 1948. Zum 1. Oktober des gleichen Jahres mußte ein Landeselternbeirat konstituiert sein und zum 1. Januar 1949 war ein Bericht angefordert über den Stand der Planung eines fünften Schuljahrs im Rahmen der erstrebten sechsjährigen Grundschule. Ebenfalls am 1. Januar 1949 sollte der Plan für die künftige Lehrerausbildung an Hochschulen vorliegen. Aber auch diese bescheidenen Reformziele wurden nicht erreicht. Die Besatzungszeit ging zu Ende und der ohnedies gelinde Druck der Militärregierung ließ nach. Die alten Schulen waren in Form und Inhalt erst einmal erfolgreich verteidigt und gerettet worden. Hildegard Hamm-Brücher, schon damals in der Reform des deutschen Bildungswesens engagiert, resümierte im Abstand eines Vierteljahrhunderts die Versäumnisse der ersten Nachkriegsjahre. Es sei nicht auszudenken, »wie viele Umwege, Irrtümer, ideologiebefrachtete Schulkämpfe und Fehlinvestitionen wir uns hätten ersparen können, wenn sich die Schul- und Reformvorschläge der Alliierten, die ja im wesentlichen den Reformprogrammen der fortschrittlichen Parteien entsprachen, bereits in den ersten Nachkriegsjahren durchgesetzt hätten«.[43]

Ob die damaligen Ziele später in der deutschen Bildungspolitik erreicht wurden? Das von den Alliierten gesteckte Lernziel einer demokratischen Schule hatte jedenfalls folgendes vorgesehen: »Gleiche Bildungschancen für alle Kinder durch: Schulgeld- und Lernmittelfreiheit, Kindergärten als Bestandteil des regulären Schulbetriebes, mindestens ein neuntes Pflichtschuljahr, ein ›zusammenhängendes Unterrichtssystem‹, das allen Kindern den Abschluß einer weiterführenden Schulbildung eröffnet, eine akademische Lehrerbildung für alle Lehrer, eine demokratische Schulverwaltung, politische Bildung und Erziehung zum Frieden und zur internationalen Verständigung in allen Schulen.«[44]

Teil IV
Ergebnis und Wirkung
der Besatzungsherrschaft

11. Erzwungenes Ideal oder zweitbeste Lösung? Die Prägung der Bundesrepublik durch die Alliierten

I

Der größte Fehler, den die Besatzungsmächte seit 1945 in Deutschland begangen hätten, bestünde in der Demontage, der Zerstörung und Niederhaltung der Industrie. Das war die mit Abstand häufigste Antwort auf eine Meinungsumfrage im September 1951. An zweiter Stelle folgte die Angabe »Falsches Verhalten gegenüber den Russen (Jalta, Potsdam)«, an dritter Stelle wurden Lebensweise und Auftreten der Besatzungsmächte in Deutschland genannt (gemeint waren insbesondere der zur Schau getragene Luxus und die Besatzungskosten). Als nächstes wurden »Diffamierung und ungerechtfertigte Beschuldigung der Deutschen« beklagt, im Sündenregister folgten – in dieser Reihenfolge – die Kriegsverbrecherprozesse, die Entnazifizierung, die Spaltung Deutschlands und die Vertreibung der Deutschen aus den Ostgebieten. Über die größten Errungenschaften der Besatzungszeit stellte das Allensbacher Institut, das die zitierte Umfrage veranstaltete,[1] keine Erhebungen an. Der Siegeszug der Demoskopie in Westdeutschland wäre bei einer solchen Umfrage vermutlich nicht genannt worden. Größere Chancen hätten – Wahrheitsliebe der Respondenten vorausgesetzt – wohl Nylonstrümpfe, Zigaretten, Kaugummi, Nescafé, Hollywood-Filme, Jazz sowie die eisernen Rationen der US-Army und deren Bestände an Ersatzteilen für alle möglichen Verwendungszwecke gehabt.

Den freien Zugang zur Literatur, zu alten und neuen Autoren, die in Deutschland seit 1933 nicht mehr oder noch nie gedruckt worden waren, hätten andere als besondere Errungenschaft der Besatzungszeit empfunden und Namen genannt wie Kafka oder Stefan Zweig, Franz Werfel, Alfred Döblin, Hemingway, Dos Passos, Steinbeck, Wilder, Gide, Sartre, Camus, Claudel, Eliot, Mark Twain und Jack London. An materiellen wie kulturellen Gütern bestand ein erheblicher Nachholbedarf, der mit dem Wunsch nach Wiederaufbau der Städte und Wohnungen, des Verkehrssystems, der Energieversorgung in engem Zusammenhang stand. Dazu gehörte auch die Erwartung der Wiederherstellung einer Staats-, Wirtschafts- und Gesellschaftsordnung; die Frage, ob es sich dabei um Rekonstruktionen oder Neugestaltungen mit reformatorischen,

vielleicht gar revolutionären Eingriffen handeln würde, blieb dahingestellt. Wesentliche Entscheidungen, die auch in der Bundesrepublik endgültig blieben, erfolgten in den ersten Jahren der Besatzung, und zwar
zumeist auf Initiative der Besatzungsmächte und sehr oft gegen den Widerstand der deutschen Funktionäre und Mandatare.

Ein hervorragendes Beispiel ist die Neugestaltung des Rundfunksystems,
das die Alliierten gegen die deutschen Vorstellungen in den ersten vier
Besatzungsjahren einführten und über dessen Funktionieren sie weitere
sechs Jahre wachten, bis zum Mai 1955, als die Funkhoheit zusammen mit
der Souveränität in deutsche Hände kam. Auf deutscher Seite stellte man
sich das System des künftigen Rundfunks ganz einfach vor. Der Ministerpräsident von Württemberg-Baden, Reinhold Maier, drückte es im Januar 1946 im Länderrat der US-Zone mit folgenden Worten aus: »Der
rein technische Betrieb des Radios ist Sache der Post. Die Sendestationen
gehen in das Eigentum des Reiches zurück, die politische Verantwortung
trägt das Staatsministerium, und es wird je eine Intendantur oder Direktion für die Programmgestaltung unter einer zentralen Überwachung
eingerichtet.«[2] Daß Reinhold Maier noch hinzufügte, der Aufbau eines
Propagandaministeriums solle aber vermieden werden, verlieh seinem
Statement beinahe den Charme der Naivität. So naiv war der listige
Schwabe aber keineswegs. General Clay hatte eine Erklärung. In seinen
Memoiren ist zu lesen: »Ministerpräsident Dr. Maier gehörte zu den aufrichtigen Demokraten in Deutschland, und er war dennoch blind für die
Wichtigkeit einer freien Presse und eines freien Rundfunks. Irgendwann
einmal hatte Radio Stuttgart ihn angegriffen (zu Unrecht, wie er meinte)
und ihm nicht so viel Zeit für seine Erwiderung zur Verfügung gestellt,
wie er als nötig erachtete; er war entsetzt gewesen, daß es ihm von seinem
Regierungssessel aus nicht möglich war, dem abzuhelfen.«[3]

Tatsache war jedoch, daß sich die deutschen Politiker und Verwaltungs-
juristen einen öffentlichen Rundfunk ohne staatliche Kontrolle nicht vorstellen konnten. Für öffentlich-rechtliche Anstalten, die dem Zugriff des
Staatsapparates nicht ausgesetzt waren, gab es in Deutschland keine Vor-
bilder. Das Modell wurde aus Großbritannien importiert und am Nord-
westdeutschen Rundfunk, dem zentralen Radionetz der britischen Zone,
ausprobiert. Es war die BBC, von der die Organisationsform der »Public
Corporation« übernommen wurde. Von BBC ausgeliehen war auch der
britische Chief Controller und erste Generaldirektor des NWDR, Hugh
Greene, dessen Bedeutung für den deutschen Nachkriegsrundfunk kaum
zu überschätzen ist.[4] In der US-Zone wurde nach ähnlichen Konzepten
operiert, den Amerikanern lag aber außer der Unabhängigkeit des Rundfunks vom Staat auch die Dezentralisierung der Stationen am Herzen:
Radio Stuttgart, Radio Frankfurt und Radio München, später auch der

Sender Bremen waren autonome Anstalten. In der französischen Zone war der Rundfunk in Gestalt des Südwestfunks zwar zentralisiert, im übrigen aber ganz ähnlich wie in den beiden anderen Westzonen angelegt. Wie die Amerikaner ihr heimisches Modell des kommerzialisierten Privatfunks nicht in Deutschland einführen wollten, so dachten die Franzosen nicht daran, ihr System des staatsverwalteten Rundfunks auf Deutschland zu übertragen.[5]

Einig waren auch alle drei Besatzungsmächte im Kampf gegen die Ansprüche der Post auf den Rundfunk. Die Post war rechtmäßiger Besitzer aller Sendeanlagen, sie besaß die Funkhoheit und ihr standen die Rundfunkgebühren zu. Durch alliierten Machtanspruch wurde die Post entschädigungslos zugunsten der Rundfunkanstalten enteignet. Ihr verblieb lediglich der Einzug der Rundfunkgebühren, die Schaltung der Kabel und der Entstörungsdienst. Damit war der Rundfunk dem begehrlichen Griff der Finanzminister entzogen, die mit Hilfe der Rundfunkgebühren gerne Löcher an anderen Stellen des Haushalts gestopft hätten. Um das System des öffentlich verfaßten, pluralistisch kontrollierten, aber regierungsunabhängigen Rundfunks zu sichern, übten die Alliierten auch Zwang gegen die Deutschen aus. Das war notwendig, wie sich vor allem in der US-Zone zeigte.[6] Die Amerikaner hatten angekündigt, daß die Rundfunk-Anstalten erst dann in deutsche Hände übergehen würden, wenn befriedigende deutsche Rundfunkgesetze verabschiedet seien. In Stuttgart dauerte es bis zum Juli 1949, ein halbes Jahr länger als in Frankfurt und München, bis der Druck wirkte und das entsprechende Gesetz vorlag.[7]

Bei der Presse war es ganz ähnlich. Clay schrieb am Ende seiner Amtszeit als Militärgouverneur: »Die deutsche Unfähigkeit, demokratische Freiheit wirklich zu erfassen, hat sich wohl auf keinem anderen Gebiet, außer vielleicht auf dem der Schulreform, so deutlich gezeigt. Es schien unmöglich zu sein, zu einer Gesetzgebung zu gelangen, in der die Presse der regierenden Macht nicht auf Gnade oder Ungnade ausgeliefert war.«[8] Bei der Demokratisierung der Presse waren die Amerikaner die Vorreiter. Beim Rundfunk waren die Briten stilbildend gewesen und die Franzosen hatten sich bei der Behandlung der Medien der amerikanisch-britischen Politik angeschlossen und zum Teil deren Verordnungen für ihren Bereich adaptiert. Das System der Presse-Lizenzierung erwies sich über das Ende der Lizenz-Ära 1949 hinaus als stabil, und seine Wirkungen waren insgesamt bis heute segensreich: Die Vergabe der Lizenz für eine Zeitung an mehrere Lizenzträger unterschiedlicher Couleur förderte den Pluralismus im einzelnen Blatt und verhinderte sowohl das Wiederaufleben der Partei- und Interessenpresse wie der meinungslosen, ausschließlich kommerz-orientierten Generalanzeigerblätter der Weimarer Zeit. Daneben wurde durch mannigfache Aktivitäten, namentlich der Amerikaner, eine neue Generation von Journalisten herangezogen, und in der Folge wurde das Erscheinungsbild der deutschen Presse nachhaltig geprägt durch Errungenschaften der Besatzungszeit, ohne die die Zeitungslandschaft heute nicht denkbar ist, wie der den deutschen Nachkriegsjournalisten unermüdlich eingebleute Grundsatz der Trennung von Nachricht und Kommentar, die Übernahme journalistischer Formen wie Reportage und Feature, die Ausbildung eines bisher unbekannten Investigations-Journalismus in Nachrichtenmagazinen und großen Zeitungen, der sich zum Sprachrohr und Vertreter von Bürgerinteressen macht, Mißstände aufdeckt und Initiativen fördert.[9]

Eine Reformanstrengung mit eher indirekter Wirkung auf die Bundesrepublik war der Versuch der amerikanischen Militärregierung, die restriktive Gewerbegesetzgebung des Dritten Reiches zu beseitigen. OMGUS unternahm diesen Versuch im Alleingang im Herbst 1948, als die Länderregierungen der US-Zone angewiesen wurden, die Gewerbefreiheit wieder einzuführen.[10] Die Amerikaner hatten für das Prinzip der Gewerbelizenzierung durch Konzession oder Befähigungsnachweis an sich kein Verständnis, besonders suspekt war ihnen aber der Brauch, daß der Zutritt zum Markt von den künftigen Konkurrenten erlaubt oder verboten werden durfte. Wenn schon eine Lizenzierung im öffentlichen Interesse notwendig sei, müsse sie durch amtliche Stellen und nicht durch Innungen, Kammern und andere berufsständische Organisationen erfolgen.[11] HICOG veröffentlichte zum Beweis des Erfolgs der amerikanischen Politik eindrucksvolle Zahlen. Vor Einführung der Gewerbefreiheit in der US-Zone waren im 1. Quartal 1948 14888 Geschäftsunternehmen eröffnet worden, als Ergebnis der Gewerbefreiheit waren es im 1. Quartal 1949 96172. Insgesamt, so schätzte HICOG, wurden in der amerikanischen Zone bis 1951 rund 250000 neue Unternehmen aller Art eröffnet, von denen die überwiegende Mehrheit mit Erfolg arbeitete. Da die beiden anderen Besatzungsmächte nicht mitzogen, wurde in den Ländern der britischen und der französischen Zone die restriktive Gewerbegesetzgebung von 1935 fortgeschrieben. Im Oktober 1950 wurde im Bundestag der Gesetzentwurf einer Bundes-Handwerksordnung eingebracht, der diese Regelung für ganz Westdeutschland verbindlich machen sollte. Das Gesetz wurde 1953 verabschiedet.

Der lange Zeitraum bis zur Verabschiedung des Gesetzes erklärt sich daraus, daß der Amerikanische Hochkommissar noch verschiedene Versuche unternahm, dem Grundsatz der Gewerbefreiheit dauernd zur Geltung zu verhelfen. Während der Verhandlungen über den Deutschlandvertrag bemühte sich McCloy, die Gewerbefreiheit im deutschen Dekartellisierungsgesetz unterzubringen. Die Deutschen erklärten die Materie

aber als interne Angelegenheit, wogegen 1951/52 von amerikanischer
Seite nicht mehr viel einzuwenden war. Immerhin wurde ein Abkommen
zwischen Bundesregierung und HICOG getroffen, nach dem restriktive
Gesetze (wie die Handwerksordnung von 1953) keine Anwendung auf die
rund 250000 Personen finden sollten, die in der US-Zone aufgrund der
Gewerbefreiheit neue Unternehmen gegründet hatten. McCloy bilan-
zierte am Ende seiner Amtszeit die Bemühungen folgendermaßen: »Abschließend ist zu bemerken, daß es der Amerikanischen Hochkommission zwar nicht gelungen ist, die Gewerbefreiheit durch entsprechende
deutsche Gesetze im gesamten Gebiet der Bundesrepublik wieder einzuführen, daß sie aber wenigstens in der amerikanischen Zone den vor der
Machtergreifung durch Hitler herrschenden Zustand wiederherzustellen
vermochte; da sie auf diese Weise die sozialen und wirtschaftlichen Vorteile der Gewerbefreiheit klar aufzeigen konnte, hat sie die Position ihrer
Verfechter gestärkt und hoffentlich Kräfte in Bewegung gesetzt, die das
deutsche Volk wiederum von den Fesseln der veralteten, restriktiven Ge-
werbeordnung befreien werden.«[12]
Es ließen sich noch etliche gescheiterte Reformversuche der Besatzungszeit nennen[13], die verhinderten Bestrebungen gehören aber nicht mehr
zum Thema. Wie Westdeutschland von den Alliierten tatsächlich geprägt
wurde, lautet ja die Frage, auf die sich bei Betrachtung der Gründungs-
vorgänge weitere Antworten wohl finden werden. Hier nur anzudeuten
wären noch etliche Bereiche, in denen zweifellos schon am Anfang der
Besatzungszeit Prägungen stattgefunden haben, die Bestand hatten: Das
Parteiensystem der Bundesrepublik hätte sich ohne die Lizenzierungs-
praxis der Besatzungsmächte nicht in dieser Form entwickelt, die extremen Gruppierungen und reinen Interessenparteien wenig oder keine
Entfaltungsmöglichkeiten bietet. Daß die Richtungsgewerkschaften der
Weimarer Zeit nicht wieder auferstanden, daß vielmehr eine einheitliche
Gewerkschaftsorganisation entstand, ist zum guten Teil auch das Ver-
dienst der Besatzung.[14]
In ihrer Wirkung nicht zu messen, ohne Zweifel aber von Bedeutung für
die politische Kultur der Bundesrepublik und dafür, daß demokratisches
Verhalten der Nachkriegsgeneration selbstverständlich wurde, ist die
Mühe, die Amerikaner bei der politischen Erziehung der Jugend aufwen-
deten. Stichworte sind Schülerzeitungen, Schülermitverwaltung, Bürger-
foren, Amerikahäuser, Schüler- und Studentenaustausch und andere Hil
festellungen, die gegeben wurden, um das Prinzip der parlamentarischen
Demokratie einzuüben und zu festigen.[15] Und umgekehrt wurde an den
Schreibtischen der Militärregierungen manches verhindert, was gestan-
dene Demokraten der Weimarer Zeit in tastendem Eifer mit rückwärts-
gewandtem Blick bei der Installierung der Nachkriegsdemokratie ange-

richtet hätten. Dazu nur ein drastisches Beispiel. Der Sozialdemokrat
Wilhelm Hoegner hatte als Bayerischer Ministerpräsident eigenhändig
ein »Gesetz zum Schutze des bayerischen Staates« entworfen. Pate gestanden hatte bei diesem »Gesetz Nr. 2« von 1945 das Republikschutzge-
setz von 1922. Der Entwurf enthielt in elf Artikeln zum Schutz der Demokratie so ziemlich alles, was obrigkeitliche Tradition hervorgebracht
hatte, vorbeugende Polizeihaft für Berufslose auf unbestimmte Zeit
ebenso wie Beschränkungen der Meinungsfreiheit zugunsten der öffentlichen Sicherheit und Ordnung, ferner wurden Giftbeimischung, Brand-
stiftung und Landesverrat mit drakonischen Strafen bedroht. Der Artikel
3 hatte folgenden Wortlaut: »Wer es unternimmt, den Ministerpräsidenten oder einen Staatsminister der von ihnen ausgeübten Staatsgewalt zu
berauben oder durch Drohung mit Gewalt oder mit einem Verbrechen
oder Vergehen zu nötigen oder zu hindern, ihre Befugnisse überhaupt
oder in einem bestimmten Sinn auszuüben, wird mit dem Tod oder mit
lebenslänglichem Zuchthaus, in minder schweren Fällen mit Zuchthaus
nicht unter fünf Jahren bestraft.« Der zuständige Mann in der amerikanischen Militärregierung für Bayern las es mit Staunen und verhinderte das
Gesetz.[16]

II

Wenn Kurt Schumacher den Regierungschef der eben gegründeten Bundesrepublik als »Kanzler der Alliierten« titulierte[17] und Adenauer die
SPD als Werkzeug britischer Politik apostrophierte,[18] dann war das zwar
durchaus beleidigend gemeint und wurde so verstanden, es spiegelte aber
auch uneingestandene Selbsteinschätzung. In solchen Formulierungen
wurde schlagartig rekapituliert, wie eng der Handlungsspielraum bei der
Errichtung des Weststaats und wie bestimmend die alliierte – genauer
gesagt: die britisch-amerikanische – Geburtshilfe gewesen war. Im Juli
1948 waren die westdeutschen Ministerpräsidenten in den Rang eines Re-
gentschaftsrats für die Zeit der Präludien zum Weststaat erhoben worden.
Geschehen war dies anläßlich der Übergabe des Staatsgründungsauftrags
– der Frankfurter Dokumente – durch die drei Militärgouverneure. Die
Länderchefs waren damit für kurze Zeit zu Treuhändern der deutschen
Sache bestellt und mußten sich entscheiden, ob und wie die Aufforderung
der Westmächte zur Staatsgründung zu akzeptieren sei. Das »ob« stand
kaum in Frage, beim »wie« gab es Schwierigkeiten, jedenfalls lange und
leidenschaftliche Debatten. Angesichts der Realitäten der Bizone, einer
britisch-amerikanischen Erfindung, die mit einem Parlament, einer Administration und einer ganzen Reihe wesentlicher staatlicher Attribute
versehen war, also schon die Grundform eines Weststaats darstellte,[19]

mutete die Diskussion über die Frankfurter Dokumente fast anachronistisch an. Hatten bei der Bizone, als sie den Namen »Vereinigtes Wirtschaftsgebiet« erhielt, die Alliierten, um jeden Anschein von Staatlichkeit zu vermeiden, in Nomenklaturfragen gebremst, so waren es im Juli 1948 die Deutschen, die zögerten. Das Aufbäumen gegen den alliierten Auftrag zur Staatsgründung war aber nur kurz, weil es in Wirklichkeit kaum einen Dissens zwischen den Deutschen der drei Westzonen und den Alliierten gab. Den Weststaat wollten beide Seiten. Das Hauptproblem, das Eingeständnis nämlich, daß die Einheit der deutschen Nation verloren war – 75 Jahre lang hatte sie gedauert –, wurde auf transzendentale Ebene verlagert und dort gelöst. Die Ministerpräsidentenkonferenzen, der Herrenchiemseer Verfassungskonvent und der Parlamentarische Rat übten während der Gründungsphase die Sprachregelungen des langfristigen Provisoriums Bundesrepublik gründlich ein und schrieben sie in der Präambel der Verfassung, die ausdrücklich nur das »Grundgesetz« der staatlichen Ordnung für eine Übergangszeit sein sollte, fest. Die Bezeichnung »Grundgesetz« war eine Konzession der Westmächte, die erst nach heftigem Ringen gewährt wurde.[20]

Wichtiger aber als die Probleme der Nomenklatur, ob die Konstitutionsurkunde nun »Verfassung«, »westdeutsche Satzung«, »Verwaltungsstatut« oder schließlich »Grundgesetz« heißen solle, waren die Auseinandersetzungen um die Verfassungsinhalte zwischen den Deutschen, die sie ausarbeiteten und den Alliierten, die das Ergebnis zuletzt genehmigen mußten. Die Genehmigung war an Voraussetzungen gebunden, wobei der Grundsatz, daß die Verfassung demokratisch sein müsse, selbstverständlich war. Föderalismus als Organisationsprinzip war aber ebenfalls vorgeschrieben. Die Rechte der Länder sollten »geschützt« und »eine angemessene Zentralinstanz« geschaffen werden, und »Garantien der individuellen Rechte und Freiheiten« mußte die westdeutsche Verfassung auch enthalten. Das waren conditiones sine qua non, ausgehandelt auf der Londoner Sechsmächte-Konferenz und im ersten Frankfurter Dokument den Deutschen ausdrücklich ins Leistungsverzeichnis geschrieben. Im November 1948 wurde dem Parlamentarischen Rat verdeutlicht, wie der Föderalismus im Detail beschaffen sein sollte. (Das geschah namentlich auf Betreiben der Franzosen; die beiden angelsächsischen Militärgouverneure hätten lieber noch zugewartet.)

Der wichtigste Punkt des Pflichtenkatalogs, der dem Parlamentarischen Rat überreicht wurde,[21] war die Forderung nach einer Zweiten Kammer, die mit genügender Befugnis zur Wahrung der Länderinteressen ausgestattet sein müsse: Damit standen Senatslösungen, Ständevertretungen oder ein Oberhaus nicht mehr mit Aussicht auf alliierte Genehmigung zur Debatte. Ferner sollten die Kompetenzen der Bundesregierung sich nicht auf das Erziehungswesen, auf kulturelle und kirchliche Angelegenheiten erstrecken, die Verfügung des Bundes über die öffentlichen Finanzen sollte zugunsten der Länder beschränkt bleiben, eine unabhängige Gerichtsbarkeit zur Kontrolle der Bundesgesetze und der Bundesexekutive war verlangt. Gefordert wurde auch, daß jeder Bürger Zugang zu öffentlichen Ämtern haben müsse (das richtete sich u. a. gegen das Juristenmonopol im öffentlichen Dienst) und Beamte sollten vor Übernahme eines Mandats in der Bundeslegislative von ihrem Amt zurücktreten. Diese Forderungen wurden, manche in gemilderter Form, im Grundgesetz verankert. Es sind wesentliche Strukturelemente des Regierungssystems der Bundesrepublik, die von den Alliierten gegen teilweise heftigen Widerstand der deutschen Politiker durchgesetzt wurden. Namentlich die Gesetzgebungskompetenzen zwischen Bund und Ländern sähen ohne die Einwirkung der Alliierten anders aus.

Das gilt auch für die wirtschaftliche Entwicklung und die Wirtschaftsordnung des Weststaats, die in der Besatzungszeit präjudiziert wurde. Die pragmatischen Besatzungsziele gaben dabei den Ausschlag: Weil die Briten finanziell von den Amerikanern abhängig waren, blieben ihre Versuche, in ihrer Zone durch Enteignung der Bergwerksgesellschaften und Sozialisierung der Großindustrie und durch die Einführung eines planwirtschaftlichen Systems neue Tatsachen zu schaffen, erfolglos. Im Bemühen um die Wiederingangsetzung der Industrieproduktion und um die Produktionssteigerung des Kohlebergbaus, der das einzige auf dem Weltmarkt verwertbare Exportgut der Bizone hervorbrachte, waren sich die beiden angelsächsischen Besatzungsmächte einig.[22] Die britischen Sozialisierungspläne, für die auf deutscher Seite ja nicht nur die Sozialdemokraten, sondern lange Zeit auch starke Gruppen der Union Sympathien hegten, fielen schließlich auch den Sachzwängen zum Opfer. »Wir können die Amerikaner nicht vor den Kopf stoßen«, schrieb ein Beamter des Foreign Office Ende Juli 1947, »oder wir bekommen keine Dollars; wir können die Deutschen nicht vor den Kopf stoßen, oder wir bekommen nicht *mehr* Kohle; wir können die Franzosen nicht vor den Kopf stoßen, oder wir schwächen die französische Regierung und verlieren ihre Unterstützung bei den laufenden Marshallplan-Verhandlungen; wir können die Sozialisierungspolitik nicht vollständig aufgeben, ohne daß es zu einem Aufschrei im Parlament kommt. Es ist fast unmöglich, eine Lösung zu finden, die alle zufriedenstellt.«[23]

Die Amerikaner verhinderten zwar deutsche und britische Sozialisierungspläne, sie trugen aber die Politik der Entflechtung in der Kohle- und Stahl- und chemischen Industrie und im Bankwesen mit. Die Dekonzentration, so unvollkommen ihre Ergebnisse im Endeffekt auch waren, bildete ferner den Ausgangspunkt für die paritätische Mitbestimmung in der

Montanindustrie, die, seit 1951 bundesgesetzlich geregelt, immer noch gültig ist.[24]

An der Beurteilung des Marshallplans scheiden sich die Geister immer noch, einerseits hinsichtlich der damit verbundenen politischen Intentionen vor dem Hintergrund des Ost-West-Konflikts, andererseits in der Beurteilung seiner Wirkung auf die ökonomische Rekonstruktion Westdeutschlands.[25] Unbestreitbar jedoch sind einige ganz wesentliche politische Folgen des Marshallplans, nämlich das Einschwenken der französischen Deutschlandpolitik auf die anglo-amerikanische Linie, die Abgrenzung der drei westlichen Besatzungszonen gegenüber der Ostzone im Laufe des Jahres 1948 und der Beginn der europäischen Integration unter Einschluß Westdeutschlands. Ein anderer Schritt in die gleiche Richtung war das Ruhrstatut, das als Kontroll- und Disziplinierungsinstrument konzipiert war und schon drei Jahre später durch die Montanunion, in der die Bundesrepublik gleichberechtigter Partner war, ersetzt wurde. Die ordnungspolitischen Entscheidungen, die ab Juni 1948 vom Wirtschaftsrat der Bizone getroffen wurden, waren kein Oktroi der Amerikaner. Aber gegen ihren Willen wären die Aufhebung der Bewirtschaftung und die Freigabe der Preise nicht möglich gewesen, und die Einführung des marktwirtschaftlichen Systems in der Bizone entsprach exakt den Intentionen der dominierenden Besatzungsmacht.[26]

III

Zu fragen bleibt, welche Vorstellungen die Deutschen bei der Gründung des Weststaats hatten und wie die deutschen Wünsche zu den alliierten Konzepten paßten, ob die Errichtung der Bundesrepublik ein Diktat der Besatzungsherrschaft war und wie die Ausgrenzung der sowjetischen Besatzungszone rechtfertigend begründet wurde. Es zeigte sich bald, spätestens bei den Beratungen der westzonalen Länderchefs im Juli 1948, daß die Konzepte der Londoner Sechsmächte-Konferenz in Westdeutschland viel Resonanz hatten. Die Wiedererrichtung eines Staatswesens auf nur einem Teil des deutschen Territoriums, ein »Staatsfragment« also, erschien den meisten angesichts der Okkupation und der Fortdauer ungewisser und als unerträglich empfundener Zustände als das geringere Übel. Dazu kam der Wunsch, sich gegenüber der Einflußsphäre der Sowjetunion abzugrenzen und Schutz bei der Vormacht des Westens zu suchen. Aus unterschiedlichen Motiven waren sich bürgerliche wie sozialdemokratische Politiker in der antikommunistischen Grundstimmung einig, und über das künftige Regierungssystem in Form der parlamentarischen Demokratie herrschte ebenfalls Konsens.

Belege für die deutsche Option auf den Weststaat finden sich lange vor

der alliierten Offerte vom Sommer 1948, und zwar bei CDU-Politikern
ebenso wie bei Sozialdemokraten. Hans Schlange-Schöningen plädierte,
nach seiner Reise nach Thüringen, schon im Mai 1946 dafür, daß es »unbedingt notwendig« sei, »die drei Zonen im Sinne einer zielklaren West-
politik zu organisieren« und eine »deutsche Zentralregierung mit Exeku-
tivgewalt unter der Kontrolle der Westmächte« zu schaffen.[27] Konrad
Adenauer hielt es vor dem Zonenausschuß der CDU der britischen Zone
im August 1946 für eine Selbstverständlichkeit, daß man, wenn Rußland
den Eisernen Vorhang nicht hochzöge, »als zweitbeste Lösung das einheitliche Wirtschaftsleben in den drei nicht von Rußland besetzten Zonen
möglichst bald verlangen« müsse,[28] und Kurt Schumacher führte im folgenden Jahr 1947 die Idee weiter. Vor Spitzenpolitikern der SPD propagierte er die politische Formel, die Pragmatismus – nämlich den Wunsch
nach Staatlichkeit – und Wunschdenken – nämlich die Einheit der Nation
– unter einen Hut bringen sollte: »Die Prosperität der Westzonen«, sagte
Kurt Schumacher, »die sich auf der Grundlage der Konzentrierung der
bizonalen Wirtschaftspolitik erreichen läßt, kann den Westen zum ökonomischen Magneten machen. Es ist realpolitisch vom deutschen Gesichtspunkt aus kein anderer Weg zur Erringung der deutschen Einheit möglich, als diese ökonomische Magnetisierung des Westens, die ihre Anzie-
hungskraft auf den Osten so stark ausüben muß, daß auf die Dauer die
bloße Innehabung des Machtapparats dagegen kein sicheres Mittel
ist.«[29]

Mit der Magnettheorie war, geraume Zeit vor dem Ende der Besatzungsherrschaft, auch die Staatsdoktrin der Bundesrepublik geboren. Der
spätere Alleinvertretungsanspruch wurzelte in solchen Überlegungen
ebenso wie das Postulat der Wiedervereinigung, womit stets der Anschluß des Oststaats an die Bundesrepublik – den deutschen »Kernstaat«
– gemeint war. Die parteipolitischen Unterschiede auf der deutschen
Seite lagen vor allem darin, daß die SPD hartnäckiger an ihrem Proviso-
riumskonzept festhielt und daher den Besatzungsmächten gerne die Verantwortung für die Staatsgründung überlassen hätte, während die von der
Union geführte bürgerliche Koalition den möglichst schnellen Gewinn
der Souveränität anstrebte und sich deshalb auch in Fragen der Nomenklatur und der Prozedur bei der Verfassungsgebung, angesichts des Besatzungsstatuts und angesichts der Ruhrkontrolle durch das Ruhrstatut, ge-
schmeidiger verhielt.

Die Interessen der ersten Bundesregierung – Stabilisierung des neuen
Staates durch ständige Annäherung an den Status der Souveränität –
deckten sich mit den Intentionen der Westmächte.[30] Auf längere Sicht
war die politische und wirtschaftliche Erholung Westeuropas nur möglich
unter deutscher Mitwirkung, und dazu bedurfte es politischer Leistun-

gen, wie der Erlaubnis zur Staatsgründung und der Aussicht auf den Übergang zur vollen Souveränität. Die Einbindung Westdeutschlands in ein westeuropäisches System war im Kalkül der Vereinigten Staaten auch notwendig zur Balance der europäischen Gewichte im Ost-West-Konflikt, und zwar als Voraussetzung des globalen Gleichgewichts. So gesehen erwies sich die Weststaatsgründung aus alliierter Sicht als ein voller Erfolg.[31]

Eine zweite wesentliche Intention der Alliierten bestand in der Nutzung der wirtschaftlichen, finanziellen und personellen Ressourcen der Bundesrepublik für die militärische Sicherung Westeuropas im Ost-West-Konflikt. In diesem Punkt verließen die Westmächte die ursprüngliche Konzeption der Besatzungsziele, der Entmilitarisierung Deutschlands. Die eigentliche Sensation bestand hier vielleicht darin, daß der Plan einer Europa-Armee unter Einschluß deutscher Kontingente mit dem Namen eines französischen Ministerpräsidenten verbunden ist.[32] Auch wenn die Europäische Verteidigungsgemeinschaft, die der Pleven-Plan vorsah, dann nicht realisiert wurde, so war der Plan selbst eine wichtige Etappe bei der kontinuierlichen Festigung der ökonomischen, politischen und schließlich militärischen Integration Westdeutschlands in die westeuropäisch-atlantische Staatenfamilie. Die politische und wirtschaftliche Integration entsprach, obwohl dadurch die Wiedervereinigung Deutschlands immer illusorischer wurde, den Wünschen und Interessen der Mehrheit der Bürger der Bundesrepublik; die Wiederbewaffnung und die militärische Integration stieß dagegen noch auf erhebliche Opposition. Für den Weststaat war aber damit das in Potsdam verkündete Besatzungsziel der Rückkehr Deutschlands zur friedlichen Mitarbeit am internationalen Leben, jedenfalls zur Zufriedenheit der drei Besatzungsmächte wie der Besetzten, erreicht.

Anmerkungen

Die Diskussion um deutsche demokratische Traditionen

1 Thomas Mann, An die gesittete Welt, Frankfurt a. M. 1986, S. 407.
2 Vgl. Ernst Portner, Koch-Wesers Verfassungsentwurf, in: Vierteljahrshefte für Zeitgeschichte 14 (1966), S. 280 f. (VfZ).
3 Vgl. Wolfgang Benz (Hg.), »Bewegt von der Hoffnung aller Deutschen«. Zur Geschichte des Grundgesetzes. Entwürfe und Diskussionen 1941–1949, München 1979.
4 Vgl. Alfons Söllner (Hg.), Zur Archäologie der Demokratie in Deutschland, 2 Bde., Frankfurt a. M. 1986.
5 Ernst C. Stiefel, Die deutsche juristische Emigration in die USA, in: Juristen Zeitung 43 (1988), S. 421–426, zit. S. 423.
6 Alfred C. Oppler, Legal Reform in occupied Japan. A Participant looks back, Princeton, N. J. 1976, S. 12 f.
7 Ernst Rudolf Huber, Deutsche Verfassungsgeschichte seit 1789, Bd. 3, Stuttgart 1963, S. 766 ff.
8 Willibalt Apelt, Geschichte der Weimarer Reichsverfassung, München 1946.
9 Die Charakterisierung stammt von Kronprinz Friedrich; vgl. Huber, Deutsche Verfassungsgeschichte, Bd. 3, S. 809 ff.
10 Friedrich Glum, Der künftige Deutsche Bundesstaat, München 1948; vgl. Hans Nawiasky, Probleme einer Deutschen Gesamtstaatsverfassung, in: Frankfurter Hefte 3 (1948), S. 216–227.
11 Hanns Jürgen Küsters und Hans Peter Mensing (Hg.), Kriegsende und Neuanfang am Rhein. Konrad Adenauer in den Berichten des Schweizer Generalkonsuls Franz-Rudolph von Weiss 1944–1945, München 1986, S. 194 f.
12 Wolfgang Benz, Föderalistische Politik in der CDU/CSU. Die Verfassungsdiskussion im »Ellwanger Kreis« 1947/48, in: VfZ 25 (1977), S. 776–820.
13 Fritz von Unruh, Rede an die Deutschen, Frankfurt a. M. 1948, S. 18/19.
14 Jürgen von Kempski, Betrachtungen zur deutschen Verfassungsfrage, Frühjahr 1948, zit. nach W. Benz (Hg.), »Bewegt von der Hoffnung aller Deutschen«. Zur Geschichte des Grundgesetzes. Entwürfe und Diskussion 1941–1949, München 1979, S. 178 f.
15 Kurt Rabl, Christoph Stoll, Manfred Vasold, From the U. S. Constitution to the Basic Law of the Federal Republic of Germany / Von der amerikanischen Verfassung zum Grundgesetz der Bundesrepublik Deutschland, Gräfelfing vor München 1988, S. 84 f.; vgl. E. G. Franz, Das Amerikabild der deutschen Revolution von 1848/49. Zum Problem der Übertragung gewachsener Verfassungsformen, Heidelberg 1958.

16 Ebenda, S. 87.

17 Zit. nach Peter Schulz, Ursprünge unserer Freiheit. Von der amerikanischen Revolution zum Bonner Grundgesetz, Hamburg 1989, S. 120.

18 Vgl. zum Beispiel Georg Smolka, Die deutsche Revolution 1848, in: Frankfurter Hefte 3 (1948), S. 401–414; Kurt Kersten, 1848 und die Folgen, in: Die Umschau. Internationale Revue 3 (1948), S. 257–278; Johann Albrecht von Rantzau, Die Revolution von 1848 – Vorbild oder Warnung?, in: Die Zeit, 13.5.1948; die von Alfred Kantorowicz herausgegebene Zeitschrift Ost und West hatte das Januarheft 1948 dem Gedenken an 1848 gewidmet.

19 R›obert‹ H›aerdter‹, Die unvollendete Revolution (März 1948), in: Die Gegenwart 3 (1948), Nr. 5/6, S. 9–12.

20 Wolfgang Benz, Konzeptionen für die Nachkriegsdemokratie. Pläne und Überlegungen im Widerstand, im Exil und in der Besatzungszeit, in: Thomas Koebner u. a. (Hg.), Deutschland nach Hitler. Zukunftspläne im Exil und aus der Besatzungszeit 1939–1949, Opladen 1987, S. 201–213.

21 Thomas Mann, Ansprache im Goethejahr, in: Politische Schriften und Reden, Band 3, Frankfurt a. M. 1968, S. 319.

22 Thomas Mann, Goethe und die Demokratie, in: Schriften und Reden zur Literatur, Kunst und Philosophie, Bd. 3, Frankfurt a. M. 1968, S. 214.

23 Bericht James K. Pollock an Clay, Juni 1948, in: Pollock Papers, University of Michigan, Michigan Historical Collection, Ann Arbor, und Institut für Zeitgeschichte, München, Archiv, ED 122, Vol. 37.

24 Theodor Heuss, zit. nach Frank R. Pfetsch (Hg.), Verfassungsreden und Verfassungsentwürfe. Länderverfassungen 1946–1953, Frankfurt a. M., Bern, New York 1985, S. 13.

25 Vgl. Wolfgang Benz, Von der Besatzungsherrschaft zur Bundesrepublik. Stationen einer Staatsgründung 1946–1949, Frankfurt a. M. 1984, S. 156ff.; Der Parlamentarische Rat 1948–1949. Akten und Protokolle. Hg. für den Deutschen Bundestag von K. G. Wernicke, für das Bundesarchiv von H. Booms unter Mitwirkung von W. Vogel, Band 1: Vorgeschichte, bearb. von Johannes Volker Wagner, Band 2: Der Verfassungskonvent auf Herrenchiemsee, bearb. von Peter Bucher, Boppard 1975 und 1981.

26 Carlo Schmid, Rückblick auf die Verhandlungen, in: Benz (Hg.), »Bewegt von der Hoffnung«, S. 503–523.

27 Heinrich von Brentano, Schlechte Voraussetzungen – Erträgliche Lösungen, ebenda, S. 496–503.

Verfassungspläne und Demokratiekonzepte

1 Aufbau. Kulturpolitische Monatsschrift 1, 1945, S. 2–12, zit. S. 10.

2 Beispiele für dieses Genre sind Friedrich Glum, Der künftige Deutsche Bundesstaat, München 1948; Otto Grotewohl, Deutsche Verfassungspläne, Berlin 1947; Gerhard Weisser, Reich und Länder. Vom Neubau des deutschen Staates. Vortrag an der Technischen Hochschule Braunschweig am 6. Dezember 1946, Hamburg 1947, oder die Sammlung von Verfassungsmodellen der Parteien: Zonenbeirat für die Britische Besatzungszone (Hg.), Der Zonenbeirat zur Verfassungspolitik. Als Manuskript gedruckt, Hamburg 1948. Vgl. auch

Wolfgang Benz, Staatsneubau nach der bedingungslosen Kapitulation. Theodor Eschenburgs »Überlegungen zur künftigen Verfassung und Verwaltung in Deutschland« vom Herbst 1945, in: Vierteljahrshefte für Zeitgeschichte (VfZ), 33, 1985, S. 166–213.

3 Beck und Goerdeler, Gemeinschaftsdokumente für den Frieden 1941–1944, hg. und erläutert von Wilhelm Ritter von Schramm, München 1965, S. 147–166.

4 Vgl. Hans Mommsen, Gesellschaftsbild und Verfassungspläne des deutschen Widerstandes, in: Hermann Graml (Hg.), Widerstand im Dritten Reich. Probleme, Ereignisse, Gestalten, Frankfurt a. M. 1984, S. 14ff.

5 Wolfgang Benz, Eine liberale Widerstandsgruppe und ihre Ziele. Hans Robinsohns Denkschrift aus dem Jahre 1939, in: VfZ 29, 1981, S. 437–471.

6 Ebenda, S. 461.

7 Ebenda, S. 461.

8 Ebenda, S. 464.

9 Theodor Steltzer, Von deutscher Politik. Dokumente, Aufsätze und Vorträge, hg. von Friedrich Minssen, Frankfurt a. M. 1949.

10 Ger van Roon, Neuordnung im Widerstand. Der Kreisauer Kreis innerhalb der deutschen Widerstandsbewegung, München 1967, S. 561–567.

11 Buchenwalder Manifest, in: Hermann Brill, Gegen den Strom, Offenbach 1946, S. 96–102, zit. S. 98.

12 Ebenda, S. 101.

13 Ebenda, S. 99.

14 Zur Politik deutscher Sozialisten. Politische Kundgebungen und programmatische Richtlinien der Union deutscher sozialistischer Organisationen in Großbritannien 1941–45, London 1945, S. 5–8; vgl. W. Röder, Die deutschen sozialistischen Exilgruppen in Großbritannien 1940–1945, Hannover 1968.

15 Prager Manifest der Sopade, in: Mit dem Gesicht nach Deutschland, hg. von Erich Matthias, bearb. von Werner Link, Düsseldorf 1968, S. 215–225, zit. S. 218.

16 Ebenda, S. 220.

17 Ebenda, S. 222.

18 Ebenda.

19 Das Prager Manifest, das im wesentlichen Rudolf Hilferdings Handschrift trägt und in der Tradition der USPD steht, war nicht repräsentativ für die gesamte Sopade, es blieb auch im Prager Parteivorstand umstritten und bildete nur eine von vielen sozialistischen Positionen in der Emigration. Vgl. die ideengeschichtlich bedeutsamen Texte: Kurt Klotzbach (Hg.), Drei Schriften aus dem Exil (Miles, Neu beginnen!; Otto Bauer, Die illegale Partei; Curt Geyer, Die Partei der Freiheit), Berlin, Bonn–Bad Godesberg 1974. Vgl. auch Werner Röder, Deutschlandpläne der sozialdemokratischen Emigration in Großbritannien 1942–1945, in: VfZ 17, 1969, S. 72–86.

20 Landeskonferenz deutschsprachiger Sozialdemokraten und Gewerkschafter in den USA, Resolution zum künftigen Staatsaufbau Deutschlands (3./4. Juli 1943), in: Wolfgang Benz (Hg.), Bewegt von der Hoffnung aller Deutschen. Zur Geschichte des Grundgesetzes. Entwürfe und Diskussionen 1941–1949, München 1979, S. 88–89.

21 Ebenda.

22 Albert Grzesinski, Die staatliche Neugestaltung Deutschlands, ebenda, S. 84–88.

23 Vgl. Ernst Portner, Koch-Wesers Verfassungsentwurf. Ein Beitrag zur Ideengeschichte der deutschen Emigration, in: VfZ 14, 1966, S. 280–298.

24 Das Demokratische Deutschland. Grundsätze und Richtlinien für den deutschen Wiederaufbau im demokratischen, republikanischen, föderalistischen und genossenschaftlichen Sinne, hg. vom Hauptvorstand der Arbeitsgemeinschaft »Das Demokratische Deutschland«, Dr. Josef Wirth, Dr. Otto Braun, Dr. Wilhelm Hoegner, Dr. J. J. Kindt-Kiefer, H. G. Ritzel, Bern 1945, S. 8–24; vgl. Wilhelm Hoegner, Der schwierige Außenseiter, München 1959, S. 173 f.

25 Manifest des Nationalkomitees »Freies Deutschland« an die Wehrmacht und an das deutsche Volk, Juli 1943, in: Bodo Scheurig (Hg.), Verrat hinter Stacheldraht?, München 1965, S. 77–83, zit. S. 80.

26 Ulrich Noack, Deutschlands Neue Gestalt in einer Suchenden Welt, Frankfurt a. M. 1946, S. 59–77.

27 Vgl. Johann Wilhelm Naumann, »Neues Abendland«, in: Neues Abendland, Nr. 1, März 1946, S. 1–4; ders., Altes und neues Abendland, Augsburg 1948.

28 Vgl. die bayerischen Entwürfe zum Grundgesetz, in: Der Parlamentarische Rat 1948–1949. Akten und Protokolle hg. vom Deutschen Bundestag und vom Bundesarchiv, Band 2: Der Verfassungskonvent auf Herrenchiemsee, bearb. von Peter Bucher, Boppard am Rhein 1981, S. 1–52.

29 Vgl. Anton Pfeiffer, Vom Werden einer Verfassung, in: Die öffentliche Verwaltung 1, 1948, S. 49–51 und 89–93; ders. (anonym), Die Länder und der deutsche Staat. Die Stellung der CDU und CSU zum Verfassungsproblem, in: Die Gegenwart 3 (1948), Nr. 15, S. 9–11. – Adolf Süsterhenn, Kirche und Politik, in: Rheinischer Merkur, 23. 10. 1948; ders., Die Kulturfreiheit im Staatsgrundgesetz, ebenda, 13. 11. 1948; ders., Der Weg der CDU, ebenda, 15. 1. 1949; ders., Vor der Entscheidung, ebenda 12. 2. 1949.

30 Vgl. Johannes Albers, Grundgedanken zum Thema: Christlicher Sozialismus. Diskussionsmaterial. Streng vertraulich!, Köln 1946; Oswald von Nell-Breuning, Zur Programmatik politischer Parteien, Köln 1946; Eberhard Welty, Was nun? Grundsätze und Hinweise zur Neuordnung im deutschen Lebensraum, Brühl 1945; Adam Stegerwald, Wohin gehen wir?, Würzburg 1945; ders., Wo stehen wir?, Würzburg 1945.

31 Vgl. dazu Hermann Graml, Die Alliierten und die Teilung Deutschlands. Konflikte und Entscheidungen 1941–1948, Frankfurt a. M. 1985; und Wolfgang Benz, Von der Besatzungsherrschaft zur Bundesrepublik. Stationen einer Staatsgründung 1946–1949, Frankfurt a. M. 1984.

32 Vgl. Wolfgang Benz, Föderalistische Politik in der CDU/CSU. Die Verfassungsdiskussion im »Ellwanger Kreis« 1947/48, in: VfZ 25, 1977, S. 776–820.

33 Abgedruckt in: Bewegt von der Hoffnung (s. Anm. 20), S. 359–363.

34 Ebenda, S. 367–383.

35 Die Beratungen und die Ergebnisse des Herrenchiemseer Verfassungskonvents sind gut dokumentiert im 2. Band der Edition »Der Parlamentarische Rat« (s. Anm. 28).

Zwischen Befreiung und Heimkehr

1 Edmond Michelet, Die Freiheitsstraße. Dachau 1943–1945, Stuttgart o. J. (1960), S. 252.

2 Der Zeitpunkt ist aufgrund der schlechten Quellenlage nicht exakt zu bestimmen; die Italiener waren Ende Juni noch in Dachau, möglicherweise befanden sich viel später noch Staatenlose oder transportunfähige Kranke auf dem Lagergelände bzw. an den Evakuierungsorten. Als Indiz vgl. das Communiqué I/45 vom 3.7.1945, in dem Jan Domagala als »Camp Secretary« namens des »Camp Office of Dachau« Verhaltensmaßregeln bekanntgab (Bestand Anordnungen des Internationalen Häftlings-Komitees, Archiv der KZ-Gedenkstätte Dachau).

3 Ebenda.

4 Ebenda, Bekanntmachung des Lagerältesten, o. D.

5 Michelet, Die Freiheitsstraße, S. 258 f.

6 Der »Bericht über die erste Sitzung des Internationalen Häftlings-Komitees im befreiten Lager Dachau« ist undatiert. Es heißt dort, er werde »im Laufe des Vormittags in den wichtigsten Sprachen bekanntgegeben«, was den frühen Morgen des 20. April als Zeitpunkt wahrscheinlich macht. Alle folgenden Berichte, die den Charakter von Protokollen haben, sind datiert. Sie befinden sich im Archiv der KZ-Gedenkstätte Dachau, danach wird im folgenden zitiert.

7 Vgl. die Darstellung bei Arthur Haulot und Ali Kuci, Dachau (Juli 1945, unveröffentlichte Übersetzung im Archiv der KZ-Gedenkstätte Dachau), S. 25: »Um 23 ½ Uhr haben sich im Block 24 in aller Stille fünfzehn Männer zusammengefunden: Der Kanadier Patrick O'Leary; der Engländer Tom Groome; der Amerikaner René Giraud; der Franzose Michelet; die Jugoslawen Jurenic und Popovic; die Polen Maczewski, Domagala und Kokoszka; der Tscheche Blaha; der Holländer Boelard; der Deutsche Müller; der Österreicher Kothbauer; der Belgier Haulot; der Albanier Kuci. Der russische General Michailow hat wegen Krankheit nicht erscheinen können.« Michelet, Freiheitsstraße, S. 258 f., datiert dagegen die erste Vollversammlung des IPC auf den Morgen des 29. April »in der Bibliothek in der ersten Stube von Block 2, auf der linken Allee, die also am nächsten am ›Jourhaus‹ [dem Lagertor] ist«. Vgl. auch Arthur Haulot, Lagertagebuch, in: Dachauer Hefte 1, Einführung und Eintragung vom 29.4.1945. Haulot datiert die Anfänge des Komitees dort schon auf den 6. April 1945. Vgl. auch Nico Rost, Goethe in Dachau, München 1946, S. 296 f.

8 Haulot/Kuci, Dachau, S. 26.

9 Die Zusammensetzung des IPC wurde in der Proklamation vom 29. April bekanntgegeben. Vierzehn Vertreter waren genannt; die folgenden Angaben sind anhand der Sitzungsprotokolle verifiziert. Einige Unsicherheiten (auch in der Schreibweise einzelner Namen) waren nicht zu beheben. So finden sich der bei Haulot/Kuci erwähnte Amerikaner und der Engländer nicht mehr, es ist auch unklar, ab wann der griechische Vertreter dem IPC angehörte, von wann bis wann die »kleinen Balkan-Volksgruppen« selbständige Delegierte hatten.

10 Johann Steinbock, Das Ende von Dachau, Salzburg 1948, S. 34 f.

11 Auf der 7. Sitzung des IPC am 8. Mai hatte der französische Vertreter Michelet erklärt, Französisch müsse bei den Verhandlungen des Komitees die vorherrschende Sprache sein. Wie auf der Gründungskonferenz der UNO in San Francisco sollten Englisch, Russisch und Französisch die offiziellen Verhandlungssprachen sein; aus praktischen Gründen könnte das Deutsche als vierte beibehalten werden. Der Belgier Haulot, der präsidierte, stellte fest, daß alle bisherigen Sitzungen in Französisch, Englisch und Deutsch abgehalten wurden, er selbst übersetzte jeweils vom Deutschen ins Französische und umgekehrt.

12 Karl Adolf Gross, Fünf Minuten vor zwölf. Des ersten Jahrtausends letzte Tage unter Herrenmenschen und Herdenmenschen. Dachauer Tagebücher des Häftlings Nr. 16921, München o. J. (1947), S. 216.

13 Vgl. Einer von »Nacht und Nebel«. Was Arthur Haulot zu Dachau sagt, in: Süddeutsche Zeitung, 18. 12. 1945; s. a. Hermann Langbein, ... nicht wie die Schafe zur Schlachtbank. Widerstand in den nationalsozialistischen Konzentrationslagern 1938–1945, Frankfurt a. M. 1980, S. 382.

14 Bericht über die erste Sitzung des IPC; der in Saloniki geborene staatenlose Meanssarian, Spion und Gestapo-Agent, war erst Anfang 1945 Lagerältester geworden. Der Polizei-Capo Wernicke war ein ehemaliger SA-Mann des Horst-Wessel-Sturmes, der wegen krimineller Vergehen ins KL gekommen war. Die beiden hatten Mitte April eine Stimmung im Lager geschaffen »die zur Explosion führen sollte. ›Unser Weg geht mit der SS‹, so betonten sie immer wieder und wollten mit einer Gruppe von 500 dunklen Elementen das Lager in die Hand bekommen. Wäre das gelungen: die Folge wäre ein verheerendes Blutbad gewesen.« (Oskar Müller, So wurden 33000 befreit, in: Mitteilungsblätter der Lagergemeinschaft Dachau, Dezember 1970.) Meanssarian und Wernicke waren die beiden Funktionäre der Lagerhierarchie, die von der illegalen Häftlingsorganisation unschädlich gemacht wurden, vgl. Haulot, Lagertagebuch, Einführung und Eintragung vom 29. 4. 1945.

15 K. A. Gross, Fünf Minuten vor zwölf, S. 242 f.

16 Ebenda, S. 217; Michelet, Die Freiheitsstraße, S. 253 f.; Steinbock, Das Ende von Dachau, S. 36 f.

17 Bericht über die 3. Sitzung des IPC, 1. 5. 1945.

18 4. Sitzung des IPC, 2. 5. 1945. Einen Einblick in das Lagerleben gibt das Rundschreiben des Lagerältesten an alle Blockältesten vom 9. 5. 1945: »Bei Kontrolle durch amerikanisches Sanitätspersonal wurde festgestellt, daß die Sauberkeit und die Hygiene auf den einzelnen Blocks außerordentlich viel zu wünschen übrig läßt. Ich ordne deshalb an: Die Reinigung der Blocks erfolgt im üblichen Sinne. D. h., nach dem Wecken und der Ausgabe des Frühstücks müssen die Stuben und Schlafräume, soweit es sich nicht um Bettlägerige und Kranke handelt, von allen Kameraden freigemacht werden. Der Stubendienst reinigt gründlichst Schlafraum, Wohnraum, Waschraum und Abort. In jedem Abort sind Eimer mit Chlorkalk aufzustellen. Der Abortdienst hat regelmäßig Abortschüssel und -becken mit Chlorkalk zu bestreuen. Ich bringe noch einmal in Erinnerung, daß im Interesse der geeigneten Kostverteilung die Kranken auf die Stube 4 und falls zuviel auf die Stube 3 eines jeden Blockes verlegt werden müssen. Nur dadurch ist es möglich, Normalkost für die Gesunden und Brei-

kost für die Kranken zu verausgaben. In unverantwortlicher Weise sind in einzelnen Schlafräumen die Boden-Decken zerstört worden in der Absicht, um auf dem Boden organisierte Sachen zu verbergen und zu verstecken. Ich mache das Blockpersonal dafür verantwortlich, daß neue Platten im Einvernehmen mit dem Lager-Capo zu beschaffen sind, um die Schäden zu beseitigen.«

19 5. Sitzung, 5.5.1945, und 6. Sitzung, 7.5.1945. Patrick O'Leary war in Wirklichkeit Belgier und hieß mit bürgerlichem Namen Albert Guérisse. Er kam im September 1944 vom KL Natzweiler und galt als Kanadier. Aus diesem Grund war er auch Präsident des IPC geworden, weil die Rivalitäten von Russen, Polen und Franzosen um dieses Amt durch die Wahl des Vertreters der kleinsten Nationalgruppe damit umgangen wurden. O'Leary war der einzige »Kanadier« in Dachau. Vgl. Langbein, ... nicht wie die Schafe, S. 172.

20 Das letzte erhaltene Protokoll einer IPC-Sitzung ist vom 31.5.1945 (18. Sitzung) datiert; die letzte Plenarsitzung des IPC fand am 6. Juni statt, bei der auch Rosenbloom verabschiedet wurde. Seine Nachfolger waren Captain Smith und Lt. Smolen. Am 6. Juni war beschlossen worden, daß anstelle des IPC jeden Morgen eine Ausschußsitzung mit den beiden Amerikanern stattfinden sollte. Vgl. Communiqué des IPC Nr. 32 vom 6.6.1945.

21 Vgl. insbes. die 17. Sitzung des IPC am 26.5.1945 sowie die Communiqués des IPC, in denen Pressechef Kuci die jeweils abreisenden Nationalgruppen und die Mitglieder des IPC mit herzlichen Worten verabschiedete. – In der 15. Sitzung des IPC am 17.5.1945 wurde Dr. Schreiber als Vertreter der jüdischen Gruppe begrüßt. Haulot stellte fest, daß er künftig zu allen Sitzungen eingeladen werde, aber nicht »als Delegierter der Juden als Volksgruppe« fungiere, denn die Juden seien nicht als solche anerkannt, »da die Juden nach den bestehenden Beschlüssen nach der Anschauung des Komitees zu denjenigen National-Gruppen gehören, deren Bürger sie sind. Die Juden haben ein eigenes Informations-Büro eingerichtet, dem Dr. Schreiber vorsteht. Er nimmt an den Sitzungen ohne Stimmrecht teil.«

22 Michelet, Die Freiheitsstraße, S. 252 f. und 256 f.; 7. Sitzung des IPC, 8.5.1945, und 12. Sitzung, 14.5.1945.

23 7. Sitzung des IPC, 8.5.1945.

24 IPC, Information and Culture, Central Press Bureau, 8.5.1945: To all the Press Bureaus Dachau. Two Duties and one Principle: Friendship, Brotherhood and No Politics... Archiv KZ-Gedenkstätte Dachau.

25 13. Sitzung des IPC, 14.5.1945.

26 7. Sitzung des IPC, 8.5.1945.

27 8. Sitzung des IPC, 9.5.1945.

28 6. Sitzung des IPC, 7.5.1945.

29 Ebenda. Auf Anordnung des neuernannten amerikanischen Lagerführers Rosenbloom hatte der Lagerälteste am 7.5.1945 eine Bekanntmachung erlassen, in der Ordnung und Disziplin verlangt wurden: »Die vernünftigen Kameraden im Lager müssen zusammenstehen und sich für die allgemeine Ordnung einsetzen. In den Baracken, Stuben, Aborten, Waschräumen und auf den Blockstraßen muß im Interesse der Gesundheit aller Kameraden im Lager peinlichste Sauberkeit herrschen. Jedes Ausbrechen einer neuen Krankheit oder Epidemie hat unweigerlich Verlängerung der Quarantäne zur Folge.« Und als

Maßnahme zur Stärkung der Disziplin wurde eine »besondere Liste« angekündigt, in die der Lagerführer Unbotmäßige eintragen sollte: »Die wegen Unordnung und Disziplinlosigkeit gemeldeten Kameraden werden als letzte aus dem Lager entlassen.« Bekanntmachung vom 7.5.1945, Archiv KZ-Gedenkstätte Dachau.

30 Rundschreiben des Lagerältesten vom 9.5.1945.

31 Jan Domagala, Die durch Dachau gingen (Übersetzung des 1957 in Warschau erschienenen Berichts im Archiv der KZ-Gedenkstätte Dachau). Zum Vergleich: Die Sterblichkeit in Bergen-Belsen, das am 15.4.1945 von britischen Truppen befreit wurde, war noch größer. Dort starben zwischen dem 15. April und dem 20. Juni 1945 noch ungefähr 14000 Menschen. Vgl. Eberhard Kolb, Bergen-Belsen, Hannover 1962, S. 314f.

32 Die Wasserversorgung war häufiges Thema der IPC-Sitzungen. Bezeichnend für die isolierte Situation der Lagerinsassen war es, daß sie den Fluß neben dem Lager, in dem die Leichen lagen, für die Isar hielten. Vgl. 6. Sitzung vom 7.5.1945. Vgl. auch Rundschreiben des Lagerältesten vom 9.5.1945, in dem es u. a. hieß: »Das Wassertrinken ist lebensgefährlich. Durch Sabotageakte der SS ist das Pumpwerk beschädigt. Die Wasserversorgung erfolgt aus einem Bach, in dem Leichen aufgefunden wurden. Wir warnen alle Kameraden, Wasser zu trinken.«

33 12. Sitzung des IPC, 14.5.1945. Wegen der Verlegung nach Schleißheim fanden im Laufe des 14. Mai drei Sitzungen des IPC statt; am Nachmittag und am Abend tagte das Komitee bei Colonel Joyce in Anwesenheit von General Adams, der persönlich die Überstellungsquoten ausrechnete.

34 15. Sitzung des IPC, 17.5.1945.

35 16. Sitzung des IPC, 22.5.1945.

36 IPC, Information and Culture, Central Press Bureau, Communiqué Nr. 20, Three Questions and two reasons, 21.5.1945.

37 16. Sitzung des IPC, 22.5.1945.

38 10. Sitzung des IPC, 12.5.1945. Eine illegale Heimkehr aus Dachau ist beschrieben bei: Floris B. Bakels, Nacht und Nebel. Der Bericht eines holländischen Christen aus deutschen Gefängnissen und Konzentrationslagern, Frankfurt a. M. 1979, S. 345ff.

39 11. Sitzung des IPC, 12.5.1945.

40 Ebenda.

41 Ebenda.

42 Ebenda.

43 Alle Lagerzeitungen, soweit erhalten, befinden sich im Archiv der KZ-Gedenkstätte Dachau.

44 IPC, Information and Culture, Central Press Bureau, Communiqué Nr. 30, 2.6.1945.

Jüdisches Leben in Deutschland nach Auschwitz

1 Martha, Ich wollte raus aus der Geschichte, in: Peter Sichrovsky, Wir wissen nicht was morgen wird, wir wissen wohl was gestern war. Junge Juden in Deutschland und Österreich, Köln 1985, S. 108f.

2 Ebenda, S. 114 f.

3 Vgl. dazu Richard Chaim Schneider, In der Haut der Eltern. Deutsche Vereinigung – Verlust der jüdischen Identität?, in: Die Zeit, 7. 12. 1990; Der Jud' hat
   seine Schuldigkeit getan..., in: Süddeutsche Zeitung 1./2. 12. 1990.

4 Die Geschichte der Juden in Deutschland nach dem NS-Regime ist noch weitgehend unerforscht. Wichtige Pionierarbeit leistete Juliane Wetzel, Jüdisches
   Leben in München 1945–1951. Durchgangsstation oder Wiederaufbau, München 1987. Eine sehr informative Einführung in das Gesamtproblem bietet Monika Richarz, Juden in der Bundesrepublik Deutschland und in der Deutschen
   Demokratischen Republik seit 1945, in: Micha Brumlik u. a. (Hg.), Jüdisches
   Leben in Deutschland seit 1945, Frankfurt a. M. 1988.

5 Vgl. Anna-Patricia Kahn-Ryba, Zwischen Schweigen und Schreien... Zur Problematik des deutsch-jüdischen Dialogs in der Bundesrepublik heute, Dipl.
   Arbeit Psychologie, LMU München 1989.

6 Zur Soziologie der Juden in den Nachkriegsjahren vgl. die ebenso materialrei-
   che wie scharfsinnige Arbeit Harry Maór, Über den Wiederaufbau der jüdischen Gemeinden in Deutschland seit 1945, Phil. Diss. Mainz 1961.

7 Zum DP-Problem generell Wolfgang Jacobmeyer, Vom Zwangsarbeiter zum
   heimatlosen Ausländer. Die Displaced Persons in Westdeutschland 1945 bis
   1951, Göttingen 1985; zu jüdischen DPs W. Jacobmeyer, Polnische Juden in der
   amerikanischen Besatzungszone Deutschlands 1946/47, in: Vierteljahrshefte
   für Zeitgeschichte 25 (1977), S. 120–135; ders., Jüdische Überlebende als
   »Displaced Persons«, in: Geschichte und Gesellschaft 9 (1983), S. 421–452;
   Abraham J. Peck, Befreit und erneut in Lagern: jüdische DPs, in: Walter H.
   Pehle (Hg.), Der Judenpogrom 1938. Von der »Reichskristallnacht« zum Völ-
   kermord, Frankfurt a. M. 1988, S. 201–212; Koppel S. Pinson, Jewish Life in
   Liberated Germany, in: Jewish Social Studies, Vol. 9, No. 2 (April 1947),
   p. 101–126; Angelika Schardt, Eine Minorität am Rande der Nachkriegsgesellschaft. Jüdische Displaced Persons am Beispiel des Lagers Föhrenwald, Magi-
   sterarbeit LMU München 1990.

8 Ruwen Abramowitsch, Der Central komitet fun die bafrajte Jidn in der amerikanischer okupacie – cone in Dajtschland, DP-Express, München, Oktober
   1946, zit. nach Harry Maór, Über den Wiederaufbau der jüdischen Gemeinden
   in Deutschland seit 1945, Phil. Diss., Mainz 1961, S. 23.

9 Vgl. Wetzel, a. a. O., S. 69 ff.

10 Lucius D. Clay, Entscheidung in Deutschland, Frankfurt a. M. 1950, S. 265.

11 Leonard Dinnerstein, America and the Survivors of the Holocaust, New York
   1982, S. 123, zit. nach Cilly Kugelmann, Identität und Ideologie der Displaced
   Persons, in: Babylon, Heft 5/1988, S. 69.

12 Juliane Wetzel, Jüdisches Leben in München, S. 215 f.; Text des Harrison-
   Berichts ebenda, Anhang.

13 Vgl. Cilly Kugelmann, Identität und Ideologie der Displaced Persons, in:
   Babylon 5/1989, S. 65 ff. insbes. S. 70 f.

14 Clay, a. a. O., S. 262 f.

15 Eingabe Jüdisches Komitee Regierungslager Föhrenwald, 4. 6. 1952, an Staatssekretär Oberländer, YIVO Institute New York, DP-Collection Germany, Folder 1326.

16 Vgl. Maór, Über den Wiederaufbau, S. 29.

17 Harry Goldstein, Die heutigen jüdischen Gemeinden in Deutschland, in: The Jewish Travel Guide, 1952/3, S. 96, zit. nach Maór, S. 12.

18 Korr. Staatskommissariat für rassisch, religiös und politisch Verfolgte, Bayerisches Hilfswerk für die durch die Nürnberger Gesetze Betroffenen, 13. 2. 1948, YIVO Institute New York, DP-Collection Germany, Folder 570.

19 Die vielzitierte Äußerung soll bereits auf der ersten Sitzung der Reichsvertretung der deutschen Juden 1933 erfolgt sein. Vgl. Maór, S. 158, Anm. 10.

20 Monika Richarz, Juden in der Bundesrepublik Deutschland und in der Deutschen Demokratischen Republik seit 1945, in: Jüdisches Leben in Deutschland seit 1945, hg. von Micha Brumlik u. a., Frankfurt a. M. 1988, S. 14.

21 Landesrabbiner Dr. Zwi Harry Levy, Der »Überrest Israels« in Deutschland, in: The Jewish Travel Guide, Frankfurt 1953, S. 20, zit. nach Maór, S. III.

22 Zalman Grinberg, 31. 5. 1945, YIVO Institute New York, DP-Collection Germany, Folder 21.

23 Süddeutsche Zeitung, 9. 8. 1949, abgedruckt auch bei Juliane Wetzel, Jüdisches Leben in München, Anhang, vgl. S. 345 f.

24 Samuel Gringauz, Das Jahr der großen Enttäuschungen. 5706 in der Geschichte des jüdischen Volkes, in: Commentary, 1947, wieder abgedruckt in: Babylon. Beiträge zur jüdischen Gegenwart, Heft 5/1988, S. 73–81.

25 Moses Lustig, Die Situation der bayerischen Juden, in: Münchener Jüdische Nachrichten, 12. 1. 1954.

Zwangswirtschaft und Industrie

1 Den Anstoß zu diesem Aufsatz gaben Aufzeichnungen Ludwig Vaubels, die unter dem Titel Zusammenbruch und Wiederaufbau. Ein Tagebuch aus der Wirtschaft 1945–1949 im Herbst 1984 erschienen. Das Buch hat die vom Institut für Zeitgeschichte in Verbindung mit dem Bundesarchiv herausgegebene Reihe *Biographische Quellen zur deutschen Geschichte nach 1945* eröffnet. Dr. Ludwig Vaubel hat für die vorliegende Darstellung weiteres Quellenmaterial, teils aus eigenem Besitz, teils aus dem Unternehmensarchiv der Enka AG (dem aus den Vereinigten Glanzstoff-Fabriken hervorgegangenen heutigen Konzern) in Wuppertal beigesteuert und überdies in mehreren Gesprächen Hintergründe des Spinnfaser-Prozesses erläutert. Dem Archiv der Enka AG dankt der Verfasser darüber hinaus für die Möglichkeit zur Einsichtnahme in den dortigen Bestand Pressenotizen. Frau Klimmer im Presse- und Informationsamt der Bundesregierung besorgte weitere schwer zugängliche Zeitungsberichte über den Kasseler Prozeß. Jutta Neupert hat bei den Recherchen wertvolle Hilfe geleistet.

2 Frankfurter Rundschau, 17. 4. 1947.

3 Information Nr. 17 der KPD Land Hessen vom 25. 4. 1947, Abschrift im Enka-Archiv, Wuppertal.

4 Kasseler Zeitung, 11. 4. 1947; Frankfurter Rundschau, 17. 4. 1947.

5 Angaben nach einer Darstellung zum Spinnfaser-Prozeß, die vom Vorstand der Vereinigten Glanzstoff-Fabriken (VGF) im September 1947 nach dem Urteil des Landgerichts Kassel an Werksleiter, leitende Angestellte und die Betriebs-

ratsvorsitzenden von VGF sowie an Persönlichkeiten in Politik und Wirtschaft versandt wurde; Original im Unternehmensarchiv der Enka AG, Wuppertal (künftig zitiert: VGF-Darstellung). Vgl. den Bericht von Horst Mendershausen, Assistant Chief Price Control Section, OMGUS Economics Division, Trade and Commerce Branch: Compensation Trade in Court, 23.9.1947, OMGUS 3/267–2 (künftig zitiert: OMGUS-Report).

6 Vaubel-Tagebuch, Eintrag 26. März 1947.

7 Der Mann war 13mal wegen Betrugs und ähnlicher Delikte vorbestraft, er wurde Anfang August 1947 wegen Betrugs, Urkundenfälschung und Abgabe einer falschen eidesstattlichen Erklärung zu vier Jahren Gefängnis verurteilt; Kasseler Zeitung 30.5.1947 (Prüfer Humburg verhaftet).

8 Große Anfrage der Fraktion der KPD, 24.4.1947, Drucksache des Hess. Landtags Nr. 265.

9 Hessischer Landtag, 20. Sitzung, 25.7.1947, Sten. Protokolle S.539–544, zit. S.541.

10 Die Firma Vereinigte Glanzstoff-Fabriken AG in Wuppertal-Elberfeld, 1899 gegründet, 1966 umbenannt in Glanzstoff AG, 1972 in Enka Glanzstoff AG, 1977 in Enka AG, war der größte deutsche Chemiefaserkonzern mit sechs Werken auf dem Gebiet des Deutschen Reiches nach dem Stand von 1937: Oberbruch, Bez. Aachen (brit. Zone), Obernburg am Main und Kelsterbach am Main (beide US-Zone), Elsterberg im Vogtland bei Plauen (sowjet. Zone), Sydowsaue bei Stettin und Cawallen bei Breslau (unter poln. Verwaltung). Tochtergesellschaften waren u.a. die J.P. Bemberg A.G. Wuppertal, die Spinnfaser AG Kassel, die Kunstseiden AG Wuppertal sowie die Glanzstoff-Fabrik Lobositz (ČSR), die Glanzstoff-Fabrik St. Pölten (Österreich) und die Glanzstoff-Fabrik Kolmar/Elsaß (vgl. Geschäftsbericht der VGF, aufgestellt für die britische Militärregierung Solingen/Property Control, 18.4.46, Enka-Archiv Wuppertal). Seit 1929 bestand eine enge Kapitalverbindung mit dem holländischen Konzern Algemeene Kunstzijde Unie NV (AKU) in Arnhem. 1969 erfolgte die Fusion beider Gesellschaften zum multinationalen Gesamtkonzern (unter dem Dach der Holding Akzo) mit Tochtergesellschaften in aller Welt. Im deutschen Unternehmensbereich wurde dabei der traditionsreiche Name Glanzstoff Fabriken schrittweise durch die Bezeichnung des holländischen Stammhauses – Nederlandsche Kunstzijdefabriek Arnhem, abgekürzt Enka – ersetzt. Vorstandsvorsitzender der Vereinten Glanzstoff-Fabriken war von 1939 bis 1969 Ernst Hellmut Vits; seit Mai 1939 war Hermann J. Abs Vorsitzender des Aufsichtsrats der VGF.

11 Hess. Landtag, 20. Sitzung, 25.7.1947, Sten. Protokolle S. 542.

12 Kriegswirtschaftsverordnung vom 4.9.1939, RGBl. I, S. 1609, und Verordnung zur Ergänzung der Kriegswirtschaftsverordnung vom 25.3.1942, RGBl. I, S. 147 148. Die letztgenannte VO dehnte den Straftatbestand aus und bedrohte denjenigen ausdrücklich mit Gefängnis oder Geldstrafe, der in Ausübung eines Gewerbes oder Berufs »für die Bevorzugung eines anderen bei der Lieferung von Waren oder bei Leistungen eine Tauschware oder einen sonstigen Vorteil fordert« sowie ... »die Lieferung einer Tauschware oder einen sonstigen Vorteil anbietet, verspricht oder gewährt, um sich oder einem anderen Waren oder Leistungen bevorzugt zu verschaffen«.

13 Der Reichsnährstand wurde durch Gesetz des Wirtschaftsrats am 21. 1. 1948 aufgelöst. Vgl. Christoph Weisz, Organisation und Ideologie der Landwirtschaft 1945–1949, in: VfZ 21 (1973), S. 192–199.

14 Verordnung über wirtschaftliche Lenkungsmaßnahmen vom 18. 12. 1945, GVOBl. für Groß-Hessen Nr. 3, 31. 12. 1945, S. 25–26. Am 7. April 1947 trat das Kontrollratsgesetz Nr. 50 in Kraft, danach war in allen vier Besatzungszonen Diebstahl oder gesetzwidrige Verwendung von rationierten Nahrungsmitteln oder Gütern jeder Art mit Strafen zwischen sechs Monaten Gefängnis und lebenslangem Zuchthaus bedroht; Gesetz Nr. 50 v. 20. 3. 1947, in: Amtsblatt des Kontrollrats in Deutschland Nr. 14, S. 265–266.

15 Karl Ritzauer war als Vorstandsmitglied der VGF in Wuppertal zuständig für den Verkauf sämtlicher Produkte des Konzerns, aus diesem Grund war er auch Vorstandsmitglied der Spinnfaser AG in Kassel. Nach der Besetzung Deutschlands war wegen der Zonengrenzen der Verkauf dezentralisiert worden. Die Tatsache, daß Ritzauer auch Vorstandsmitglied in der Kasseler Firma war, was ihm Untersuchungshaft und Anklage eintrug, hatte sich Anfang April nach der Verhaftung Reimanns als günstig erwiesen. Ritzauer konnte nämlich von der US-Militärregierung, die eine Intervention abgelehnt hatte, zum stellvertretenden Custodian des Werks anstelle Reimanns ernannt werden. Damit wurde die der KPD unterstellte Absicht, Einfluß auf die Werksleitung zu gewinnen, von vornherein vereitelt. Vaubel-Tagebuch, 11. 4. 1947.

16 Angeklagt wegen Verbrechen oder Vergehen nach §§ 1 und 1a Kriegswirtschafts-VO und § 1 VerbrauchsregelungsstrafVO waren außer den Vorstandsmitgliedern Reimann und Ritzauer der für Zellwolle zuständige Verkaufsdirektor Oskar Koecke, der Prokurist Bartsch, der Verkaufsleiter Grünhaupt, zwei Mitarbeiter der Einkaufsabteilung der Spinnfaser AG (Kohler und Reinhardt) sowie zwei weitere Personen, die nicht bei der Spifa beschäftigt waren. Das Verfahren gegen die letztgenannten wurde aufgrund der hessischen Amnestie eingestellt.

17 OMGUS-Report, S. 1.

18 Dr. Ludwig Vaubel, Jahrgang 1908, war 1934 als juristischer Mitarbeiter in die Verwaltung der VGF in Wuppertal eingetreten, er erhielt 1941 Prokura, war 1940–1944 ständiger Vertreter des deutschen Vorstandsmitglieds der holländischen AKU in Arnhem. 1944–1949 war Vaubel im Werk Obernburg der VGF tätig, im Herbst 1949 kehrte er voll in die Hauptverwaltung des Konzerns nach Wuppertal zurück, wurde 1953 ordentliches Vorstandsmitglied der VGF, 1969–1972 war er als Nachfolger von Vits Vorstandsvorsitzender der Enka Glanzstoff AG, 1972–1978 Aufsichtsratsmitglied der Enka AG und der Akzo in Arnhem. Vgl. Anm. 1.

19 Vaubel-Tagebuch, 25. 4., 24. 6. und 8. 7. 1947; Kasseler Zeitung v. 11. 7. 1947 (Die Anklage gegen die Spinnfaser AG).

20 VGF-Darstellung, S. 2.

21 Ebenda, S. 4.

22 Ebenda, S. 5.

23 Ebenda.

24 Resolution vom 6. 9. 1947, Enka-Archiv, Wuppertal.

25 OMGUS-Report, S. 12.

26 Abschrift im Enka-Archiv, Wuppertal.

27 Kurz vor Prozeßbeginn notierte Vaubel in seinem Tagebuch: »Die Vorbereitung der Öffentlichkeit durch Zeitung, Rundfunk und die ständigen neuen Ver-
haftungsnachrichten ist ungewöhnlich intensiv und die politischen Leidenschaf-
ten sind stärkstens beteiligt. Die KPD sucht Propagandastoff, die SPD wagt
nicht zurückzustehen.« Vaubel-Tagebuch, 22. 8. 1947.

28 Vgl. Anm. 26; Wiesbadener Kurier v. 2. 9. 1947 (Das Landwirtschaftsamt verteidigt sich).

29 Abschrift im Enka-Archiv, Wuppertal.

30 Das Verteidiger-Team bestand aus den Rechtsanwälten Elisabeth Selbert (Kassel) und Theodor Klefisch (Köln), die gemeinsam Reimann verteidigten, Erich
Berndt, Georg Kappus (beide aus Frankfurt a. M.), Werner Kalsbach (Wuppertal), Walter Isele (Kassel) sowie Assessor Karl Vogt aus der Sozietät Rudolf
Muellers in Frankfurt a. M. Die Generalstabsarbeit besorgte Ludwig Vaubel.

31 Vaubel-Tagebuch, 26. 8. 1947.

32 Ebenda.

33 Vaubel-Tagebuch, 17. 7. 1947.

34 Vgl. Frankfurter Rundschau v. 9. 8. 1947 (Vor dem Prozeß gegen die Spinnfaser
AG).

35 Kasseler Zeitung v. 27. 8. 1947 (die Zeitung berichtete regelmäßig ausführlich
über den Prozeß unter der gleichbleibenden Überschrift »Kompensation auf
der Anklagebank«); vgl. Frankfurter Rundschau v. 28. 8. 1947.

36 VGF-Darstellung, S. 6.

37 Vaubel-Tagebuch, 8. 9. 1947.

38 Kasseler Zeitung, 5. 9. 1947.

39 Vaubel-Tagebuch, 5. 9. 1947; vgl. Kasseler Zeitung v. 8. 9. 1947.

40 Frankfurter Rundschau, 9. 9. 1947 (Urteil im Reimann-Prozeß).

41 Tagesspiegel v. 14. 9. 1947 (Ein anfechtbares Urteil).

42 Kasseler Zeitung v. 10. 9. 1947 (Ein salomonisches Urteil).

43 Rheinischer Merkur v. 11. 10. 1947 (Kompensationen – erlaubt und verboten).

44 Vgl. Anm. 41.

45 Frankfurter Rundschau, 18. 9. 1947 (Kompensationsgeschäfte? Von Alfons
Montag).

46 Vaubel-Tagebuch, 27. 11. 1947; Kasseler Zeitung v. 28. 11. 1947.

47 Urteil des OLG Hessen, Kasseler Strafsenat v. 23. 12. 1947.

48 Die Angeklagten Ritzauer, Bartsch und Reinhardt waren bereits in erster Instanz freigesprochen worden. Reimann war zu 20000 RM Strafe verurteilt worden, Koecke zu sechs Monaten Gefängnis, Grünhaupt zu 3000 RM und Kohler
zu vier Wochen Gefängnis und 900 RM Geldstrafe.

49 Gesetz zur Vereinfachung des Wirtschaftsstrafrechts v. 26. 7. 1949, Gesetzblatt
der Verwaltung des Vereinigten Wirtschaftsgebietes 1949, S. 193.

50 Gesetz über die Gewährung von Straffreiheit v. 31. 12. 1949, BGBl. 1949, S. 37.
Danach wurden u. a. Strafen bis zu sechs Monaten Freiheitsentzug und Geld-
strafen bis 5000 RM erlassen sowie anhängige Verfahren, bei denen Strafen bis
zu dieser Höhe in Aussicht standen, eingestellt.

51 OMGUS-Report, S. 14.

52 Textile Wirtschaft, 30.9.1947 (Spinnfaserprozeß von den Parteien gesehen); Hessische Nachrichten v. 11.9.1947 (Spifa-Urteil. Die Stellung der politischen Parteien).
53 Vgl. z. B. Neues Deutschland v. 17.7.1947 (Großer Wirtschaftsskandal im Westen); 28.8.1947 (»Glanzstoff« mit braunen Flecken); 4.9.1947 (Blühende Kompensationsgeschäfte).
54 Informationen der KPD, Land Hessen, Nr. 37 v. 12.9.1947.
55 SPD-Mitteilungsblatt für Hessen Nr. 45 v. 7.11.1947 (Zusammenbruch unseres Wirtschaftssystems?), auszugsweise Abschrift im Enka-Archiv, Wuppertal.
56 Stimme der Arbeit, 15.5.1947 (Daniel Dietrich, Kompensationsgeschäfte und Betriebsräte).
57 Stimme der Arbeit, 15.9.1947 (Gefahren der Kompensation).
58 Vgl. Besprechung des Verwaltungsrats für Wirtschaft mit Vertretern der Militärregierungen anläßlich seiner 11. Sitzung in Minden, 2.5.1947, in: Akten zur Vorgeschichte der Bundesrepublik Deutschland, Bd.2, München 1979, S. 388 ff.

Die Entnazifizierung der Richter

1 Zit. nach Neue Zürcher Zeitung vom 4.12.1946; ein weiterer ausführlicher Bericht von Leopold Goldschmidt in: Die Neue Zeitung vom 16.12.1946.
2 Walter G. Becker, Tillessen und die Justiz, in: Tagesspiegel vom 3.1.1947.
3 Vorwärts (Ost-Berlin) vom 30.11.1946; Stellungnahme der SPD Berlin, zitiert nach Rhein-Neckar-Zeitung vom 3.12.1946.
4 Rhein-Neckar-Ztg. v. 3.12.1946 (Mörder Erzbergers erneut vor Gericht).
5 Vgl. Tribunal Général de la Zone Française d'Occupation Rastatt, Prozeß Tillessen 6.1.1947, in: Journal Officiel (= Amtsblatt des französischen Oberkommandos in Deutschland), 2. Jg., Nr. 61 (26.3.1947), S. 606–636.
6 Emil Niethammer, Das Freiburger Urteil, in: Schwäbisches Tagblatt vom 17.12.1946.
7 Niederschrift über die 2. interzonale Tagung der Chefs der Justizverwaltungen vom 4. bis 6. Dezember 1946 in Wiesbaden, Bundesarchiv Koblenz, Z 21/1309, S. 15 f.
8 Ebenda, S. 17.
9 Vgl. Martin Broszat, Siegerjustiz oder strafrechtliche »Selbstreinigung«. Aspekte der Vergangenheitsbewältigung der deutschen Justiz während der Besatzungszeit 1945–1949, in: Vierteljahrshefte fur Zeitgeschichte 29 (1981), S. 477–544.
10 Wolfgang Benz, Potsdam 1945. Besatzungsherrschaft und Neuaufbau im Vier-Zonen-Deutschland, München 1986, S. 213.
11 Ulrich Borsdorf/Lutz Niethammer (Hg.), Zwischen Befreiung und Besatzung. Analysen des US-Geheimdienstes über Positionen und Strukturen deutscher Politik 1945, Wuppertal 1976, S. 83.
12 Amtsblatt des Kontrollrats in Deutschland 1946, S. 98 ff.
13 Ebenda, S. 184 ff.
14 Vgl. Lutz Niethammer, Entnazifizierung in Bayern. Säuberung und Rehabilitierung unter amerikanischer Besatzung, Frankfurt a. M. 1972; Justus Für-

stenau, Entnazifizierung in Württemberg-Hohenzollern, Stuttgart 1981; Tom Bower, The Pledge Betrayed. American and Britain and the Denazification of Postwar Germany, New York 1982.

15 Wolfgang Meinicke, Die Entnazifizierung in der sowjetischen Besatzungszone 1945 bis 1948, in: Zeitschrift für Geschichtswissenschaft 32 (1984), S. 968–979.

16 Zit. nach Meinicke, a. a. O. (Anm. 15), S. 972.

17 Ebenda.

18 Ebenda, S. 976.

19 Wilhelm Pieck, Der Sinn der Entnazifizierung, in: Neues Deutschland vom 21. 2. 1947; auch in: Reden und Aufsätze, Bd. II, Berlin 1952, S. 125.

20 Wolfgang Lohse, Die Politik der Sowjetischen Militäradministration in der sowjetischen Besatzungszone Deutschlands, Wittenberg (Phil. Diss.) 1967, S. 74–79; vgl. auch Helga A. Welsh, Revolutionärer Wandel auf Befehl. Entnazifizierungs- und Personalpolitik in Thüringen und Sachsen (1945–1948), München 1989.

21 Lucius D. Clay, Entscheidung in Deutschland, Frankfurt a. M. 1950, S. 292.

22 Diese und die im folgenden zitierten Angaben sind den Entnazifizierungsakten, die sich in Kopie im Archiv des Instituts für Zeitgeschichte befinden, entnommen. Aus Gründen des Persönlichkeitsschutzes sind die Angaben anonymisiert, und es wurde darauf verzichtet, Aktenzeichen oder Archivsignaturen anzugeben.

23 Eugen Kogon, Der Kampf um Gerechtigkeit, in: Frankfurter Hefte 2 (1947), S. 373–383, Zitat S. 377.

24 Vgl. Klaus-Dietmar Henke, Die Grenzen der politischen Säuberung in Deutschland nach 1945, in: Ludolf Herbst (Hg.), Westdeutschland 1945–1955. Unterwerfung, Kontrolle, Integration, München 1986, S. 127–133.

25 Vgl. auch die beiden populären Denunziationen der Entnazifizierungsbemühungen: Ernst von Salomon, Der Fragebogen, Hamburg 1951, und Caspar von Schrenck-Notzing, Charakterwäsche. Die amerikanische Besatzung in Deutschland und ihre Folgen, Stuttgart [2]1965.

26 Clay, a. a. O. (Anm. 21), S. 293.

27 Vgl. Anm. 22.

28 Vgl. Gustav Radbruch, Gesetzliches Unrecht und übergesetzliches Recht, in: Süddeutsche Juristen-Zeitung 1 (1946), Sp. 105ff.; Helmut Coing, Zur Frage der strafrechtlichen Haftung der Richter für die Anwendung naturrechtswidriger Gesetze, in: Süddeutsche Juristen-Zeitung 2 (1947), Sp. 61–64; Robert Figge, Die Verantwortlichkeit des Richters, in: ebenda, Sp. 179–184.

29 Vgl. auch Fritz Bauer, Die »Ungesühnte Nazijustiz«, in: Die Neue Gesellschaft 7 (1960), S. 179–195, und Jörg Friedrich, Freispruch für die Nazi-Justiz. Die Urteile gegen NS-Richter seit 1948, Reinbek 1983.

30 Eugen Schiffer, Die deutsche Justiz. Grundzüge einer durchgreifenden Reform, München/Berlin [2]1949, S. 27.

Der Wollheim-Prozeß

1 Vgl. Hans-Dieter Kreikamp, Die Entflechtung der I. G. Farbenindustrie A. G. und die Gründung der Nachfolgegesellschaften, in: Vierteljahrshefte für Zeitgeschichte 25 (1977), S. 220–251.

2 Vgl. Das Urteil im I. G.-Farben-Prozeß. Der vollständige Wortlaut mit Dokumentenanhang, Offenbach 1948; s. a. die umfassende Dokumentation: Trials of War Criminals before the Nuernberg Military Tribunals under Control Council Law No. 10, Vol. 7, Vol. 8 (The I. G. Farben Case), Washington 1952, 1953.

3 Norbert Wollheim an Henry Ormond, 27. 11. 1950, mit Anlage »Betr. Ansprüche ehemaliger Häftlinge aus Buna/Monowitz gegen die I. G. Farbenwerke«, Nachlaß Henry Ormond. Alle im folgenden zitierten Schriftstücke zum Wollheim-Prozeß stammen, wenn nicht anders angegeben, aus diesem Nachlaß, den Frau Ilse Ormond dem Verfasser freundlicherweise zur Verfügung stellte. Die Auswertung der Prozeßunterlagen erfolgte auch mit Zustimmung von Norbert Wollheim, New York, dem der Verfasser darüber hinaus für Auskünfte zu danken hat.

4 Vgl. Der Spiegel, 14. 5. 1973 (Hausmitteilung).

5 Ormond an Wollheim, 21. 3. 1952.

6 Henry Ormond, Klageschrift vom 3. 11. 1951 an das Landgericht Frankfurt a. M., Zivilkammer.

7 Die Daten zur Biographie wurden im Gespräch mit Norbert Wollheim am 11. 2. 1987 in New York erhoben; vgl. Allgemeine unabhängige jüdische Wochenzeitung, 20. 12. 1968 (Häftling Nr. 107984. Alfred Joachim Fischer interviewte Norbert Wollheim). Aufbau, 22. 4. 1988 (Norbert Wollheim 75).

8 Aussage Robert Ferris in der öffentlichen Sitzung der 3. Zivilkammer des Landgerichts Frankfurt a. M., 19. 2. 1953, Niederschrift S. 17.

9 Urteil vom 10. 6. 1953, S. 4.

10 Henry Ormond, Schriftsatz zur Leistungsklage vom 11. 3. 1953, S. 23.

11 Handelsblatt (Düsseldorf), 18. 3. 1953 (I. G. Farben nochmals vor Gericht. Der Modellprozeß eines ehemaligen Zwangsarbeiters).

12 Die Tat, 6. 12. 1952 (I. G. Farben, der Sklavenhalter-Konzern. Bedeutsamer Prozeß vor dem Frankfurter Landgericht).

13 Die Neue Zeitung, 4. 4. 1952 (Anspruch auf Entschädigung für Sklavenarbeit noch heute unerfüllt. Die »segensreiche Freundschaft« zwischen I. G. Farben und SS).

14 Aussage Charles Josef Coward in der öffentlichen Sitzung der 3. Zivilkammer des Landgerichts Frankfurt a. M., 19. 2. 1953, Niederschrift S. 10 f.

15 Urteil vom 10. 6. 1953, S. 7 f.

16 Aussage Benedikt Kautsky in der öffentlichen Sitzung der Zivilkammer des LG Frankfurt a. M. vom 30. 1. 1953, Niederschrift S. 3 f.

17 Aussage Rolf Brüstle, LG Frankfurt a. M., 19. 2. 1953, Niederschrift S. 4.

18 Henry Ormond, Plädoyer vor dem LG Frankfurt, 11. 5. 1953, S. 2.

19 Urteil vom 10. 6. 1953, S. 18.

20 Urteil vom 10. 6. 1953, S. 19.

21 New York Times, 11. 6. 1953 (Farben is ordered to pay Damages for Slave La-

bor); Aufbau (New York), 19.6.1953 (I. G. Farben schuldig); Stuttgarter Zeitung, 2.7.1953 (Wegen entsetzlicher Gleichgültigkeit).

22 Münchner Jüdische Nachrichten, 9.9.1953 (Der Modell-Prozeß).

23 Wirtschaftszeitung/Deutsche Zeitung, 11.7.1953 (Wer soll wiedergutmachen? Anmerkungen zu einem Frankfurter Fehlurteil).

24 Handelsblatt, 31.7.1953. (Es ging nicht um ein einzelnes Schicksal. Wollheim gegen I. G. Farben – ein neuer Kollektivschuld-Prozeß?).

25 Die Zeit, 25.6.1953 (Wollheim contra I. G. Farben).

26 H. G. van Dam, Wiedergutmachung – juristisches Experimentierfeld. Zu der Klage gegen die I. G. Farben vor dem amerikanischen Gericht, in: Allgemeine Wochenzeitung der Juden in Deutschland, 21.8.1953; Die Zeit, 13.8.1953 (Von Wollheim zu Wachsmann). Der Wachsmann-Prozeß schloß mit einem außergerichtlichen Vergleich, bei dem W. 20000,– DM von I. G. Farben erhielt, vgl. Handelsblatt, 19.2.1954 (I. G.-Prozesse nur nach deutschem Recht).

27 Damals hatten sich die leitenden Herren der Firma allerdings freudiger geäußert, etwa im März 1941, als es im Wochenbericht der Auschwitzer I. G. Farben-Bauleitung hieß: »Mit dem KZ-Lager wurde die Verbindung aufgenommen und es ist ein schönes, reibungsloses Arbeiten mit demselben zu erwarten.« Zit. nach Falk Pingel, Häftlinge unter SS-Herrschaft. Widerstand, Selbstbehauptung und Vernichtung im Konzentrationslager, Hamburg 1978, S. 146.

28 Niederschrift über die Besprechung mit Vertretern der Industrie im Bundesministerium der Finanzen, 27.5.1953, Bundesarchiv Koblenz, B 136, Nr. 1153.

29 Schriftsatz Dr. Wedesweiler zur Begründung der Berufung gegen das Urteil vom 10. Juni 1953.

30 Aktennotiz Henry Ormond über den Verlauf des Gütetermins in Sachen Wollheim gegen I. G. Farbenindustrie am 21.10.1954.

31 Ebenda.

32 Frankfurter Allgemeine Zeitung, 26.2.1955 (Entschädigung ehemaliger KZ-Häftlinge); Abendpost 26./27.2.1955 (Modellprozeß Wollheim gegen I. G. Farben).

33 Frankfurter Allgemeine Zeitung, 1.3.1955 (Wollheim contra I. G. Farben. Der Schadensersatzprozeß in der zweiten Instanz).

34 Henry Ormond, Plädoyer vor dem 5. Zivilsenat des OLG Frankfurt am 1. März 1955. Im Wortlaut auch abgedruckt in: Dachauer Hefte 2 (1986), S. 147–156.

35 Vgl. Otto Küster, Erfahrungen in der deutschen Wiedergutmachung, Tübingen 1967.

36 Otto Küster, Plädoyer vor dem OLG Frankfurt a.M. am 1. März 1955. Im Wortlaut u. a. abgedruckt in: Dachauer Hefte 2 (1986), S. 156–174.

37 Aufklärungs- und Beweisbeschluß des OLG Frankfurt a.M., 5. Zivilsenat, 15.3.1955; vgl. Frankfurter Rundschau, 16.3.1955 (Unternehmervertreter werden gehört).

38 Beschluß und Beweisbeschluß, OLG Frankfurt a. M., 5. Zivilsenat, 21.10.1955.

39 Deutscher Bundestag, 14.12.1955, Sten. Ber., S. 6333 f.

40 Gustav Stein (BDI) an Staatssekretär Globke, 15.3.1956, Bundesarchiv, BA 136, Bd. 1154. Botschafter a. D. Dr. Heinz L. Krekeler teilte in einem Brief dem Verfasser am 12.7.1988 mit, daß er sich zwar nicht an den Prozeß Woll-

heim contra I. G. Farben erinnere, hielt es aber für sehr wahrscheinlich, daß er in der von Stein angedeuteten Weise interveniert habe: »Das lag ganz auf der Linie meiner Vorstellungen.« Im übrigen hatten für Krekeler »die menschlichen und die politischen Aspekte des Problems absoluten Vorrang vor den wirtschaftlichen«. Zur Illustration erwähnte er folgende Episode: »Ein privates amerikanisches Ermittlungsinstitut bot uns seine Dienste an. Es wollte die Ansprüche früherer jüdischer Bürger auf Wiedergutmachung auf ihre Berechtigung prüfen. Ich ließ dem Institut daraufhin postwendend mitteilen, die Botschaft in Washington sähe ihre Aufgabe nicht darin diese Ansprüche zu überprüfen, sondern unseren ehemaligen Mitbürgern behilflich zu sein, sie geltend zu machen.«

41 Ormond an Wollheim, 27. 11. 1954.
42 Wollheim an Ormond, 5. 12. 1954.
43 Wollheim an Ormond, 5. 12. 1954.
44 Wollheim an Ormond, 26. 12. 1954.
45 Vgl. die Darstellung aus der Perspektive der jüdischen Organisationen: Benjamin B. Ferencz, Lohn des Grauens. Die Entschädigung jüdischer Zwangsarbeiter. Ein offenes Kapitel deutscher Nachkriegsgeschichte, Frankfurt a. M., New York 1981, S. 59–97.
46 Gesetz über den Aufruf der Gläubiger der I. G. Farbenindustrie Aktiengesellschaft in Abwicklung vom 27. Mai 1957, Bundesgesetzblatt 1957 I, S. 569.

Reform des öffentlichen Dienstes?

1 Weimarer RV, Art. 129, 1.
2 Vgl. Rudolf Morsey, Personal- und Beamtenpolitik im Übergang von der Bizonen- zur Bundesverwaltung (1947–1950), in: R. Morsey (Hg.), Verwaltungsgeschichte. Aufgaben, Zielsetzungen, Beispiele, Berlin 1977, S. 191–238. Wesentlich für das Gesamtproblem: Theodor Eschenburg, Der bürokratische Rückhalt, in: R. Löwenthal u. H.-P. Schwarz (Hg.), Die Zweite Republik. 25 Jahre Bundesrepublik Deutschland – eine Bilanz, Stuttgart 1974, S. 64–94; s. a. Gerold Ambrosius, Funktionswandel und Strukturveränderung der Bürokratie 1945–1949: Das Beispiel der Wirtschaftsverwaltung, in: H. A. Winkler (Hg.), Politische Weichenstellungen im Nachkriegsdeutschland 1945–1953, Sonderheft 5 Geschichte und Gesellschaft, Göttingen 1979, S. 167–207.
3 Die Darstellung basiert außer auf deutschen vor allem auf amerikanischen Quellen: Alle Initiativen zu einer strukturellen Reform im öffentlichen Dienst gingen von den Amerikanern aus. Bei einem Überblick, wie er hier versucht wird, mußte die Herausarbeitung feinerer Unterschiede in der Beamtenpolitik auf der jeweiligen Zonen- und Länderebene in den Hintergrund treten. Inzwischen ist auch einige Literatur zum Thema erschienen: Udo Wengst, Beamtentum zwischen Reform und Tradition. Beamtengesetzgebung in der Gründungsphase der Bundesrepublik Deutschland 1948–1953, Düsseldorf 1988; Ulrich Reusch, Deutsches Berufsbeamtentum und britische Besatzung. Planung und Politik 1943–1947, Stuttgart 1985; Curt Garner, »Zerschlagung des Berufsbeamtentums«? Der deutsche Konflikt um die Neuordnung des öffentlichen

Dienstes 1946–1948 am Beispiel Nordrhein-Westfalens, in: Vierteljahrshefte für Zeitgeschichte 39 (1991), S. 55–101.

4 Carl Heyland, Das Berufsbeamtentum im neuen demokratischen deutschen Staat. Eine staatsrechtliche Studie, Berlin 1949, S. 32.

5 A. a. O., S. 33.

6 Vgl. Directive USFET »Administration of Military Government in the U. S. Zone in Germany«, 7 July 1945; Memorandum USGCC to Deputy Military Governor, 20 September 1945; Staff Study OMGUS, Internal Affairs and Communications Division, 31 January 1945, National Archives Washington, Record Group 260 (künft. zit.: NA), OMGUS AG 1945–1946, box 21, F. 7; Staff Study on German Civil Service (Summary), 9 July 1949 (ausgearbeitet von einem »Committee on Civil Service«, dem Vertreter aller Civil Administration Divisions der Ländermilitärregierungen unter dem Vorsitz von CAD OMGUS angehörten), NA, 91–1/6, F. 17; s. a. Arnold Brecht, Memorandum on Civil Service Reform in Germany, August 1946, NA 99–2/15, F. 17; Neue Zeitung, 21. 12. 1945 (»Reform des Beamtenwesens«).

7 Hier kann nur, als Beispiel für die Entwicklung in einem Land, die Situation in Bayern skizziert werden. Zur Vorbereitung der Beamtengesetze in den Ländern der US-Zone (Mai 1945–August 1947) vgl. NA, 55–1/17-F. 15: Legal Division (OMGUS), Civil Service Codes. – Das bayerische Beamtengesetz datiert vom 28. 10. 1946 (GVOBl. S. 349), das hessische vom 12. 11. 1946 (GVOBl. S. 205), das württemberg-badische vom 19. 11. 1946 (RegBl. S. 249). Vgl. auch Lutz Niethammer, Zum Verhältnis von Reform und Rekonstruktion in der US-Zone am Beispiel der Neuordnung des Öffentlichen Dienstes, in: VfZ 21 (1973), S. 177–188.

8 Zur Organisation und Funktion der bayerischen Behörde vgl. Matthias Metz, Das Landespersonalamt, in: Bay. Staatsanzeiger, 10. 4. 1948.

9 Office of Military Government for Bavaria, Civil Administration Division, Government and Politics Branch: A Short Chronological Report of the Progress of Civil Service Reform in Bavaria up to 1 August 1949 (künftig zit.: Chron. Report), NA, 91–1/6, F. 17. Zum Rücktritt des Gewerkschaftsvertreters heißt es dort (S. 2): »Herr Reuter, Secretary-General of the Bavarian Trade Unions and a member of the Commission, refuses finally to take any more part in the Commission's deliberations, so disgusted is he with their opposition to democratization of the civil service.«

10 Ebenda, S. 3.

11 Office of Military Government for Bavaria, Office of the Land Director, 7. 2. 1949 (Abschr./Übersetzung), Geheimes Staatsarchiv München, MA 130828.

12 A. a. O., S. 6.

13 Süddeutsche Zeitung, 8. 2. 1949; Neue Zeitung, 10. 2. 1949.

14 Neue Zeitung, 17. 2. 1949 (»Ausflüchte in Bayern«).

15 Chron. Report, S. 4.

16 Süddeutsche Zeitung, 9. 4. 1949 (»Dr. Metz zurückgetreten«).

17 Chron. Report, S. 5. – Sowohl die Feststellung in den amerikanischen Akten, er habe den bayerischen Vertreter in besonderer Weise betreut, als auch die Bemerkung, dieser sei reaktionärer als seine Kollegen gewesen, bezweifelte

Mr. Wolfsperger in einem Gespräch mit dem Vf. im Herbst 1980 energisch. Die Einladung zur USA-Reise war für Dr. Peter Erber, den bayerischen Vertreter, kurz nach der Übernahme der neuen Funktion im Landespersonalamt so überraschend gekommen, daß er wegen dringender Verpflichtungen in der Staatskanzlei, seinem eigentlichen Wirkungsort, der deutschen Gruppe hinterherreisen mußte (Mitteilung von Dr. Erber an den Vf.).

18 Chron. Report, S. 6.

19 Ebenda, S. 7. Der Chef der Manpower Division (OMGUS), Leo R. Werts, hatte Ende August zum bayerischen Gesetzentwurf festgestellt, daß eine Änderung in der deutschen Beamtengesetzgebung höchst dringlich sei, um allen Bevölkerungsgruppen den Zugang zum öffentlichen Dienst und dort zu Schlüsselstellungen zu ermöglichen. Zum Verfahren meinte er: »It would be desirable to bring about this change by persuasion. However, experience to date proves beyond a doubt that the Germans will not make the necessary and desirable changes. Therefore, Military Government should do it.« (Werts an Staff Secretary, OMGUS, 29. 8. 1949, NA 43–3/7, F. 2.)

20 Ebenda, S. 8; am 19. August 1949 übersandte Van Wagoner aber an McCloy »Amendments to the Bavarian Civil Service Code«. In seinem Begleitschreiben empfahl der Chef der Militärregierung für Bayern dem amerikanischen Hohen Kommissar für Deutschland, angesichts der Dringlichkeit der Reform und der Unwilligkeit der Deutschen, sie durchzuführen, den Oktroi der Gesetzesänderung durch die Amerikaner. NA, 43–3/7, F. 2.

21 Bipartite Civil Service Committee, Terms of Reference for Bizonal Joint Committee on Civil Service, 30 December 1946; Niederschrift über die erste Sitzung des Verwaltungsrates für das Personalwesen der gemeinsamen Verwaltungen des amerikanischen und britischen Besatzungsgebietes am 7. 7. 1947; Kurzprotokoll über die Sitzung des Vorläufigen Ausschusses zur Gründung eines Verwaltungsrates für das Personalwesen der gemeinsamen Verwaltungen des amerikanischen und britischen Besatzungsgebietes am 9. 1. 1947 in Frankfurt a. M., Bundesarchiv Koblenz (künftig zit.: BA), Z 11/1300 a. Vgl. Das Personalamt des Vereinigten Wirtschaftsgebietes. Bericht über seine Entwicklung und Tätigkeit bis zum 1. Oktober 1948, in: Personalblatt (Amtl. Mitteilungsblatt des Personalamts) 1948, Nr. 1, S. 2 ff.

22 BICO an den Generalsekretär des Exekutivrates für den Präsidenten des Wirtschaftsrates, 31. 10. 1947: Allgemeine Richtlinien hinsichtlich bizonalen Personals bei der Verwaltung und Gesetzgebung (Drucksache 130 des Wirtschaftsrats).

23 BICO an Generalsekretär Exekutivrat für den Präsidenten des Wirtschaftsrates, 13. 11. 1947: Bedingungen für das Bizonale Personal, Gesetzgebung und Verwaltung. BA, Z 11/1300 a. Die Vorarbeiten waren bereits im Gang. Das Personalamt, das seit September 1947 existierte, war mit der Ausarbeitung der Gesetzesvorlage vom Exekutivrat betraut worden. Am 13. November hatte die Civil Service Group BICO gegenüber dem Direktor des Personalamts in Form sehr detaillierter »Ratschläge« eingehend zum 2. Gesetzentwurf Stellung genommen. Dt. Bundestag, Parlamentsarchiv, VWG 25 A, Materialien Nr. 23.

24 Die Gesetzesvorlage war am 9. 12. 1947 dem Wirtschaftsrat zugegangen

(Drucksache Nr. 134), am 21. und 22. April 1948 war sie in 2. und 3. Lesung beraten und beschlossen worden, am 30. April stimmte der Länderrat der Bizone zu. Dt. Bundestag, a. a. O.

25 WiGBl. 1948, S. 54.

26 BICO an den Vorsitzenden des Verwaltungsrates, 13. 8. 1948. In dem Schreiben wurde daran erinnert, daß BICO seit vielen Monaten auf die dringende Notwendigkeit eines Personalgesetzes hingewiesen habe: »Im Hinblick auf die Dringlichkeit der Schaffung eines solchen Gesetzes für die bizonalen Verwaltungsangehörigen werden Sie hiermit ersucht, alle notwendigen Schritte zur Vorbereitung des Gesetzes zu ergreifen und diese Vorbereitungen so zu beschleunigen, daß der Gesetzentwurf spätestens am 1. Oktober 1948 dem Wirtschaftsrat vorgelegt werden kann. Ferner wird gebeten, der Bipartite Civil Service Group laufend den Entwurf eines jeden Abschnittes des vorgeschlagenen Gesetzes vorzulegen.« BA, Z 13/257, Bd. 1.

27 »A Model State Civil Service Law« (Übersetzung einer Broschüre, die von der National Civil Service League, Civil Service Assembly of United States and Canada und der National Municipal League herausgegeben worden war), BA, Z 11/1181.

28 Dieter Johannes Blum, Das passive Wahlrecht der Angehörigen des Öffentlichen Dienstes in Deutschland nach 1945 im Widerstreit britisch-amerikanischer und deutscher Vorstellungen und Interessen. Ein alliierter Versuch zur Reform des deutschen Beamtenwesens, Göppingen 1972, S. 284.

29 Ebenda, S. 286.

30 Kurt Oppler, 1902 in Breslau geboren, seit 1926 Sozialdemokrat, war von 1932 bis 1937 Rechtsanwalt in Gleiwitz, dann lebte er als Emigrant in Holland und Belgien. Im Mai 1946 wurde er als Ministerialdirektor Leiter der Abteilung für öffentliches Arbeitsrecht im hessischen Justizministerium, im Herbst 1947 wurde er Chef des Personalamts der Bizone. Wegen seines Eintretens für eine Reform des öffentlichen Dienstes wurde er namentlich von Standespolitikern viel angefeindet. Oberdirektor Pünder, der Vorsitzende des Verwaltungsrats des Vereinigten Wirtschaftsgebiets – de facto also der Regierungschef der Bizone – erhielt z. B. am 10. 1. 1949 einen Brief von Abteilungspräsident a. D. H. Fricke (Münster), in dem es hieß: »Die dauernden Vorstöße gegen das Beamtentum haben die ernste Aufmerksamkeit auf die Zusammensetzung des Personalamts in Frankfurt gelenkt. Dem Vernehmen nach ist Chef ein früherer jüd. Berliner Rechtsanwalt, der natürlich keinerlei Verständnis für die im Beamtentum verwurzelten Werte haben kann. Außerdem sollen sämtliche (!) Referenten der SPD angehören...« Pünder antwortete am 18. 1. 1949: »Daß der Leiter des hiesigen Personalamtes, der nicht von meinem Verwaltungsrat, sondern schon von dessen Vorläufer, dem damaligen Exekutivrat, berufen worden ist, Mitglied der SPD ist, ist richtig. Im übrigen stimmen Ihre Mitteilungen über das Personalamt aber nicht... Im übrigen können Sie sich darauf verlassen, daß ich als alter Berufsbeamter, der vor über 40 Jahren seinen Beamteneid geschworen hat, bis zum letzten für das Berufsbeamtentum eintreten werde. Das Gleiche gilt auch für meine Kollegen im Verwaltungsrat. Ich werde übrigens nächstens auf einer großen Beamtentagung in Köln zu allen diesen Fragen sprechen.« BA, Z 13/305.

31 Wirtschaftsrat, Drucksache 681; 24. Vollversammlung, Sten. Ber. Seiten 1078–1079.

32 Der Ausschuß für Arbeit beriet den Gesetzentwurf am 16. und 25. 11. und am 8. 12. 1948, der Rechtsausschuß beschäftigte sich am 16./17. und 28. 11. sowie am 15. 12. 1948 mit dem Gesetz. Der Länderrat bildete einen »Sonderausschuß Personalgesetz«, der am 2. und 9. 12. 1948 tagte. Dt. Bundestag, Parlamentsarchiv, VWG 010 A.

33 BICO an den Präsidenten des Wirtschaftsrats und an den Vorsitzenden des Länderrats, 2. 12. 1948. Im Anschreiben an die Direktoren der einzelnen Verwaltungen, denen Oberdirektor Pünder am 8. 12. 1948 den Brief von BICO zur Kenntnis brachte, heißt es: »Da die Gedanken der Militärregierungen in wesentlichen Punkten von der Auffassung des Verwaltungsrates abweichen, beabsichtige ich, den Militärregierungen hierüber in einem besonderen Schreiben zu antworten...«, BA, Z 13/257, Bd. 1.

34 Ebenda, auch Drucksache Nr. 799 des Wirtschaftsrats.

35 Ebenda.

36 Vgl.   Wirtschaftsrat,   28. Vollversammlung,   14. 12. 1948,   Sten. Ber. S. 1267–1269; Vorsitzender des Ausschusses für Beamtenrecht war der Abgeordnete Adolf Arndt (SPD). Kurzprotokolle der 1.–13. Sitzung des Ausschusses für Beamtenrecht im Dt. Bundestag, Parlamentsarchiv.

37 BA, Z 13/305. – Der Gesetzestext wurde vielfach veröffentlicht, u. a. in der Neuen Zeitung, 22. 2. 1949. Das Personalblatt publizierte den Text in einer Sondernummer am 23. 2. 1949. Im Personalblatt auch die zahlreichen Änderungen und Durchführungsbestimmungen der folgenden Monate, auf die hier nicht im einzelnen eingegangen werden kann.

38 Vgl. den Gesetzentwurf »Bizonal Public Servants« (engl. Text), in dem die Zufügungen zum deutschen Entwurf unterstrichen, die Streichungen in eckige Klammern gesetzt sind, NA 51–1/7, F. 11. – Die Feststellung Hans Hattenhauers (Geschichte des Beamtentums, Köln 1980, S. 470), über die Vorgeschichte des Gesetzes sei »nichts bekannt«, ist falsch.

39 Die Zeit, 24. 2. 1949 (»Diktiertes Beamtengesetz«).

40 Süddeutsche Zeitung, 19. 2. 1949 (»Richtlinien für Demokratie«). Die Zeitung richtete, wie in der gleichen Ausgabe auf Seite 1 mitgeteilt wurde, »an eine Reihe von führenden deutschen Parlamentariern und maßgebenden Amerikanern« ein Telegramm mit der Frage, ob die Adressaten der Meinung seien, »daß gutgemeinte und an sich wertvolle Anregungen in dieser Form verwirklicht werden können, ohne dem Ansehen der gewählten Parlamente und der Demokratisierung Deutschlands Schaden zuzufügen«?

41 Z. B. Der Spiegel, 19. 2. 1949, oder der Kommentator des Südwestfunks Baden-Baden, der am 18. 2. 1949 über das neue Beamtengesetz und sein Zustandekommen nur Gutes zu berichten hatte; Sammlung von Rundfunkkommentaren, IfZ, Fg 09/2.

42 Christ und Welt, 3. 3. 1949 (»Zwischen begeisterter Zustimmung und erbitterter Ablehnung«).

43 Dt. Bundestag, Parlamentsarchiv, VWG 010 A, Nr. 43.

44 Frankfurter Neue Presse, 23. 3. 1949 (»Deutsche Politiker zum Beamtengesetz«).

45 Dt. Bundestag, Parlamentsarchiv, VWG 010 A, Nr. 42.

46 Frankfurter Neue Presse, 18. 2. 1949.

47 Sopade Informationsdienst, 4. 3. 1949.

48 Ebenda, 14. 3. 1949.

49 Lübecker Freie Presse, 24. 2. 1949.

50 Frankfurter Neue Presse, 8. 3. 1949 (»Die Eisenbahner zum Beamtengesetz«).

51 Vgl. Wolfgang Benz (Hg.), »Bewegt von der Hoffnung aller Deutschen«. Zur Geschichte des Grundgesetzes. Entwürfe und Diskussion 1941–1949, München 1979.

52 Werner Sörgel, Konsensus und Interessen. Eine Studie zur Entstehung des Grundgesetzes für die Bundesrepublik Deutschland, Stuttgart 1969, S. 261.

53 Zehn Jahre Deutscher Beamtenbund. Festschrift aus Anlaß des zehnjährigen Bestehens des Deutschen Beamtenbundes zum Bundesvertretertag 1959, S. 64.

54 Sörgel, a. a. O., S. 122.

55 Zehn Jahre Deutscher Beamtenbund, S. 63; wiederabgedruckt auch in: Deutscher Beamtenbund. Ursprung, Weg, Ziel. Zur 50. Wiederkehr des Gründungstages am 4. Dezember 1918. Hg. von der Bundesleitung des DBB, Bad Godesberg 1968, S. III/10f.

56 Schäfer an Pünder, 30. 12. 1948 und Antwort Pünders, 3. 1. 1949, BA, Z 13/305. Vgl. Anm. 30.

57 Vgl. dazu u. a. Michael Kirn, Verfassungsumsturz oder Rechtskontinuität? Die Stellung der Jurisprudenz nach 1945 zum Dritten Reich insbes. die Konflikte um die Kontinuität der Beamtenrechte und Art. 131 Grundgesetz, Berlin 1972; Arnold Köttgen, Grundgesetz und Beamtenrecht, in: H. Wandersleb (Hg.), Recht. Staat. Wirtschaft, Bd. IV, Düsseldorf 1953, S. 227–246; Franz Mayer, Die hergebrachten Grundsätze des Berufsbeamtentums, in: E. Forsthoff u. R. Hörstel (Hg.), Standorte im Zeitstrom. Festschrift für Arnold Gehlen, Königstein/Ts. 1974, S. 227–248.

58 Nachträglich erhielt der Parlamentarische Rat, ebenso wie die Weimarer Nationalversammlung, für die Wortwahl bei der Garantie der Beamtenrechte (1919: »wohlerworbene Rechte«, 1949: »hergebrachte Grundsätze«) vom Deutschen Beamtenbund gar noch schlechte Zensuren: »Der Beamtenschaft ist bei aller Anerkennung des guten Willens beider verfassunggebender Körperschaften, d. h. sowohl der Weimarer Nationalversammlung als auch des Parlamentarischen Rates, der Unentbehrlichkeit des Berufsbeamtentums Rechnung zu tragen, mit den jeweils gewählten Ausdrücken, die die Aufrechterhaltung des Berufsbeamtentums bekräftigen sollten, kein guter Dienst erwiesen worden.« Deutscher Beamtenbund. Ursprung, Weg, Ziel, S. III/11.

59 Büro der Ministerpräsidenten des amerikanischen, britischen und französischen Besatzungsgebietes, Empfehlungen des Juristischen Ausschusses der Ministerpräsidenten, 1949, S. 10.

60 Ebenda, S. 13f.

61 Büro der Ministerpräsidenten, Empfehlungen des Organisationsausschusses der Ministerpräsidenten-Konferenz über den Aufbau der Bundesorgane 1949,

V. 18. – Das Personalamt wurde im Oktober 1949 dem Bundesinnenministerium unterstellt und faktisch stillgelegt. Die formelle Auflösung zog sich freilich noch bis 1952 hin; so lange dauerte es, bis für den Chef der Behörde, Kurt Oppler, eine adäquate Verwendung gefunden wurde: er ging im Frühjahr 1952 als Gesandter der Bundesrepublik nach Island.

62 Vgl. Elmer Plischke, Allied High Commission Relations with the West German Government 1949–1951, Bad Godesberg 1952, S. 18.

63 Presse- und Informationsamt der Bundesregierung, Verlautbarung zu dem vorläufigen Beamtengesetz, 17.10.1949, Archiv IfZ; vgl. Neue Zeitung, 18.10.1949.

64 Ebenda.

65 Entwurf eines Gesetzes zur vorläufigen Regelung der Rechtsverhältnisse der im Dienst des Bundes stehenden Personen, Dt. Bundestag, 1. WP, Drucksache Nr. 175.

66 Dt. Bundestag, 1. WP, 18. Sitzung, 24. und 25.11.1949, Sten. Ber. S. 450.

67 Neue Zeitung, 20.10.1949. – Der Sachverständige für Beamtenrecht beim amerikanischen Hochkommissar, Ellsworth Wolfsperger, hatte schon am 17. Oktober erklärt, Amerika würde in der Außerkraftsetzung des Militärregierungsgesetzes einen Verstoß gegen das Besatzungsstatut erblicken. In der Meldung der Neuen Zeitung vom 19.10.1949, die Wolfspergers Äußerung enthielt, war allerdings auch angedeutet worden, »da das Beamtenrecht nicht unter die Vorbehalte des Besatzungsstatuts falle, könne die Hohe Kommission keine generellen Schritte gegen ein deutsches Beamtengesetz unternehmen«. Vgl. auch Neue Zeitung, 22.10.1949 (»Der Streit um die Stellung des Beamten. Kann das bizonale Gesetz von 1948 [!] außer Kraft gesetzt werden?«).

68 Dt. Bundestag, 1. WP, 44. Sitzung, 2.3.1950, Sten. Ber. S. 1476–1494.

69 ÖTV/Verbandsvorstand an den Präsidenten des Bundesrats, die Mitglieder des Beamtenausschusses und die Fraktionsvorsitzenden des Bundestags, 22.10.1949, Dt. Bundestag, Parlamentsarchiv, Gesetzesdokumentation I 29 A.

70 Vgl. u. a. die Artikel im Verbandsorgan »Öffentlicher Dienst«, z. B. v. 15.3.1950: »Um das vorläufige Beamtengesetz«, S. 63–64; »Die vorläufige Regelung der Rechtsverhältnisse der im Dienst des Bundes stehenden Personen«, 15.5.1950, S. 107–109.

71 Vgl. Hans Wernery, Die verfassungsrechtliche Sicherung des Berufsbeamtentums, in: Deutscher Beamtenbund. Ursprung, Weg, Ziel, S. III/12. In der Selbstdarstellung: Deutscher Beamtenbund. Werden und Wirken. Alfred Krause zum 50. Geburtstag (S. 33) wird der Beweis, daß der DBB um die verfassungsrechtliche Sicherung des Berufsbeamtentums gegenüber dem Parlamentarischen Rat die größeren Verdienste erworben habe, wie folgt geführt: »Der DGB hat über lange Zeit hinweg versucht, diesen Erfolg sich zuzuschreiben. Seit allerdings der Vorsitzende der ÖTV, Heinz Kluncker, in der Februar-Ausgabe 1970 der DGB-Zeitschrift Der Deutsche Beamte geschrieben hat: ›Das Berufsbeamtentum wurde damals im Zustande der Geistesabwesenheit konzipiert‹, ist der urkundliche Gegenbeweis geführt und manches in dieser Sache gegen den Deutschen Beamtenbund gerichtete Pamphlet des DGB Makulatur geworden.«

72 Alliierte Hohe Kommission für Deutschland an den Kanzler der Bundesrepublik Deutschland, 14.4.1950, Archiv IfZ, ED 94 (NL W. Strauß), Bd. 180.
73 Elmer Plischke, Allied High Commission Relations with the West German Government 1949–1951, Bad Godesberg 1952, S. 22.
74 Wie Anm. 72.
75 Bundesminister der Justiz, Gutachtliche Äußerung betr. Vorläufige Nicht-Genehmigung des vorläufigen Beamtengesetzes durch die Alliierte Hohe Kommission, 24.4.1950, Archiv IfZ, ED 94, Bd. 180.
76 Die Konferenz zwischen Vertretern der Alliierten Hohen Kommission und der Bundesregierung am 9. Mai 1950 wurde laut Pressemitteilung des Presse- und Informationsamtes der Bundesregierung in »freundschaftlichem Geiste« geführt und erbrachte »eine weitere Annäherung der beiderseitigen Standpunkte« (Mitteilung an die Presse Nr. 469/50); der Inhalt der von der Bundesregierung konzedierten Durchführungsverordnung wurde am 19.5.1950, zugleich mit der Mitteilung, daß die Alliierte Hohe Kommission ihren Einspruch gegen das Vorläufige Bundespersonalgesetz zurückgezogen habe, veröffentlicht. Mitteilung an die Presse 496/50, Archiv IfZ.
77 Gesetz A-8 v. 31.5.1950, Amtsblatt der Alliierten Hohen Kommission für Deutschland, 10.6.1950, S. 391; Personalblatt 1950, S. 32.
78 Dt. Bundestag, 1. WP, 104. Sitzung, 6.12.1950, Sten. Ber. S. 3818–3820.
79 Amt des Amerikanischen Hochkommissars für Deutschland, (11.) Bericht über Deutschland 21.September 1949–31.Juli 1952, Bad Godesberg o. J., S. 202.
80 Walter Strauß, Die Personalpolitik in den Bundesministerien zu Beginn der Bundesrepublik Deutschland, in: Konrad Adenauer und seine Zeit. Politik und Persönlichkeit des ersten Bundeskanzlers, hg. v. D. Blumenwitz u. a., Bd. 1. Stuttgart 1976, S. 275–282, hier S. 282.

Lernziel Demokratie

1 Adolf Grimme, Vom Sinn der Erziehung heute, in: Die Sammlung 1 (1945/46), S. 65 f.
2 Zur Bildungspolitik in der sowjetischen Besatzungszone allgemein: Allen Kindern das gleiche Recht auf Bildung. Dokumente und Materialien zur demokratischen Schulreform, Berlin (O), 1981; Hubert Hettwer, Das Bildungswesen in der DDR. Strukturelle und inhaltliche Entwicklung, Köln 1976; Hermann Weber (Hg.), DDR. Dokumente zur Geschichte der Deutschen Demokratischen Republik 1945–1985, München 1986.
3 Zur Französischen Zone allgemein: Angelika Ruge-Schatz, Umerziehung und Schulpolitik in der Französischen Besatzungszone 1945–1949, Frankfurt a. M. 1977.
4 Karl-Ernst Bungenstab, Umerziehung zur Demokratie? Reeducation-Politik im Bildungswesen der US-Zone 1945–1949, Düsseldorf 1970; Jutta-B. Lange-Quassowski, Neuordnung oder Restauration? Das Demokratiekonzept der amerikanischen Besatzungsmacht und die politische Sozialisation der Westdeutschen, Opladen 1979.
5 Günter Pakschies, Umerziehung in der Britischen Zone 1945–1949, Weinheim

1979; Maria Halbritter, Schulreformpolitik in der britischen Zone von 1945–1949, Weinheim 1979.

6 Referat Adolf Grimmes auf der 3. Sitzung des Zonenbeirats am 3. Mai 1946 in Hamburg, Bundesarchiv Koblenz Z Anh./4, Bl. 30–37.

7 Vgl. Kurt Ingo Flessau, Schule der Diktatur. Lehrpläne und Schulbücher des Nationalsozialismus, München 1977; Elke Nyssen, Schule im Nationalsozialismus, Heidelberg 1979; Ulrich Herrmann (Hg.), Die Formung des Volksgenossen. Der »Erziehungsstaat« des Dritten Reiches, Weinheim/Basel 1985; Dieter Rossmeissl, Ganz Deutschland wird zum Führer halten... Zur politischen Erziehung in den Schulen des Dritten Reiches, Frankfurt a. M. 1985.

8 Die Neue Zeitung, 17.5.1946 (»Die neuen Schulbücher. Zeitgemäße Überlegungen und Anregungen«).

9 Ursula Langkau-Alex, Erziehung nach Hitler. Richtlinien für ein neues Schul- und Erziehungsprogramm in Deutschland: Vergleich von Ideen der deutschen Volksfront (1937) und des Council for a Democratic Germany (1945), in: Internat. wiss. Korr. zur Gesch. der deutschen Arbeiterbewegung 24 (1988), S. 16–43.

10 Beck und Goerdeler. Gemeinschaftsdokumente für den Frieden 1941–1944. Hg. u. erläutert von Wilhelm Ritter von Schramm, München 1965, S. 147ff.

11 Ger van Roon, Neuordnung im Widerstand. Der Kreisauer Kreis innerhalb der deutschen Widerstandsbewegung, München 1967, S. 561–567.

12 Ebenda.

13 Das Demokratische Deutschland. Grundsätze und Richtlinien für den deutschen Wiederaufbau im demokratischen, republikanischen, föderalistischen und genossenschaftlichen Sinne. Hg. vom Hauptvorstand der Arbeitsgemeinschaft »Das Demokratische Deutschland«, Bern 1945, S. 8–24.

14 Archiv Institut für Zeitgeschichte München, ED 202 (Slg. Glaser) Bd. 2.

15 Zit. nach Wolfgang Benz, Potsdam 1945. Besatzungsherrschaft und Neuaufbau im Vier-Zonen-Deutschland, München 1986, S. 207f.

16 Der Alliierte Kontrollrat erließ erst am 25.6.1947 die Direktive Nr. 54 »Hauptgrundsätze für die Demokratisierung der Erziehung in Deutschland« (Monthly Report of the CCG/BE, Vol. II, Nr. 7).

17 Zit. nach Rolf Winkeler, Das Scheitern einer Schulreform in der Besatzungszeit, in: Manfred Heinemann (Hg.), Umerziehung und Wiederaufbau. Die Bildungspolitik der Besatzungsmächte in Deutschland und Österreich, Stuttgart 1981, S. 212; Raymond Schmittlein, Briser les chaines de la jeunesse allemande, in: France Illustration 17.9.1949, Nr. 205, o. S.

18 René Cheval, Die Bildungspolitik in der Französischen Besatzungszone, in: Heinemann (Hg.), Umerziehung und Wiederaufbau, S. 195.

19 Ebenda.

20 Carlo Schmid, Erinnerungen, Bern, München, Wien 1979, S. 259–260.

21 Zit. nach Ruge-Schatz, Umerziehung und Schulpolitik, S. 97f.

22 Ebenda, S. 84.

23 Ebenda, S. 88.

24 Gesetz der Provinz Mark Brandenburg zur Demokratisierung der deutschen Schule, 31. Mai 1946 (Gleichlautend in den anderen Ländern der SBZ), in: Allen Kindern das gleiche Recht auf Bildung, S. 114f.

25 Paul Wandel, Demokratisierung der Schule. Rede, gehalten auf dem Pädagogischen Kongreß in Berlin am 15. August 1946, Berlin, Leipzig 1946, S. 27.
26 Ebenda, S. 17.
27 Ebenda, S. 4.
28 Ebenda.
29 Anton Ackermann, Rede auf der gemeinsamen Kundgebung von KPD und SPD, in: Demokratische Schulreform 1945, S. 4–24.
30 Geschichte der Deutschen Demokratischen Republik von einem Autorenkollektiv unter Leitung von Rolf Badstübner, Berlin (O), 1981, S. 56.
31 Wandel, Demokratisierung, S. 27.
32 Vgl. Süddeutsche Zeitung, 30. 7. 1946 (»Einheit des deutschen Schulwesens. Erziehertagung in Godesberg«); die letzte gesamtdeutsche Konferenz der Erziehungsminister fand am 19./20. 2. 1948 statt, das Protokoll wurde veröffentlicht: Manfred Overesch, Die gesamtdeutsche Konferenz der Erziehungsminister in Stuttgart am 19./20. Februar 1948, in: Vierteljahrshefte für Zeitgeschichte 28 (1980), S. 248–285.
33 Anton Fingerle, Zur Schulreform in Deutschland, in: Europa-Archiv 1 (1946), S. 303–307; vgl. Walter M. Guggenheimer, Schulreform und Besatzungsrecht, in: Frankfurter Hefte 3 (1948), H. 6, S. 488–491.
34 Amt des Amerikanischen Hochkommissars für Deutschland, Bericht über Deutschland 21. Sept. 1949–31. Juli 1952, Bad Godesberg 1952, S. 93.
35 Erziehung in Deutschland. Bericht und Vorschläge der Amerikanischen Erziehungskommission, München 1946, S. 29 f.; vgl. Die Neue Zeitung, 28. 10. 1946.
36 Ebenda, S. 30.
37 Ebenda.
38 Stellungnahme Kardinal Faulhabers im Namen der Bayerischen Bischofs-Konferenz, 7. 1. 1948, Archiv Institut für Zeitgeschichte, ED 145, Bd. 12.
39 Staatsminister Alois Hundhammer, Erziehungsplan auf weite Sicht, 31. 3. 1947, Archiv Institut für Zeitgeschichte, ED 120, Bd. 139 (Nachlaß Hoegner).
40 Ebenda.
41 Ebenda.
42 Bungenstab, Umerziehung, S. 96.
43 Hildegard Hamm-Brücher, Versäumte Reformen, in: Karl Dietrich Bracher (Hg.), Nach 25 Jahren. Eine Deutschland-Bilanz, München 1970, S. 151–165.
44 Ebd., S. 153.

Erzwungenes Ideal oder zweitbeste Lösung?

1 Jahrbuch der öffentlichen Meinung 1947–1955, Elisabeth Noelle, Erich Peter Neumann (Hg.), Allensbach 1956, S. 140.
2 4. Tagung des Länderrates des amerikanischen Besatzungsgebietes in Stuttgart, 8. 1. 1946, in: Akten zur Vorgeschichte der Bundesrepublik Deutschland 1945–1949 (AVBRD), 5 Bde., hg. von Bundesarchiv und Institut für Zeitgeschichte, München 1976–1983, hier: Bd. 1, S. 2331. In der Bundestagsdebatte am 9. Mai 1951, bei der die DP ein Bundesrundfunkgesetz forderte, wurden

immer noch verwandte Gedankengänge vorgetragen, vgl. Deutscher Bundestag, Sten. Berichte, 140. Sitzung, S. 5562–5580.

3 Lucius D. Clay, Entscheidung in Deutschland, Frankfurt 1950, S. 321.

4 Vgl. Hugh Carleton Greene, Der Wiederaufbau des deutschen Rundfunks, in:
ders., Entscheidung und Verantwortung. Perspektiven des Rundfunks, Hamburg 1970, S. 43–59.

5 Bester Überblick über Entstehung und Aufbau des Rundfunksystems der Bundesrepublik: Hans Bausch, Rundfunkpolitik nach 1945, München 1980, in:
ders. (Hg.), Rundfunk in Deutschland, Bd. 3.

6 Vgl. z. B. die Anweisung des US-Militärgouverneurs für Bayern, Murray D.
Van Wagoner an den Bayer. Ministerpräsidenten v. 31.12.1947 »Betr. Gesetz-
gebung über den Rundfunk in Bayern« und die Diskussionen auf deutscher
Seite im Nachlaß Friedrich Märker, Institut für Zeitgeschichte, Archiv, ED
101/1. Beobachtende Erfolgskontrolle auch zur Programmgestaltung übten die
Amerikaner noch einige Zeit, vgl. A Radio Scrutiny Report: One Year of
Cultural Radio, July 1949–June 1950. Radio Branch / Information Services
Division / Office of the U. S. High Commissioner for Germany. Auszug in:
E. Kurt Fischer (Hg.), Dokumente zur Geschichte des deutschen Rundfunks
und Fernsehens, Göttingen 1957, S. 216 ff.

7 Siehe Ludwig Maaßen, Der Kampf um den Rundfunk in Bayern, Rundfunkpolitik in Bayern 1945–1973, Berlin 1979; Barbara Mettler, Demokratisierung
und Kalter Krieg. Zur amerikanischen Informations- und Rundfunkpolitik in
Westdeutschland 1945–1949, Berlin 1975; entsprechende Arbeiten für Württemberg-Baden und Hessen stehen noch aus.

8 Clay, Entscheidung (Anm. 3), S. 321.

9 Vgl. den Überblick über die Entwicklung der Presse nach 1945 bei Norbert
Frei, Die Presse, in: Wolfgang Benz (Hg.), Die Geschichte der Bundesrepublik
Deutschland. Geschichte in vier Bänden, Bd. 3: Kultur, Frankfurt a. M. 1984,
S. 370–416; zur alliierten Pressepolitik vor allem Harold Hurwitz, Die Stunde
Null der deutschen Presse. Die amerikanische Pressepolitik in Deutschland
1945–1949, Köln 1972, und Harry Pross (Hg.), Deutsche Presse seit 1945, Bern
usw. 1965 sowie ders., Politik und Publizistik in Deutschland seit 1945. Zeit-
bedingte Positionen, München 1980.

10 Im März 1948 waren die Länderregierungen durch OMGUS zur gesetzlichen
Regelung der liberalen Gewerbezulassung aufgefordert worden (US Military
Government, Monthly Report, März 1948, S. 4), dem folgte am 29.11.1948
eine OMGUS-Direktive an den Wirtschaftsrat der Bizone; gegen die damit
beabsichtigte bedingungslose Einführung der Gewerbefreiheit im Handwerk
protestierte der Präsident des Wirtschaftsrats, Köhler, am 15. und am 17. Dezember 1948 bei Besprechungen zwischen bizonalen Vertretern und den Alliierten. General Clay betonte den Wunsch nach einem bizonalen Rahmen-
gesetz, in dem die Grundsätze der Gewerbefreiheit, der gleichen Möglichkeit
für alle zur Ausübung eines Berufes fixiert sein sollten. Nach amerikanischer
Auffassung müsse das Gewerberecht eigentlich Ländersache sein. Ludwig Erhard plädierte gegenüber Clay für den »großen Befähigungsnachweis«, den restriktiven Kern des deutschen Widerstandes gegen die Gewerbefreiheit. Vgl.
AVBRD (Anm. 2), Bd. 4, S. 1011 ff. und S. 1025 f.

11 Wolf von der Heide, Von der Gewerbelizenzierung zur Gewerbefreiheit, in: Wirtschaftsverwaltung 1 (1948), H. 5, S. 7–11; ders., Deutsches oder amerikanisches Gewerberecht?, in: Wirtschaftsverwaltung 1 (1948), H. 14, S. 16–17; ders., Zur Gewerbefreiheit. Richtlinien der US-Militärregierung v. 28.3.49, in: Wirtschaftsverwaltung 2 (1949), H. 10, S. 280–281. Noch im Juli 1949 wurde, im Hinblick auf eine Bundesregelung des Kammerwesens, auf deutscher Seite beklagt, daß OMGUS mit dem Hinweis auf die Gewerbefreiheit jede Bildung von Standeskammern untersage: ein Beispiel für den Eingriff der Besatzungsmacht in deutsche und nicht vorbehaltene Angelegenheiten; AVBRD (Anm. 2), Bd. 5, S. 948 f.

12 Amt des Amerikanischen Hochkommissars für Deutschland, Bericht über Deutschland 21. September 1949–31. Juli 1952, Bad Godesberg 1952, S. 203–210, Zit. S. 210.

13 An erster Stelle Öffentlicher Dienst und Bildungswesen, denen eigene Beiträge in diesem Band gewidmet sind.

14 Siegfried Mielke, Der Wiederaufbau der Gewerkschaften: Legenden und Wirklichkeit, in: Heinrich August Winkler (Hg.), Politische Weichenstellungen im Nachkriegsdeutschland 1945–1953, Göttingen 1979, S. 74–87; Michael Fichter, Besatzungsmacht und Gewerkschaften. Zur Entwicklung und Anwendung der US-Gewerkschaftspolitik in Deutschland 1944–1948, Opladen 1982; Ulrich Borsdorf u. a. (Hg.), Grundlagen der Einheitsgewerkschaft. Historische Dokumente und Materialien, Köln usw. 1977, insbes. S. 283 ff.

15 Vgl. Erziehung in Deutschland. Bericht und Vorschläge der Amerikanischen Erziehungskommission, München 1946; dieser, nach dem Vorsitzenden der Mission George F. Zook, benannte Bericht faßt die Ergebnisse einer Reise von US-Experten in die drei Länder der US-Zone im August/September 1946 zusammen.

16 Text des Gesetzentwurfes im Nachlaß Wilhelm Hoegner, Institut für Zeitgeschichte, Archiv, ED 120/127.

17 Deutscher Bundestag, 18. Sitzung, 24. und 25. 11. 1949, Sten. Berichte, S. 525.

18 Das war insbesondere im ersten Bundestagswahlkampf 1949 geschehen, bei dem Schumacher der CDU wiederum Annäherung an Frankreich vorwarf. Vgl. Wolfgang Benz, Von der Besatzungsherrschaft zur Bundesrepublik. Stationen einer Staatsgründung 1946–1949, Frankfurt 1984, S. 259 ff.

19 Einzelheiten in: Benz, Besatzungsherrschaft (Anm. 18), S. 35 ff.

20 Vgl. Thilo Vogelsang, Koblenz, Berlin und Rüdesheim. Die Option für den westdeutschen Staat im Juli 1948, in: Festschrift für Hermann Heimpel, Bd. 1, Göttingen 1971, S. 161–179. Die Konferenzen im Sommer 1948 und der Herrenchiemseer Verfassungskonvent sind gut dokumentiert in der Edition: Der Parlamentarische Rat 1948–1949. Akten und Protokolle, Bd. 1, bearb. von J. V. Wagner, Bd. 2, bearb. von Peter Bucher, Boppard 1975 und 1981.

21 Text of Aide-Mémoire left with the President of the Parliamentary Council at Bonn, 22. Nov. 1948, in: Documents of the Creation of the German Federal Constitution, prepared by Civil Administration Division, OMGUS, Berlin 1949, S. 105; Memo of the Military Governor's meeting in Frankfurt a. M., 16. Nov. 1948, OMGUS/POLAD 461/59.

22 Vgl. u. a. Friedrich Jerchow, Deutschland in der Weltwirtschaft. Alliierte
   Deutschland- und Reparationspolitik und die Anfänge der westdeutschen Au-
   ßenwirtschaft, Düsseldorf 1978; Manfred Knapp (Hg.), Von der Bizonengrün-
   dung zur ökonomisch-politischen Westintegration. Studien zum Verhältnis zwischen Außenpolitik und Außenwirtschaftsbeziehungen in der Entstehungs-
   phase der Bundesrepublik Deutschland (1947–1952), Frankfurt a. M. 1984.
23 Aufzeichnung von B. A. B. Burrows, Foreign Office London, 31. 7. 1947, zit.
   nach Rolf Steininger, Deutsche Geschichte 1945–1961. Darstellung und Dokumente in zwei Bänden, Frankfurt am Main 1983, Bd. 2, S. 342 f.
24 Vgl. Horst Thum, Mitbestimmung in der Montanindustrie. Der Mythos vom
   Sieg der Gewerkschaften, Stuttgart 1982; Gabriele Müller-List, Das Gesetz
   über die Mitbestimmung der Arbeitnehmer in den Aufsichtsräten und Vorstän-
   den der Unternehmen des Bergbaus und der Eisen und Stahl erzeugenden Industrie vom 21. Mai 1951, Düsseldorf 1984.
25 John Gimbel, The Origins of the Marshall Plan, Stanford, California 1976;
   Erich Ott, Die Bedeutung des Marshall-Plans für die Nachkriegsentwicklung in
   Westdeutschland, in: aus politik und zeitgeschichte 30 (1980), B 4, S. 19–37;
   überzeugende Gegenargumente bei: Werner Link, Der Marshallplan und
   Deutschland, in: aus politik und zeitgeschichte 30 (1980), B 50, S. 3–18; Bernd
   Klemm/Günter J. Trittel, Vor dem »Wirtschaftswunder«: Durchbruch zum
   Wachstum oder Lähmungskrise? Eine Auseinandersetzung mit Werner Abels-
   hausers Interpretation der Wirtschaftsentwicklung 1945–1948, in: Vierteljahrshefte für Zeitgeschichte 35 (1987), S. 571–624; Werner Abelshauser, Hilfe
   und Selbsthilfe. Zur Funktion des Marshallplans beim westdeutschen Wiederaufbau, ebenda 37 (1989), S. 85–113; s. a. Christoph Buchheim, Die Wieder-
   eingliederung Westdeutschlands in die Weltwirtschaft 1945–1958, München
   1990.
26 Vgl. etwa Lucius D. Clay, Entscheidung (Anm. 3), S. 237 ff.; s. a. Gerold Ambrosius, Die Durchsetzung der sozialen Marktwirtschaft in Westdeutschland
   1945–1949, Stuttgart 1977.
27 Zit. nach Werner Abelshauser, Zur Entstehung der »Magnet-Theorie« in der
   Deutschlandpolitik. Ein Bericht von Hans Schlange-Schöningen über einen
   Staatsbesuch in Thüringen im Mai 1946, in: VfZ 27 (1979), S. 661–679, zit.
   S. 679.
28 Protokoll über die Tagung des Zonenausschusses der CDU für die britische
   Zone in Neuenkirchen/Kr. Wiedenbrück am 1. und 2. August 1946, in: Konrad
   Adenauer und die CDU der britischen Besatzungszone 1946–1949. Doku-
   mente zur Gründungsgeschichte der CDU Deutschlands, hg. von der Konrad-
   Adenauer-Stiftung, eingel. und bearb. von Hellmuth Pütz, Bonn 1975,
   S. 164–184, zit. S. 171.
29 Zit. nach: Acht Jahre Sozialdemokratischer Kampf um Einheit, Frieden und
   Freiheit. Ein dokumentarischer Nachweis der gesamtdeutschen Haltung der
   Sozialdemokratie und ihrer Initiativen, hg. vom Vorstand der SPD, Bonn 1954,
   S. 26 f.
30 Siehe dazu besonders die ersten beiden Kapitel von Hans-Peter Schwarz, Die
   Ära Adenauer. Gründerjahre der Republik 1949–1957, Stuttgart usw. 1981.
31 Vgl. Ludolf Herbst, Werner Bührer und Hanno Sowade (Hg.), Vom Marshall-

plan zur EWG. Die Eingliederung der Bundesrepublik Deutschland in die westliche Welt, München 1990.
32 Vgl. Anfänge westdeutscher Sicherheitspolitik 1945–1956, hg. vom Militärge-
schichtlichen Forschungsamt, München usw. 1982, darin insbes. die Beiträge
von Norbert Wiggershaus, Die Entscheidung für einen westdeutschen Verteidi-
gungsbeitrag 1950, S. 325–402, und Roland G. Foerster, Innenpolitische
Aspekte der Sicherheit Westdeutschlands 1947–1950, S. 403–575; Klaus von
Schubert (Hg.), Sicherheitspolitik der Bundesrepublik Deutschland. Dokumentation 1945–1977, Bonn 1977.

Nachweise

Die Diskussion um deutsche demokratische Traditionen erscheint hier erstmals im Druck. Der Text basiert auf einem Vortrag, der im April 1989 in Philadelphia bei einer Tagung des Deutschen Historischen Instituts Washington zur Entstehung des Grundgesetzes gehalten wurde. Eine englische Version erscheint im Konferenzband des DHI Washington.

Verfassungspläne und Demokratiekonzepte erschien zuerst in: Thomas Koebner, Gert Sautermeister, Sigrid Schneider (Hg.), Deutschland nach Hitler. Zukunftspläne im Exil und aus der Besatzungszeit 1939–1949, Opladen 1987.

Zwischen Befreiung und Heimkehr wurde erstmals in den Dachauer Heften 1 (1985) veröffentlicht.

Jüdisches Leben in Deutschland nach Auschwitz erscheint hier erstmals im Druck.

Zwangswirtschaft und Industrie erschien in den Vierteljahrsheften für Zeitgeschichte 32 (1984).

Währungsreform und Wirtschaftsordnung wurde mit freundlicher Erlaubnis des Deutschen Taschenbuch Verlags in diesen Band aufgenommen, der Text wurde als Einführung in den von Heinz Friedrich herausgegebenen Sammelband: Mein Kopfgeld. Die Währungsreform – Rückblicke nach vier Jahrzehnten (München 1988) geschrieben.

Die Entnazifizierung der Richter, für eine Ringvorlesung an der Universität Frankfurt am Main konzipiert, wurde im Sammelband Justizalltag im Dritten Reich, herausgegeben von Bernhard Diestelkamp und Michael Stolleis (Fischer Taschenbuch Verlag 1988) erstmals publiziert.

Der Wollheim-Prozeß erschien in: Ludolf Herbst und Constantin Goschler, Wiedergutmachung in der Bundesrepublik Deutschland, München (R. Oldenbourg Verlag) 1989 (Sonderband der Schriftenreihe der Vierteljahrshefte für Zeitgeschichte).

Reform des öffentlichen Dienstes, in einer Kurzfassung auf dem Historikertag 1980 in Würzburg vorgestellt, erschien in den Vierteljahrsheften für Zeitgeschichte 29 (1981).

Lernziel Demokratie erscheint erstmals hier im Druck, das Manuskript wurde für den Bayerischen Rundfunk verfaßt und für diesen Band überarbeitet.

Erzwungenes Ideal oder zweitbeste Lösung? wurde als Konferenzbeitrag zuerst im Sammelband des Instituts für Zeitgeschichte publiziert: Ludolf Herbst (Hg.), Westdeutschland 1945–1955. Unterwerfung, Kontrolle, Integration, München (R. Oldenbourg Verlag) 1986.